文明史丛书

世界最早两大文明

古代两河流域和古代埃及

于殿利
周启迪
/
著

*The World's Two
Earliest Civilizations*

Ancient Mesopotamia
and Ancient Egypt

北京师范大学出版集团
BEIJING NORMAL UNIVERSITY PUBLISHING GROUP
北京师范大学出版社

前　言

　　根据传统的学术观点，文字、城市和冶炼技术的出现是文明诞生的三大标志。人类文明的发展呈现出了不平衡性，这三大文明标志在各民族和地区的出现呈现出了时间上的差异性。两河流域孕育的美索不达米亚文明和尼罗河孕育的古埃及文明是人类最早的文明，在人类文明起源方面，具有代表性和标志性。苏美尔人发明的楔形文字和古埃及人发明的象形文字是人类迄今所知最早的文字，苏美尔人和古埃及人的城市国家是人类最早的国家形态；苏美尔人和古埃及人都拥有较发达的冶炼技术，发展了超前的科学技术和艺术创造。这些都对后世产生了重要的影响。

　　古代美索不达米亚文明和古埃及文明都经历了从小国寡民到统一王国，再到帝国的发展历程。因为，最初形成的国家都是很小的，即领土不大，人口不多。后来，除了古希腊以外，都逐渐经历过小国之间的不断战争而走向了统一，成为地域王国，再后来，这些地域王国又不断向外扩张，征服了其他一些地区，从而发展成为帝国。所谓帝国，不仅是说其统治者是皇帝，是君主专制，而且还必须是统治的地域超出了一个地域王国的范围，如古埃及帝国就不仅包括了尼罗河流域，而且包括了西亚的叙利亚和巴勒斯坦等地，再如西亚的亚述帝国，其统治范围不仅包括了两河流域（美索不达米亚），而且包括了叙利亚、巴勒斯坦和古埃及，后来的波斯帝国更是包括了伊朗、两河流域、叙利亚、巴勒斯坦、古埃及，还曾包括了古希腊的一部分，是一个地跨三大洲的帝国，再后来的亚历山大帝国也是一个地跨三大洲的帝国，等等。城邦、统一王国和帝国在政权形态、管理模式和统治方式上，也迥然不同。

古代美索不达米亚文明和古埃及文明在文字、城市建设和科技文化等方面揭示了人类文明的基本特性、人类社会的基本模式、人类文化发展的基本方向，为后世文明的发展奠定了基础。沿着这两大文明的脉络探寻文明的起源，不仅有助于我们理解人类的过去，更有助于理解人类的现在，窥见人类的未来。

作　者

2022年7月

目　录

第三编　帝国时代

绪 论 文明的摇篮

人类的文明从大河流域开始，或者说，是河流或水资源及其土地孕育了人类的文明。通常所说的四大文明都诞生于大河流域，有其自然的道理。

第一节 两河流域

古希腊人所称的"美索不达米亚"，意为"两河之间的土地"，大部分地区位于今天的伊拉克，小部分地区（西部和北部）位于今天的叙利亚和土耳其境内。"两河"指的是底格里斯河和幼发拉底河，它们都发源于亚美尼亚高原。底格里斯河发源于凡湖西部的哈扎古鲁小湖，然后向东再转向东南，流经尼尼微和亚述高原，沿途拥有许多支流。幼发拉底河则有两个源头，位于凡湖和厄泽鲁姆之间，它首先呈"之"字形穿过土耳其，在叙利亚东部转向东南，沿途只有一条重要的支流，即喀布尔河。这两条河在陶鲁斯山脉被草坡分开，在杰拉布鲁斯，幼发拉底河距地中海约有100英里①，然后取道东南方向向底格里斯河靠近。"两河"在今巴格达附近相距最近，但很快距离又被拉远，直到距巴士拉以北约60英里的库尔那才汇合，最后分别注入波斯湾。"两河"的上游基本在山岭和高原中流淌，下游则形成一块巨大的冲积平原（三角洲）。这块冲积平原南起波斯湾，北至底格里斯河畔的萨迈拉，东抵埃兰山脚，西南达阿拉伯高原的大沙漠边缘。

整个美索不达米亚地区位于北纬30°以北，地处干旱地带。但北部和南部略有不同，南部地势低平，"两河"相距较近，夏天气温高，冬天的平均降雨量少，所以农业几乎全部依靠灌溉系统；北部河岸高起，"两

---

① 1英里约等于1.609千米。

1

河"相距较远，降水量稍多。古代美索不达米亚地区始终面临两大灾害的威胁，一是水旱灾害，二是土壤的盐碱化。"两河"与埃及的尼罗河不同，尼罗河上游有大湖调节，每年泛滥的水量比较稳定，而底格里斯河和幼发拉底河的泛滥量是不可预测的，因为它们依靠大量的雨水和从亚美尼亚以及库尔迪斯坦山脉流下的雪水。如果连续几年缺雨少雪，就意味着干旱和饥荒；反之，一场大洪水经常会带来巨大的灾难，"两河"河水冲破堤岸，弱不禁风的泥屋和芦苇被河水卷走，庄稼、牲畜和物品被淹没，浸泡在洪水中。另外，即使在正常情况下，尼罗河水在6月开始上涨，通常在9月达到高峰，11月返回正常，因此庄稼在较寒冷的冬季也有较充足的水源维系生长，收割在来年的春季进行。而古代美索不达米亚则不然。底格里斯河和幼发拉底河随着亚美尼亚山脉冬季积雪的融化，在4—6月泛滥，从农作物对水的需求角度讲，对冬季作物来说太晚，对夏季作物来说又太早。所以，美索不达米亚的农业只能依靠灌溉系统。

对古代美索不达米亚农业来说，仅次于洪水的威胁就是土壤的普遍盐碱化和由此造成的土地贫瘠，甚至最终被遗弃而变成荒漠。由于长期淤积，河水又含有大量的盐分，水分蒸发后，大量的盐沉淀下来，破坏了土壤的肥力。长期的灌溉又导致地下水位增高，把盐带到了地表，地力逐年减弱。所以，美索不达米亚的农作物品种十分有限，主要是耐盐碱的大麦和椰枣。与尼罗河谷地相比，两河流域平原地区的条件远没有那么优越。虽然如此，它仍可算得上富庶的地区，在早期历史中，其农产品足以满足其人口需求，还通常有剩余的农产品被用来交换石料、金属、木材和其他原料。

古代美索不达米亚的矿产资源也十分贫乏，金属奇缺自不必说，甚至连建筑所用的石块和木料都得从周围地区进口，所以多数房屋只能用泥土和芦苇建造。

然而，就是这样一方土地孕育了世界最早的文明，成为人类文明的摇篮。古代美索不达米亚的伟大文明是这一地区的众多民族智慧的结晶，美索不达米亚的自然环境并没有像人们想象的那样为原始文明的发展提供充足、优越的条件。

第二节　尼罗河流域

古埃及位于非洲的东北部，埃及的北面是地中海、西边是利比亚、南边与苏丹和埃塞俄比亚（古代的努比亚）相连、东边隔红海与阿拉伯半岛相望、东北角上通过西奈半岛与巴勒斯坦和叙利亚相连。

古埃及在地理上可以分为两个部分：南部的尼罗河河谷（上埃及）和北部的三角洲地区（下埃及）。河谷地区最宽处为15～20千米，最窄处仅为1～2千米。三角洲地区是由尼罗河的淤泥冲积而成的。这里地势平坦，被尼罗河的支流分割成许多块。上、下埃及的分界点在孟斐斯（今开罗附近）。上、下埃及在自然条件方面有很大的差异：上埃及气候干燥，几乎常年不降雨，人们的生产和生活用水主要靠尼罗河水；下埃及则由于受地中海季候风的影响，雨水较多。

古埃及文明就是在尼罗河的第一瀑布以下的地区发展起来的。所以，古埃及人只是把尼罗河第一瀑布（今阿斯旺水坝附近）以下的尼罗河河谷和尼罗河三角洲地区看作古埃及的国土。尼罗河河谷以东、以西都是沙漠，不适合人类居住。由于尼罗河每年定期泛滥时带来大量的腐殖质，所以埃及的土壤总是黑色的，非常肥沃。古希腊的历史学家希罗多德说，埃及是尼罗河的赠礼。

尼罗河从南而北流贯埃及全境。尼罗河的上游有两条支流，即青尼罗河和白尼罗河。白尼罗河发源于非洲中部的维多利亚湖，青尼罗河发源于苏丹，两条支流汇合于苏丹的喀土穆。

古埃及在第四冰川期以前，曾经是雨量充沛，水草丰美的地方，当时人们居住在离尼罗河河谷很远的地方，因为那时尼罗河流域十分潮湿，蚊虫滋生，还不适合人类居住。后来，北非的气候逐渐干燥，原本雨量充沛、水草丰美的地方逐渐变成了沙漠，不能住人，而尼罗河河谷地区却慢慢地适合人类居住，所以人们来到尼罗河河谷地区定居。

尼罗河每年定期泛滥，不仅给干旱的埃及带来充足的水源，而且尼罗河上游流经热带草原地带，泛滥时洪水中夹带着大量的腐殖质和矿物质，在埃及境内逐渐沉淀下来，成为植物生长所需的天然肥料，对农作物生长十分有利。古代的《尼罗河颂》写道："光荣啊，起源于大地的尼罗河，你川流不息，为的是使埃及苏生！……你灌溉田地，使一切室外欣欣向荣。你生出大麦和小麦，好叫神庙里欢度节日。要是你水流迟缓，植物就会停止生长，全国人民就会陷于贫困。当你河水上涨的时候，大地眉飞色舞，一切生物都欢腾，大家开口笑呵呵。"

尼罗河的泛滥很有规律，其时间为每年的7月19日（这是按古埃及的太阳历，而按现代的历法，则为6月15日）。在这一天，太阳、天狼星在东方地平线上升起。泛滥的河水溢过河岸，淹没农田，为期4个月。河水退下去之后，田里留下一层厚厚的淤泥，将田界掩盖，于是人们在河水退下去后，要重新丈量、划界，而后耕耘。

第一编　文明的诞生

第一章　旧石器时代与中石器时代

美索不达米亚人书写了人类历史最早的篇章，在很多领域享有"开创者"的美誉。越来越多的证据表明，美索不达米亚孕育了人类最早的文明。

第一节　美索不达米亚

定居农业的发明是人类文明史上重大的发明之一，是人类生产方式和生活方式的重大变革，是生产力的重大飞跃，是关系人类生存和种族繁衍，一直影响到今天并将继续影响到永久未来的重大事件。古代两河流域是人类农业的重要发源地之一。农业起源于生产力并不十分发达的石器时代。学者们通常把石器时代划分为三个不同的时期或阶段：旧石器时代、中石器时代和新石器时代。

美索不达米亚的旧石器时代约为公元前10000—前9000年，中石器时代则约为公元前9000—前7000年。大约从公元前7000年开始，美索不达米亚人进入新石器时代。在旧石器时代，美索不达米亚人居住在山洞里，考古学家发现了许多属于这一时期的洞穴遗址。他们虽过着狩猎、采集和捕鱼的生活，但已经开始驯养一些动物了。到中石器时代，畜牧业就出现了。中石器时代的人们仍然过着狩猎、采集和捕鱼的生活，但已经开始在地面上定居生活了。同时，人工栽培的作物也出现了，驯养的动物种类更多了。

第二节　古埃及

在很长一段时期里，人们曾经认为，古埃及的历史只能追寻到旧石器时代晚期。但自20世纪以来，由于考古发掘的结果，古埃及的历史被推前到了距今六七十万年前。

考古资料表明，古埃及的旧石器文化有始石器、早期旧石器、中期旧石器和晚期旧石器等一系列文化。

20世纪20年代，考古学家在开罗附近的阿巴西亚冲积层里发现了砍砸器，属于始石器。1880年，德国地理学家、考古学家乔治·斯契温福德在埃及附近的地区也曾发现过这类始石器。

后来，考古学家在阿布·辛贝尔拉美西斯二世（Ramesses Ⅱ）神庙附近尼罗河对岸的山崖上发现了大约70万年前的工具，其地质年代属下更新世。此后，考古学家又在埃及发现了一系列旧石器时代的遗址。

20世纪后期，考古学家在库巴尼耶晚期旧石器时代遗址的发掘，曾引起考古界的极大关注。该遗址位于尼罗河东岸，阿斯旺以北，是阿斯旺至卢克索（古埃及首都底比斯）的一处重要的排水盆地。该处共发掘出8处旧石器文化遗址。其中1处属于中期旧石器时代，其余7处为旧石器时代晚期，定年为公元前18300—前17000年前，为临时营地，居民以采集和狩猎为生。

在该地旧石器时代晚期的遗址中，除一处以外，均发现有石磨具：石臼、石杵和石磨盘。这几处遗址可分为两类：一类是沙丘遗址，另一类属冲积平原。在沙丘遗址中发现的伴生动物有可食用的珠蛤、猫鱼、尼罗鲈鱼、猬羚、倒刺鱼、河马、野牛、瞪羚和狐等。

中石器文化在上、下埃及均有发现。在开罗以南的赫尔旺，人们发现了典型的中石器时代的箭头和用作镰刀的平薄石板。1949年，德波罗在东部沙漠的拉克伊特绿洲，也发现了属于中石器时代类型的工具：箭头、镰刀以及一些小型的燧石工具（梯形和半月形）。在古埃及努比亚的图什卡、在库姆–温布、瓦迪·哈尔发以北尼罗河东岸的杰别尔–萨哈巴等地发现了许多中石器时代的遗址。

第二章 新石器时代与定居农业的开始、村落经济的形成

到了新石器时代，以村落为核心的真正的农业经济开始了，狩猎和驯养动物全面转变成了畜牧业。新石器革命首先发生在两河流域，然后向其他地区扩散。主要遗址包括耶利哥和加尔莫等。

第一节 美索不达米亚

由于历史材料的有限，我们无法描绘出美索不达米亚人从村庄向城市文明演进的详细过程，但可以勾勒出粗略的图景。这个粗略的图景是由几个著名的文化时期作为重要标志的，它们是哈苏纳文化、萨迈拉文化、哈拉夫文化和欧贝德文化。每一个文化时期都有其独特的文化特征，每一个文化时期都是根据其发现的遗址来命名的。这些文化时期具有一定的连续性，甚至在时间上还有部分的重叠。在每一个文化时期，还有许多不同的区域文化和亚文化，它们都表现出了有趣的差异性。

一、哈苏纳文化

哈苏纳文化的代表类型是泰尔哈苏纳遗址（Tell Hassuna）。它是一座位于摩苏尔（Mosul）以南35千米的低矮土堆，是1943—1944年由伊拉克考古队挖掘出来的。考古学家在泰尔哈苏纳遗址上挖到了原始土层，发现了粗糙的陶器和石制工具，它们应该属于新石器时代。因为没有发现他们建造房屋的证据，那时的人们可能居住在窝棚或帐篷里；但从他们所居住的窝棚或帐篷以及使用的工具表明，农耕社会已经形成。然而，在这个原始居住层的上面，有6层的房屋建筑，越往上层，建筑的面积越大，建筑的状况也越好。"在房屋的大小、设计和建筑材料等方面，这些房屋与

9

今天伊拉克北部村庄的房屋非常相似。"①房屋是由两个区域组成的，共有六七个房间，一个区域用于生活起居，另一个区域是厨房和储藏室。屋墙是用压制的泥土坯砌成的，地面则由黏土和草混合铺就。这里还发现有裸体妇女雕像。雕像呈坐姿，略显粗糙。屋子里还发现有较大的坛子或罐子，里面装有儿童的骨头、很小的杯子和水壶。其中一间屋子的角落还堆积着成年人的骨头。

在哈苏纳文化发现的陶器大体上分为两类：一类是"古典型"；另一类是"标准型"。古典型的陶器分布在第1至3层，代表陶器包括高高的、圆圆的或鸭梨形状的坛子、罐子，由粗糙的黏土做成，没有任何装饰；由精纺棉织物编织而成的碗，颜色由米色到黑色，碗和球形罐子带有很直但很短的颈，装饰很简单，只有线条和三角形等图案，以精细的红漆喷涂，并且经过磨光处理。标准型的陶器占据了第4至6层，主要包括彩色装饰的碗和罐子，图案设计都很相似，但喷漆呈暗褐色，而且更厚一点，装饰更加粗放，技法更加高超。

二、萨迈拉文化

萨迈拉文化是比哈苏纳文化稍后但有重叠的文化时期。在属于哈苏纳文化各遗址的上层，发现了更有吸引力的陶器与哈苏纳陶器混杂在一起，并最终取代了哈苏纳陶器，即萨迈拉陶器。萨迈拉陶器最初发现于1912—1914年，其遗址是一个史前的墓地，上面建有房屋。萨迈拉陶器包括碗、盘子和壶等生活器具，其中盘子的形状较大，壶则中间鼓起圆肚子的形状。这些盘子、碗和壶的颜色较为丰富，有红色、暗褐色和紫色，几何形的图案设计在整齐的横条框中，图案包括人物、鸟、鱼、蝎子、羚羊及其他动物。设计和制作这些陶器的人，无疑是伟大的艺术家。

萨迈拉文化是公元前第6千纪下半叶繁荣于底格里斯河中游河谷的文化，其全面地被揭示出来是在20世纪60年代。伊拉克考古学家在距离萨迈拉很近（以南11千米）的埃斯–索万丘（Tell es-Sawwan）遗址发现了一个

---

① Georges Roux，*Ancient Iraq*，Third Edition，London，Penguin Books，1992，p.49.

农业居住区。该遗址位于底格里斯河左岸，是一个低矮但很庞大的土堆。埃斯–索万丘的居民是像其哈苏纳祖先们一样的农民，使用的工具也是相似的石制和火石工具。在雨水稀少的地区，他们最早从事原始的灌溉农业生产，利用底格里斯河的洪水来灌溉他们的田地，种植小麦和大麦等庄稼。村庄的中心区域挖掘有3米深的沟堑，并辅以很厚的泥土砖墙，显然是为了防御入侵者而修建的。村庄的房屋都很大，房屋呈长方形，拥有较多的房间和庭院，建筑材料使用的是雪茄形状的泥土砖，上面涂以黏土泥和石膏。地板和墙面上，涂有一层薄薄的灰泥。（见图2-1）

图2-1 萨迈拉文化时期的陶盆／公元前6500—前6000年／出自萨迈拉／现存英国伦敦大英博物馆

在埃斯–索万丘遗址，人们同样发现了盘子和壶等萨迈拉陶器。它们的做工有的粗糙，有的则很精致。在房间里还发现了漂亮的半透明大理石器皿。除此之外，在地板下面，人们还发现了成年人和儿童的尸体。成年人呈蜷缩的姿势，用编织垫子包裹着，外面涂上一层沥青；儿童则装在大罐子或深碗中。在这些墓葬中，人们还发现了用雪花石膏或赤陶土制作的小型妇女雕像，以及少量的小型男性雕像。这些小型雕像有的呈蹲姿，有的呈站姿。其中的一些黏土小雕像长着"咖啡豆眼睛"，尖头形象与欧贝德文化时期的雕像非常相似；而其他一些黏土或石头雕像通常有着一双睁得大大的眼睛，镶嵌着贝壳和沥青，眼眶上涂有黑黑的睫毛——这是后来苏美尔人所惯用的技艺。

迄今为止，没有任何其他居民遗迹可以与埃斯–索万丘遗址相比，萨迈拉陶器沿着底格里斯河谷得到了广泛的传播，从尼尼微到位于伊拉克和伊朗边界曼达里的高加马米。此外，还被位于幼发拉底河中游的巴格胡兹和位于加兹拉赫的卡加尔巴扎尔所借鉴和吸收。尤其是在高加马米遗址，已经有了运河灌溉的实践。在此遗址中，人们不仅发现了类似埃斯–索万丘的"咖啡豆眼睛"小型雕像，而且萨迈拉陶器经过本土化已经形成了一种新的类型或风格。这种新的类型和风格与美索不达米亚南部埃利都的陶器类型和风格相似，埃利都陶器被认为是欧贝德陶器的早期形式。

三、哈拉夫文化

美索不达米亚早期历史的第三个发展阶段是哈拉夫文化，它得名于泰尔哈拉夫——一个大土堆遗迹。泰尔哈拉夫遗迹俯瞰喀布尔河，位于土耳其和叙利亚边界。在第一次世界大战前夕，一名德国考古学家在公元前10世纪阿拉米人统治者的宫殿下面，发现了厚厚的土层，出土了一批漂亮的彩陶，拉开了哈拉夫文化的序幕。在随后的时间里，英国人在尼尼微、阿尔帕契亚和卡加尔巴扎尔的发掘，以及美国人在高拉丘的发掘使哈拉夫文化具有了年代上的确定性——这些遗址的文化类型具有相似性甚至一致性。其他国家的考古人员在其他遗址的考古发掘，更加丰富了我们有关哈拉夫文化的知识。（见图2-2）

与以前的文化时期相比，哈拉夫文化具有很多截然分明的新特征。居住区无论是根据形式还是规模判断都依然具有村庄性质，但鹅卵石铺成的街道表明村庄已经具有了一些行政管理的色彩。压泥砖或泥土砖仍然是标准的建筑材料，但长方形的房屋有比以前减少的趋势，而圆形房屋逐渐成为主要的建筑形式。考古人员发现的唯一具有神庙性质的哈夫拉文化建筑，来自巴里科河畔的泰尔阿斯瓦德。那是一座圣堂，很小的方形

图2-2 哈拉夫文化时期的妇女陶像 / 公元前第7千纪晚期至公元前第6千纪早期 / 现存美国纽约大都会艺术博物馆

建筑，有泥筑的基座，在过道的门槛处发现了一个公牛的头骨。

　　与圆形建筑同样有趣的是在阿尔帕契亚和其他遗址发现的小物件，包括护身符和赤陶土雕像。护身符的形状多姿多彩，有房屋形状的，有牛头形状的，还有双斧形状的。赤陶土雕像则主要是鸽子雕像和妇女雕像。尤其是妇女雕像展现出了新的姿态——她们通常蹲在或坐在圆凳子上，双臂托着双乳。虽然人物的头部变成了无固定形状的模糊形象，但躯体却具有现实主义特征。妇女雕像的身上涂有彩条和斑点，可能代表某种禁忌；妇女雕像还佩戴着珠宝首饰。（见图2-3）

图2-3　哈拉夫文化时期的两尊妇女雕像／公元前5200—前4200年。
运用了彩陶和珠宝作为装饰／出自乌尔／现存英国伦敦大英博物馆

　　应该承认，哈拉夫文化的陶器是以往在美索不达米亚出土过的最漂亮的陶器。首先，陶器的色彩非常鲜艳、丰富。其次，陶器都是手工制作的，器皿的壁通常都很薄，形状变化丰富，设计大胆——圆形的壶带有开口很大的颈口；矮胖的坛子带有可以滚动的圆圆的边沿；带有杯梗的大酒杯；深深的大"奶油碗"，侧面的轮廓显得瘦削。哈拉夫文化陶器的装饰设计与器皿的形状达到了高度的协调，大多数器皿采用的都是密密编织的图案设计，三角形、正方形、扇形和圆等几何图形是最受欢迎的设计图

图2-4 哈拉夫文化时期的彩陶罐／现存法国巴黎卢浮宫博物馆

案。此外，还有花鸟和羚羊等动植物的图案。然而，最具特色的是具有宗教象征意义的"双斧"。（见图2-4）

哈拉夫文化中迷人的陶器的生产已经具备批量生产的规模，并出现了一些专业化的生产制作中心，如阿尔帕契亚、泰尔布拉克、卡加尔巴扎尔和泰尔哈拉夫等。陶器从这些生产制作中心运送到特定的居住区，再由居住区逐步扩散到更远的地方。商人们的运输工具和运输方式可能是牛驮和牛拉雪橇等。他们去的时候运送陶器，回来时则进口贝壳、宝石，特别是黑曜石等"奢侈品"。这类"奢侈品"在大多数哈拉夫文化区域都十分流行。

特别值得一提的是，哈拉夫人中已经形成了"层级社会"。具体来说，不是经济分层，而是社会分层，社会形成了阶级或阶层。在陶器的生产和制作中心，居住着本地的族长或首领。农民和牧民则居住在相对较小的村庄。他们种植大麦、小麦、亚麻，以及扁豆等蔬菜；放牧，饲养羊、猪、牛和犬等。

根据哈拉夫陶器的分布状况判断，在哈拉夫文化传播的鼎盛期，其中心区域占据了宽阔的"肥沃新月地带"。该地带都属于气候干燥的农业区。这个地带从阿勒颇地区一直到迪亚拉河谷，覆盖着加兹拉赫和未来亚述的整个区域。在这一庞大区域的边缘，哈拉夫陶器也广泛地被模仿，包括东安那托利亚的中心区、西里西亚和北叙利亚地区，一直到地中海沿岸等地。

四、欧贝德文化

公元前4500—前4300年，在美索不达米亚北部的一些哈拉夫居住区遭到了遗弃。在其他地区，哈拉夫文化的圆形房屋和彩陶类型逐渐被方形房屋和另外类型的陶器所取代。这种方形房屋和陶器类型所代表的文化，却是来自美索不达米亚南部的阿尔欧贝德的名字，即著名的欧贝德文化——因最早发现于阿尔欧贝德遗址而得名。阿尔欧贝德位于著名的苏美尔城市乌尔的邻近地区。欧贝德文化从这里向两河流域发展和扩散，成为在美索不达米亚早期历史阶段单一文化从加兹拉赫延展到底格里斯河—幼发拉底河三角洲的最早例证。

实际上，公元前第5千纪，美索不达米亚的南部已经出现了金属器，人们发明了铜鱼叉等工具。传说和考古发掘材料都表明，埃利都[①]是这里最古老的居民点之一，在公元前第5千纪中叶以前很久这里就有居民生活。埃利都是欧贝德文化的发源地。现在它是环绕着一个年久失修的"塔庙"的低矮土堆和沙丘，该"塔庙"是乌尔第三王朝的统治者阿马尔–辛（Amar-Sin[②]，在位时间为公元前2046—前2038年）修建的。在这个"塔庙"的一角，考古学家出土了一系列令人震惊地神庙遗迹，有17座之多。它们是在早期历史的不同时代修建的，是一个建在另一个之上的，所以并不是同时存在的。最底层也是最早的是第17至15层，是一个只有一间房子的小建筑。房间里有祭坛、供桌和精致的陶器（埃利都陶器）。陶器经过精心和优雅的设计，以几何图案为主，色彩多为暗褐色。神庙第14至12层的遗迹保存得非常不好。出土的陶器只有微小的变化。其突出特征是设计繁密，与在卡尔阿特·哈吉·穆罕默德遗址出土的陶器相类似。卡尔阿特·哈吉·穆罕默德遗迹位于乌鲁克附近。那里出土的陶器在南部其他地区也有发现，特别是在基什以北8千米处的拉斯阿尔阿米亚遗址。除了陶器外，在卡尔阿特·哈吉·穆罕默德遗址还发现残垣断壁，以及其他物品。神庙的第11至6层，总体保存完好，挖掘出很多标准的欧贝德陶器。神庙的第5至1层在时间上可以确定为是乌鲁克文化的早期阶段。由于埃利都陶器、卡尔阿特·哈吉·穆罕默德陶器和欧贝德早期、晚期陶器有着非常密切的关系，所以现在通常把这四种类型的陶器分别称为欧贝德Ⅰ、欧

---

① 埃利都，现在的阿布沙赫来恩，位于乌尔西南约20千米处。

② 阿马尔–辛的名字以前读作Bur-Sin（布尔–辛），有时也拼作Amar-Su'en（阿马尔–舒恩），意思是"月神辛的小牛"。

贝德Ⅱ、欧贝德Ⅲ和欧贝德Ⅳ陶器。（见图2-5）

图2-5　欧贝德Ⅲ的"钟形碗" / 约公元前5300—前4700年 / 出自阿尔欧贝德 / 现存法国巴黎卢浮宫博物馆

　　法国考古学家在拉尔萨城附近的一个小遗址——埃尔欧埃伊里丘遗址的发掘，丰富了欧贝德文化。埃尔欧埃伊里丘遗址是一个相对小一点的土堆，一半位于周围平原的地平线之上，另一半位于地平线之下，是完全属于欧贝德人的遗迹。考古学家把整个居住区分为20层，在最上层（第1至8层）出土了欧贝德Ⅱ、欧贝德Ⅲ和欧贝德Ⅳ陶器；欧贝德Ⅰ陶器（埃利都陶器）则在第9至11层发现；再往下还有8层（第12至19层），出土的陶器被称为前欧贝德陶器或欧贝德O型陶器，与萨迈拉陶器具有某种相似性。在第12层出土的一段墙上的"雪茄形"泥土砖，不免让人联想到在埃斯-索万丘发现的同类型的建筑用砖。不仅如此，在20层以下，还隐约可见居住层，但是由于靠近地下水位线无法挖掘。可以想见，美索不达米亚南部的村庄还可以追寻到比公元前第6千纪更深的根基中。

　　欧贝德文化的主要标志是彩陶和神庙建筑。根据埃利都神庙的出土情况判断，从公元前第6千纪直至有文字记载的历史时期，至少美索不达米亚南部地区的宗教传统未曾中断过，它们一代一代地传播下来。这一宗教传统还被在欧贝德发现的另外两个神庙所证实，它们的位置在乌鲁克天神安努的"白庙"附近。一般认为，欧贝德文化时期的陶器不那么吸引人，经常烧制过火，颜色从黄褐色到绿色，喷漆的色泽不够光亮，装饰也显得墨守成规，尽管偶尔的植物、动物和流动的曲线不乏魅力，但常见的装饰图案却是千篇一律，主要集中在三角形、条框或十字交叉条框、断线或波浪线等，缺乏想象力。但是，欧贝德文化时期的陶器结构却非常合理，部分陶器是用慢轮制作的，而且在欧贝德文化时期的陶器中，首次出现了壶嘴和环形把手。最具特色的是"钟形碗"、带有篮子提手的水壶、带有倾倒口的奶油色碗，以及一种叫作"龟甲"的器皿——有一个很平的底，器皿的主体凹凸有致，还带有管状的出水口。在所有南部遗址和众多北部遗址中，人们都发现了这些陶器，但南北方的陶器还是存在着显著的差异。

在欧贝德文化早期，生产力水平还很低下，这时尚无贫富分化和阶级分化的痕迹。由于石料非常稀少，它的使用局限在沉重的工具和极少数的装饰品，几乎所有的工具和物品都是用赤陶土来制作的，包括钉子、镰刀、纺轮和渔网上的铅锤等，甚至还有斧子、锛子和刀子的模型等。欧贝德文化时期的很多房屋结构显得很单薄，基本建筑材料是芦苇，辅以木质柱子支撑，有时用黏土涂抹。一些较精致的房屋则使用经过压制的土坯或土砖，而且使用很广泛。埃利都神庙就是用大块的土砖建成的，包括长长的椭圆形正厅或地下室。在正厅的周围是一间间小屋。欧贝德文化早期的村庄一般建在平坦的区域，有的区域河流小溪纵横交错，有的区域具有得天独厚的湿地。欧贝德人种植大麦、椰枣以及其他可食用的植物和作物；有些地方专门养殖瘤牛和猪，用水生植物喂养它们。在美索不达米亚中部的哈姆林盆地，有12个欧贝德文化时期的居住区得到了发掘，其中泰尔马德胡尔最引人瞩目，因为它拥有"在美索不达米亚发现的保存最完好的史前建筑之一"[1]的称号。在所有欧贝德文化时期的主建筑中，这所房屋的主建筑是相对较小的。它的设计由三部分组成，这座建筑有一个十字形的中厅，较小的房间置于两侧。其墙高都超过1.8米，门窗保存下来清晰可见。在欧贝德文化时期，美索不达米亚北部的建筑则完全是另外一种形象。与南部不同，砖和石头在北部房屋建筑中得到了广泛使用。在北部最重要的高拉丘遗址，带有彩墙的三座大型神庙堪与埃利都神庙相媲美。欧贝德文化时期，埃及虽然存在着南北差异，但文化的统一仍然构成了主流。

---

① Georges Roux, *Ancient Iraq*, p.63.

此外，在欧贝德文化时期，考古学家们还有另一项重要的发现，那就是很多明显不属于美索不达米亚的物品存在于各遗址中。例如，黑曜石以及印度所特有的宝石等物品的出现，证实了在欧贝德文化时期埃及已经存在远距离的对外贸易了。[①]考古学家在埃利都和乌尔等地发现的航海船的模型，再一次为此提供了证据。

欧贝德人的居住区虽然仍旧以村庄为主，但他们拥有较大的中心区域。正是从欧贝德人的这些中心区域，发展出了苏美尔人的城市，欧贝德文化代表了苏美尔城市文明的第一步。约公元前3500年，苏美尔人来到两河流域南部，主要居住在苏美尔地区。他们说的是苏美尔语。关于欧贝德文化的创造者，通常被称为欧贝德人。他们与后来的苏美尔人的关系问题，以及与此相关的谁是美索不达米亚最早居民的问题，学者们一直存在着较大的分歧。如前所述，世界著名苏美尔学家、美国学者S.N.克莱默教授认为，欧贝德人是与苏美尔人完全不同的民族，是美索不达米亚最早的居民。在苏美尔人来到之前，他们已经在这里定居很久了。他指出，公元前5000年，美索不达米亚平原上到处都有欧贝德人用泥砖建造的村落，甚至已有了规模宏伟、构造复杂的神庙。到公元前4000年，他们的影响已不仅限于美索不达米亚南部，更是遍及整个近东地区。

第二节　古埃及的新石器农业文化

一、塔萨–巴达里文化、法雍文化和梅里姆达文化

关于古埃及的新石器时代遗址，在中部埃及有塔萨–巴达里文化，以及属于这个文化群的穆斯塔吉和马特马尔等；在下埃及有法雍文化和梅里姆达文化等。

在塔萨文化遗址发现的陶器多为黑色和灰色；石制工具包括用石灰石制作的特大磨光石斧、刮削器、石刀和锥子；个人装饰品有戒指、象牙做成的手镯和穿孔的贝壳；骨制品有鱼钩和汤勺。此外，还发现了用雪花石

---

① 　Georges Roux，*Ancient Iraq*，p.63.

膏石制作的长方形调色板。在塔萨遗址中发现有埋葬坟墓，呈椭圆形或长方形。墓里的死者侧卧，手足蜷缩，头朝南，面向西，遗体用兽皮或麦席包裹。墓里还有工具、罐子和装饰品等作为陪葬品。塔萨文化时期的居民已经种植大麦、二粒小麦和亚麻，从事非常原始的灌溉农业。遗址中还有绵羊骨和山羊骨，说明也有畜牧业。装饰品中的贝壳可能来自红海，说明当时已同红海有了联系。

巴达里文化遗址发现的陶器有红色、棕色和灰色等，其中的黑顶陶颇为著名，它的胎底是红色的，但因为在烧制时将器皿倒置，因而成为黑顶陶。（见图2-6）有的陶器上有花纹。容器除陶碗以外，还有石头制作的河马形容器，用玄武岩制作的碗、高脚杯等。石制工具有箭头和石刀等。骨制和象牙制品有勺子、梳子、手镯、鱼钩、雕像等。有女人和河马形象的雕像。（见图2-7、图2-8）个人的装饰品有河马牙制作的手镯、

图2-6 巴达里文化时期的黑顶陶／现存英国伦敦大英博物馆

石英珠子、长方形石制调色板等。农业（种植大麦、小麦和亚麻）、畜牧业（饲养牛和绵羊）和渔猎（狩猎小羚羊、鸵鸟和乌龟）都比较发达。坟墓主要有圆形、椭圆形，偶尔也有长方形的。死者曲身，一般都侧卧，头朝南，面向西。墓里有陪葬品。已知的陪葬品有铜器。不过，铜器都

图2-7 女人雕像／现存英国伦敦大英博物馆

图2-8 巴达里文化时期的手镯／河马骨／现存英国伦敦大英博物馆

很小，而且是冶炼的还是天然的，抑或是进口的，尚不清楚。当时的人已同外部有了联系，从西奈或努比亚进口孔雀石（作为化妆品）、从红海进口贝壳（发现有用海贝制作的项链）。用象牙或黏土做成的妇女雕像，表明这时可能还存在对女性的崇拜。据柴尔德推测，巴达里人身高1.5～1.7米，体格匀称而强壮，稍有尼格罗人或南方人的特征。[①]

法雍文化遗址出土了一种单色调的陶器，表面光滑，呈红色、黑色或棕色，主要制品有碗、高脚杯、茶杯、长方形桶等。石制工具采用两面加工技术，主要制品有箭头、尖状器、镰刀、磨光石斧和盘状榔头，还有骨针、钻子、石灰石调色板。居民种植大麦、小麦和亚麻。人们在生活区发现了炉灶、地窖。窖里有很多篮子，用以储藏粮食等。动物有猪、山羊、牛、河马、龟。未发现坟墓。

梅里姆达文化遗址在尼罗河三角洲西部边缘地区，1927—1929年由奥地利的容克尔发掘。该遗址占地面积约600米×400米，居民可能超过16000人。该遗址分为三层。该遗址出土的陶器为单色，有各种类型的器皿。陶器上有花纹，或刻有垂线、浮雕。也有石制器皿，如用玄武岩或硬绿岩制作的罐子。石制工具有两面加工的成套石器。有两块调色板，一块是板岩制作的，另一块是用花岗岩制作的。此外，还有骨制品和象牙制品。居民的住所有三种：最早的是不结实的椭圆形小屋，有柱子支撑，非常简陋，有炉灶和垃圾坑；中间一层是比较坚实的屋子，也用柱子支撑，柱子较多；最上一层是一种有墙壁的小屋，直径为5～6米，呈椭圆形、马掌形，屋顶用芦苇覆盖，墙用土坯砌成，厚约1.5米。小屋排列成行，形成街道。在小屋附近发现有地窖，后来，这种地窖被埋入地下的瓮所取代。埋葬坟墓在小屋附近，故墓呈椭圆形，朝向小屋。死者曲身，面向东方，已发掘的多为女性（这或许表现了对女性的崇拜，或者说是表现了母权制的存在），无陪葬品。居民种植大麦和二粒小麦。在最下一层，谷物保存在地下的坑里；中间一层谷物保存在用泥塑成的筐子里；最上一层则保存

---

① 参见柴尔德的《上古东方新证》（又译《古代东方史的新发现》）一书（俄文版，79页及以下）。

在罐子里。有权标头。可能已经出现了纺织。器皿用黏土和麦秸混合物制成。（见图2-9、图2-10）

图2-9　动物纹样调色板／
现存法国巴黎卢浮宫博物馆

图2-10　动物纹样调色板／
现存英国牛津阿什莫林博物馆

奥马里文化遗址也属于这一时期。该文化遗址发现于赫勒万附近通向干河的通道，长约0.75千米。其附属建筑物在一个悬崖顶端的台地上。此地陶器质地精良，种类很多，但多为单彩绘，表面光滑。石器有用两面加工的燧石器、石刀、网坠；角制品有鱼钩。装饰品种类不少。居民种植大麦、小麦和亚麻，饲养牛、羊、猪、狗，还狩猎河马、羚羊、鸵鸟，也食用蜗牛、鱼和龟。果树有无花果树、枣椰树等。房屋有两个类型：椭圆形和圆形。后者较大，部分埋入地下。有谷物储藏室。埋葬坟墓在村内，死者头向南，面向西。其中一具骸骨手中还握着一枚权标头，应是酋长一类的人物。

新石器时代是农业起源的时代。从上述发现的新石器文化看，此时古埃及的农业已经相当发达，而不是处于农业的起始阶段、发明阶段。

农业的产生，即由采集经济过渡到农业经济必须具备这样一些条件：一是本地有禾本科作物（就近东地区而言，就是野生的大麦）；二是采集经济有了相当的规模，用以收集和加工野生谷类的工具（如石镰、石磨、石臼和石杵等）有了相当的发展；三是当地居民对野生的禾本科作物的知识已经有了相当的积累，对植物的生长规律已经有了相当的认识等。

那么，在巴达里文化时期，古埃及是否已经具备了这样一些条件呢？从许多考古发掘的材料看，当时的古埃及已经具备了这些条件，完全可以自己从采集经济过渡到栽培农业。

关于野生的禾本科作物，温多尔夫等人在库巴尼耶旧石器时代晚期的遗址中发现的碳化植物纤维和碳化大麦粒，即使不是栽培的，也必定是野生的禾本科作物；开罗大学的N.E.哈迪迪在亚历山大里亚西部台地某些绿洲中也发现了野生的大麦；在图什卡发现了一些禾本科作物的花粉；在伊斯纳也发现了粮食作物的花粉等。这些事实说明，在古埃及存在野生的禾本科植物，因而没有外部因素的影响，古埃及的农业也可以从采集经济发展到栽培作物。在古埃及的中石器时代，古埃及人有了丰富的采集禾本科作物的知识，也完全有可能经过长时间的摸索，认识到禾本科植物的生长规律，从采集野生的禾本科植物发展到栽培植物。因此，古埃及农业起源外来说缺乏过硬的根据，没有什么道理。所以，有不少学者主张埃及农业本地起源。[①]

二、阿姆拉特时期的古埃及

阿姆拉特时期又称涅伽达文化Ⅰ时期。阿姆拉特位于阿卑多斯附近，其遗址是1900年由旺迪耶发现的。涅伽达遗址是彼特里在1894年开始发掘的。在一些遗址中，阿姆拉特文化层与巴达里文化有直接的联系，可以说，阿姆拉特文化在时间上是接续巴达里文化的。

在阿姆拉特时期，古埃及的经济虽然仍处于混合型经济（农、牧、狩猎、捕鱼和采集于一体的经济），但农业在整个经济中的比重增长了，居民点增多了，一个居民点存在的时间变得长久了。这表明了农业得到发展，生产力方面总的增长，从而出现了真正的定居。这时人们生活的地区接近于尼罗河，人们利用自然灌溉的土地。畜牧业在这时已不仅是为了肉食，也为了得到牛（羊）乳。

在阿姆拉特时期，古埃及已经进入金石并用时代，发现有铜制的、带

---

① 参见柴尔德《上古东方新证》、霍夫曼《法老前的埃及》和扎布罗奇卡《近东古代史》等著作中的有关论述。

索的渔叉；已会开采燧石，用以制作石瓶；用已经驯化的驴和纸草船作运输工具。在通往红海的瓦迪-哈马马特通道上，考古学家发现了几个可能属于这个时期的居民点。有学者认为这可能是商队的驿站，反映了尼罗河流域同红海联系的加强。

在属于这个时期的墓里的陶器上均刻有符号，同一座墓里的陶器上的符号都相同，说明它们可能是同一个人的。不同墓里的陶器上的符号则不同，说明它们可能属于不同的人，也表明了私有制的萌芽。

私有制萌芽的出现，不仅使得原来各部落之间的矛盾和斗争有了新的内容，即不仅为抢夺生存资源而斗争，而且还为了掠夺别人的财富而斗争。其规模也日益扩大，斗争日益成为经常性的现象。战争的性质也逐渐发生变化。

与私有制萌芽与战争性质发生变化相应的是，氏族部落首领的权力和身份也在发生变化，他们的地位也在悄然发生变化：他们逐渐向王权方向变化。在涅伽达文化Ⅰ的末期，在涅伽达遗址的第1610号墓中一个黑顶陶上，发现了后来象征王权的红冠的形象。（见图2-11）在涅伽达文化Ⅰ的末期和涅伽达文化Ⅱ的早期交界时期，在涅伽达遗址的第1546号墓里发现了最早的荷鲁斯王衔的形象：一只象征荷鲁斯的鹰的形象。这是王权萌芽和王权神化的反映。

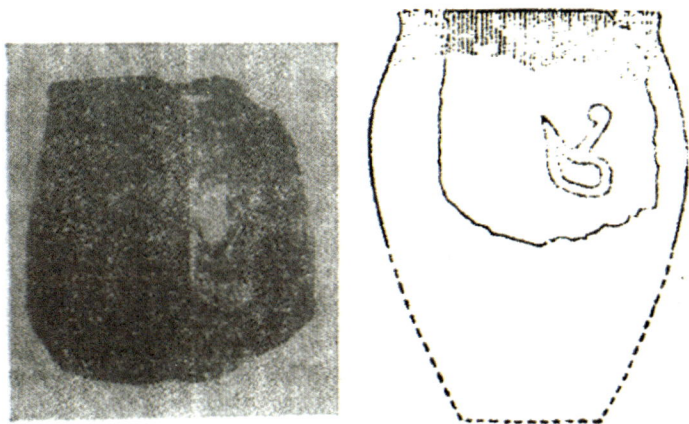

图2-11　红冠陶片

这些事实说明，这时古埃及的氏族制度已经面临解体的局面了。

在这时的涅伽达文化 I 的遗址中，不仅发现了女性雕像，而且发现了男性雕像。人们认为，这表明此时埃及的父权制正在取代母权制。古埃及的一个神话故事可能反映了这一过程：传说国王奥西里斯曾统治埃及，他的弟弟塞特想篡夺王位，并杀死了奥西里斯，将他的尸体肢解后抛到了尼罗河里。奥西里斯的妻子（也是他的一个妹妹）伊西丝到处寻找自己的丈夫，后来终于在尼罗河里找到了奥西里斯，把他的尸体拼合起来，使奥西里斯复活。但奥西里斯不再是人世间的国王，而是成为地下王国的国王。伊西丝在寻找奥西里斯的过程中还为奥西里斯生了一个儿子，即荷鲁斯。荷鲁斯为了替父亲报仇，同自己的叔父塞特进行了旷日持久的战争。他的一只眼睛也被塞特挖出，分割成几块。后来，古埃及的众神出来调停这个纷争，经九神组成的法庭判决，让塞特统治上埃及，荷鲁斯统治下埃及。这件事交由地神格伯来处理。格伯认为一个国家不应分治，便将整个国家的统治权交给了荷鲁斯。于是，荷鲁斯便成了整个古埃及的国王。后来，荷鲁斯成为古埃及历代国王的一个重要的保护神。埃及学家认为，荷鲁斯即位为王，反映了从母系继承的母权制（传弟是其表现形式之一）向父系继承（传子是其典型表现）的父权制的过渡，父权制取代了母权制。但在之后的古埃及曾留下很多母权制残余的影响。

第三章　文明的诞生

苏美尔人无疑是人类最早的城市文明的真正创造者，他们发展农业，建设城市，并且在艺术、建筑、社会组织等方面都取得了惊人的成就。苏美尔文化不是突如其来的，而是有着深厚的基础，是美索不达米亚经济和文化长期发展的必然结果。哈苏纳文化、萨迈拉文化和哈拉夫文化，尤其是欧贝德文化，为苏美尔城市文明和文化奠定了坚实的基础。实际上，早在欧贝德文化中期，苏美尔人就来到美索不达米亚南部，他们与欧贝德人相互渗透、相互融合，并在欧贝德人已经高度发达的文化温床中，孕育出苏美尔文明的繁荣。还应特别指出的是，就在文明得到很好孕育，即将诞生之时，美索不达米亚的南部和北部在此时开始分道扬镳，从此各自步入了不同的文明发展之路。虽然美索不达米亚的南部和北部在文化方面存在着不可否认的趋同性和统一性，但双方各自的特征还是非常明显的，尤其是北部亚述地区的发展明显落后于南部的巴比伦尼亚地区，其中的原因学者们各持己见。

第一节　文字的出现

文字的发明是古代美索不达米亚居民对世界文化的突出贡献之一。它使他们创造的人类最早的文明与文化得以记录、保存和传播开来，并被世界上其他地区的民族所吸收和继承。由于他们创造和使用的文字符号在外形上有些像钉子或楔子，所以这种文字最初被阿拉伯人称为"钉头字"，后来英国人把它称为"楔形文字"。英国人取的这个名字，即"Cuneiform"，来源于拉丁语。它是由两个单词构成的复合词，即"Cuneus"（楔子）加"Forma"（形状）。这个名字在后世被广泛采用，一直沿用至今。最早的楔形文字指的是美索不达米亚南部早期居民苏美尔人发明的苏美尔语和阿卡德人使用的阿卡德语所用的文字。阿卡德语属于塞姆语族，后来又分为巴比伦语和亚述语两种。苏美尔语如同苏美尔人一样，其归属问题至今还是个谜。苏美尔语是古代美索不达米亚最早居于主流地位的语言，但其存在的时间比较短暂，到公元前第3千纪末期，已基本消亡，让位于阿卡德语。在此后相当长的历史时期里，阿卡德语一直居于主流地位。

格尔塞时期在文化方面的主要成就应当是文字的发明。这也是古埃及文明伟大而独特的成就之一。古埃及的文字从公元前第4千纪后期产生到公元4世纪绝迹，前后使用了3000多年。它促进了古埃及社会的发展，也使古埃及的灿烂文化得以保留，为后世人们所了解。

一、苏美尔语——迄今所知人类最古老的语言

（一）楔形文字的起源

文字的出现标志着历史和文明的开始，是迄今人类伟大的发明创造之一。在公元前3300年左右的乌鲁克的埃安那神庙中，发现了最早的苏美尔象形文字泥版，证明这时文字已经产生了。随着时间的推移，以及苏美尔人社会结构的日趋复杂，在生产和生活强大动力的推动下，苏美尔人的文字逐渐失去了其图画特征，简化成较抽象的"楔形文字"或"钉头字"，同其表达的意思没有任何相像之处。其符号呈水平线铺开，而不是垂直排列或呈正方形。文字的发明最初是为了记账或计数，实际上早在公元前第7千纪的时候，美索不达米亚人就用黏土做成的小泥球、小泥块和小泥圆锥来计数。

古代美索不达米亚的文字最早出现在乌鲁克文化时期，时间大约在公元前3500年。这些文书是用苏美尔语刻写在泥版上的，最早发现于乌鲁克的埃安那神庙中。属于乌鲁克文化时期的泥版文书，数量已不算太少，如在乌鲁克Ⅳ文化中就出土了570多块泥版，在乌鲁克Ⅲ和乌鲁克Ⅱ文化中出土的泥版文书相对少些，只有34块。在位于基什东北约17英里处的一个小遗址（捷姆迭特·那色遗址）中，发现了属于这一文化时期的194块泥版，时间大约在公元前2900年。另外，从著名的乌尔王陵中出土了几百块泥版，其中少部分泥版的内容与捷姆迭特·那色遗址的泥版相同。在早

期，出土泥版最多的遗址是舒路帕克。考古学家在此发现的泥版数以千计，目前仅发表了其中的250多块。这些泥版有少部分与乌尔王陵和捷姆迭特·那色遗址发现的泥版在内容上重复。[1]其时间断限为公元前2600—前2500年。大约在同一时期，考古学家在拉伽什出土了一块独特的泥版，即拉伽什王恩赫伽尔的泥版。因此，根据现有的考古资料，人们已经可以很清楚地勾画出在阿卡德人征服苏美尔、统一巴比伦尼亚之前，苏美尔人文字发展的大致阶段。（见图3-1～图3-4）

图3-1　乌鲁克文化晚期的用于最早计数的石膏板文字／约公元前3300年／出自乌鲁克／现存英国伦敦大英博物馆

图3-2　最早的泥版文字（乌鲁克文化晚期），记载的是神庙为工人发放每天的食物，包括啤酒和大麦等／公元前3300—前3100年／出自乌鲁克／现存英国伦敦大英博物馆

图3-3　乌鲁克文化晚期的这块泥版出现了复合符号，一个人头（嘴）和一只碗，用来表示"吃"／公元前3300—前3100年／出处不明，现存英国伦敦大英博物馆

[1]　G. R. Driver，*Semitic Writing*，Oxford，Oxford University Press，1976，pp.4-5.

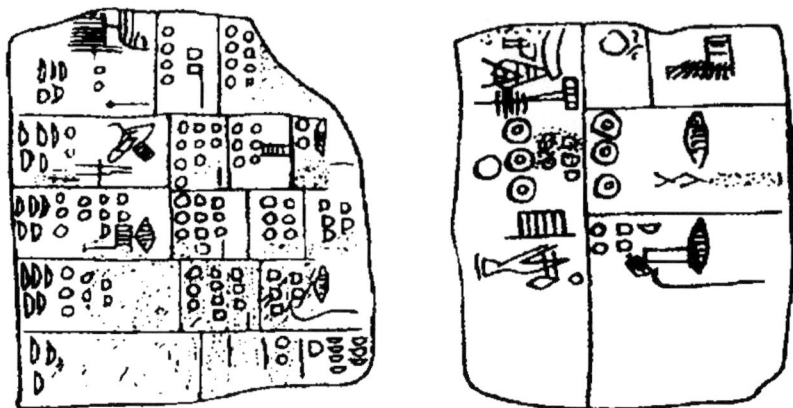

图3-4 乌鲁克文化晚期的文字（约公元前3300—前3100年）

（二）象形文字

虽然"楔形"这个词体现了古代苏美尔和阿卡德文字最本质的外在特征，但仅适用于该文字发展的后期阶段，即最终"定型"阶段，而并不适用于其前期，即形成时期。与世界上其他地区和民族的图形文字，如埃及的象形文字一样，在古代美索不达米亚，最初出现在泥版上的文字，其外观并不呈楔形，而只是些平面图画。显然，被后世称为楔形文字的美索不达米亚古文字，起源于图画式的象形文字，这一点早已被越来越多的考古发现所证实。在这种最早的文字体系中，一个或更多具体事物的图画便构成一个符号，代表着一个词，其意义与所画的物质基本一致或近似。这种文字被称为"象形文字"或"表词字"。[①]在乌鲁克Ⅳ文化中发现的文字，就仅仅是一些数字、具体物品的图画和人名。其写法简单易学，每个词所表达的意思也很直观，一般就是直接描述该事物的图画。例如，"羊"的概念就是由一只羊的图画来表示的，"鱼"就是一条鱼的图画，"鸟"就是一只鸟的图画，等等。

在图3-5中，需要特别说明和值得注意的是"嘴"和"食物"的代表符号。前者与"头"的概念一样，采用的都是头的图形，但它在嘴的部位上引进了影线，以表示强调或特指该部位；后者采用的符号不是食物本身，而是盛食物的容器，即碗的图形，体现了一种转折或借替关系。

① I. J. Gelb, *A Study of Writing*, Chicago, The University of Chicago Press, 1963, p.65.

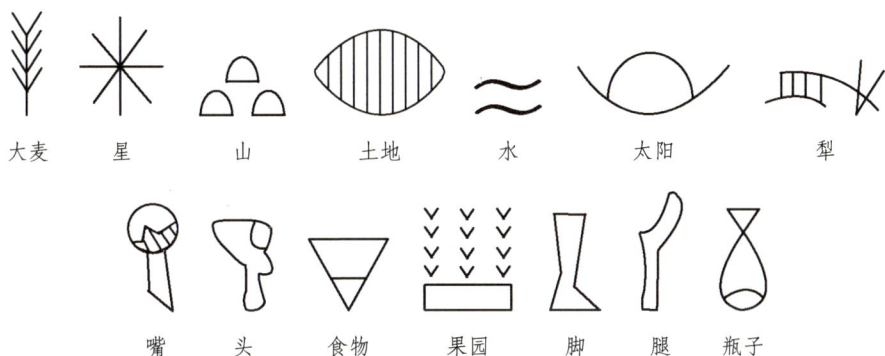

大麦	星	山	土地	水	太阳	犁

嘴	头	食物	果园	脚	腿	瓶子

图3-5　乌鲁克Ⅳ文化中的文字

对一些相对而言比较复杂的事物，苏美尔人则采用其局部或最能体现其本质特征的部分，来代表或表达其整体的概念。例如，他们用各种动物的头部来表示该动物，用男人和女人的生殖器图形来表示男人和女人，等等。（见图3-6）

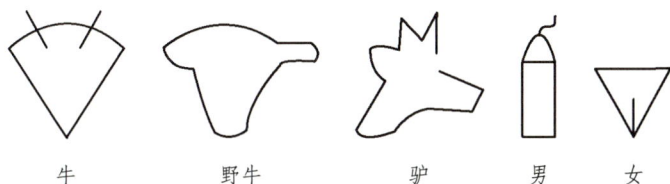

牛	野牛	驴	男	女

图3-6　苏美尔文字（1）

对一些难以用简单图画文字来表达的抽象概念和事物以及具体的动作等，苏美尔人则采用象形符号与会意符号相结合的手段来表示。例如，他们在一只卧着的家禽旁边放上一枚蛋，就表示"生育"的概念；在半圆形下面画几道竖线来表示黑暗自苍穹而下，从而表示"黑""夜"的概念；以更加抽象的方式，即用两条平行线来表示"朋友"和"友谊"的意思；与"朋友"和"友谊"的概念相对应的是，苏美尔人在表示"分歧"和"敌对"的概念时，采用的符号是两条交叉的直线；他们还用"嘴"加"食物"来表示"吃"，用"嘴"加"水"表示"喝"的意思。更有趣的是，苏美尔人用"山"加"女人"来表示"女奴"，这是因为苏美尔人的女奴大部分来自周围山区。如图3-7所示：

| 生育 | 黑夜 | 朋友（友谊） | 敌人（敌对） | 吃 | 喝 | 女奴 |

图3-7　苏美尔文字（2）

一个图画代表着一种事物或行动，势必造成符号繁多，使用起来极其不便。因此，一般的语言形式都遵循着一个共同的原则，即经济原则，也就是用尽可能少的符号来表达最广泛的意义。苏美尔人很快采取的第一个经济措施就是在原来用象形文字的基础上，又演变出一种表达方法，即他们不仅用一幅图画表达其最初所代表的物质，还用它来表达与之相关联的意义。例如，一幅太阳的图画不仅表示"太阳"，还可以用来表示"光明""白"和"白天"等意义；一幅星的图画，不仅用来表示其最初的意义，即"星星"和"天空"的概念，还用来表示"神"；一幅足的图画不仅表示"足"或"脚"的概念，还用来表示与"脚"有关的意思，如"站立""行走""去""来"或"带来"等。①

（三）从象形文字到楔形文字

以一个或更多具体事物的图形作为符号来表示该事物或与之相近的概念。这种文字系统存在着两方面的不足：其一是符号本身的形式过于复杂，造成书写困难，大大影响了书写速度；其二是表达某一完整意义所需的符号太多，使用起来显得笨拙、不便。因此，简化符号并逐渐使之规范化乃社会发展之必需，这也是世界上所有民族的文字体系都要经历的过程。苏美尔人象形文字不断简化的结果便是，原始的图像逐渐地变得越来越无法辨认，直到最后完全失去了象形的特点。在这方面，古埃及的象形文字算是个例外，在该文字体系中，这样的事情并未发生。这主要是因为，虽然最古老的苏美尔文字与古埃及文字一样，同属于象形文字，但两者也存在着较大的差别。古埃及的象形文字是仔细刻画或精心绘制的图形，有时还会上好几种颜色，而古代苏美尔人的象形文字只是一些图示性

---

① G. R. Driver, *Semitic Writing*, p.57.

的、线条式的图形，这些线条只是象征性地、图示性地表现符号所代表的实物。造成古苏美尔和古埃及象形文字的这种差别的主要原因是书写材料和书写工具的不同。①也正是苏美尔人独特的书写材料和书写工具，使苏美尔人象形文字的符号在逐渐简化的过程中，呈现出楔形，并最终完全失去其象形的特征。在古代美索不达米亚，石料少，所以人们便以泥版作为书写材料。这里的土质与其他地区不同，具有很强的黏性。在泥版上写字有很大的局限性，其中较突出的一点就是很难精确地刻写原始的图画文字的曲线，很难勾勒出迂回曲折的轮廓。相比较而言，在泥版上刻写直线和线条就要容易得多。美索不达米亚的书吏使用的书写工具通常是芦苇笔，由于这种笔的笔尖细、笔尾粗，所以把它往泥版上一压就形成一个笔画，而且呈楔形或钉子形。另外，阅读方向的改变肯定也促进了苏美尔象形文字的演变。最古老的苏美尔铭文一般都是从右向左、从下向上读的。大约从法拉时代起，这种书写和阅读习惯发生了变化，这时文字开始从左向右、从上向下阅读。

苏美尔文从图画文字最终演变成楔形文字，经历了几百年的时间，大约到公元前第3千纪中期始告完成。由于最初的楔形文字符号也比较复杂（虽然它比图形文字要简单得多），所以楔形符号也经历了一个不断简化的过程。苏美尔人的这种楔形文字符号很快便传到阿卡德地区的塞姆人（Semitic）部落，随后又传给了巴比伦人、亚述人、赫梯人、加喜特人（Kassites）、乌拉尔图（Urartu）人、波斯人和乌加里特人等众多民族。由于这些民族的书写符号都具有楔子的形状，所以它们都被称为"楔形文字"。

（四）从象形文字发展为音节文字

苏美尔文字的图形符号和会意符号只能表示一些具体的事物和行动，具有很大的局限性。这种表词字很难表达引语和语法形式，但还不算困难，因为它所要表达的意思通常可以根据上下文来猜测和理解。更困难的是，很难以表达人名和地名等专有名词。这一点与美洲印第安人的原

---

① 参见［苏联］B.A.伊斯特林：《文字的产生和发展》，左少兴译，161～162、165～166页，北京，北京大学出版社，1989。

始文字不同，美洲印第安人的原始图画文字足以表达人名之类的专有名词，因为它仅限于部落范围之内，并且在每一个印第安人部落内部几乎人人相识，每个人都可以拥有一个仅属于自己的名字。[①]苏美尔人生活的环境则大大不同，与印第安人相比，他们可以说是生活在"大城市"中。这些"大城市"人口较多，人与人之间大多数并不相识，因此重名现象十分普遍。为了把同名之人区别开来，苏美尔人通常在自己名字的后边，注明父亲的名字和出生地点。另外，印第安式的名字，如"白牛"某某、"大熊"某某等，比较易于用图画文字来表达，但无法表达苏美尔式的名字，苏美尔人通常采用的名字为"恩利尔赋予生命的"某某等。在涉及外国的人名和地名时，苏美尔人的表词符号和会意符号就更显得无能为力了，几乎无法表达这些专有名词，因为对苏美尔人来说，外国的人名和地名本身并没有任何含义。因此，要适当地表达它们，只得借助其他手段，这就导致了表音符号和音节文字的出现。[②]此外，表音符号和音节文字的出现还与图画文字或象形文字的另一个缺点有关，即上面讲过的，图画文字表达某一完整意思所需的符号太多，使用起来不方便，因此苏美尔人便借助一些有益的设计来减少符号的数量，使其保持在一定的限度内。其中最有意义的设计便是用发音符号代替表意符号。（见表3-1）

表3-1　楔形文字符号的起源与演变

序号	约公元前3500年	逆时针旋转90°	约公元前2500年	约公元前1800年	约公元前1000年	表达意义
1						天，神
2						地

---

① I. J. Gelb, *A Study of Writing*, pp.66-69.

② 参见［苏联］B.A.伊斯特林：《文字的产生和发展》，左少兴译，148、181页。

序号	约公元前3500年	逆时针旋转90°	约公元前2500年	约公元前1800年	约公元前1000年	表达意义
3	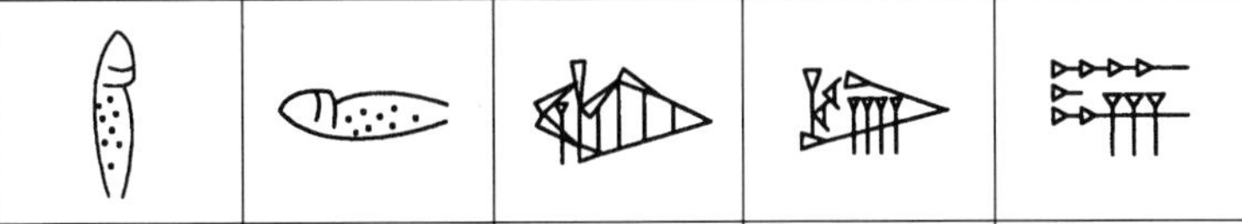					男人
4	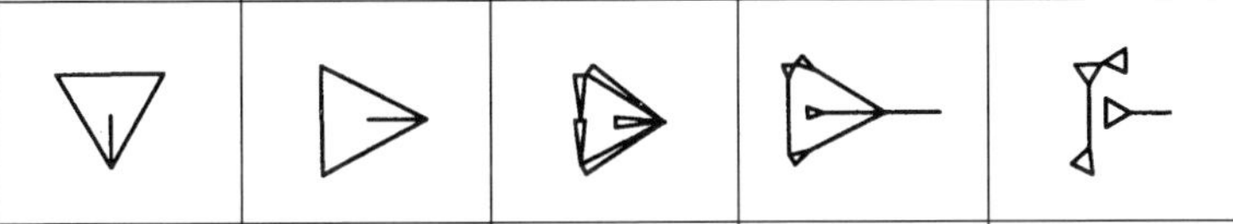					女人
5	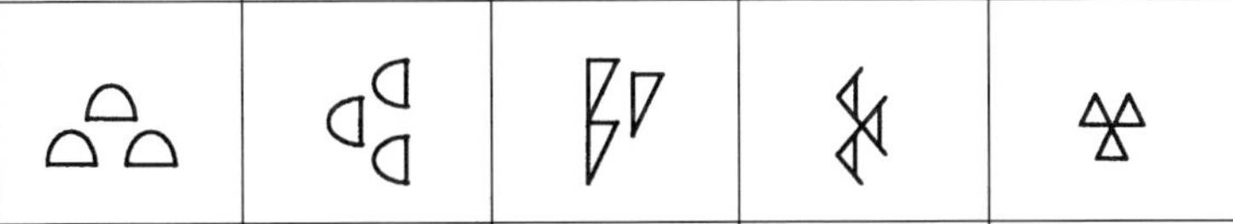					山
6						女奴
7	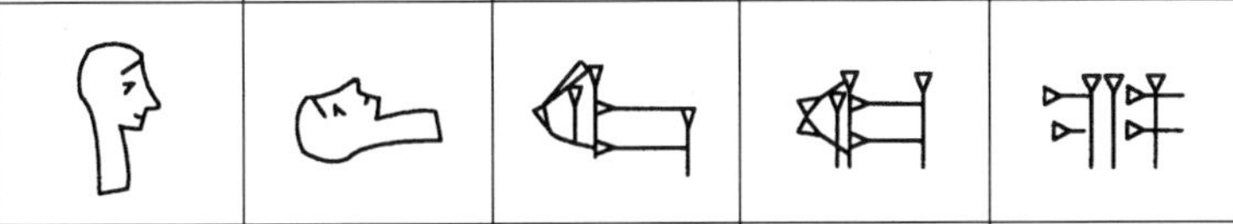					头
8						说
9	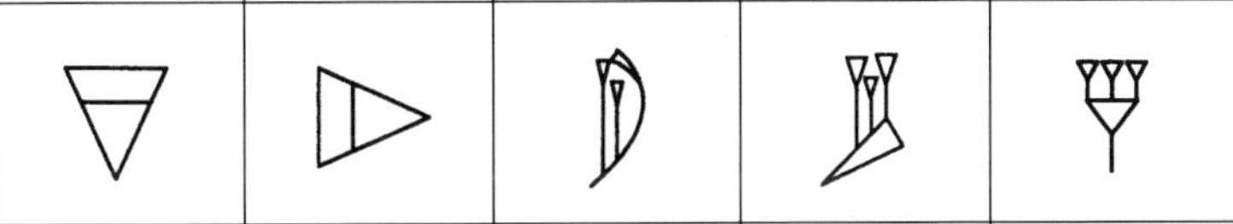					食物
10	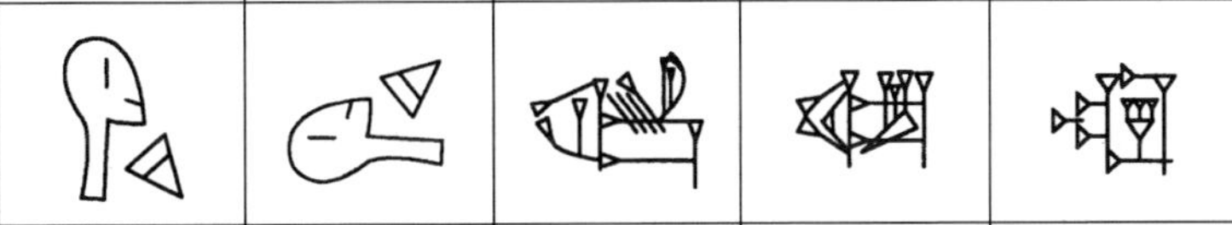					吃
11						水
12	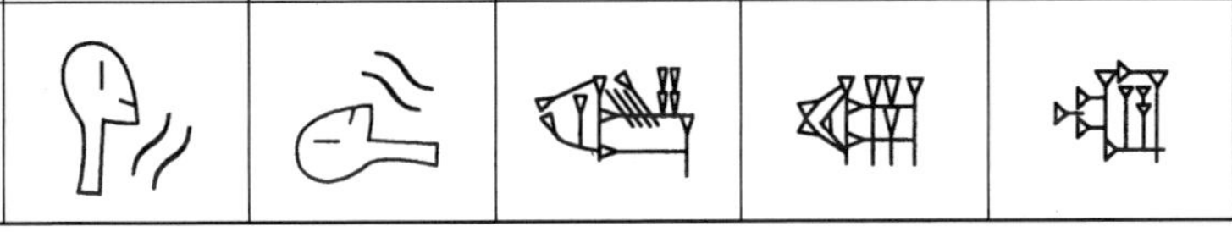					喝

第三章 文明的诞生

33

序号	约公元前3500年	逆时针旋转90°	约公元前2500年	约公元前1800年	约公元前1000年	表达意义
13						足，站立，行走
14						鸟
15						鱼
16						牛
17						母牛
18						大麦

　　最早的表音符号出现在公元前第3千纪初捷姆迭特·那色文化时期，到公元前第3千纪前半期，音节符号已广泛使用，到公元前第3千纪中期，苏美尔文字已变成了表词–音节文字。相比之下，苏美尔文中出现表音符号（音词字）要比古埃及的象形文字晚得多。这主要是因为苏美尔人的文献最初只记述生产和计算等方面的内容，只是一些物品的存单和收支账目，很少涉及人名和地名，尤其是外国的人名和地名等专有名词。从公元前第3千纪初起，随着战争的不断发生，为苏美尔统治者歌功颂德、记述征战和战斗等内容的铭文逐渐增多。这就经常会遇到一些专有名词，尤其是所征战、攻克和夺取的外国城市和地区的名字及其统治者的名字。另外，有一些在意义上非常相近的词往往采用同一或相似的符号，为了把它

们区别开来，开始引进发音符号。

苏美尔人的具体方法是，把原来一些只有实际意义的词赋予其音值，使其既具有表意符号，也同时具有表音符号的价值，而其发▷◁ ⅄ 𝄒音符号则用来拼写其他难以用图形或符号表达的词。例如，在属于捷姆迭特·那色文化时期的几块泥版上[①]，表示"箭"的这个词被赋予"ti"的发音。此后，它不仅具有实际意义（表示"箭"和"生命"之意），还表示"ti"这个音节。这便可以用这个音节符号来拼写其他词汇。由于此前苏美尔文已经历了一个符号代表许多意义相近或相关的词的阶段，所以此时便出现了许多同音异义字或同义异音字。另外，发音符号还用来解决一些语法方面的难题——这些难题是表意的图画文字难以解决的。例如，在捷姆迭特·那色文化时期的文献中，表音符号"ME"被置于名词之后，用来表示复数的概念："AB-ME"（长者们）、"EN-ME"（统治者们）。这种方法很快应用到其他语法变化上，例如，在乌尔的一些材料上出现了用发音符号表示动词变位和名词变格的现象。苏美尔文的音节符号（后来被阿卡德人采用）通常有以下四种形式：（1）孤立的元音（如"i"等）；（2）辅音+元音（如"ti"等）；（3）元音+辅音（如"ur"等）；（4）辅音+元音+辅音（如"kur"等）。

苏美尔文字在音节方面仅仅是开了个头，没能走得更远，主要是因为苏美尔文字需要表示音节的符号很少。这是由两种因素决定的：一方面，苏美尔文字的记述对象多为苏美尔人的日常生活用品，较少涉及苏美尔人所不熟悉的东西，尤其是对他们来说很陌生的外国地名和人名等；另一方面，苏美尔语属于黏着性语言，其单词多数是单音节的，缺乏内部的变化，大部分只需要简单的前缀和后缀音节，因此，满足这一目的以及表达那些用图画文字无法表达的词汇，只需少量带有音值的符号便足够了。阿卡德人则成功地发展了音节体系，因为他们除了使用对他们来说属于外语的旧的符号作为表意符号外，还必须用音节来拼写每一个单词，但他们的成就也仅限于此。因此可以说，苏美尔人的文字具有词汇意义，而阿卡

---

① I. J. Gelb, *A Study of Writing*, p.67; G.R.Driver, *Semitic Writing*, p.57.

德人的文字则具有音节价值。当然，这也只是相对而言。

二、阿卡德语同苏美尔语的关系

阿卡德语被认为是古代近东众多语言形式中最重要的一种。迄今发现的用阿卡德文字书写的材料覆盖的时间跨度达2000余年之久。它们涉及美索不达米亚的政治、经济、军事、文化和宗教等各个方面。阿卡德语还是研究语言学的重要线索。

阿卡德语是最古老的塞姆语。塞姆语分为东西两支，西支塞姆语包括两个分支：北部的一支（西北塞姆语）包括迦南语（主要指乌加里特语、阿摩利语、希伯来语、腓尼基语）和阿拉米语；南部的一支（西南塞姆语）包括阿拉伯语和埃塞俄比亚语。阿卡德语属于东塞姆语，大约在公元前第3千纪中期在美索不达米亚流行，是随着游牧的塞姆部落的迁移而来到美索不达米亚的。其使用的时间一直延续到公元1世纪。阿卡德语及阿卡德民族的名称得自萨尔贡建立的阿卡德王国的都城——阿卡德城。关于阿卡德语的最初形式，目前还没有材料可以说明，现在最古老的阿卡德语铭文显然深受非苏美尔语的影响。

苏美尔人是美索不达米亚文明的早期创立者，他们居住在南部巴比伦尼亚。当游牧的阿卡德人部落进入苏美尔人的地域之时，等待着他们的早已是一个文明程度远远高于自己的文明，因此他们很自然地接受了苏美尔人的文化。随着两个截然不同的民族不断交融，阿卡德人逐渐吸收了苏美尔人的语言，用以丰富和发展自己的语言，阿卡德语亦越来越占据主导地位。到公元前1900年左右，苏美尔语作为口语已经基本消失，此后它只作为文学等书面语言和礼仪语言保存了几个世纪，并最终在近东地区的历史舞台上完全销声匿迹。苏美尔语对阿卡德语的影响是显而易见的。首先，表现在阿卡德语采用了苏美尔人创立的楔形符号，并借用了苏美尔语的许多词汇。例如，"tuppum"（泥版）来自苏美尔文"DUB"，"ekallum"（宫殿）来自苏美尔文的"E-GAL"（大房子）等。其次，在语法方面，苏美尔语对阿卡德语最重要的影响可能是句子成分的排列顺序。阿卡德语的最大特点是动词或谓语的后置，即位于整个句子的末尾。这种语序在其他塞姆语中几乎从未见过，显然是受苏美尔语的影响所致。阿卡德人在苏美尔人创立的音节基础上，大大地发展了音节系统；还吸收了苏美尔文字的限定符号。最后，在语音方面，早期塞姆语存在的辅音，在阿卡德语中都消失了，最突出的例子是喉音的消失。这可能也要归因于苏美尔语的影响，因为苏美尔语中就没有喉音。

阿卡德语流行达2500多年之久。在如此长的时间里，它在语法等方面都不是一成不变的，经历了一个不断发展和完善的过程。阿卡德语的早期发展阶段称为古阿卡德语，时间大约为公元前2400—前2000年。在巴比伦尼亚南部发现了许多用古阿卡德语书写的属于这一时期的文献。此后，随着阿卡德语的发展，地域差别明显增大，明显地分为两种方言：一种是南方的巴比伦语，另一种是北方的亚述语。

从公元前2000年左右起，中部和南部巴比伦尼亚使用的语言称为巴比伦语，其名称得自著名的巴比伦城。此后的巴比伦语经历了四个发展阶段：古巴比伦语，存在时间约为公元前2000—前1500年，考古发掘发现了许多用古巴比伦语书写的属于这一时期的文献，其中包括大量的书信、法律文件、法典以及预言书（占卜材料）等；中期巴比伦语，存在时间约为公元前1500—前1100年；新巴比伦语，约公元前1000—前600年；晚期巴比伦语，存在时间大约在公元前600年以后。

巴比伦语在南方流行的同时，亚述语在北方的亚述地区发展起来，其名称得自著名的亚述城。与巴比伦语相同，亚述语的发展阶段也非常明显，它可以分为三个发展阶段：古亚述语，时间为公元前1900—前1700年，保存下来的文献大部分是到小亚细亚东部的卡帕多西亚进行商业殖民的古亚述商人的商业书信和法律文书；中期亚述语，时间为公元前1500—前1000年；新亚述语，时间约为公元前10—前7世纪。

三、古埃及的文字

（一）象形文字的产生及其演变

许多人把古埃及的文字叫作象形文字（但也有学者认为，这种叫法不妥，应当叫作圣书文字）。"Hieroglyph"（象形文字）一词来源于希腊语，由"hieros"（神圣）和"glupho"（雕刻）组成。古希腊人之所以这样称呼古埃及的文字，是因为他们最初见到它时，几乎仅见于神庙的墙壁和公共纪念物上。古埃及人自己则称这种文字为"神的文字"，他们认为是智慧之神托特发明了文字。

和古代世界其他国家的文字起源一样，在古埃及，最早出现的是图画文字，即直观地画出物的形状来表示物。例如，用 ⊙ 表示太阳，用 🐟 代表鱼。在一些陶器上，绘有人、动物、船等图形，或是刻着简单的符号，说明陶器里面装的物品及其质量，有的符号是表示陶器的所有者。（见图3-8）这些图画和符号是象形文字的雏形。经过长期的发展，古埃及文字由图形文字中衍生出了表意符号和表音符号，于公元前3000年左右形成比较完善的象形文字体系。

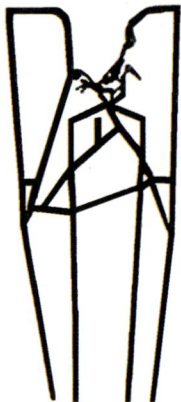

图3-8　陶罐上的文字符号

古埃及文字形成之后，在文字形体上经历了四个发展阶段：象形文字、祭司体文字、世俗体文字和科普特文字。

象形文字在古代埃及使用的时间最长。从迄今所知最晚的象形文字铭文——刻写于公元394年的菲莱铭文可知，3000多年时间里象形文字从未被废弃过。象形文字的书写方向一般是从右到左，但也可以从左到右，从上向下，或从中间向两边分写，以达到美的装饰效果为原则。阅读时根据文字中人或动物的面向来判断，人或动物都面朝着文字的起始之处。

从公元前700年起，祭司体文字逐渐被一种更潦草的字体所取代，这就是世俗体文字。这个词源于希腊文"demoticos"，意为"大众"。这种字体比较简单，书写起来速度更快，在托勒密王朝时期在商业文书、日常生活事务、宗教文献和文学作品中都应用这种文字。著名的罗塞塔石碑上所用的三种文字中，就有一种是世俗体文字。世俗体文字的书写方向和祭司体文字一样，是固定从右到左写。

公元3世纪时的科普特文字的出现是古埃及文字发展的第四个阶段，也是唯一写出了元音字母的阶段。在古希腊人统治古埃及时期，希腊语成为当时的官方语言，希腊文字成为官方的文字。古罗马人统治古埃及时，出现了基督教，许多古埃及人接受了这种宗教。为了书写《圣经》，人们在希腊字母的基础上补充进了7个世俗体的文字，从而形成了科普特文字。但它是用希腊字母写成的。公元640年，阿拉伯人征服了古埃及，阿拉伯语取代了科普特语后，科普特语只是在教堂中还使用。现在，已经没有多少人懂得这种语言和文字了。

古埃及的象形文字不仅在几千年里传承了古代埃及文明，而且对古埃及周边地区的文化产生了重大的影响，对腓尼基字母文字的产生有着重大的影响。而腓尼基字母文字又是东西方多种字母文字之源。

（二）象形文字的结构

象形文字基本上是由表意符号、表音符号和限定符号三部分组成的。

表意符号是用图形代表所画之物或与此物密切相关的一些含义。一般来说，能够画出来的实物都用该物的图形来表示，亦即以形表意。例如，表示水就画三条波形线，表示脸就画出人的面部。人的具体动作也可以用象形文字来表示，如"吃"这个词，是用一个人把手放在嘴里来表示的。表意符号不仅能够说明符号本身的含义，还能表达它的引申含义，如⊙除了表示太阳的意思外，与其他字符组合，也有"白天""时间""照耀"等意思。"吃"的符号同样可以引申出"饿""说话""想"等意思。为了识别表意符号的确切含义，人们通常在代表图形的符号后面加一条短的直线，如"脸"的符号后面加一条短线，就不再有"在……上面"或"第一"的意思。

表音符号在外形上与表意符号一致，但有了发音的功能。例如，表示"嘴"的符号读"r"的音，"脚"的符号读"b"音，"面包"的符号读"t"音，"锄头"代表"mr"，"脸"则代表"hr"一音。当这些符号用作音符时，它们便失去了图形本身的含义。经过长期的使用，到公元前600年左右，规范化的表音符号系统已经形成，包括单辅音、双辅音和三辅音三种类型，其中单辅音使用最频繁。象形文字有24个单辅音符号，每个符号代表一个辅音，类似于字母，如"面包"的符号读作"t"；双辅音符号是用一个符号表示两个辅音，如"锄头"的象形符号发为"mr"的音；三辅音符即一个字符代表三个辅音，如表示"心"与"气管"的象形符号读音为"nfr"。表音符号的使用大大简化了象形文字。

（三）古埃及文字的单辅音符号表，即所谓"字母表"

众所周知，古埃及文字中没有写出元音。由于省略了元音，所以我们根本无法了解古代埃及文字的发音。例如，"天空"一词，在古埃及文字中只写了"p"和"t"两个辅音的象形符号，但这"p""t"两个符号可以和许多元音相配。例如，"pot""pat""peet""epet""opet""pata""puat"等，元音可以放在词里的任何一个地方。常常有一些词，辅音完全相同，但因为没有元音，就容易导致词义的混同。例如，"结冰"和"往回走"这两个动词的表音符号是完全一样的，都读"hs"，那怎么判断它要表达的意思呢？为了解决这个问题，古埃及人使用了限定符号，即在词尾加上一个纯属表意的图形符号。它不发音，但起着确定该词属于哪个范畴的作用，引导读者掌握词汇的正确含义。这和汉字中的偏旁部首相当。例如，为了区分"结冰"和"往回走"这两个词的词义，就必须在词尾加上一个限定符号；加上船帆的符号，就表示"结冰"；如果词尾的限定符号是一双迈开的腿，则表示的是"往回走"一词。限定符号还有一个重要作用，即充当词与词之间的分界符。象形文字中词与词之间不留空隙，也没有标点符号，但限定符号位于词尾的特点可以帮助读者断词、断句。（见图3-9）

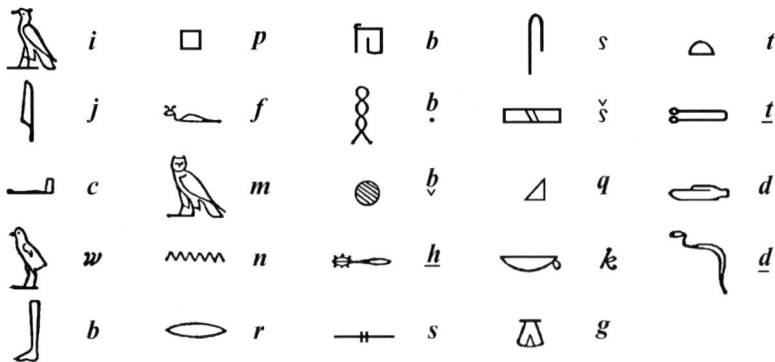

图3-9　象形文字符号 / 辅音符号

总之，表意符号、表音符号和限定符号在象形文字中结合使用，分别表明词的含义（包括本义和引申义）、发音及所属范畴，构成了形、音、义三种文字基本要素，说明象形文字是比较规范、系统的文字体系。

第二节　城市的诞生

一、市民生活方式的形成与城市的诞生

（一）乌鲁克和捷姆迭特·那色文化

迄今可以肯定的苏美尔人创造的最早文化是乌鲁克文化，时间约为公元前3500—前3100年，以文化的遗址乌鲁克城命名。乌鲁克城由两个城镇，即库拉巴和埃安那①组成。两个城镇相距仅800米。库拉巴是献给美索不达米亚的最高神——天神安或安努（阿卡德语称"Anu"）的；埃安那则是爱情女神伊南娜或伊什塔尔（阿卡德语称"Itar"）的主要居所。在埃安那的中心，坐落着乌尔第三王朝时期的国王乌尔纳木②（Ur-Nammu，在位时间为约公元前2112—前2095年）修建的塔庙，保留下来的残迹至今依稀可见。

在乌鲁克文化时期，铜制的工具如锥子和针等得到了更多地运用。冶铜业的发展不但扩大了手工业和农业之间的分工，也促进了苏美尔与周围地区早已存在的商品交换的发展，加速了社会内部的财产分化和阶级分化的过程。苏美尔人所创立的乌鲁克文化在继承以往文化的基础上，形成了一些新的特点。这些新特点标志着人类文明的诞生。这些新特点包括以下诸方面。

苏美尔人把分散的小村庄发展成城镇，这是重要的变化之一。由于气候的变化，以及幼发拉底河水量的越来越少，很多支流甚至出现干涸、断流的现象，原先沿河散落的村庄逐渐凋零，居民们都离村而去，重新集中在欧贝德文化时期就已形成的大型中心区。这些大型中心区在规模上迅速发展成城镇，而且在生产和生活方面形成了与原来村庄经济不同的特点

---

① 意为"天神之屋"。

② 乌尔纳木的意思是"纳木女神的勇士"。

和方式。为了开垦和种植可耕地，灌溉农业得到了巨大的发展。挖凿和维护运河所需要的大量劳动力，通过城镇人口得到了很好的征集和调动。修建和维护运河所需要的精细安排和组织工作也通过城镇的管理功能得到了保证。而且在灌溉农业的发展过程中，统治者的权威得到了树立，威权机关逐渐完善和发挥越来越重要的作用。随着一个个大型中心区发展成为城市，苏美尔人的城邦逐渐形成。苏美尔人的城市都修建有堡垒式的防御系统，都有比较清晰的区域界线。与村庄相比，在城市内除了居住着开垦和耕种土地的农民之外，还有大量的祭司、书吏、建筑师、艺术家、商人、手工业者、士兵，以及宗教领袖和军事领袖等。

到公元前第3千纪初的捷姆迭特·那色文化时期，在苏美尔和阿卡德地区形成了十几个城邦，主要包括埃利都、乌尔、拉尔萨、乌鲁克、阿克沙克、拉拉克、阿达布、拉伽什、乌玛、舒路帕克、尼普尔、基什和西帕尔等。每一个国家出现的具体时间，目前尚难考证。这些国家一般以一个城市为中心，城市周围有若干个村镇。城市包括王宫建筑、神庙和贵族住宅等，周围修建城墙。这些国家最初的规模都不大，人口也不多。例如，著名的乌尔，初期由三个城市和若干村庄组成，面积不过90平方千米，人口只有6000人。其他国家的规模也大致如此。

（二）格尔塞时期的古埃及

古埃及在格尔塞时期也出现了城市。格尔塞时期，又称涅伽达文化 II 时期。格尔塞位于三角洲以南不远的尼罗河东岸，属于这个时期的还有北方的马阿迪、图拉、阿布西尔、埃勒-麦勒克等遗址。

有学者认为，早在公元前第5千纪，埃及就已经有城市类型的设防居民点。此时的涅伽达南城就是一座有防卫城墙的堡垒。狄奥斯波利-帕尔伏出土了用围墙包围的城市模型。模型上还有两个哨兵式的人，似在监视着城外的情况，非常形象地反映了当时常常发生战争的情景。当时的城市多半是建立在交通要道上，而且由于战争频发，所以都用围墙包围着或用壕沟包围着。这从当时出现的城市的象形文字符号可以看出。（见图3-10）

这时的城市既是王宫和国家行政机关所在地，也是该国所崇拜的主要神祇的神庙所在地，像涅伽达、希拉康波里等都是如此。

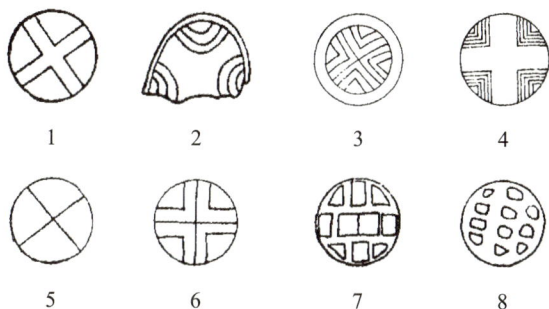

图3-10 有关城市的符号

二、大规模的神庙和宫殿建筑的出现

乌鲁克文化时期的古典神庙与欧贝德文化时期的埃利都神庙，在设计方面非常相似：正面的扶垛式土墙和周围由小房间环绕的中厅是必不可少的设计元素。门通常开在较长的一面墙上，这是美索不达米亚地区的传统。平台有越来越高的趋势，并逐渐变得比神庙建筑本身还重要，可能这就是塔庙的由来。在神庙建筑的最底层，已经拥有了奠基石。在两个圣堂之间，通常拥有一个很大的庭院，庭院的边墙、廊柱以及平台都被涂上彩色的几何图案。实际上，对色彩的喜好在一般墙壁上也清晰可见。例如，属于埃安那古典神庙之一的"红庙"就因其墙壁上粉刷成粉红色而得名。同样有名的乌鲁克"白庙"，位于乌鲁克的天神安努的神庙高高平台的顶部。其遗迹尚存，让人见后难忘。

三、私有制和国家的出现

（一）乌鲁克和捷姆迭特·那色文化

乌鲁克文化最典型的文物是圆筒印章。它不仅代表乌鲁克文化的高度成就，还反映出私有制的出现，因为印章是财产和权利的重要标志。

圆筒印章与乌鲁克石膏瓶上的图案反映出这一时期的阶级分化和对立。圆筒印章上有屠杀俘虏或把俘虏送给权贵人物的图案，石膏瓶上的图案则是被俘的奴隶或平民劳动者向神纳贡。圆筒印章是具有划时代意义的独特文物，标志着个人社会地位或身份以及个人财产等权利的被认可和保护，标志着社会已经具有所有权等法律意识和法律实践。圆筒印章还具有较高的艺术价值。

苏美尔人史前的另一个重要文化时期是捷姆迭特·那色文化时期。这时期，农业、畜牧业和手工业均有所发展，灌溉设施、土木工程和金属加工等技术均有明显进步，在计算上则采用了十进位制和六十进位制。这一时期文字普遍应用，出现众多的泥版文书。（见图3-11）文书上有表示"女奴"和"男奴"的词汇。私有制已经产生，以神庙为中心的城市国家已经形成（后文详述）。

图3-11　捷姆迭特·那色文化时期的管理文书泥版，记载把土地分配给神庙官员 / 公元前3100—前2900年 / 现存圣马可图书馆 / 摄于美国纽约大都会艺术博物馆

（二）格尔塞时期的古埃及

格尔塞时期，在生产力发展的基础上私有制确立了，这与阶级和国家的形成时间大致一致，国家的重要作用是保护所有制。

阿什莫林博物馆收藏有一枚属于格尔塞时期的圆柱形印章。（见图3-12）印章上面的图案是鱼和芦苇，可能是一个人的名字。印章的出现毫无疑问是私有制的产物。

图3-12　格尔塞时期的圆柱形印章 / 现存英国牛津阿什莫林博物馆

贵族与平民的出现也是在这个时期：英国著名埃及学家伽丁内尔在《古代埃及词源学》（*Ancient Egyptian Onomastica*）一书中指出，贵族的象形

文字的拉丁文注音为"Pct"（帕特），平民的象形文字的拉丁文注音为"rhjt"（赖赫依特）。

在格别陵发现的一段亚麻织品上的画清楚地反映了古埃及氏族内部的阶级和等级的分化。在这块亚麻织品上画了两艘船，其中一艘上画着一个坐着的人，他的双手放在膝上，在船尾有舵手，画上的桡夫没有保存下来；在另外一艘船上画有桡夫。那个坐着的人的社会地位显然高于其他人，是一个贵族——因为只有他坐着。其他人都在划桨或掌舵，显然是平民。而且也只有贵族才可能拥有这么精美的亚麻布，并在其上绘有图画。（见图3-13）

图3-13　亚麻布残片／现存意大利都灵埃及博物馆

格尔塞时期，阶级也已形成。恩格斯在《反杜林论》和《家庭、私有制和国家的起源》等著作中都指出，阶级的形成是通过两条途径实现的：其一是公社内部分化出平民与贵族；其二是战俘变成奴隶。在古代埃及的文物中我们见到的是战俘变成奴隶这一种途径。例如，在涅伽达文化Ⅰ时期的文物中，我们就见到了被捆绑着的战俘的形象；在涅伽达文化Ⅱ时期的文物中也有抓获俘虏的情景以及被抓获为战俘的形象。在蝎王权标头上还有奴隶劳动的浮雕。有学者认为，在蝎王权标头上劳动的奴隶并非古埃及人。那就是说，是战俘变成的奴隶。有奴隶就有奴隶主，当时的国王和贵族就是奴隶主。

反映格尔塞时期战争的文物不少。例如，阿拉克刀柄上雕刻的水陆战图、画墓中的水陆战图、公牛击敌调色板上的公牛击敌的画面、战场调色板上雕刻的鹰狮击敌的画面等。这些文物上的雕刻和绘画反映的已经不再是氏族部落之间的战争，而是小国之间或小国联盟之间的战争，其目的是扩大疆土、掠夺财富和奴隶。

文明时代的标志之一是国家的形成。这时在埃及已经形成了几十个国家，据古王国时期的资料，那时上埃及有22个国家，下埃及有14个国家；但据新王国时期的资料，上埃及有22个国家，下埃及有20个国家。埃及这个地方形成这么多的国家，规模当然都是很小的，即所谓小国寡民，一个国家的领土不大，人口也不多。摩勒在《尼罗河与埃及之文明》一书中说，当时古埃及形成的小国有15～20平方千米，其广袤则视尼罗河流域之宽狭而定：狭者地跨两岸，河广之处，仅踞一岸，以河水中心为界。①

它们一般都以一个城市为中心，包括周围若干农业地区。②关于这个时期已经形成的国家的具体情况，由于没有文字记载，因此我们对此几乎一无所知，甚至我们连这些国家的名字都说不清楚。我们现在知道的一些古埃及的地名，如希拉康波里、涅伽达等，在当时未必是叫这个名字。不过，当时这些国家一般都是以一个图腾作为标志或象征，如战场调色板上面的鹰和狮子、公牛击敌调色板上面的公牛、利比亚贡赋调色板上面的鹰、蝎子、猫头鹰以及其他，等等。可惜的是，利比亚贡赋调色板的上半部分已经没有了，不然的话，还会提供更多的信息，更多的图腾。但哪个国家是什么图腾，尚不清楚。例如，在希拉康波里，有一个国王，人们认为他是蝎王，但这个国家的图腾是什么？是蝎子吗？不一定。因为，蝎王头戴白冠，说明他是崇拜鹰神荷鲁斯的。在利比亚贡赋调色板上，既有蝎

---

① 关于摩勒在《尼罗河与埃及之文明》中，对古埃及小国的描述，可参见北京师范大学历史系、北京师范学院历史系、吉林师范大学历史系合编的《世界上古史（初稿）》一书。

② 一些学者称这种国家为诺姆国家或将其译为州。

子，又有鹰，说明这是两个国家的图腾。因此，希拉康波里究竟是崇拜鹰神的，还是崇拜蝎子的，现阶段还不是很清楚。

关于这时各国的情况，摩勒在《尼罗河与埃及之文明》一书中有详细介绍。[①]关于摩勒所说的情况大致如此，但是否完全正确，值得商榷。如他说诺姆中有商贾，在笔者看来就值得商榷。因为古埃及直到古王国时期是否有职业的商贾就值得怀疑。

当时形成的国家显然都是王国，而王权的形成也是国家形成的主要标志之一。王权形成的重要表现是王衔和王徽的出现。古埃及的王徽是指国王所戴的王冠。在古埃及的早期，国王所戴的王冠有两种：红冠和白冠。红冠像一把座椅，加上一条眼镜蛇，表示国王受到蛇神的保护；白冠的形象是一只鹰，意味着国王受到鹰神荷鲁斯的保护。古埃及的王衔是指国王所崇拜的主要的神，以及王权的主要保护神，每个国王除了有自己的本名以外，还有王衔名。

红冠被认为是最古老的王冠，最受崇拜的王冠形式；最早的白冠形象是在蝎王权标头上看到的，即蝎王所戴的王冠。传统认为红冠代表下埃及，白冠代表上埃及；红冠早于白冠（有红冠形象的陶器属于彼特里的年代顺序法或相对年代法的SD37，即涅伽达文化Ⅰ的晚期；有荷鲁斯形象的王衔符号的陶器属SD35-39，相当于涅伽达文化Ⅰ的晚期至涅伽达文化Ⅱ的早期）。

最早的以鹰为王衔符号的文物是彼特里在涅伽达第1546号墓发现的：在一块破陶片上，画有一个圆形屋顶上面栖息着一只鸟。人们认为此鸟象征的是鹰神荷鲁斯。后来，作为王衔符号的还有塞特式、鹰蛇式（两妇人式）、树蜂式等。

此外，作为埃及王权标志的还有权标；在埃勒–奥马里的一个埋葬坟墓中，发现有一个木质的权标；猎狮调色板上的猎人都拿着权标；在涅伽达文化Ⅱ时期，在希拉康波里发现有蝎王权标头。

---

① 参见［法］摩勒：《尼罗河与埃及之文明》，24～25页，长沙，商务印书馆，1941。

此后，作为国王标志的特征后来还有腰挂牛尾。腰挂牛尾的早期形象出现在涅伽达文化Ⅰ时期猎狮调色板上。在蝎王权标头上，蝎王也在后腰上挂有牛尾，在第一王朝时期的国王纳尔迈的腰后也挂了牛尾等。

在格尔塞时期形成的国家中，以希拉康波里最为著名。这不仅是因为后来考古学家在这里发现了所谓王墓（画墓）、蝎王权标头等文物，后来埃及的统一也是由它来进行的。这个国家崇拜鹰神荷鲁斯，所以它的国王头戴白冠。因为在蝎王权标头上，蝎王就头戴白冠。国王之所以被称为蝎王，是因为它的头的前方有一只蝎子，因而人们把他称为蝎王。

在古埃及的文献中，特别是在《帕勒摩石碑》上的铭文（《上古埃及年代记》）中，前王朝诸王中的上埃及诸王或诸神的名字已失；下埃及诸王中，9个国王的名字中有7个是完整的，2个有残缺：……普、塞卡、卡乌、梯乌、特什、涅赫布、瓦塞涅斯、墨克……阿……但没有记载他们的任何活动。此年代记编定于古王国时期的第五王朝，距前王朝已经七八百年，编定者究竟是根据文献还是根据传说编写，我们不得而知，因此其可靠性很难确定。

在新王国时期编定的王表中，前王朝时期的王都被认为是荷鲁斯的追随者。

在曼涅托的《埃及史》中，前王朝时期的国王被认为是神，是亡灵王朝的统治者。

埃及学家依靠考古发掘的文物来确定前王朝时期的国王及其顺序。目前主要是根据南部埃及的希拉康波里的考古发掘的资料。在这里，可能有两个国王是真实的，那就是在文物上可以看到的卡王和蝎王。关于卡王的资料主要有：在希拉康波里出土的雪花石膏石瓶上的卡的符号（K'），与蝎王的名字（一只蝎子）并列；1899年，在阿卑多斯大墓的第一王朝王墓旁发掘的属于前王朝时期的B7号墓里的一些有卡的符号的荷鲁斯名字的陶片，以及在它的旁边发现的一些有同类符号的陶片，一个被打碎的器皿的陶塞上的印章。关于卡王存在与否有3种观点：（1）认为他是真实存在的人物，他的王位由蝎王继承；（2）认为卡王并不存在，只是国王的同貌人，即国王的卡像；（3）认为卡王与蝎王是同一个人。

关于蝎王的文物主要是在希拉康波里出土的蝎王权标头及其他器物，如图3-14所示。

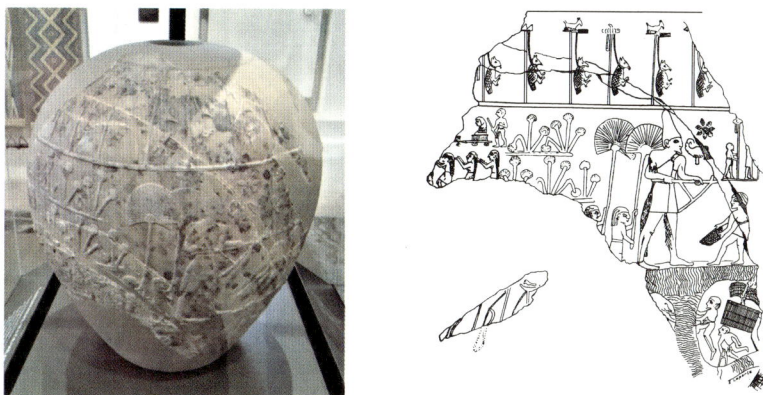

图3-14　蝎王权标头／现存英国牛津阿什莫林博物馆

关于蝎王的存在已经没有什么疑问。关于他的活动，从蝎王权标头上的浮雕可以看到，他曾领导过胜利的战争，打败了以田凫为标志的平民和以九弓为象征的"外国"，而后举行了农耕仪式，或神庙奠基仪式，或开渠仪式。在图拉出土的文物上有蝎子的名字的符号，表明他可能征伐过远至三角洲与河谷交界处一带地方——图拉就位于这一带。至于蝎王统治的地区，即他仅仅是上埃及之王，还是已经是上、下埃及之王，也有不同看法。波斯托夫斯卡娅认为，蝎王权标头仅剩下1/3，在已经丢失的那一部分上，很可能还有一个头戴红冠的蝎王像，而现存的部分上是一个头戴白冠的蝎王，再加上他已经远征到了图拉一带，甚至可能远征过三角洲，因此他可能已经是上、下埃及之王了。

人们认为，在格尔塞时期，蝎王权标头上有以国王和官吏组成的贵族阶级。例如，之后的历史时期的文献资料表明，在蝎王权标头上的国王的持扇人和给国王提鞋的人都是国家官吏和贵族。这些人也在第一王朝时期的纳尔迈调色板和权标头上出现过。

当然，在格尔塞时期，古埃及的国家刚刚形成，国家机器刚刚从氏族制度中脱胎出来，因而不可能很复杂，官吏队伍也不可能很大。虽然国王既是军事首领，又是行政首脑，还是祭司长，但其权力却很小。

四、冶炼技术与金属的使用

（一）美索不达米亚

大约在公元前5000年，伴随着铜的熔化技术诞生，冶炼技术诞生于伊朗和西西里，以及素有"铜之国"美称的迪亚巴尔克一带。大约公元前2800年，铜的冶炼和青铜器具出现在美索不达米亚。人类历史上整整一个时代以青铜命名，可见其意义重大。由于既稀有又昂贵，青铜器在相当长的时间里都属于奢侈品，主要用于武器和一些生产工具的制作（见图3-15），以及供上流社会的达官贵人们享用的首饰等装饰物的生产制作。另外，从《汉谟拉比法典》中我们得知（参见第215～220条），古巴比伦时期医生在重大外科手术和眼科手术时所使用的手术刀或其他器具，系用青铜制造的。

图3-15　古巴比伦时期的金属农具

早期铜匠或青铜匠们所从事的是一项奢华而特殊的职业。如同其他金属冶炼技术一样，这项高贵的职业完全是由成年男子来完成的。而且这项特殊的行业有其自身独特的生产规则、秘方和流程，还有独立或流动工匠。由于工序相对繁多，且每道工序需要掌握一定的技术，所以在金属冶炼和加工行业（包括金和银），工匠们很早就实现了专业化的分工。一部分工匠负责用凿子和锤子等工具加工矿石，另一部分工匠则负责进一步的锻打、研磨和反复熔炼。美索不达米亚人已经懂得使用带风嘴的熔炉。通过风嘴吹工（也可能是风箱），可以促使掺杂在矿石里的木炭加速燃烧。考古学家还发现了一些用于铸塑用的美索不达米亚模具，有的是用粗陶制成的。[1]

---

① 参见［法］费尔南·布罗代尔：《地中海考古——史前史和古代史》，蒋明炜、吕华、曹青林等译，52页，北京，社会科学文献出版社，2005。

美索不达米亚的矿产资源相对贫乏，多数金属依靠长距离贸易或对外贸易获得，对稀有金属或贵金属的需求可能也是刺激美索不达米亚长距离贸易或对外贸易蓬勃发展的一个重要原因。铜来自卡帕多西亚、陶鲁斯山脉或巴林，锡来自伊朗，银来自陶鲁斯山脉。

（二）古埃及

这时的古埃及仍然处在金石并用时代，但铜器增多了，手工业可能已经成为一些人的专门职业，即已经发生了农业和手工业的分工。例如，陶器、艺术手工业（制作调色板和权标头等）就可能已经成为独立的手工业部门。陶器在制作上已经使用陶轮，使得陶器的制作达到一个新的高度。这时的典型陶器是彩陶。陶罐上有绘画，多是在黄色底子上用红色颜料画画。有学者认为，这种彩陶只是在这个时期有。在调色板和权标头上有浮雕。石器的制作也达到了一个新的水平，制作的一些石瓶的水平已经相当高了。

生产力的增长使人们生产的东西丰富起来，不仅可以满足人们最低的生活需要，而且有了剩余，从而为剥削的出现创造了条件。在尼罗河这样富饶的地方，即使当时生产力水平总体上还很低，但已经达到了能够产生剥削的条件。

早王朝时期，古埃及的金属工具使用得比过去频繁了。20世纪30年代，艾麦里在萨卡拉发现了第一王朝国王登统治时期的一座墓，其中会集了丰富的铜制劳动工具和铜制武器。在3个大木箱里保存了约700件铜制品。它提供了后来古王国时期使用的一切类型的铜制工具的基本形式。除了有铜制的刀外，还有铜制手斧和匕首。（见图3-16）铜器的制作技术有了很大的提高，如在阿卑多斯一座墓里发现的铜制匕首，做工就十分精巧。早王朝时期，埃及的铜主要来自西奈、东部沙漠地区和红海沿岸。

图3-16　匕首／铜制／现存英国牛津阿什莫林博物馆

在早王朝时期，虽然铜器多了，但铜的冶炼水平还很低，特别是提高炉温的方法很原始，极大地限制了冶金业的发展。当时除了铜以外，还有黄金和铅等。

第四章　石器时代的文化

第一节　美索不达米亚文化

一、乌鲁克文化

乌鲁克文化最典型的文物是圆筒印章，反映出乌鲁克文化的高度成就。

圆筒印章从乌鲁克文化时期开始大规模出现，贯穿美索不达米亚文明的始终，构成了美索不达米亚文明的一个独特之处。圆筒印章是一种用一般石头制成的小圆柱，长度为1～3英寸。在其上刻有图案，可以印在泥版上。圆筒印章与乌鲁克石膏瓶上的图案反映出这一时期的阶级分化和对立。圆筒印章上有屠杀俘虏或把俘虏送给权贵人物的图案；石膏瓶上的图案则是被俘的奴隶或平民劳动者向神纳贡。（见图4-1）

二、捷姆迭特·那色文化

苏美尔人史前的另一个重要文化时期是捷姆迭特·那色文化时期，时间为公元前3100—前2700年。这时期农业、畜牧业和手工业均有所发展，灌溉设施、土木工程和金属加工等技术均有明显进步，在计算上则采用了十进位制和六十进位制。这一时期文字普遍应用，出现众多的泥版文书，文书上有表示"女奴"和"男奴"的词汇。私有制已经产生，以神庙为中心的城市国家已经形成。

捷姆迭特·那色文化是乌鲁克文化的延续。在陶器制作方面，捷姆迭特·那色文化与乌鲁克文化相比，没有发生本质的变化，只是样式更多一

图4-1　乌鲁克文化晚期著名的乌鲁克石膏花瓶／约公元前3300—前3000年／出自乌鲁克／现存伊拉克国家博物馆

些，质量更好一些。建筑遗迹非常少，但足以证明在设计和装饰等方面与乌鲁克文化保持着一致性。圆筒印章得到了更广泛的使用，其画面主题仍然包括宗教和世俗两大内容。在艺术方面，雕刻艺术成为这一时期重要的贡献。自萨迈拉文化以后，雕刻艺术几乎遭到了遗忘，但这一时期重新出现，并且迅速达到了完美的高度。猎狮场面首次出现在雕刻作品中。这一时期的雕刻家成为后来亚述艺术家的祖先。祭祀场面和人物雕像也是艺术作品的重要主题，其中有两幅杰作在当时无可匹敌。其一是一个一米高的石膏花瓶，上面刻有伊南娜女神接受贡物的场景。该花瓶被认为是古代小型艺术品中的无价之宝。其二是一个妇女面具。该面具是用大理石制成，几乎相当于真人面目大小。该作品将现实主义与内心情感完美地结合在一起，不仅在艺术造诣上达到了前所未有的高度，而且为古希腊古典时期的雕刻艺术之前所少见。①

第二节　史前古埃及文化

巴达里文化时期已经出现了造型艺术，如发现这个时期用象牙雕刻的人像，比较呆板，显然那时还没有形成后来埃及雕刻家所创造的一些基本的法则。（见图4-2、图4-3）但19世纪末彼特里在涅伽达发现的属于涅伽达文化Ⅰ时期的红陶女人像，却是非常生动传神的。该塑

图4-2　鸭形瓶 / 现存英国牛津阿什莫林博物馆

图4-3　化妆勺 / 河马牙 / 现存英国牛津阿什莫林博物馆

① George Roux，*Ancient Iraq*，p.77.

图4-4 红陶女人像／涅伽达文化 I 时期／现存美国纽约布鲁克林博物馆

图4-5 白冠的鹰的形象／现存英国牛津阿什莫林博物馆

像腰际以上为赤褐色，表示皮肤的袒露。（见图4-4）该女人像以简洁的手法塑造了一个似乎正在舞蹈的女人的身影。她手臂向上举起，双手的手指并拢在一起，随势弯曲，似在舞蹈。头部除了可以看得出是个头以外，没有鼻子、眼睛和耳朵等细部的刻画。乳房微微隆起。这件作品表明，这时的古埃及艺术家已基本掌握了人体造型的技术，而且有很高的造型艺术水平和欣赏水平。此外，还有用彩陶（faience）制作的小鹰，涂有绿色的釉，出自希拉康波里，现藏阿什莫林博物馆。（见图4-5）鹰是古埃及国王的重要保护神荷鲁斯的化身。这个时期的古埃及还开始用浮雕来表达一些历史事件，如出自这个时期的猎狮调色板上的浮雕，猎人们手拿弓箭或权标，被狩猎的动物有狮子、兔子等。其中一头狮子身中数箭，其他动物四散奔逃。埃及学家认为这些猎人可能是一些氏族部落的首领。古埃及现存的浮雕有这样一些明显的特点：人和动物的头都是侧面的，而肩和胸则是正面的。人们把这种方法叫作正-侧面

的方法。在构图方法方面，主要人物总是安排在最前面，并且，和次要人物或附属人物相比，主要人物要高大得多，使得主要人物与次要人物之间在大小上很不成比例；图文并用是古埃及浮雕和绘画的一大特点。一般在画面上不留空隙，凡是画面上的空白地方，就用象形文字填补。由于象形文字就像绘画一样，因此图文并茂使人感到画面非常丰富、充实。古埃及的浮雕常常是着色的，着色方面往往忽视了中间色和色阶的变化，所以色彩异常鲜明。在古埃及的浮雕和绘画中，人物、草木，各有其固定的色彩。例如，男子的皮肤作褐色，女子的皮肤作浅褐色或淡黄色，头发作蓝黑色，眼圈作黑色，树木作绿色，草作浅绿色，谷物作黄色等。一般来

说，古埃及浮雕的这些特点也适用于绘画。（见图4-5、图4-7~图4-11）

图4-6 双足碗/现存美国纽约大都会艺术博物馆

图4-7 项链/现存开罗埃及博物馆

图4-8 彩陶罐/涅伽达文化Ⅱ时期/现存开罗埃及博物馆

图4-10 战场调色板/现存英国伦敦大英博物馆

图4-9 公牛击敌调色板/现存法国巴黎卢浮宫博物馆

图4-11 水陆战图/现存开罗埃及博物馆

古埃及的浮雕有凸雕和凹雕两种。凸雕是把对象轮廓的四周铲平，使对象薄薄地从底面上凸出来。凹型浮雕是在表现对象的四周，挖出一道深沟，使对象和四周分离。这种雕法使对象的表面和石板处在同一平面上，不易损坏。一般来说，凸雕多用于室内，而凹雕则多用于室外。有学者认为，从中王国时代起，在制作浮雕时，是先打上方格，把要雕刻的对象画成画，然后再雕刻。在此之前，人们可能是先画出一些导线，而后画成画，最后再雕刻。

在宗教方面，古埃及一直是多神崇拜。在阿姆拉特时期，古埃及人开始崇拜下埃及的眼镜蛇瓦捷特（瓦捷特是一个女神）。其证据是彼特里在涅伽达的第1610号墓发现的一个黑顶陶上有一个红冠。红冠像一把椅子，上面挺立着一条眼镜蛇。红冠被认为是下埃及的王冠。在古埃及早期的文物中对眼镜蛇的崇拜主要是与国王有关的。其形式有两种：一是作为王徽（王冠）；二是作为王衔，即作为保护神。眼镜蛇作为王衔大概是在早王朝时期，和鹰神荷鲁斯在一起，形成鹰蛇式王衔。这在早王朝的不少文物中都可以看到。

第二编　君主专制的形成

第五章　城邦文明

城市和城邦文明构成了美索不达米亚文明最鲜明的特色。城邦之间为争夺土地等资源而进行的战争和争夺政治霸权而展开的斗争，与之相伴随的王朝更替和地区融合趋势，既体现了苏美尔人、阿卡德人、巴比伦人和亚述人政治统一的思想，又揭示了古代文明从城邦向帝国发展和演变的规律。所有这些构成了巴比伦尼亚和亚述政治文明的重要内容。

第一节　苏美尔早王朝时期

公元前第3千纪是苏美尔人城市国家形成和城邦争霸的重要历史时期，学术界通常将美索不达米亚历史上的这一时期称为苏美尔城邦时期，或苏美尔早王朝时期。

关于苏美尔城邦时期的楔形文字泥版史料非常稀少，而且有些还带有更多的神话色彩，其中著名的《苏美尔王表》成为我们重建古巴比伦时期以前巴比伦尼亚政治史的主要依据之一。另一类重要文字史料是古代美索不达米亚君王记载自己重大活动或重要事件的铭文。这部分史料既真实又珍贵。苏美尔城邦时期的《吐玛尔铭文》便是其中之一。此外，对我们重建苏美尔城邦政治史给予重要支持的便是考古学资料了，具体就是一件件具有说服力的文物。

一、城邦争霸

古代的很多民族都有关于大洪水的故事或神话传说，苏美尔人关于大洪水的故事传说无疑在人类历史上是最早的。《圣经》中的大洪水故事就源于此，这已为学术界所公认。在《苏美尔王表》中，大洪水就作为城市和王权发展的一个界线被记载下来。在大洪水之前，曾经有5座苏美尔城市获得过王权统治。在苏美尔人的文化传统中，王权是由天上的神赐予的，尼普尔城是天神在人间的权力或统治中心。在大洪水之前获得过王权统治的5座城市是埃利都、巴德-提比拉、拉拉克、西帕尔和舒路帕克。

在这5座城市中，埃利都被称为人类历史上第一座城市，后来可能由于其所处的地理位置和土地盐碱化等原因，重要性逐渐丧失。实际上在苏美尔早王朝以前其就已被废弃，在巴比伦尼亚南部的地位被另一座重要城市乌鲁克取代。舒路帕克的历史可以追溯到欧贝德文化时期。西帕尔是楔形文字泥版"矿藏"最丰富的"产地"，但算不上是重要的考古发掘地。关于其早期的居住层尚无法确定。拉拉克的地址迄今仍无法确定。巴德-提比拉可能就是现在的泰尔马迪内赫。这座城市迄今没有被挖掘。

（一）基什——第一个强大的城市国家

苏美尔城邦或苏美尔早王朝的重要历史时期开始于大洪水过后，至少目前的史料所勾勒出的大致轮廓就是如此。大洪水过后，最早在苏美尔取得霸权的城市是基什。根据《苏美尔王表》记载，"洪水冲过后，当王权自天而降，王权在基什"，基什王朝"二十三王共王24,510年,3个月,3天半"。[①]

基什位于巴比伦尼亚的北部。其新石器时代的遗迹所揭示出的文化，与发生在南部的美索不达米亚早期文化没有任何共同之处，就连城市的艺术、建筑特征同南部城市相比，都表现出了迥异的传统。实际上，基什所处的北方正是塞姆人活动的中心地带，可能在捷姆迭特·那色文化的晚期，一股塞姆人的迁徙浪潮从阿拉伯或叙利亚开始，逐渐渗透到美索不达米亚和巴比伦尼亚，基什和位于幼发拉底河中游的城市马里成为他们的主要居住和活动中心。因为没有史料证明塞姆人迁徙美索不达米亚的过程中始终是与战争相伴的，所以和平共处的民族交融可能成为主流。民族交融正是统一思想得以产生和统一国家得以建立的社会基础。基什王朝的苏美尔人的文化传统和塞姆人的地域特色，为此提供了很好的注解。在基什王朝的早期统治者之中，很多国王都拥有塞姆语的名字，而且大多数国王同

---

① 参见［美］T.雅各布森编：《苏美尔王表》，郑殿华译，6、10页，北京，生活·读书·新知三联书店，1989。

时还拥有美丽而神圣的苏美尔语名字。例如，早王朝时期第一位除《苏美尔王表》外，另有文字记载的国王麦巴拉吉西（Mebaragesi）的名字在苏美尔语中的意思是"自然和人类社会的权力充满了王座"。幸运的是，麦巴拉吉西留下了两篇铭文；但不幸的是，这两篇铭文的内容除了保留下来他自己的名字和头衔之外，其他什么都没有留下。根据《苏美尔王表》中的记载，他"虏获了埃兰国的武器"[①]。这是有关美索不达米亚和埃兰战争的最早文字记载，虽然它们之间的争斗可以追溯到史前时期，并且贯穿西亚早期文明史。

（二）乌鲁克初步统一南北

在基什崛起北方的同时，作为美索不达米亚早期文化中心之一的南部城市乌鲁克在继续发展。两座城市在麦巴拉吉西之子阿伽统治时期不可避免地发生了争霸战争，这在著名史诗《吉尔伽美什和阿伽》中得到了反映。战争以基什战败、基什王阿伽向乌鲁克王吉尔伽美什投降而结束。在此后一个世纪的时间里（约公元前2660—前2560年），吉尔伽美什的7位继承者享受着对乌鲁克和基什的统治，这一点具有特别重要的意义。因为这是巴比伦尼亚第一次实现初步的南北统一。基什由于兼具苏美尔人的文化传统和塞姆人的地域特色，其霸权已经具有了"统一"的象征性意义，象征着两个民族和两种语言在同一统治下的"统一"，以至于有学者认为，当时"基什王"的称号与后来频繁出现在美索不达米亚君王铭文中的"苏美尔和阿卡德之王"或"（整个）国家之王"等称号，几乎是同义词。[②]因此，"基什王"的称号一直被其他城邦统治者所觊觎。乌鲁克的君王们不仅获取了"基什王"的称号，享有了具有象征意义的殊荣，而且由于自身所处的南方的地位，"乌鲁克和基什之王"的称号则更具有了"统一"的实际意义。

在乌鲁克统治时期之后不久，一位出身不明、自称为"基什之王"的麦萨里姆留下了3块简短的铭文。关于麦萨里姆，虽然《苏美尔王表》中

---

① 参见［美］T. 雅各布森编：《苏美尔王表》，郑殿华译，10页。

② Georges Roux, *Ancient Iraq*, p.139.

并没有他的名字，更没有关于他的任何记载，但历史学家们既不怀疑他的存在，也不怀疑他"基什王"的身份。他似乎与拉伽什城市有着较密切的关系。他在那里为宁吉尔苏神修建了一座神庙。约在公元前2600年，他还为拉伽什和邻邦乌玛①之间的边界之争进行调停，为两个城邦立了界碑，双方承诺共同遵守。这是迄今所知有文字记载以来人类最早的外交事件。麦萨里姆主持修建的拉伽什和乌玛之间的界碑的文字内容便随之成为最早的外交条约或外交文件。麦萨里姆调停城邦争端的能力，在某种程度上可以表明他的权威，表明了基什曾一度恢复了昔日的霸主地位。

（三）乌尔第一王朝

另一个获得短暂霸权的城市是乌尔②。从史前时期起，乌尔就一直是苏美尔的文化和宗教中心。地处幼发拉底河河口的优越交通运输位置，使得乌尔的经济发展尤其是对外贸易相比之下更为发达。就在北方的基什和南方的乌鲁克争雄的同时，与东方国家的航海贸易使得乌尔及其统治者迅速富强起来。这一点在大致属于同一时期的著名的乌尔王陵（约公元前2600—前2500年）的随葬财宝中得到了具体的体现。约公元前2560年，麦桑尼帕达（天神安努所选中的英雄）创建了乌尔第一王朝。他的势力迅速膨胀，一举推翻了乌鲁克的末代王以及他同时代的基什王麦萨里姆。麦桑尼帕达似乎也取得了对尼普尔的控制权，因为他和他的第二位后继者麦什基亚格努那重修了尼普尔的吐玛尔神庙。该神庙最初是由基什王麦巴拉吉西修建的。吐玛尔是尼普尔的一个城区，是苏美尔主神、尼普尔的守护神恩利尔的妻子——宁利尔女神的神龛所在地。此后，吐玛尔神庙多次受到破坏，又多次得到重修。在苏美尔，君王向神敬献贡品和敬修庙宇是国之大事，通常要镌刻铭文以资纪念。《吐玛尔铭文》记载了吐玛尔神庙不断遭破坏又不断被重建的过程。它是苏美尔人历史上重要的、有价值的建庙铭文之一，可以弥补《苏美尔王表》在年代学方面的局限性，并与《苏美尔王表》一起成为重建苏美尔城邦早期历史的最主要文献。关于神庙修建

---

① 今天的Tell Jokha，位于吉尔苏（Girsu）以西29千米。

② 乌尔城的遗址今名穆盖伊尔（Muqeijer）。

和第一次重建，《吐玛尔铭文》这样记载：

> 恩①麦巴拉吉西，王，
>
> 就在本城（指尼普尔）建造了恩利尔之屋。
>
> 阿伽，恩麦巴拉吉西之子，
>
> 使吐玛尔繁荣，
>
> 把宁利尔带来吐玛尔。
>
> 第一次，吐玛尔沦为废墟。
>
> 麦桑尼帕达建造了恩利尔之屋"布尔苏苏阿"。
>
> 麦什基亚格努那，麦桑尼帕达之子，
>
> 使吐玛尔繁荣，把宁利尔带来吐玛尔。②

（四）拉伽什与乌玛之争

如前所述，苏美尔城邦早期统治者的名字主要是通过《苏美尔王表》和君王铭文的记载。在这方面，有关拉伽什城邦的资料最丰富。至于拉伽什的遗址，有学者认为就是现在的特罗③；也有学者认为，特罗是吉尔苏——拉伽什——的一个宗教中心，阿尔希巴丘才是拉伽什城邦的拉伽什城，如同纽约州的纽约城一样。④拉伽什是苏美尔城邦中经济繁华的地区之一，它地处两条灌溉运河的交汇口，最肥沃土地的中心地带。这两条运河中的一条是连接底格里斯河和幼发拉底河的沙特–埃尔–哈伊运河，另一条则是鲁玛–吉尔努恩运河。这两条运河不仅为拉伽什带来了丰富的粮食，而且促进了内河贸易的发展，使拉伽什成为物质富庶的城邦。经济繁

---

① 恩（En）是苏美尔城邦中对"王"的一种称谓。

② 中译文可参见北京大学、东北师范大学历史系世界古代史教研室编：《世界古代史论丛（第一集）》，230~231页，北京，生活·读书·新知三联书店，1982。

③ H. W. F. Saggs, *The Greatness that was Babylon*, London, Sidgwick and Jackson, 1962, p.63.

④ 参见［英］塞顿·劳埃德：《美索不达米亚考古》，杨建华译，93页，北京，文物出版社，1990。

荣和社会稳定为乌尔南什开创拉伽什王朝的新时代创造了条件。他利用与邻邦乌玛暂时修好的时机，在经济方面，积极挖掘运河，发展对外贸易；在宗教文化方面，大肆兴建神庙；在外交方面，与远处的马里保持友好关系。在南方霸主乌尔的主持下，苏美尔城邦的和平持续了100余年。

这种和平在乌尔南什的孙子安那吐姆（Eanatum，在位时间为约公元前2455—前2425年）的统治时期被打破。安那吐姆是一个励精图治、雄心勃勃的君王。他大兴土木，修建神庙；开凿运河，发展经济；保家卫国，开疆拓土。他不仅把侵占苏美尔部分领土的埃兰人赶回老家去，还征服了一些位于边境上的埃兰人城镇。他推翻了乌尔和乌鲁克的统治，加强了自己的王权统治，还与邻邦乌玛重开战火。这场战争源于对两个城邦边境的一块肥沃土地的争夺。这块土地名叫古伊丁，双方都宣称对该块土地拥有所有权。乌玛率先采取了军事行动：

> 乌玛的恩西在其保护神的命令下，洗劫和吞噬了古伊丁——灌溉良好的土地，宁吉尔苏所宠爱的土地……他拔除了（麦萨里姆所竖立的）界碑，进入了拉伽什的平原。

拉伽什的军队以长矛和盾牌迎战，安那吐姆最终获得了胜利：

> 根据恩利尔的指示，他向他们撒开了大网，在平原上堆积起他们的躯体……幸存者转向安那吐姆。他们跪在地上求生，他们哭泣……

战争以双方缔结和平条约而结束。安那吐姆与乌玛的恩西埃那卡利划定了边界，他恢复了麦萨里姆原先竖立的界碑，向乌玛征收大量的大麦作为赋税。安那吐姆的这次胜利以苏美尔文雕刻的形式，被记载了下来，并成为这类作品中的杰作之一，即著名的"鹫碑"（the Stele of the Vultures）。之所以称为"鹫碑"，是因为石碑上面刻有秃鹫蚕食敌人尸体的细节场面。遗憾的是，鹫碑的碑文只保留下来一些残片。（见图5-1）

图5-1　记载苏美尔城邦拉伽什和乌玛结束长期战争而缔结和约，划定两国边界的陶瓶／约公元前2350年／出自乌玛／现存英国伦敦大英博物馆

在安那吐姆统治的晚期，安那吐姆与基什和马里联军展开了一场战争。虽然安那吐姆最终获得了胜利，但也使其国力消耗过大。约公元前2425年安那吐姆死后，巴比伦尼亚陷入了混乱之中。乌鲁克之王卢伽尔安那穆恩杜相继占领了基什和尼普尔，成为两地之王。在拉伽什，安那吐姆的侄子恩铁美那统治时期，拉伽什与乌玛的战争又一次爆发。恩铁美那与卢伽尔吉尼舍穆恩杜结成了兄弟联盟，后者将乌尔和乌鲁克统一。恩铁美那的战争进行得也比较顺利。根据他自己的铭文记载，"他屠戮乌玛的军队，直至乌玛境内"[1]，坚决反击乌玛新"恩西"的侵略企图，在拉伽什和乌玛的边界处挖掘了一条很深的壕沟作为边界线。几年以后，拉伽什国内的局势发生了变化，宁吉尔苏神庙的祭司攫取王位达20年之久，利用神庙的活动大肆为自己聚敛财富。以祭司为代表的宗教势力与以恩西为代表的世俗势力展开了激烈的较量。恩西卢伽尔安达实行暴政，使拉伽什城邦的经济和社会秩序受到了很大的破坏，经济衰退，民不聊生，社会矛盾日趋尖锐。

---

① Georges Roux, *Ancient Iraq*, p.143.

在这种形势下，拉伽什出现了一位古代苏美尔杰出的政治家和改革家乌鲁卡基那（又译作乌鲁伊尼马基那）。他一举推翻了祭司的统治，实施了一系列有利于经济发展和促进社会公平的经济和社会改革。乌鲁卡基那的统治仅仅持续了8年（约公元前2378—前2371年）。这时乌玛出现了一位雄心勃勃且强有力的恩西卢伽尔扎吉西。他进军吉尔苏，并一举攻克之、摧毁之，报了200年前乌玛战败之仇。不仅如此，卢伽尔扎吉西继征服拉伽什之后，又攫取了乌鲁克，宣称自己为乌鲁克之王，把乌鲁克城作为自己的首都。之后，他乘胜前进，征服了整个苏美尔地区。卢伽尔扎吉西甚至自己宣称，他征服了整个美索不达米亚以及叙利亚，"沿底格里斯河和幼发拉底河，从波斯湾到地中海"，"所有依附于他的苏美尔统治者，以及所有独立国家的恩西，都前来乌鲁克城，跪倒在他面前，听候他的发落"。[①]卢伽尔扎吉西的统治仅仅维持了24年（约公元前2340—前2316年），因为另一位更强有力的君王——阿卡德的萨尔贡出现了，并给了他致命的一击。卢伽尔扎吉西依靠军事征服所建立起的"苏美尔帝国"也随之让位给了另一个更像"帝国"的帝国——阿卡德帝国。

二、城邦经济

（一）王室经济、神庙经济和私人经济

20世纪70年代以前，人们普遍认为，在公元前第3千纪（古巴比伦时期以前）神庙或国家控制着国家的全部土地，从而控制着国家的社会经济生活。因此，这一时期的商人被认为是王室或神庙代理人，或称寺庙–城邦的工作人员。[②]

但早在20世纪40年代就有人以苏美尔和阿卡德文学为证据，对此做过系统的批驳。[③]20世纪五六十年代，贾可诺夫和格尔布以大量的事实为依

---

① H. W. F. Saggs, *The Greatness that was Babylon*, p.66.

② I. J. Gelb, "On the Alleged Temple and State Economies in Ancient Mesopotamia," in *Estratto da Studi Onore di Edouardo*, *Volterra*, vol.Ⅺ, Rome, 1969, pp.137-154; A. Falkenstein, *The Sumerian Temple City*, MANE1/1, 1974, pp.7-10.

③ 参见［美］T. 雅各布森：《古代美索不达米亚的原始民主》，载《世界历史译丛》，1980（3）。

据从外部向传统理论发起了冲击。[①]他们指出，相当大的经济成分处于王室和神庙的控制之外，属于私人经济。20世纪80年代初，福斯特则通过剖析传统理论的论据，从内部瓦解了传统理论。[②]有学者对苏美尔城邦时期商人的经济地位进行了重新估价，认为他们的活动是以盈利为目的、自负盈亏的活动，国家和神庙从来没有对此承担过损失。[③]有学者甚至研究的更深入，认为不仅早期历史时期有承包商人，而且在史前晚期这种承包商就已经发挥作用了。

1981年，在意大利罗马举行的国际学术讨论会，是研究古代近东经济史的一个里程碑。提交大会的论文所揭示的从阿卡德萨尔贡时期到新巴比伦王国时期古代近东（主要指美索不达米亚、赫梯、小亚细亚和北叙利亚及乌加里特，不包括埃及）的私人经济状况使人耳目一新。学者们一致认为，"在整个近东地区的任何历史时期，私人经济的作用和地位都比迄今所认为的更重要"[④]。"私人经济，更确切地说，是独立于王室再分配制之外的产品交换，在古巴比伦时期的经济中起着巨大的，可能是决定性的作用。"[⑤]有学者甚至认为，"在美索不达米亚历史的任何时期，私人经济都起着决定性的作用"[⑥]。

总体说来，在古代美索不达米亚的历史上存在着3种主要的经济成

---

① I. M. Diaknoff, "Sale of Land in Pre-Sargonic Sumer," in *Papers Presented by the Soviet Delegation to ⅩⅩⅢd International Congress of Orientalis*, Moscow, 1954; I. J. Gelb, "On the Alleged Temple and State Eninomies in Ancient Mesopotamia," pp.137-154.

② B. Foster, "A New Look at the Sumerian Temple State," *JESHO*, 1981（24）, pp.225-241.

③ M. A. Powell, "Sumerian Merchants and the Problem of Profit," *Iraq*, 1977（39）, pp.23-24.

④ P. Vargyas, "The Problems of Private Economy in the Ancient Near East," *BiOr.*, XLIV, No.3/4, May/June, 1987, p.377.

⑤ J. Renger, "Patterns of Non-Institutional Trade and Non-Commercial Exchange in Ancient Mesopotamia at the Begginning of the Second Millennium B.C.," in *Circulation of Goods in Non-Palatial Context in the Ancient Near East*, Roma, 1984, pp.31-123.

⑥ P. Vargyas, "The Problems of Private Economy in the Ancient Near East," pp.377-378.

分，即王室经济或国有经济、神庙经济和私人经济。无论在此前任何历史时期，3种经济成分并存应该是不争的事实。至于这3种经济成分的比例或在整个经济秩序中的地位，在不同的历史时期可能不尽相同，但总体趋势应该是神庙经济逐渐下降，王室经济或国有经济和私人经济呈上升趋势，尤其是私人经济。在苏美尔早王朝时期，神庙经济占有非常重要的地位。因为在美索不达米亚人的观念中，土地属于神，每座城市都有自己的保护神，每座城市的土地都属于该城市的保护神。因此，神庙拥有大量的地产，神庙雇用着大量的劳动力。这些劳动力甚至在城邦之间为争夺土地等资源而展开的战争中，发挥着作用。祭司阶层在神庙地产的经营管理中发挥着重要的作用。他们是侍奉神的人员和神在人间的代理人。女祭司甚至就是神在人间的妻子。王室经济或国有经济实力和规模的不断壮大，不仅有很多具体的原因，而且更符合国家发展和文明演进的规律。这些原因和规律包括：其一，在美索不达米亚人的观念中，王权神授，国王是神在人间的代表，代表神灵管理着神的子民，所以国王或国家享有部分地产和土地所有权是理所应当的；其二，随着国王在战争中发挥的作用越来越大，其权利和权威性也随之越来越大，国王越来越能够摆脱神庙对他的影响，王权的世俗化倾向也随之越来越明显，神庙的土地范围逐渐缩小；其三，国王在率领国家征战过程中所获得的土地和其他财产，成为王室经济或国家经济迅速发展的另一重要因素；其四，随着国家规模的扩大和政府管理职能的需要，税收成为王室经济或国家经济的最重要的来源；其五，随着自身实力的增强和掌控资源的扩大，王室手工业和商业的发展也成为顺理成章的事。

纵观古代美索不达米亚的经济发展史，不难发现王室经济或国家经济的发展经历了与神庙经济的斗争过程，甚至可以说，王室经济的发展在某种程度上是建立在抢夺和削弱神庙财产的基础之上的。神庙的财产主要包括大量的地产、财产租赁和借贷收入，以及祭祀收取的各种宗教和仪式性服务费用等。王室在采取抢夺神庙地产的同时，对其收入也采取限制性措施。"在汉谟拉比以前的时期，古老的城市王国就采取步骤限制神庙的过度收费，防止祭司们抢夺欠他们债的'贫穷'农民的土地。"①在苏美尔早王朝时期的拉伽什城邦，王室与神庙的财产和经济斗争最为激烈。到古巴比伦时期，可以说，在某种程度上神庙经济已经融入庞大的王室经济当中了，祭司尤其是纳第图女祭司在经营地产和商业借贷等方面的经济活动，应该属于私人经济的范畴，她们的财产基础来自她们城市公社的公民身份，即阿维鲁身份。（见图5-2）

图5-2　出售土地和房屋的契约／约公元前2600年／出自舒路帕克（法拉）／现存法国巴黎卢浮宫博物馆

原始社会末期私有制的出现促进了私有经济的发展；私有经济的发展也在一步步推进和完善了私有制。原始部落以及后来的城市公社拥有属于自己的土地。这些土地逐渐转变为部族、家族乃至家长私有土地，成为他们祖祖辈辈世袭的地产。这些地产成为他们公社成员身份乃至公民身份的前提、标志和保证，进而也成为私有制和私有制国家发展的前提和保障。私人经济在美索不达米亚的历史上从来都不缺乏活力。苏美尔早王朝时期

①　Max Weber, *The Agrarian Sociology of Ancient Civilizations*, English Edition, Translated by R. I. Frank, Verso Classics, London, New York, 1998, p.86.

的私人买卖土地活动以及对外贸易活动都有原始文献的证据。至少到古巴比伦时期，私人经济已经占据主导地位的说法，是可信的。这也与政治体制方面的城市自治是相吻合的。关于王室经济或国家经济、神庙经济和私人经济的发展与演变，有学者给出了这样的概括："最初，土地属于该城的保护神，并由一位拥有祭司职位的人管理。后来，统治者及贵族成员们成了地主。亲属关系的集体渐渐地拥有了财产，就像那些受到特别嘉奖的个人一样。土地由其所有人自身或承租农民代表土地所有者进行耕作，尤其是在土地所有者们拥有较高社会地位的时候。"①

（二）主要经济门类

人类现代文明的绝大多数经济门类都可以在古代文明中找到其根源。美索不达米亚文明作为人类文明发源地之一，在经济领域的贡献同样是值得苏美尔人、巴比伦人和亚述人引以为傲的。他们发展农业、畜牧业、商业、手工业和交通运输业，为发展城市文明奠定了坚实的基础。

1. 灌溉与农业

农业的发明是人类生产方式和生活方式的重大革命，在前农业文明的形态下，人类过着以狩猎和采集为主的生活。美索不达米亚的经济从根本上来说是农业经济，也就是说，农业的发展在很大程度上决定着国家的发展和人民的生存。"两河"丰富的水资源及其冲积平原的肥沃土壤，成为美索不达米亚农业发展的重要基础。在美索不达米亚人的观念中，农业的发展同样是受到神的眷顾的，只有在神的保护下才能保证五谷丰登。宁胡尔萨格女神被尊为"大地之母"，她掌管着所有的土地资源。恩奇则是地下水之神，掌管着所有的水资源。尼努尔塔神则是一位"农民神"，是农业的保护神，也是最高神恩利尔的儿子。由此可见，农业对美索不达米亚人的重要性。农业的出现和农业经济的发展，促进了美索不达米亚城市文明的发展。

就农业经济本身而言，"灌溉成为经济的基础，因为它是土地资源全

---

① ［美］斯蒂芬·伯特曼：《探寻美索不达米亚文明》，秋叶译，375页，北京，商务印书馆，2009。

面开发利用的关键因素。每一个新的居民定居区都要求修建运河，所以土地从根本上说是男人创造的产物"①。灌溉农业在美索不达米亚南部比在北部更为发达，这在很大程度上是由底格里斯河和幼发拉底河的流域及特性决定的。底格里斯河和幼发拉底河的泛滥较缺乏规律性，且往往与耕种季节相冲突。底格里斯河的河水水流更急，因此泛滥时更加凶猛。相比之下，幼发拉底河由于河道较浅，因此水流较缓，更加便于利用。所以，底格里斯河在美索不达米亚的农业发展中虽然也发挥着一些作用，但幼发拉底河滋养着美索不达米亚绝大部分开垦的土地。修建运河和导水沟渠进行灌溉，是美索不达米亚农业的重要特征。正如马克斯·韦伯所说："苏美尔和阿卡德地区是美索不达米亚文明最早的中心，在苏美尔和阿卡德的铭文中，运河与灌溉系统就已经占据了非常显要的地位。后来在美索不达米亚北部的亚述铭文中，也讲述着同样的故事。各种类型的劳役服务被强加给人民，用来修建和维护运河与沟渠。这项工作在王室监工们的指挥下展开，所以古代城市王国很快便发展了其官僚机构。"②美索不达米亚人发明的灌溉系统是古代人类最光彩夺目的工程之一。它不仅灌溉着美索不达米亚南部12000多平方英里的土地，"其人口密度总体上甚至超过了今天的伊拉克的国家"③，还为后世古罗马人在罗马帝国境内修建地上导水沟渠奠定基础。

美索不达米亚人已经知道总结长期以来的农业经验，约公元前1700年的古巴比伦时期，出现了一部以苏美尔语书写的农人历书。这是目前所知世界上最早的一部农人历书。这是一部一位农民教育自己的儿子如何种地的书。农民告诫儿子，要监督田里的劳动者勤奋工作。在耕种土地之前，所有的准备工作都要做好：

　　　你的工具一定要准备好，

---

① Max Weber, *The Agrarian Sociology of Ancient Civilizations*, p.84.

② Max Weber, *The Agrarian Sociology of Ancient Civilizations*, p.84.

③ ［美］斯蒂芬·伯特曼：《探寻美索不达米亚文明》，秋叶译，321页。

牛轭的部件一定要安装牢固，

你的新鞭子一定要准备好挂在钉子上，

你那手柄松动摇晃的旧鞭子，

一定要让工匠给修理好。

扁斧、播种犁、锯子以及所有用具，

都要处于良好状态。

编成辫子的鞭子、皮带、皮袋子以及其他鞭子都要牢固。

你用来播种的篮子一定要按标准进行测量，其边沿必须坚固。

所有必需的事项一定要尽在掌握之中。

仔细检查好你的工作。[①]

从文献中我们可以看到，南部的美索不达米亚人不仅认识到播种的深度会影响种子的发芽情况，土地的细腻与否也会影响种子的发芽情况，因此播种时必须把土块敲碎等纯技术问题。他们还懂得了庄稼轮作的原则，以及土地必须休耕，如此土地的养分和地力才能得到恢复。他们已经有了土质的概念，认识到了土质的差别，并且懂得利用不同土质的土壤种植适合的作物。舒尔吉统治时期（Shulgi，在位时间为公元前2094—前2047年）的一份土地勘察汇总报告，可以为此提供例证：

总计：94.1.2　1/2伊库（iku）——良好

总计：9.2.1伊库——位于中间

总计：0.0.3　1/2伊库——位于中间的草地

总计：28.0.0　3/4伊库——空地

总计：46.1.1　1/2伊库——已耕种，但不长庄稼

总计：3.2.3　1/2伊库——临桥

---

① S. N. Kramer, *The Sumerians：Their History，Culture，and Character*，Chicago，The University of Chicago Press，1972，p.340；J.N.Postgate，*Early Mesopotamia：Society and Economy at the Dawn of History*，Routledge，1994，p.167.

总计：2.1.1 1/4伊库——良好，已排涝

总计：114.1.2 1/2伊库——中等

总计：4.0.4伊库——水涝

总计：52.2.5 1/2伊库——差

总计：22.2.4伊库——运河旁

总计：0.0.3 3/4伊库——临井

总计：2.0.3伊库——临村

总计：0.2.4伊库——果园

总计：4.0.2伊库——（古时）土堆

总计：4.1.4 1/4伊库——临渠

在吉尔苏的土地勘察：勘察员卢宁伊尔杜马（Lu-Nin-ilduma）和乌尔拉马（Ur-lama）。监察员伊尼姆沙拉（Inim-sara），土地登记员。①

美索不达米亚的主要农作物虽然也可以列出很多，但就粮食而言比较单调，只有谷物，即大麦和小麦。其他农作物还有芝麻、椰枣、豆类作物（主要是小扁豆、豌豆和蚕豆等）、洋葱、大蒜，以及亚麻等。其中，正如在苏美尔语和阿卡德语中所表明的那样，芝麻是最重要的"油料作物"。亚述帝国的国王们喜欢在自己的都城建立庞大的花园。其从世界各地引进植物和动物，一般说来这些对亚述的农业不会产生什么影响，但有一种农作物例外，就是棉花，在亚述经济中起到了重要作用。辛那赫里布（Sennacherb，在位时间为公元前704—前681年）曾经提到，他在尼尼微的花园里种植过棉花。他把棉花说成"可以长羊毛的树"②，并对棉花的用途给予了清晰地描述："他们在长羊毛的树上进行采摘，并把它纺织成衣服。"③

农民所使用的农具也十分简单，绝大多数农具都是木质的。主要农具

① J. N. Postgate, *Early Mesopotamia：Society and Economy at the Dawn of History*, p.176.

② H. W. F. Saggs, *The Might that was Assyria*, p.165.

③ H. W. F. Saggs, *The Might that was Assyria*, p.165.

包括耕犁、用于收割的木柄石刃的镰刀、打谷（大麦和小麦）用的沉重的木槌，还有筛粮食用的器具等。耕犁可能出现在公元前第5千纪，在公元前第4千纪的圆筒印章上，就有了关于耕犁的图画。到公元前第2千纪的时候，美索不达米亚人又发明了一种可以用来播种的耕犁。具体说来，就是在耕犁上设计一只垂直的漏斗。当耕犁的刀刃切入垄沟时，从漏斗上方导入的种子便会掉落在垄沟里。

2. 畜牧业

畜牧业是美索不达米亚经济的一个重要门类，甚至可以说与农业享有同样重要的地位。[①]美索不达米亚人驯养和饲养动物的时间开始于新石器时代，与他们发现种植植物的时间大体在同一时期。驯养和饲养的动物有很多，主要有牛、驴、马、羊和猪等。这些动物经过长期的驯养之后，慢慢变成了牲畜。由于牲畜具有较高的经济价值，所以畜牧业发达起来。

牲畜的经济价值可以分为生产价值和生活价值两大类。生产价值包括为耕犁等提供主要动力，成为主要的生产工具，如早期的驴和后来的牛等；马和驴等，甚至作为战车的动力；牲畜的皮与毛还是缝制衣服的好材料，不仅促进了美索不达米亚服装业的发展，还使服装成为对外贸易中最重要的出口产品之一，为美索不达米亚人换回了许多的稀缺产品和原料。生活价值包括物质生活和宗教精神生活两个方面。在物质生活方面，牲畜为美索不达米亚人的餐桌提供了丰富的肉类和奶类食品；在宗教精神生活方面，有些牲畜往往成为宗教祭祀活动和仪式中不可或缺的牺牲。它们在成为人类敬献给神的食物的同时，也满足了人们内心精神慰藉的需求。有些动物牺牲还成为占卜的重要工具，在很大程度上影响着美索不达米亚人对吉凶、未来的判断，包括对战争在内等重大事务的决策。

羊是美索不达米亚畜牧业重要的支柱性牲畜之一。羊和牧羊业在古代近东地区流行的重要原因之一，就是它们成为农业的重要补充部分。第一，耕地边缘剩余的水资源会使得杂草丛生，在耕地边缘放牧羊群便成为去除杂草的重要手段；第二，在城市公社的田地休耕轮作之年，荒地便成

---

① H. W. F. Saggs, *The Might that was Assyria*, p.166.

为牧羊的最好场所；第三，甚至在正在成长的庄稼地里，经农民允许也可以进行放牧。

牧羊业和羊毛经济在美索不达米亚的国家经济中占有非常重要的地位，其中一个非常重要的因素就是美索不达米亚的原材料严重缺乏，绝大多数依赖进口，而农产品和羊毛是其为数不多的原材料资源，因此在对外贸易中发挥着非常重要的作用。它们可以换回美索不达米亚人所需要的木材和稀有金属等重要资源。

牛是美索不达米亚畜牧业的另一重要支柱性牲畜，牛和羊的功用、养殖方法有很多相似之处。牛出产牛皮和牛奶。牛皮可以有很多种功用，从服装等物质生活用品到乐器等精神文化用品，再到武器和战车等军事用品，可以说无所不用。人类有确切史料证据的最早的乳制品行业，就产生在美索不达米亚。在美苏尔早王朝三期的欧贝德神庙的外墙上，就刻有人们制奶的场景。（见图5-3）牛拥有很高的价值，一般不用作牺牲，除非遇有国家重大的祭祀仪式场合，也不用于占卜活动。牛最主要的功用是作为动力的牵拉功能，其中拉犁耕种是最常见的用途。耕犁在乌鲁克时期就已经使用了。根据骨龄学的证据推测，在更早的时期，在拉斯阿尔阿米亚的属于欧贝德文化中期的土层中，就发现有用作耕犁的公牛。

图5-3　这是一座神殿外墙的石质中楣的镶嵌式图案，属于苏美尔早王朝三期 / 公元前2600—前2500年 / 出自泰尔欧贝德 / 现存英国伦敦大英博物馆

牛在生产中的作用，使得每一个农民家庭都想要拥有耕牛，以备耕地之需。在简单的农业经济中，不需要饲养大规模的牛群。喂养它们不是一件简单的事情，牛比羊每天消耗的食物要多得多；它们除了吃草之外，甚至还要吃大麦。在乌尔第三王朝的管理文书之中，就有给牛配给大麦份额

的内容，计算作为给牛的食物配额，大麦种子所要耗费的成本。[①]它们能够产生的副产品也不像羊毛那样容易处理。在一般家庭的财产清单中，经常有一群羊，但不会有几头牛。至于王室和神庙这样的大型机构养殖牛的情况，目前的文献材料还无法提供太多的证据。虽然根据乌鲁克时期的镶嵌艺术判断，神庙中肯定饲养牛，但这样的证据太少了，更没有神庙和王室大规模养牛的材料作为证据。来自乌尔的官方账簿，包括王室和神庙的账簿表明，王室或神庙的牛奶产量是十分有限的，少到几乎引不起关注的程度。

畜牧业还包括驴、马、骡子和猪等的饲养。驴与野驴是完全不同的种类，驴的经济价值主要在于作为拉车等牵引动力以及作为交通运输工具。苏美尔人早期战车配备的就是驴或野驴，驴还广泛用于播种。在公元前第2千纪初亚述与安那托利亚的商业贸易中，主要牵引交通运输工具的就是驴。驴队而不是骆驼队是当时商路上的"明星"。在很早的历史时期，驴还是很好的骑兽，在颠簸的多石地段比马更具安全性。后来，驴的这一用途被马所取代。在公元前第1千纪亚述的皇家交通通信系统中，驴仍然发挥着作用。马是在公元前第3千纪从北部和东北部引进到美索不达米亚的，一直享有较高的地位，尤其在军事领域有着不可替代的作用，无论是马拉战车还是骑兵都为亚述帝国的开疆拓土立下功勋。骡子是马和驴的杂交品种，在美索不达米亚非常常见。它继承了马和驴的优良品质，主要用途也是在交通运输业。

3. 商业与对外贸易

美索不达米亚城市文明的显著特征之一，就是超乎想象的商业与金融业之发达，即商业文明特征。

美索不达米亚的商业经济和长距离贸易或对外贸易可以追溯到很早的历史时期。早在新石器时代，一种富裕男人所喜爱的宝物——黑曜石就已经遍及整个近东地区了。但在整个近东地区，只有少数地区出产这种宝

---

① J. N. Postgate, *Early Mesopotamia：Society and Economy at the Dawn of History*, p.164.

石。这至少表明，早在新石器时代，黑曜石贸易就已经贯穿整个近东地区了。据学者们考证，在新石器时代，美索不达米亚进口的黑曜石主要来自凡湖地区和土耳其中部地区。[①]这与各种风格、式样的陶器的传播范围是相吻合的，从而相互印证了当时的文化交往范围。由于缺乏确切的考古学资料，学界对这一时期其他物品的贸易只能建立在分析、推测的基础之上。到加尔莫文化时期，就有确切的证据表明，在公元前5000年时，美索不达米亚就存在了地区间的贸易。[②]大约在公元前4500年，美索不达米亚就有了专业化的商业探险活动。其证据来自伊拉克北部的亚利姆泰普，属于欧贝德文化期。1977—1978年，一支苏联考古队在一间屋子里挖掘出了几百件磨石。研究者这样评价这一考古成果："这表明了一次专门的商业探险活动，还被后来的历史资料所证实。这些历史资料表明，这种磨石实际上是用火山熔岩制成的，只能产自火山熔岩区。还有充分的证据表明，亚利姆泰普位于往东的陆路交通线上，为后来的亚述地区供应磨石；一封来自马里的古巴比伦书信提到了用船装运磨石，运送到南部诸城市。这些磨石无疑与在亚利姆泰普发现的磨石同源，取自西线沿喀布尔河而下。"[③]在苏美尔早王朝时期，颇受王公贵族喜爱的天青石和红玉髓等宝石的流行，揭示出苏美尔城邦与山地国家的宝石贸易。一部关于恩美尔卡的史诗就为我们提供了这方面的线索。它讲述了乌鲁克统治者恩美尔卡怎样与遥远的山地国家统治者谈判。为保证建造伊南娜神庙所需要的天青石和红玉髓等宝石的供应，他送去了大量的粮食。下面是史诗的片段：

随后主人打开了他的主要仓库……他足额称量了谷仓中的大麦，（甚至）还加上了被蝗虫吃咬的余额。在把大麦装载上驴背——事先准备好的驴队，把大麦驮在驴子的两边——国王，广阔智慧之

---

① J. N. Postgate，*Early Mesopotamia：Society and Economy at the Dawn of History*，p.207.

② H. W. F. Saggs，*The Greatness that was Babylon*，pp.269-270.

③ J. N. Postgate，*Early Mesopotamia：Society and Economy at the Dawn of History*，p.207.

主，乌鲁克之主，库拉巴（Kulaba）之主，把它们直接派往了阿拉塔（Aratta）城。全体人民像从地缝里钻出的蚂蚁一样，纷纷涌向阿拉塔城……当使者到达阿拉塔城的时候，阿拉塔人纷纷登上台阶好奇地看着驮满粮食的驴队。在阿拉塔城的庭院里，使者足额地称量了大麦，（甚至）还加上了被蝗虫吃咬的余额。其情景好似在风调雨顺、阳光普照之下，阿拉塔人正享受着五谷丰登的富足。①

实际上，公元前第3千纪早期的历史文献虽然较少有直接涉及对外贸易的内容，但经常提到从事对外贸易的商人。在拉伽什王卢伽尔安达统治时期，就由商人塔木卡负责把铜进口到拉伽什。②考古材料证明，公元前第3千纪时美索不达米亚诸城市就与印度河流域有贸易往来。③

4. 手工业和工业

正如年鉴学派代表人物之一的布罗代尔所说，"城市总是先有商业职能，然后才有工业职能。工业在商业的带动和要求下发展起来，城市的经济至此才达到一定程度的成熟"④。但严格说来，古代的所谓"工业"或"制造业"主要还是以手工业为主，最多是工场手工业，而远非以大机器生产为主的现代工业的概念。

纺织业是一项非常古老的事业和技术，从公元前6000年或更早的时候起，就出现在加尔莫文化中。从公元前3000年开始，布料特别是毛料成为美索不达米亚的主要出口产品之一。在乌尔，当时的权力中心——神庙里就有纺织作坊。乌尔的南那神庙附近，发现了一份涉及国王经济的档案，羊毛和纺织业成为这份档案的重要组成部分。后来，王室成为这项历来生

---

① J. N. Postgate，*Early Mesopotamia：Society and Economy at the Dawn of History*，p.210.

② W. F. Leemans，*Foreign Trade in the Old Babylonian Period*，*as Revealed by Texts from Southern Mesopotamia*，Leiden，E. J. Brill，1960，p.142.

③ W. F. Leemans，*Foreign Trade in the Old Babylonian Period*，*as Revealed by Texts from Southern Mesopotamia*，p.5.

④ 参见［法］费尔南·布罗代尔：《菲利普二世时代的地中海和地中海世界》第一卷，唐家龙、曾培耿等译，465页，北京，商务印书馆，1996。

机勃勃的手工业的组织者。①美索不达米亚的纺织业原料主要是羊毛、棉花和亚麻，其中羊毛最为普遍。在美索不达米亚，从很早的时候起，人们就知道使用工具从事各种手工业了，其中就包括织布用的织布机和用于制陶的陶车和转盘。巴比伦的染色和刺绣，技术已相当高明。"当巴比伦的布匹呢绒，经商人运转到希腊罗马人之手，希腊罗马人即赞不绝口。"②

商业和手工业的发展体现的是社会分工的进步，"而分工所带给人类的收益除了经济的，更在于它构成了社会和道德程序本身，使个人摆脱孤立的状态，成为有机社会的构成分子，使人们牢固地结合起来，形成一种联系"③。

（三）货币与度量衡

一般认为，在公元前第3千纪至第2千纪的美索不达米亚，"物物交换贸易与非货币交换制构成了商业交换的基础"④。但在乌鲁克Ⅲ和Ⅱ文化的泥版中，就出现了象形文字"银钱"的符号，同时还出现了"大商人"的名称，也就是后来的大商人塔木卡。⑤实际上，银钱成为美索不达米亚最主要的货币形式，在经济发展中扮演着十分重要的角色。（见图5-4）

图5-4　作为货币的银圈，根据重量确定价值／约公元前2250年／出自泰尔塔亚／现存英国伦敦大英博物馆

在一定的社会环境下，社会上没有一致认可的重量和计量单位作为统一的标准，任何形式的商品交换与买卖都很难进行，所以人类文明在经

①　参见［法］费尔南·布罗代尔：《地中海考古——史前史和古代史》，蒋明炜、吕华、曹青林等译，50页。

②　参见［美］威尔·杜兰：《东方的遗产》，129页，北京，东方出版社，2003。

③　李锦彰：《货币的力量》，11页，北京，商务印书馆，2004。

④　Stephen Bertman，*Handbook to Life in Ancient Mesopotamia*，New York，Facts on File，2003，p.256.

⑤　A. I. Tyumenev，"The State Economy in Ancient Sumer，"in I. M. Diakonoff ed.，*Ancient Mesopotamia*，Moscow，1969，p.74.

图5-5 石鸭子秤砣／这类造型的秤砣在美索不达米亚非常常见／这件文物上面刻有拉伽什王乌尔宁吉尔苏的名字／重量超过2塔兰特，相当于60千克／约公元前2125年／出自吉尔苏／现存英国伦敦大英博物馆

历了短暂的物物交换阶段之后，便进入了更高级别的商品货币经济阶段。在商品货币经济发展阶段，要求统一的货币以及统一的度量衡作为经济运行的根本保证。（见图5-5）美索不达米亚度量衡标准的制定，完全要归功于苏美尔人的发明，尽管在古代美索不达米亚的历史舞台上，塞姆人和其他民族的人在经济活动中扮演着更长期、更重要的角色，但是苏美尔人发明的度量衡体系却成为后来历代王朝的基础。正如一位亚述学家所说："巴比伦尼亚和亚述的重量和计量单位，揭示出其非塞姆地区的苏美尔起源，以及它们所具有的苏美尔名称，及其所体现出的苏美尔记数系统。苏美尔人的数学系统是六十进位制与十进位制的混合系统。正如美索不达米亚文化中的许多其他事物一样，记数的起源归因于这片土地最早文明的建设者，即苏美尔人。"[1]在美索不达米亚的度量衡体系中，我们可以明显地看到非常古朴的计量方法，如运用人体的手指和臂肘的长度作为一种基本单位等。

三、城邦的政治制度与社会改革

苏美尔城邦都有自己独立的王朝，如基什第一王朝、乌尔第一王朝和乌鲁克第一王朝等。苏美尔城邦的最高权力机构通常由王、长老会议和公民大会组成。这种制度被历史学家称为"军事民主制"或"原始民主制"。

（一）王权的起源

在美索不达米亚人的观念中，所有的土地都属于神，所有的人类都是由神创造的，服务于神的子民，所有神的土地都是用来供养神的子民的。

---

① Stephen Bertman, *Handbook to Life in Ancient Mesopotamia*，p.257；［美］斯蒂芬·伯特曼：《探寻美索不达米亚文明》，秋叶译，395页。

国王是神在人间的代表或代理人。他向上代表神牧养神的子民，所以所有国王都自称"牧者"，负责向神的子民传达神的旨意；向下代表人民服侍神，并向神祈福，请求神的保佑。

美索不达米亚的王权经历了一个漫长的发展过程。苏美尔各城邦的王有的称"恩"或"恩西"，表意符号为"帕达西"；有的称为"卢伽尔"。"恩"和"恩西"都是城市国家主神代理人的称号，其职责是代神理财、管理神庙经济和主持修建公共工程等。此外，王可能还拥有军权和司法权。"卢伽尔"原意为"大人"，后来才有"主人"和"王"的意思。他们最初可能只是在发生战争等紧急情况时临时选举的"独裁官"，后来由于战争连绵不断而逐渐演变成常设职位。"卢伽尔"和"恩西"的职位通常都是世袭的。相比之下，"卢伽尔"的权力更大一些，只有强大的国家的统治者或霸主，才有资格称"卢伽尔"。例如，拉伽什城邦的一位强有力的王朝创立者称"卢伽尔"，继他之后先后统治拉伽什的7位统治者都很软弱，因此放弃了"卢伽尔"的称号，改称"恩西"，他们称自己城市的保护神为"真正的卢伽尔"。

关于王权的起源与演变，斯蒂芬·伯特曼给出了清晰的概括：

开始的时候，神圣与世俗的主权可能都处于单个人的手中——这是再自然不过的结果，因为美索不达米亚人不认为君王与神两者有什么分别。因此，一个城邦最早的统治者就很可能是"恩"，即苏美尔语中代表"高级祭司"的一个词。而"恩"因而也可能是地球上本地神的代表，管理着神庙的土地和在土地上工作的人。在发展的后来阶段，当人口增长起来，而且社会变得更加复杂的时候，又有一种官职也出现了，即"恩西"，或者"统治者"，其职责便成为管理城市事务（法律与社会，商业与贸易，以及军事事件），而"恩"则继续管理神庙的事务（神庙土地的监管，主持宗教仪式）。在危机爆发的特殊时刻，人们可能会通过一个长老会顾问团或者公民大会（正如马尔都克在《创世史诗》中曾经被任命的那样）任命一位"卢伽尔"。实际上，"卢伽尔"这个官职所出现的时间，几乎与苏美尔城市为保护自身不受敌人入侵的危害而开始建造防御城墙的时间，处于同一个时期，因此，也是特别需要有领袖的危机时期。最初，"卢伽尔"可能只是在出现紧急情况的时候才被授予权威，可是如果危机持续下来或者反复出现的话，"卢伽尔"的最高权力就可能成为永恒的权力。①

随着国家的繁盛和规模的扩大，越来越需要强有力的权威者，国王的权力也就越来越大，越来越明确。作为神在人间的"牧者"，国王首要的任务便是使土地丰饶，国家富有，以使人民得享安康。为此，修筑运河，发展农业为王之大事。国王的另一重要职责就是率军征战，作为军事统帅，其目的是获取土地和其他财富。作为国家的管理者，国王的职责是维持国家秩序，尤其是主张正义，铲除邪恶，恃强不凌弱。在宗教方面，国王修建神庙，主持宗教祭祀活动，代表人民祈求神灵保佑。另外，国王通过宗教与文化加强意识形态管理，目的是维护稳定与秩序。

（二）城邦会议

无论是"恩西"还是"卢伽尔"，都远不是专制君主。这时的苏美尔各国还有其他两个权力机构，即长老会议和公民大会。两者合称为"城邦会议"（苏美尔语称"unken"，阿卡德语称"puhrum"）。长老会议由贵族组成，公民大会则由城邦中的"成年男子"组成，它们限制和制约着王权。《吉尔伽美什和阿伽》史诗记载，基什王阿伽遣使者要乌鲁克王吉尔伽美什派人为基什挖井修渠，并威胁说，若不从，即兵戎相见。吉尔伽美什召开城邦会议，以决定战与降。他首先召开长老会议，长老们主张投降；他又召开公民大会，公民大会主张拒绝基什的无理要求，宁战不降。最后，吉尔伽美什听从了公民大会的意见，并且率领乌鲁克人民战胜了基什。这个故事可能表明，城邦之王在战与和的问题上还没有决定权，而公民大会可能是城邦内部的最高权力机构。与此相对应的是，神话体系中既有天神安努和众神之父恩利尔，也有众神会议。每遇重大事情，也要召开

---

① Stephen Bertman，*Handbook to Life in Ancient Mesopotamia*，pp.65-66. 亦可参见［美］斯蒂芬·伯特曼：《探寻美索不达米亚文明》，秋叶译，98~99页。

众神会议商讨，但天神安努和众神之父恩利尔的权力似乎要大一些。

随着社会经济的发展，统一国家甚至帝国的形成，国王的权力越来越大，最后发展成为专制君主。在苏美尔城市国家，城邦会议作用逐渐减弱。

（三）政治改革

迄今所知人类历史上第一位改革家和立法者，是苏美尔城邦拉伽什的统治者乌鲁卡基那。改革和立法的主要原因是拉伽什城邦内部陷入了深深的危机之中。苏美尔各城邦之间为了争夺土地、财富、奴隶和霸权，经常发生战争。连绵不断的战争削弱了苏美尔城邦的实力，加重了人民的负担，各城邦内部土地兼并严重，城市公民两极分化加剧，阶级矛盾日尖锐。其中尤以拉伽什城邦为甚。拉伽什城邦在恩铁美那即位时，由于大量公民丧失土地，享有公民权之人只有3600人。在卢伽尔安达（Lugalanda，在位时间为公元前2384—前2378年）统治时期，阶级矛盾的尖锐化不仅表现在平民与贵族的矛盾十分尖锐，而且还表现在统治阶级内部祭司贵族和王室贵族之间的矛盾日益加剧。这主要是卢伽尔安达及其家属兼并了拉伽什主神吉尔苏及其妻巴乌女神神庙的土地，并强迫原来免税的神庙纳税。平民则遭受官吏和祭司贵族的双重剥削。卢伽尔安达在全国设立监督官、税吏，巧立名目增收苛捐杂税，祭司贵族则向百姓增收葬礼费。此外，平民在战时还要负担兵役。

卢伽尔安达的暴政终于激起广大平民的反抗。公元前2378年，其统治被推翻，奴隶主贵族出身的乌鲁卡基那乘机夺取政权，成为拉伽什城邦的"恩西"（后改称"卢伽尔"）。为巩固统治，缓和尖锐的社会矛盾，乌鲁卡基那针对卢伽尔安达统治时期的各项弊政，进行了历史上已知的第一次社会改革。①

乌鲁卡基那将卢伽尔安达及其妻子霸占的神庙土地和建筑物归还给神庙，取消其向僧侣征收的赋税；免除平民所欠王室之赋税，撤销派往各地

---

① 苏联学者贾可诺夫认为，改革是祭司和支持神庙地产在经济和政治上独立的贵族与统治者斗争的结果。统治者力图通过兼并神庙地产而加强自己的经济和政治地位。神庙以外的公民可能也参加了这场统治阶级内部的斗争。参见其《评乌鲁卡基那的改革》，载《亚述学与东方考古学杂志》，第52卷，第1期，1958。

的监督官和税吏；减轻手工业者的负担；以国家立法的形式确定财产的私有制，保护拉伽什城邦公民和依附民的私有财产和身份，禁止官吏及其他人强夺他人财产；禁止以人身作为债务抵押，释放因债务而被奴役或遭拘禁的平民；降低丧葬费用；确立一夫一妻制，禁止一夫多妻；改变过去以贵族子弟兵为主要军事力量的制度，建立以平民为军队主要力量的制度，用由平民组成的步兵代替由贵族组成的战车兵等。改革的内容虽然涉及税收、婚姻与家庭及军队等诸多方面，但可以归结为一个宗旨，即确立私有制形式，减轻平民的负担，以保证正常的经济秩序和生产的不断发展。改革确实收到了很大的效果，平民的地位得到了提高，公民人数扩大了10倍，乌鲁卡基那自称宁吉尔苏神在36000人中授予他"王"权。

图5-6　乌鲁卡基那改革内容的锥形铭文／约公元前2350年／出自特罗，古代吉尔苏／现存法国巴黎卢浮宫博物馆

虽然现在所知的有关乌鲁卡基那改革的内容并非出自法典，而是记载在乌鲁卡基那的档案学家们为纪念新运河开凿所作的铭文之上，但改革无疑具有明显的立法性质，并对以后两河流域的法律发展产生了重要影响。有关改革的铭文原文用苏美尔语写成，现存法国巴黎卢浮宫博物馆。（见图5-6）

第二节　古埃及早王朝时期

古埃及早王朝时期包括曼涅托王表中的第一王朝和第二王朝两个王朝（约公元前3100—前2686年）。

关于早王朝时期的历史，在19世纪以前，人们只知道一些以传说的形

式保存在很晚时期的文献中的情况。例如，写于古王国时期的第五王朝时的《帕勒摩石碑》上的一个年代记，即《上古埃及年代记》；公元前5世纪时的希腊人希罗多德的《历史》和曼涅托的书中提供的片断，甚至非常荒诞的一些记载。而对这个时代的更多、更真实的情况，人们就不知道了。

19世纪末和20世纪，考古学家彼特里、魁别尔等人在涅伽达、阿卑多斯和希拉康波里等地以及艾麦里在萨卡拉的发掘，大大地丰富了研究古埃及早王朝时期历史的资料。但有关早王朝时期历史的文献资料仍然十分贫乏，无论是有关制度方面的情况，还是人物的活动情况，都往往只能靠非文献的文物资料来说明。因此，古埃及早王朝时期历史的许多问题还是不清楚的。

一、城邦战争与统一活动

前王朝时期，古埃及各小国之间进行的战争，实际上都具有统一的意义。有学者说，蝎王不仅统治了南方，而且还统治了北方。这个说法虽然有些过头，但它说明蝎王对北方的战争确实具有统一的意义。不过，他进行的战争并没有完成统一。古埃及国家的统一是在早王朝时期完成的。

据曼涅托说，美尼斯是古埃及国家的建立者和统一者。他是南方人，曾经远征北方，并为了巩固对北方的统治而在尼罗河谷和三角洲交界的地方建立了一个要塞城市——白城（希腊人称之为孟斐斯）。但考古学家没有发现有关美尼斯的任何文物，也就是说美尼斯存在与否没有任何考古资料证明。有学者说，美尼斯可能是有考古资料证明的纳尔迈，因为美尼斯的拉丁文注音为"MN"，而纳尔迈的拉丁文注音为"NM"。由于古埃及的象形文字只有辅音没有元音，所以这两个名字如果颠倒一下，就是一个人的名字了。纳尔迈也是南方人，所以，这个说法是可以成立的。

第一王朝的第一个国王是纳尔迈。他进行的统一活动的规模比蝎王要大得多。有关纳尔迈进行统一战争的证据有纳尔迈权标头、纳尔迈调色板和利比亚贡赋调色板等。

纳尔迈权标头是魁别尔在希拉康波里发现的。权标头上雕刻的内容是，头戴红冠的纳尔迈手执王笏（连枷和弯钩），坐在一个有9层台阶的平台上。他的头上有华盖遮挡太阳，台下有两人各执一伞，后有一人手提凉鞋，还有仪仗队。在他的前方，有一乘轿子（或称为抬床，类似蝎王权标头上的那乘抬床），上面坐着一位公主，人们认为这是他在战胜北方后，从北方迎娶来的。在权标头上雕刻了一组数字是，俘虏12万人，俘虏大牲畜40万头，小牲畜142万头。这说明战争的规模很大。

纳尔迈调色板也是魁别尔在希拉康波里发现的。调色板的正面雕刻有头戴白冠的纳尔迈。他手执权标头在击杀一个跪在他面前的、代表三角洲首领的俘虏。还有一把渔叉作为他的旗帜。在纳尔迈的正前方，有一只鹰（象征鹰神荷鲁斯）站在象征三角洲地区的一束纸草植物之上。它的一只爪子抓着一根绳子，套着象征三角洲地区的人头。这一组画面可能是表明纳尔迈曾在远征北方的战争中，得到了荷鲁斯的保护，因而取得了胜利，并带来了北方三角洲的俘虏，其数量是6000人。（见图5-7）

图5-7　纳尔迈调色板／希拉康波里／现存开罗埃及博物馆

利比亚贡赋调色板上的浮雕表明，纳尔迈在统一战争中联合了不少小国家一起进行。许多图腾表明了这些小国家的名称。它们应当都是南部的一些小国。（见图5-8）

图5-8 利比亚贡赋调色板／现存开罗埃及博物馆

纳尔迈的直接继承者是国王阿哈。他的名字的意思是"战士""斗士"。这可能表明了他的性格。保存下来的有两件文物与他的统一活动有关。第一件是在阿卑多斯发现的一个黑檀木梱，是纪念他远征努比亚的活动的；第二件是在一个文物上雕刻着俘虏的场面。并有铭文为"得到上、下埃及"。他还在三角洲地方建立了一个涅特女神的神庙。该女神为舍易斯地方所崇拜，这可能表明他"切望抚慰被征服的北方"。在《帕勒摩石碑》上第一王朝的王名中的第一个人，或第二个人项下可能记载的是他的事迹。

第一王朝最强盛的时期是该王朝的国王登统治的时期。艾麦里在萨卡拉发现了他的大臣海马卡的墓（约1512平方米）。这座墓比现在知道的第一王朝任何一个国王的墓都要大得多。在阿卑多斯地方的登的墓里，留有一块象牙板，上面雕刻着他正在用权标击杀一个跪着的人。上面的解释性铭文是"第一次击杀东方人"。（见图5-9）在他统治时期，第一次将红

图5-9　国王登第一次击杀东方人／现存英国伦敦大英博物馆

冠和白冠同时戴在自己头上，即采用了双重王冠。蝎王的头上只戴了白冠；纳尔迈只在一种场合下戴白冠，在另一种场合下戴红冠，从未见他们同时戴上两个王冠。登还第一次采用了象征上、下埃及的双重王衔："菅茅和蜜蜂"。"菅茅"代表上埃及的保护神，"蜜蜂"则代表下埃及的保护神，其原来的意思是希拉康波里和舍易斯。在他的墓里，人们还发现了几个要塞的名字。虽然人们认为在他统治时期，第一王朝达到了繁荣的顶峰，但有关他统治情况的资料我们却知之甚少。

纵观第一王朝时期，南方对北方的征服战争不只一场，而且战事还远不止于北部埃及的三角洲地区，而是已经达到了西部的利比亚和东部的西奈半岛。但是征而不服，北方对南方征服的反抗从未间断。尽管南方的统治者除了采用军事手段以外，还采用了联姻的方式和安抚的方式，但都无济于事，不能阻止北方人民（可能包括普通的居民，也包括贵族）的反抗。因为南方的统治者在征服过程中伴之以无数的杀戮、掠夺和破坏，给普通的居民带来无穷的灾难；同时也伴之以贵族权力的（政治的和经济的）丧失，因而必然会激起他们的反抗。这种反抗很可能是在贵族的煽动和领导之下进行的。

二、早王朝时期古埃及的经济状况

早王朝时期，古埃及虽然仍然处于金石并用时期，但在当时的世界上，却是生产力发达的地区之一。

（一）灌溉农业

古埃及的农民在争取生存的斗争中，很早便开始利用尼罗河水进行灌溉，或开挖沟渠，以排除尼罗河泛滥时留下的积水。至少在塔萨-巴达里文化时期，古埃及人已经知道灌溉。在格尔塞时期，灌溉工程已经相当发达了。当时形成中的国家被称为斯帕特，其象形文字就是一块被灌溉沟渠分割开的土地，说明那时已经存在灌溉系统（虽然还只是在一个小国的范围之内）。在早王朝时期，随着国家逐步走向统一，灌溉工程也就越出了前王朝时期小国的范围的灌溉网。

古埃及的灌溉工程在国家形成以后，大概都是在国家的控制与监督之下进行的。实际上，这也是国家的一项社会职能。《帕勒摩石碑》记载，从第一王朝开始，就有关于尼罗河每年洪水泛滥高度的记载。例如，第一王朝"王T，第一年，六肘""第三年，四肘、一掌"[1]。记录这些情况的可能是国家官吏，也可能是神庙的祭司。例如，在第一王朝的文献中提到有"河渠的仆人"，在第三至四王朝的铭文中有"两个河渠的仆人"。

古埃及的主要农具是锄和犁。

早王朝时期，古埃及已经发展到犁耕农业的阶段。表示犁的词已知最早的是以象形文字形式出现的，是在《帕勒摩石碑》上的铭文里，记在前王朝国王的名字里。在第二王朝时期的文物上，表示犁的词有时是同牲畜一起提到的。犁耕的出现无疑是一大进步，它有利于提高耕地的速度。古埃及人至少使用过3种犁：一种是非常原始的犁，它使人想起是古埃及人使用的翻过来的锄头，它的一边延长为辕杆的形状；另一种犁是古王国时期经常使用的犁，就是带有两个稍微弯曲的柄的直把犁，使用时需要两头牛牵引；第三种形式的犁是装有横木把柄的犁，到了新王国时期才被使用。

早王朝时期，古埃及种植的主要作物有大麦、二粒小麦和亚麻等。除谷物生产以外，果树栽培也发展起来。主要有葡萄和无花果。

（二）畜牧业

在早王朝时期的经济中，畜牧业还占有相当重要的地位。其原因是什么？一是满足人们对肉和奶的需要。畜牧产品的肉不仅可以食用，还可以

---

[1] 在这里，肘、掌、指均为古埃及的长度单位，一肘大约等于52.3厘米，一掌大约等于7.47厘米，一指大约等于1.87厘米。

用作给神灵、死者的祭品。在前王朝时期就已经流行在死者墓里放置被杀死的公牛和其他牲畜的不同部分的传统。二是古埃及人由锄耕农业转向犁耕农业，使畜牧业的发展获得了新的意义，即满足农业用牵引力的需要。三是作为运输工具。用牛和驴作运输工具，在古埃及早已有之。从西奈半岛、瓦迪-哈马马特、哈特努布、努比亚沙漠考古发现的证据表明，在早王朝时期，古埃及就对这些地方进行过远征，以获得铜、石材、黄金等，牲畜（牛、驴等）是用作驮运的主要动力。

从这个时期的资料来看，早王朝时期古埃及畜牧业的规模是很大的。在纳尔迈权标头上写着俘获大牲畜40万头、小牲畜142万头。

早王朝时期，古埃及人饲养了牛、绵羊、山羊、猪、驴和骆驼等。

家禽饲养方面，古埃及人很早就已经开始驯养鸡、鸭、鹅，可能还有鹤。早王朝时期以后，在给神庙的祭祀用牺牲中，在给死者的祭祀牺牲中，都常常提到鸭、鹅，有时还提到鹤。在古埃及，渔业早已是经济中的一个部门，人们很早就食用鱼了。尼罗河向埃及人提供了丰富的鱼类资源。

（三）手工业

早王朝时期，古埃及的手工业无论是在规模上还是在技术上都有了很大的进步，手工业者的技艺达到了前所未有的高度。

早王朝时期，古埃及人的手工业原料除了铜以外，还有石料、木材、农产品等。石料是古埃及人在建筑和雕刻方面的主要原料；木材是建筑、造船、雕刻的主要原料；农产品（包括粮食、亚麻、葡萄等）则是食物、纺织、酿酒的主要原料。

早王朝时期，古埃及的金属工具使用得比过去广泛了。早王朝时期，古埃及的铜主要来自西奈、东部沙漠地区和红海沿岸。虽然铜器多了，但铜的冶炼水平低，极大地限制了冶金业的发展。当时除了使用铜以外，在金属的使用方面还有黄金和铅等。

早王朝时期，古埃及的手工业部门已经不少，如建筑、冶金、造船、纺织、酿酒、雕刻、制陶、制作面包、制作项链等装饰品的制作部门，石器（如石瓶和石罐）的制作等。而且已经有了很高的水平。

前王朝时期即已出现的艺术手工业，例如，权标头、调色板等，至早王朝时期得到了很大的发展，著名的纳尔迈调色板、纳尔迈权标头、利比亚贡赋调色板、哈谢海姆的雕像、哈谢海姆威的铜像就是很好的例子。在第一王朝登统治时期的大臣海马卡的墓里，艾麦里发现了一个圆盘，上面以浮雕的形式，雕刻了几只动物：两只豺狼和两只羊，其中一只豺狼已经咬住了一只羊，另一只豺狼则正在追赶另一只羊。（见图5-10）这些动物

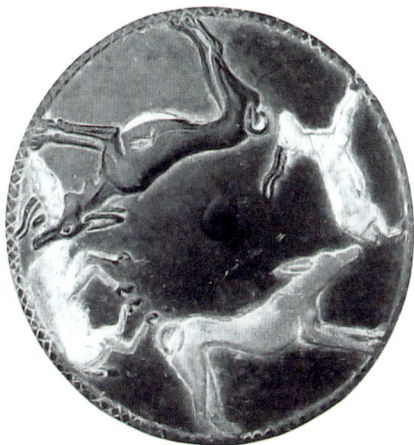

图5-10　海马卡墓圆盘／现存开罗埃及博物馆

的造型十分生动，表现了很高的艺术水平。艺术手工业的发展，可以说是当时整个生产力发展水平的一个综合表现：既反映了当时生产力的提高、经济的发展，又反映了手工业技术的提高，还反映了人们欣赏水平的提高。

这时城市的规模比前王朝时期要大得多，特别是作为统一王国首都的孟斐斯，肯定比前王朝时期一个小国的首都要大得多，至于其经济职能如何我们却不得而知。

总之，国家逐步统一促进了社会生产的发展，促进了奴隶制经济的发展。

三、早王朝时期的社会状况

早王朝时期，随着奴隶制经济的发展和统一战争的进行，阶级关系更复杂了，阶级分化加剧了，阶级矛盾也更加尖锐了。随着国家的统一，奴隶主在全国范围内形成一个统治阶级（以国王为首）；同时，被剥削阶级也客观上在全国范围内形成一个被压迫阶级。奴隶人数大为增加：第一王朝各国王墓里均有大量的人殉，其中当然有很多人是奴隶；纳尔迈权标头上说俘虏了12万人；在纳尔迈调色板上说俘虏了下埃及三角洲地区的6000人，其中也必定有很多俘虏成了奴隶。

从早王朝时期的埋葬情况（墓的大小、殉葬品的多少）也可以看出，这时阶级分化十分的激烈：王墓和少数贵族墓（马斯塔巴）不仅规模巨大，而且殉葬品极为丰富（虽然后来大多数被盗），如海马卡的墓占地达到1512平方米，还有人殉。

在萨卡拉，除了有王墓以外，还有一些属于中等阶层的墓葬，以及一些官吏和宫廷人员的墓葬。其建筑与国王和大官们的墓葬相比，就显得十分的简陋了。更不用说广大的下层群众了。

第三节　城邦文化

城市与村落最重要的区别在于社会分工的细化以及工商业的发展，文化教育活动的开展，政府组织和政治制度的创立。其中，新型的文化既是经济和政治发展的结果，同时也影响着经济和政治模式的进一步发展和演进。

一、学校教育

文明的发展和传播离不开文字，离不开图书，也离不开学校，它们是文明发展和发达程度的重要标志之一。美索不达米亚古文明的兴起、发展和传播为此提供了最早和最好的例证。

（一）苏美尔学校——人类最早的学校

苏美尔人发明了人类最早的文字，因此很自然地，在苏美尔诞生了世界上最早的学校。正规学校教育制度的创立是苏美尔人对人类文明的重大贡献之一。美国著名苏美尔学家克莱默教授对苏美尔人的这一成就评价很高。[1]

1. 学校的产生

早在公元前3000年左右，苏美尔就已经出现了学校。在乌鲁克出土的属于这一时期的上千块泥版文书中，除了经济文书和管理文书外，还有一些学生学习时用的单词表。这显然表明，在这一时期苏美尔已经有

---

[1]　S. N. Kramer，*The Sumerians：Their History，Culture，and Character*，p.229.

了学校的雏形。到公元前第3千纪的中期，学校已遍及全苏美尔。1902—1903年，考古学家在苏美尔的重要城市舒路帕克发掘出了许多学校"教科书"。这些泥版"教科书"的时间可确定在公元前2500年左右。但苏美尔学校制度走向成熟和繁荣，则是在公元前第3千纪的下半期。20世纪30年代，法国考古学家安德烈·帕罗特在两河流域上游的名城马里，发掘出一所学校遗址，时间为公元前2100年左右。它包括一条通道和两间房屋。大间房屋长44尺①、宽25尺，小间的面积为大间的1/3。大间房屋排列着4排石凳，可坐45人；小间房屋排列着3排石凳，可坐23人。这很像学校的教室。两间房四壁无窗，从房顶射入光线。房中没有讲课用的讲台或讲桌，只放着许多学生的作业泥版。墙壁四周的底部安放着盛有泥土的浅浅水槽，附近摆放着一个椭圆形的陶盆，地面上装点有很多亮壳。这所房舍靠近皇宫，不靠近神庙；刚好在其他地方发现的泥版文书的储存地也靠近皇宫，而不靠近神庙。有学者推断这所学校的校舍是公元前3500年的建筑，代表人类最早的学校。如果这个推断正确的话，美索不达米亚的学校要比古埃及于公元前2500年出现的宫廷学校早1000年。②

　　考古学家发掘出的属于公元前第3千纪下半期的泥版，其数量之巨，数以万计。可以肯定，至今仍湮没在地下有待于挖掘的泥版，其数量绝不会少。这些泥版的绝大部分属于管理文书，内容涉及苏美尔人经济生活的各个方面。这很清楚地反映出，这时期的苏美尔学校无论是在数量上，还是在规模上，都已相当可观。

　　从公元前第2千纪初期开始，有关学生练习和学校生活的泥版越来越多，这些泥版既有初级学生的习作，也有"毕业生"的成品。古巴比伦王国是古代美索不达米亚政治强盛、文化繁荣的鼎盛期，学校无疑发挥了巨大的作用。尼普尔成为书吏学校的中心，因此也成为王国教育的中心。许多重要的文献和文学作品是通过书吏学校学生的抄写而得以保存下来的。

---

　　① 1尺约等于0.33米。

　　② 参见滕大春：《关于两河流域古代学校的考古发掘》，载《河北大学学报（哲学社会科学版）》，1984（4）。

巴比伦的书吏及其学校为保存苏美尔和巴比伦的文化遗产，做出过突出的贡献。在古巴比伦时期以后，有关学校的记载微乎其微，原因不详。

2. 学校的类型

传统上一般认为，美索不达米亚的学校是在神庙的扶植下发展起来的，是神庙的附属物。这种看法猜测的成分居多，而缺乏确凿的证据。迄今考古学家所发现的学校遗址，至少包括3种类型①：第一种为邻近王宫的学校，包括在拉尔萨②、乌鲁克和马里等地发掘出的学校遗址。这类学校可能是宫廷或政府机关所设立。第二种为位于神庙附近的学校。例如，在沙杜普姆③发掘出了许多辞书和文学课本，都埋在谷神尼萨巴及其爱人哈加的神庙的土地下。学者们认为，这类学校可能系神庙所设立。第三种为临近书吏居住区的学校，这类学校的遗址主要出自尼普尔和基什④。在这两个城市的书吏居住的地区都发现了学校用的泥版文书，包括练习作业、文学作品和参考书等。此外，在乌尔发现的学校既不临近宫廷也不临近神庙，教室中藏有3000片左右的小型学校课本，还有宗教著作、文学作品和教材纲目之类的泥版文书。这类学校可能是私立学校。至于以上3类学校哪类居于主导地位，目前的材料还不足以支持学者们下定论。虽然有些学者认为神庙学校可能更为盛行，但也缺乏有力的证据，在某种程度上仍停留在推测的基础上。他们推测的主要依据是传统上对古代美索不达米亚社会经济制度的估价，即认为神庙控制着所有土地和社会经济生活，但近些年尤其是20世纪80年代以来学者们的研究已使传统上的这一论断很难站住脚。

但据美国学者爱德华·吉埃拉的研究⑤，在亚述帝国私人招收学生的现象十分普遍。大多数书吏都招收有志于从事书吏职业的少年，让他们成

---

① 参见滕大春：《关于两河流域古代学校的考古发掘》。

② 拉尔萨（Larsa），今天的森科拉（Sankala）。

③ 沙杜普姆（Šaduppuun），今天的哈尔马勒古城址（Tell Harmal）。

④ 基什，今天的阿尔海米尔（Alhaimir）。

⑤ Edward Chiera, *They Wrote on Clay*, Chicago, The University of Chicago Press, 1968, pp.165-166.

为自己的徒弟（学生），师徒之间的关系非常亲密，宛若父子。实际上，书吏往往把他的徒弟收为养子。这种"收养"关系一直持续到该少年学业有成，能够成为职业书吏为止。在一些文献中有这样的记载，许多学生都自称为某某书吏之子。由于一个人不可能同时拥有那么多年龄相仿的儿子，因此很显然他们是书吏的学生。这些学生是由其父母交给书吏来接受特训的。教师外出时经常带着许多学生见习，让他们从实践中学到经验。这样的私人教师有足够的能力使学生获得职业书吏所应具备的知识和素质。私人学校可能传授的只是实用的专业技术和技巧，不涉及科学和文学研究。

3. 学校的功能

苏美尔人的学校称为"埃杜巴"，意思为"泥版书屋"。其功能与目的首先是为王室和神庙培养书吏或书记员，以适应管理土地和经济的需要。它始终贯穿于苏美尔学校存在的全部历程。书吏学校的学生毕业后，就有资格成为正式的书吏或书记员。他们有的为王室、神庙和私人庄园管理土地、充当会计师，有的专门从事某一行业的管理工作，还有的在国家和政府部门担任高官。受雇于政府机关的书吏，大体上可分为高级书吏和低级书吏两类。高级书吏一般在政府要害部门任职，通常被委以撰拟帝王旨意，制定军政法令，修订外交文书，充当朝廷顾问，地位显赫；低级书吏一般负责监督和起草契约，充当公证人、掌印员、土地和财产登记员、军情记录员、碑铭雕刻员及核查员和会计等。私人书吏一般则受雇于经济尤其是商业贸易领域，充当缮写员、计算员、秘书和文牍员等。正由于书吏享有优越的社会地位，所以富裕家庭的家长大都望子成龙，把孩子送进学校。这与中国古代所崇尚的"学而优则仕"有相似之处。家长密切监督孩子们在学校的学习情况。学生之间的竞争也相当激烈，有时甚至抬高自己而贬低他人。

随着学校的发展和壮大，特别是课程设置范围越来越广，学校也逐渐成为学术中心，成为苏美尔文化和研究学问的中心。苏美尔人的学校还有一个显著的特点和功能，即还是文学创作的中心。学生们通常先抄写和研习以前留下的文学作品，然后再自己从事创作。

4. 学校的组织和管理

关于美索不达米亚学校的组织和管理情况，现在知道的还不全面。苏美尔学校的最高领导称"乌米亚"，学者们通常称其为"校长"。其本意是"专家""教授"或"权威"。校长被尊为学校之父，人们这样称颂他："校长，你是塑造人性的上帝""你是我所敬仰之神"。位居校长之下的似乎是"年级长"，被称为阿达·埃杜巴，即"学校之父"。[①]教师一般都任职某一专门学科，如计算教师即代数教师、田地教师即几何教师和苏美尔语教师等。教师直译为"泥版书屋的书写者"，助教则被称为"大师兄"，其职责是为学生准备新泥版以供他们抄写，检查学生的练习和作业，以及检查学生背诵课文等。在校的学生被称为"学校之子"，已毕业的学生则被称为"昔日学校之子"。除了校长、教师和学生外，学校还设有行政人员，他们被称为"泥版书屋的管理者"。学校还设有图书馆员、学生出勤检查员和校门看守人员等，对学生实行严格监督。

关于学校管理方面的材料，目前所知甚少。从现有材料看，学校主要是通过奖惩制度来监督和管理学生，在约束纪律方面尤为突出。学生必须从早到晚在学校学习，中午也不许回家，自备午餐，放学后回家，学校不留宿。回家后还有作业，家长还要检查孩子的功课。例如，一位学生在叙述自己的学校生活时讲道："我背诵了泥版，吃了午饭，准备好了新的泥版并抄写完毕，然后老师把范板给我；下午，老师又把我的练习还给我。放学以后，我就回家了，一进屋看见我爸爸坐在那儿。我把我的练习讲给他听，把课文背诵给他，他非常高兴，我也很快乐地陪伴他。"紧接着他又讲道："当我早晨起来时，我看见我妈妈，对她说：'给我准备午饭，我要去上学！'我妈妈给我两个卷饼，我便动身上学去了。到学校后，负责监督作息时间的同学对我说：'你为什么迟到？'我怀着忐忑不安的心情来到老师面前，恭敬地行了个屈膝礼。"学生不仅不能迟到和早退，在校学习期间还必须严格遵守学校的各项纪律。例如，学生必须尊重教师和助教，必须做到衣冠整洁，上课时不许随意讲话、不能随便起立，开会时不能漫

---

① H. W. F. Saggs, *The Greatness that was Babylon*, p.435.

不经心，不得走出校门及必须说苏美尔语等。对以上诸项纪律，都设有专门人员负责监督。对违反纪律的学生所施行的惩罚办法，是用笞杖抽打，严重者则用铜锁链套住双脚，关两个月的禁闭，不许其走出校门。对不可救药的学生的最后手段是开除。我们上面提到的那位学生就是个典型的不守纪律者，在他的自述中写道：

> 负责校容者对我说："你在街上闲逛，没把衣服穿好。"于是便抽打我。
>
> 维持课堂安静秩序者责问我："你为什么未经允许就随便说话？"于是便抽打我。
>
> 负责会场纪律者对我说："你为什么漫不经心，怡然自得？"于是便抽打我。
>
> 行为举止的监督者指责我："你为什么未经允许就站起来？"于是便抽打我。
>
> 看门者对我说："你为什么未经允许就私自走出校门？"于是便抽打我。
>
> …………
>
> 监督语言者对我说："你为什么不说苏美尔语？"于是便抽打我。
>
> 老师对我说："你的功课太糟糕。"于是便抽打我。
>
> 因此，我开始讨厌书吏这个职业，开始荒废学业。老师也不喜欢我了，不再向我传授技艺；我再也不能成为"年轻的书吏"了，也不能成为"大师兄"了。①

由此可见，学校不仅纪律严明，惩罚也非常严厉。不过即使这样，学生们仍不肯就此让自己成为"年轻书吏"和"大师兄"的梦想破灭，还要做最后的努力。非常有趣的是，几千年前的学生竟然已经懂得向教师溜须拍马，甚至行贿。这位学生的最后一招是向家长求援。他对其父说：

① S. N. Kramer, *The Sumerians*: *Their History*, *Culture*, *and Character*, pp.237-239.

"再额外给教师加报酬，让他对我和善些……让他在处理学生事务时，把我考虑在内。"于是，其父便依计而行，把教师请到家，让教师坐在一个"大椅子"上，这位学生便服侍他的教师。教师首先让学生向自己的父亲汇报他在学校的学习情况，然后父亲高兴地对教师说："我的孩子已张开了双臂，你赋予其以智慧，你教给了他书吏技艺的所有要点，你使他掌握了解决数学问题的方法。"随后便请教师吃饭，送给教师一套衣服和一枚戒指，此外还另加了一些报酬。在这种情况下，教师对学生说："你对我的话并不记恨，也没把它当作耳旁风，愿你能自始至终地学成书吏的技艺。由于你给我礼物而毫不吝啬，给我更多的报酬，并尊重我，愿天使守护女神尼达巴成为你的护卫天使；愿你的笔写出更优美的字；愿你在兄弟中成为领导者；愿你在朋友中成为头领；愿你在毕业生中成为佼佼者，令所有进出王宫之人满意。"①就这样，这位屡教不改的学生又一次得到了宽恕。

5. 学校的课程设置

与苏美尔和巴比伦学校的功能和教育目的相适应，其课程设置大体可分为基础课程即语言、专业技术课程和文学创作课程。由于苏美尔学校建校的目的是为国家和神庙等培养书吏，因此，学校首先要教会学生苏美尔语。为满足这一教学目的，苏美尔的教师设计了一套语言分类教学方法，即把苏美尔语的相关词和词组分成若干组，供学生们背诵、听写和抄写，直到学会为止。在公元前第3千纪，全苏美尔的所有学校都把这类教科书奉为范本。

在语言课程方面，苏美尔人的研究已经相当深入。他们已经能够准确、详细地阐述苏美尔语语法。在很多泥版上都能看到很长的名词变格和动词变位表，表明苏美尔人在语法研究方面已达到高度复杂的水平。不仅如此，这时期还出现了世界上已知最早的字典。公元前第3千纪后期，操塞姆语的阿卡德人入侵苏美尔。阿卡德征服者吸收了苏美尔文字的成果，而且在苏美尔语作为口语已经消失后相当长的时期里，仍然高度重视、研究、学习和模仿苏美尔语的文学作品。在古巴比伦时期，学习和掌握苏美

---

① S. N. Kramer, *The Sumerians*：*Their History*，*Culture*，*and Character*，pp.239-240.

尔语被视为有学识和教养的标志。

掌握了语言这门基础后，从事文学创作和学习专业技术才成为可能。文学创作课程包括两方面的内容：其一是抄写、模仿和研究过去的文学作品；其二是进行新的创作。苏美尔人最早的文学创作可能始于公元前第3千纪的下半期。已发现的这时期的作品达数百件，几乎都属于诗歌体裁。这些诗歌的篇幅短的不少于50行，长的则达上千行。从内容上看，它们主要包括庆祝诸神和英雄伟业的叙事诗、对神和国王的颂歌、哀悼苏美尔城市灭亡的哀歌，以及格言、寓言和评论等。在苏美尔城市遗址所发现的有关苏美尔文学的5000多块泥版和残片中，有相当一部分是学生不成熟的习作。

在专业技术课程方面，学生不仅要学习计算（代数）和测量土地（几何）等方面的知识，还要学习其他多种学科方面的知识。在苏美尔时期的教科书中，便出现了多种树木和芦苇的名称，几乎所有种类动物（包括昆虫和鸟类）的名称，人体各种器官的名称，天体的名称，许多地区、城市、村庄、河流和运河的名称，以及各种岩石和矿物质的名称等。因此可以说，这些教科书的内容涉及植物学、动物学、生理学、地理学、天文学和矿物学等多种学科。但它们在苏美尔时期还只能称为半科学性的，因为它们不是出于纯粹的科学研究目的产生的，而只是适应某种需要的结果。虽然如此，这毕竟反映出当时的苏美尔人对这些方面的科学知识已有了初步科学的认识。在数学方面，学校已准备了许多数学表格和详细的数学问题，并附有答案。到古巴比伦时期，美索不达米亚的文化空前繁荣，自然科学在许多领域都取得了令人惊讶的成就，这在很大程度上要归于这一时期发达的学校教育。

6. 学校的宗旨：培养"人性"

欧洲文艺复兴时期的人本主义教育，几乎人所共知，在此自不必多说，只需提及一点，即人文主义运动与中学的教学和课程改革有着密切的关系。"许多人文学者都是职业的家庭教师或学校里的教师，文艺复兴时期大部分受过教育的人都是在学校受教时接触到了人文主义思想，并在之后将其带入更广泛的公共生活和职业生涯领域。"①但美索不达米亚的教育——也就是人类最早的学校教育——其以培养"人性"为最高宗旨的教育，就鲜为人知了。

苏美尔学校的最高宗旨是培养"人性"。正如一位亚述学家所中肯地指出的那样，"美索不达米亚的教育还是在寻求反复灌输一种，因为没有更好的词，我们必须称之为'人性'的东西。实际上，'人性'这个词第一次出现在人类历史上，是在苏美尔的文献中，而且出现在那些专门涉及教育目的的文献中"②。例如，在一份苏美尔文献中，一位学生对他的校长说："我一直就像小狗一样，直到您打开了我的双眼。您在我身体里制造了'人性'。"③苏美尔学校培养学生"人性"的最高宗旨，被这位学生一语道破。

我们还拥有一份非常有趣的苏美尔文献，由17块泥版和残片组成，时间距今约3700年。其原始的版本可能还要早几个世纪。这份泥版文书讲述了一名书吏教育其不爱上学的儿子的故事，其核心问题还是提到的"人性"的问题。这位书吏父亲非常失望、非常受伤，因为他的儿子拒绝子承父业而成为一名书吏。下面是他父亲喋喋不休的长篇大论：

> 快过来，做一个男子汉。不要伫立在公共广场中，或徜徉在林荫大道上。在大街上行走时，不要东张西望。在你的班长面前，要表现出谦恭和畏惧。当你表现出畏惧时，班长就会喜欢你。
>
> ……（以下15行毁坏）
>
> 你整天在公共广场中闲逛，怎能获得成功？那么，追随前辈们，到学校上学去，将对你大有裨益。我的孩子，追随前辈们，向他们请教。
>
> 我想要跟你说的是，不要做傻瓜，而要做智者，用魔力控制住

---

① ［美］保罗·奥斯卡·克里斯特勒：《文艺复兴时期的思想与艺术》，邵宏译，43页，北京，东方出版社，2008。

② Stephen Bertman, *Handbook to Life in Ancient Mesopotamia*, p.304.

③ ［美］斯蒂芬·伯特曼：《探寻美索不达米亚文明》，秋叶译，462页。

邪恶之人，不要听信其谎言。因为我的心已完全被你的忧虑所占据，我远离你，不理你的恐惧和抱怨——不，不理你的恐惧和抱怨。由于你的吵闹，对，由于你的吵闹——我对你很生气——对，我对你很生气。因为你不尊重你的"人性"，我的心仿佛被一股邪风吹毁。你嘟嘟囔囔的抱怨置我于死地，你已经把我带到了死亡的边缘。[①]

在这位父亲看来，不上学，不好好学习，整天游手好闲，就是不尊重自己的"人性"，因此指责他"追求物质主义的成功，而放弃人文主义的努力"[②]。这一方面反映出了当时学校教育的宗旨在于培养"人性"，另一方面可能也在某种程度上反映出了当时苏美尔社会的普遍价值观。

美索不达米亚的教育以培养"人性"为最高宗旨的特征，还可以从人们对学校校长的称颂内容中得到反映。苏美尔学校的最高领导称为"乌米亚"，学者们通常称其为"校长"，其本意是"专家""教授"或"权威"。校长被尊为"学校之父"，人们这样称颂他："校长，你是塑造'人性'之神"，"你是我所敬仰之神"。[③]从校长被尊称为"塑造'人性'之神"这么直白的表达中不难推断，学校是"塑造'人性'之场所"便是很自然的逻辑了。

文艺复兴史权威、瑞士历史学家雅各布·布克哈特说得好："文艺复兴于发现外部世界之外，由于它首先认识和揭示了丰满的完整的人性而取得了一项尤为伟大的成就。"[④]"人文主义教育的核心是关注人，重视教育对塑造人性培养完人的作用。这种教育首先要求把人从中世纪教会的禁锢和只为获得某种职业技能的小圈子中解放出来，在尊重人性顺乎人的自然

---

① S. N. Kramer, *History Begins at Sumer*, Pennsylvania, The University of Pennsylvania Press, 1981, p.16.

② S. N. Kramer, *History Begins at Sumer*, p.15.

③ 于殿利、郑殿华：《巴比伦古文化探研》，93页，南昌，江西人民出版社，1998。

④ ［瑞士］雅各布·布克哈特：《意大利文艺复兴时期的文化》，何新译，302页，北京，商务印书馆，2004。

本质的基础上鼓励热情、雄心勃勃和争取荣誉。一句话，是完成对精神的铸造。"[1]文艺复兴时期的人文主义教育所要"复兴"的客观对象即古希腊和古罗马的古典传统，而其"本源"却可以追溯到古代美索不达米亚以培养"人性"为最高宗旨的学校教育，古希腊和古罗马的古典传统只是连接文艺复兴与其"本源"的中间纽带。

7. 古代苏美尔学校的局限性

古代的苏美尔学校对推动苏美尔文字和文学的发展、传播苏美尔文化起到了重要作用，但也不可避免地带有局限性。这主要表现在：其一，苏美尔学校基本上是贵族学校，学生一般来自富裕的贵族家庭。一方面，由于书吏是个复杂、技巧要求较高的职业，其技艺较难掌握，因此学习周期较长，学生一般要从少年学到青年，穷人家的孩子根本不可能有如此之长的空闲时间来用于学习；另一方面，苏美尔学校实行的不是义务教育，教师的工资要学生自己支付，对贫穷的家庭来说，无疑是个负担。德国楔形文字专家尼古拉·施奈德的研究充分证实了苏美尔学校的这种局限性。1946年，他在属于公元前2000年左右的众多的经济和管理文书中，发现了包括几百名书吏在内的名单。他们的名字之后大多列有其父亲的名字和职业。这份名单表明，书吏的父亲主要是总督、市长、驻外使节、神庙管理者、军事长官、船长、高级税务官、祭司、管理者、监督官、头领、书吏、档案管理员和会计师等。从中不难看出，这些学生、书吏出身于城市公社的富裕家庭。其二，苏美尔学校基本上是男校，在浩繁的文献中虽然也发现有女书吏的名字，但数量十分有限。

（二）古埃及早王朝时期的教育

古埃及早王朝时期在文化方面比较前王朝时期有了很大的发展，文字的使用比较多了（有印章传世、一些浮雕上也有文字）。文字是需要传承的，没有资料证明是否已经有了培养知识分子的学校，但这时识文断字的人，即后来在文献中经常说到的书吏人数不会少，因为资料说到"有条规

---

① 刘明翰、陈明莉：《欧洲文艺复兴史·教育卷》，39页，北京，人民出版社，2005。

的记录者的首领""铭文、条规的记录者"，就是传承文化的人。这么多识字的人是怎么来的？是父传子还是从学校培养出来的？从埃及早王朝时期文化发展的水平看，当时应当有学校。这种学校最可能首先是在王宫和神庙里面设立的。因为，国家和神庙需要很多的书吏。

二、神话与文学

美国著名苏美尔学家克莱默教授反复中肯地指出："20世纪人类最杰出的贡献之一是发现、恢复、翻译和注解了大量的苏美尔文学文献。"仅苏美尔文学，目前就有20余部神话，每部篇幅为100~1000行；9部史诗，每部为100~500行；100多首赞美诗，每首的篇幅也为100~500行；十几部格言和预言集。此外，还有大量的哀歌、寓言故事、辩论和短文等。①这些苏美尔文学作品被刻写在5000多块泥版上，这些泥版存于世界上许多著名的博物馆。因此，苏美尔-巴比伦文学绝不仅仅是一部《吉尔伽美什史诗》，还有许多动人的神话、不朽的史诗、感情充沛的诗篇、充满智慧的谚语以及预言、格言和寓言故事等。这些都是人类文学宝库的宝贵遗产。更重要的是，美索不达米亚文学表现出了浓厚的现实主义色彩。

如同世界上所有其他民族一样，在文字产生以前，苏美尔人的文学可能就已经存在了，那便是口头文学。在公元前第4千纪，美索不达米亚便出现了文学创作，在最古老的苏美尔城市的文书库中所发现的文学作品便证明了这一点。②但在古苏美尔时期，几乎未发现什么文学资料，这时期的文学可能大部分仍停留口头上，人们还未感到有把它们记录下来的必要。③

① S. N. Kramer, *History Begins at Sumer*, p.289.

② 参见［苏联］阿甫基耶夫：《古代东方史》，王以铸译，122页，北京，生活·读书·新知三联书店，1956。

③ W. G. Lambert, *Babylonian Wisdom Literature*, Oxford, Oxford University Press, 1982, p.3.

（一）苏美尔天堂神话和大洪水的故事

1. 天堂神话

苏美尔文学对希伯来人产生了深刻的影响，这首先表现在有关天堂的神话中。在苏美尔人的天堂中，生活着神而不是人，具体地说是水神和智慧之神恩奇（巴比伦人称为埃阿）与众神之母宁胡尔萨格（亦称宁马赫）。在《恩奇与宁胡尔萨格》①神话中，苏美尔神的天堂被称为底尔蒙（今天的巴林）。底尔蒙被描绘为"洁净""无秽"和"光明"的境域，为"生者的境域"，从不知有疾病和死亡。但底尔蒙缺乏淡水，而淡水又是动植物的生命源泉，因此水神和智慧之神恩奇便命令太阳神乌图把淡水从地上引到底尔蒙，使底尔蒙成为田野富饶、草场丰美的神园。在这个神的天堂里，水神和智慧之神恩奇与苏美尔众神之母（就起源而论，似为地母）宁胡尔萨格女神结了婚。宁胡尔萨格经过9天的孕期后，未经分娩的痛苦，生下了女神宁穆。恩奇很快又使他的女儿宁穆怀孕。她以与其母宁胡尔萨格同样的方式，生下了女神宁库拉。接着恩奇又使宁库拉怀孕，并生下女神乌特图。当恩奇又想使乌特图怀孕时，宁胡尔萨格出面干预。宁胡尔萨格向乌特图提出了一些劝告。乌特图被劝说不要与恩奇同居，除非恩奇送给她黄瓜、苹果和葡萄等礼物。但这些礼物对恩奇来说并非难事。他满足了乌特图的要求，乌特图大悦，遂与恩奇同居。这一结合并未生出新的女神，但似乎是宁胡尔萨格利用恩奇的精子创造了8种不同的植物。当恩奇发现这8种植物时，可能是出于决定它们的命运目的，必须品尝它们。于是，他的信使双面神伊西穆德为他采摘了这8种植物，恩奇一一地吃下。此举激怒了宁胡尔萨格。她对恩奇说了句咒语后便离去，并声称，除非他死，否则她是不会再用"生命之眼"来看他的。恩奇的身体每况愈下，他身上的8个器官无不处于病态。恩奇的病情使众神十分悲伤乃至痛不欲生。众神立即召开会议商讨此事，众神之王恩利尔竟也一时束手无策。这时雌狐主动请缨。她对恩利尔说，如果众神给予应有的犒赏，她可使宁胡尔萨格去而复返。对于雌狐是采取何种手段请回宁胡尔萨格的，

---

① 英译本见*ANET*，pp.37-41。

泥版的相应部分被毁。宁胡尔萨格返回后，让他坐在身旁，询问他身体8个器官带给他何种厄难后，创造了相应的8个神以对之。于是，恩奇转危为安。

克莱默教授把苏美尔的天堂与《圣经》中的天堂及故事进行比较研究后，得出了这样的结论：《圣经》中的天堂及故事源于苏美尔。[①]首先，两个天堂的位置可能相同。苏美尔的天堂在底尔蒙，后来的巴比伦人也把它视为他们的"生者的境域"以及永生者的所在地。据此可以推知，被描述为位于东方的伊甸园，并成为4条"世界大河"（包括底格里斯河和幼发拉底河）的发源地的《圣经》中的天堂，颇有可能与苏美尔的天堂同源。其次，对太阳神以淡水灌溉底尔蒙的描述，也与《圣经》中有关情节相似。众女神的生育没有经受折磨，无分娩之苦，恰与加之于夏娃的诅咒"你生产儿女必多受苦楚"相对应。恩奇食8种植物并因此遭受诅咒，显然是亚当和夏娃食知善恶树的果实，并因这一罪行而遭诅咒的情节的原型。克莱默教授对此最有价值的研究成果在于，他把《圣经》中有关天堂记述的一个最令人费解的情节，根据苏美尔的天堂神话做了圆满的解释。这一情节是："一切活物之母"夏娃是以亚当的肋骨创造的。但问题是为什么要用肋骨而不是身体的其他部位来创造女人呢？据《圣经》所述，"夏娃"其名似乎意即"给予生命者"。据苏美尔神话所述，恩奇最薄弱的部位为肋骨。苏美尔语中"肋骨"一词音"提"（ti）。为治愈恩奇的肋骨所造之神，苏美尔人称之为"宁提"，意即"肋骨女性"。而苏美尔语中的"提"，又有"创造生命""给予生命"之意。由此可见，此神之名"宁提"似乎又有"给予生命的女人"之意。因此，在苏美尔文学典籍中，往往把"肋骨女人"与"给予生命的女人"相等同。正是这一文学双关语被移用于《圣经》中，并长久保存下来。这一问题如果仅仅依据《圣经》本身，显然无法解释得通，因为在犹太人的语言中，表示"肋骨"与"给予生命者"的两个词，毫无共同之处。

---

① 参见［美］塞·诺·克莱默：《世界古代神话》，魏庆征译，82~83页，北京，华夏出版社，1989。S. N. Kramer, *History Begins at Sumer*, pp.141-144.

2. 大洪水的故事

《圣经》中的大洪水故事其实并不是希伯来人创造的，而是来源于苏美尔神话。记载苏美尔洪水神话的泥版损坏严重，只有最后三栏内容不完全地保存下来，因此无法知道神话开始讲的是什么。值得一提的是，该神话不仅讲述了关于大洪水的故事，还反映出了苏美尔人关于宇宙起源的观念，其内容涉及人的创造、王权的起源及洪水前的五座城市等。在保存下来的泥版的开头，记载的是一位神给其他神写的信，告诉他将把人类从毁灭中拯救出来，随后的几行字语意难以理解。接着的四行字涉及的是人和动植物的创造：

> 当安、恩利尔和宁胡尔萨格
> 创造了黔首①以后，
> 植物从地上繁茂地生长，
> 动物，四条腿的平原（动物）巧妙地出世。

泥版在中断若干行后，记述的是王权和洪水前的五座城市：

> 在……王权自天而降以后，
> 在高贵的王冠和王位自天而降以后，
> 他完善了礼仪和崇高的神律……
> 在……洁净的地方建立了五座城市，
> 点出它们的名字，把它们当作祭祀中心来分配。
> 第一座城埃利都，他赠给努底穆德，领导者，
> 第二座城巴德-提比拉，他给予……
> 第三座城拉拉克，他赠给恩杜尔比尔胡尔萨格，
> 第四座城西帕尔，他赠给英雄乌图，
> 第五座城舒路帕克，他赠给苏德。

---

① 即苏美尔人，有时泛指人类。

泥版中关于神决定毁灭人类原因的叙述，被毁得无法辨认。从泥版中看出，许多神对毁灭人类这一残酷的决定感到不满和不快：

　　　　然后宁图泪如……
　　　　纯洁的伊南娜为其人民失声痛哭，
　　　　恩奇自我沉思，
　　　　安、恩利尔、恩奇和宁胡尔萨格……
　　　　天地众神念叨安和恩利尔的名字。

　　因此，便出现了兹乌苏德拉——《圣经》中的挪亚。他是一位虔诚、畏神的国王。他时刻注意着神在梦中或咒语里的启示。根据神话，兹乌苏德拉似乎靠在墙上，听到一位神告诉他，众神会议决定发动一场洪水，"毁灭人类的种子"：

　　　　然后，兹乌苏德拉，国王……
　　　　建造一巨大的……
　　　　他谦卑、恭顺和敬畏地……
　　　　他每日前来，不停地……
　　　　产生了各种梦，他……
　　　　口念天地的名字，他……
　　　　……众神一面墙……
　　　　兹乌苏德拉贴墙而听。
　　　　倚墙而立在我的左侧……
　　　　我将隔墙对你说话，记住我的话，
　　　　洗耳恭听我的指示：
　　　　通过我们的……一场大洪水将席卷祭祀中心；
　　　　为毁灭人类的种子……
　　　　这是众神会议的决定。
　　　　根据安和恩利尔的指示……

其王权，其统治（将结束）。

接下来的内容应该是神指示兹乌苏德拉建一艘大船，以解救自己。但这段文字已被毁坏，随后，当泥版上的文字能够辨识时，大洪水已经到来了：

所有的风暴，异常强大的风暴，始终如一地袭来，
与此同时，洪水席卷祭祀中心。
七天七夜以后，
洪水淹没了土地，
巨船在狂风的吹打下，在大水中颠簸，
普照天地的乌图出现了，
兹乌苏德拉打开了巨船之窗，
英雄乌图把它的光带入船中。
兹乌苏德拉，这位国王，
跪在乌图的面前，
他杀了一头牛，宰了一只羊。

兹乌苏德拉向太阳神乌图献祭以后的事情没有保存下来。泥版中保存下来的最后一段文字描述了兹乌苏德拉的神化。当他跪在安和恩利尔面前，他被赐予"神之生命"，可以永生不死，并且得入"天堂"底尔蒙。

（二）古埃及的创世神话

古埃及有三个创世神话，即希利奥波利斯创世神话、赫尔墨波利斯创世神话和孟斐斯创世神话。所谓创世神话，即关于宇宙起源，或通俗地说，就是开天辟地的神话。在这三个创世神话中，最早的是希利奥波利斯创世神话，其流传也最广。这个创世神话大约出现在早王朝时期或古王国时期。根据这个神话，在最早的时候，世界是一片原始混沌的水，叫作努恩。太阳神拉从原始的蛋中破壳而出并开始创世活动。他首先创造了两个神：空气神舒和水气女神苔芙努特。舒和苔芙努特结合生下了地神格伯和天神努特，格伯和努特又生出奥西里斯、伊西斯、塞特、涅芙提斯。这四

个神又结合成两对夫妇。这九个神构成了九神会。根据这个创世神话,天地创造出来以后,空气神将天空神举起,覆盖地神格伯。在这个创世神话中天神是女神,地神是男神。赫尔墨波利斯创世神话也说宇宙之初为一片混沌之水,从水中升起一个蛋,太阳神从蛋中破壳而出,从水中出现了八个神,四男四女,即水神努恩和女神诺娜特、空间神哈赫和女神哈赫特、黑暗神凯克和女神凯克特、隐形神阿蒙和女神阿蒙涅特。他们以两种形式出现:一为猿形,另一为人形。其中四个有蛙头,四个有蛇头。这八个神构成赫尔墨波利斯的八神会。但除了阿蒙神以外,其他神很少被古埃及人提到。孟斐斯创世神话和前两者颇为不同,它把孟斐斯的地方神普塔赫奉为宇宙创造之神。他创造了阿图姆-拉、舒、格伯、奥西里斯、塞特、荷鲁斯、托特、玛阿特等,从而构成九神团。在普塔赫创世神话中,还有一个荷鲁斯为报父仇而和塞特长期战争,最后被格伯扶上国王宝座,并成为国王的保护神的故事。

(三)苏美尔的三大史诗

一般认为,史诗与神话的基本区别在于,神话的内容所涉及的是神的活动,而史诗的内容则是歌颂人类的业绩,更确切地说,是歌颂人间英雄的伟业,虽然也不免带有某些传奇色彩。但在美索不达米亚,这种区分有时并不十分明显,有许多讲述神的故事也被冠以史诗之名,在本质上应属于神话之列。除了神话以外,在古代苏美尔歌颂人类英雄的史诗并不少见。就目前所知,苏美尔时期有三大英雄,即著名的恩美尔卡、卢伽尔班达和吉尔伽美什。他们都是真实人物。他们的事迹都被记载在著名的《苏美尔王表》上。在《苏美尔王表》中,恩美尔卡、卢伽尔班达和吉尔伽美什分别是埃里什(乌鲁克)第一王朝的第二、第三和第五位统治者。根据苏美尔人的记载,乌鲁克第一王朝是继基什第一王朝之后兴起的。关于这三位英雄的史诗共有九部之多,篇幅为100~600多行。其中关于恩美尔卡的有两部,关于卢伽尔班达的也有两部(其中之一也涉及恩美尔卡),关于吉尔伽美什的则有五部苏美尔史诗和一部著名的巴比伦史诗。这些史诗虽然带有浓厚的传奇色彩,但在一定程度上反映了某些真实的历史过程。

关于恩美尔卡的第一部史诗被称为《恩美尔卡与阿拉塔之王》。这是一部用苏美尔文刻写的史诗，刻在一块方泥版之上。该泥版大约九英寸^①见方，书吏把它划分为12栏。刻写泥版的时间约在4000多年以前，但所记述的人物和事件要早得多。故事的情节大致是这样的：远在乌鲁克东方的波斯境内有一座城市名叫阿拉塔，与乌鲁克之间相隔七座山脉。阿拉塔是座富庶的城市，盛产金属和各种矿石，而这些正是美索不达米亚所缺少的。因此，苏美尔的英雄、乌鲁克的统治者恩美尔卡对阿拉塔城及其财富觊觎已久，决定迫使其臣服，并最终达到了目的。关于恩美尔卡的第二部史诗，其内容也是讲述他使阿拉塔王臣服的故事。

关于卢伽尔班达的第一部史诗可以被称为《卢伽尔班达和恩美尔卡》。这部史诗有400多行，大部分内容保存较好。大致情节如下：

苏美尔的英雄卢伽尔班达违心地身处异地——一个叫扎布（Zabu）的遥远地方，很渴望返回他自己的城市乌鲁克。他决定首先要赢得一种叫伊姆杜古德的鸟的友谊。据说这种鸟能决定命运，它所说的话不容违反。因此，卢伽尔班达趁该鸟外出之时，来到了它的巢穴，给它的孩子们带来了脂肪、蜂蜜和面包，并且给它们化了妆，戴上王冠。伊姆杜古德回来之后非常高兴，决定与所有做这种好事的神或人建立友谊。卢伽尔班达得到了奖赏，伊姆杜古德为他拟订了一趟顺利的旅行计划，并提出了相关建议。这些建议他不能告诉任何人，包括最亲密的朋友。卢伽尔班达的朋友和随从劝阻他，因为这是一趟有去无回的旅行，需要跋山涉水。但卢伽尔班达坚持己见，成功地返回了乌鲁克。在乌鲁克，卢伽尔班达的君王、太阳神乌图之子恩美尔卡正陷入深深的困苦之中。因为在过去的很多年里，塞姆族的马尔图人不断地蹂躏苏美尔和阿卡德地区，当时正包围着乌鲁克。恩美尔卡认识到，他必须求助于阿拉塔的伊南娜女神。但他找不到能冒险前往阿拉塔送信之人，卢伽尔班达自告奋勇。恩美尔卡要求他严守秘密，因此他孤身踏上了旅程。他翻越了七座山脉，带着武器来到了阿拉塔，在那里受到了伊南娜的热烈欢迎。伊南娜对恩美尔卡求助的回答不很清楚，她的回答似乎包括要求恩美尔卡在河中捕一种不寻常的鱼、制作一种盛水的

---

①　1英寸约2.54厘米。

容器，还要在城市中安置金属匠和石匠。但对于这些东西或做法如何能解除马尔图人的威胁，并没有清楚地描写。关于卢伽尔班达的第二部史诗称为《卢伽尔班达与胡鲁姆山》，其篇幅也在400行以上，但开头和结尾都已遗失。

在苏美尔人的三大英雄中，关于吉尔伽美什的史诗无疑最具代表性。在关于吉尔伽美什的史诗中，最引人注目的当属《吉尔伽美什史诗》。《吉尔伽美什史诗》被认为是"世界文学史上的伟大杰作之一"①，原始形式来自苏美尔人的口头传说。吉尔伽美什在乌鲁克的统治时间约在公元前2600年。在他死后很长一段时间，关于他的英雄传奇故事开始流传，但我们能够提到的时间只是在公元前2100年，当时乌尔第三王朝的宫廷诗人们开始传诵。乌尔第三王朝的国王们把吉尔伽美什当作他们的祖先。②现有的不完整的五部关于吉尔伽美什的苏美尔史诗作品，都是由苏美尔语写成的，后来古巴比伦时期的《吉尔伽美什史诗》是用阿卡德语写成的。苏美尔语的《吉尔伽美什史诗》，已经具有了后来的古巴比伦《吉尔伽美什史诗》的主要情节。譬如《吉尔伽美什和生物之国》这部史诗中有英雄主角诛杀杉树妖的情节；《吉尔伽美什和天牛》中有英雄主角拒绝女神的求爱以及杀死女神派来作恶的天牛的情节；《吉尔伽美什的死亡》中有英雄主角去寻求长生不死的情节；《洪水》中有关于大洪水的情节；《吉尔伽美什、恩奇都和冥界》中有英雄主角与亡灵对话的情节。出现于公元前1700—前1600年的古巴比伦时期的《吉尔伽美什史诗》是用阿卡德语的巴比伦方言写成的，是较早的版本，通常被称为"古本"。与苏美尔语的史诗相比，两者既有相同之处，也有很多不同之处。记载《吉尔伽美什史诗》的许多不同版本的泥版不仅出现在美索不达米亚，还出现在叙利亚、利凡特和安那托利亚等地，说明其影响非常之广。出现于公元前1500—

① Andrew George, Translated and with an Introduction, *The Epic of Gilgamesh*, A New Translation, London, Penguin Books, 1999, p.XIII.

② Thorkild Jacobsen, *And Death the Journey's End*: *The Gilgamesh Epic*, Benjamin R. Foster, Translated and Edited, *The Epic of Gilgamesh*, W. W. Norton & Company, 2001, p.183.

前1000年的《吉尔伽美什史诗》手稿被称为"中本"，只保留下来一些残片。保存下来最多的是公元前7世纪的版本，被称为"标准版本"；公元前7世纪以后的版本被称为"晚本"。《吉尔伽美什史诗》还被翻译成其他语种，如赫梯语、胡里语和埃兰语等。赫梯语的《吉尔伽美什史诗》已经被翻译成了现代语言，胡里语版本破损严重，难以理解和翻译；埃兰语版本两块泥版有误，与吉尔伽美什没有任何关系。

经过学者们约半个世纪的发掘和整理，至20世纪20年代，不仅这部史诗的泥版基本全部复原，而且对其翻译、注释和研究的工作也已经取得了初步的进展。目前所见到的《吉尔伽美什史诗》包括12块泥版①，每块泥版大约载有300行，总共约3600行。（见图5-11）

图5-11 所有泥版中最著名的，记载大洪水故事的泥版，是记载《吉尔伽美什史诗》的第11块泥版／现存英国伦敦大英博物馆

《吉尔伽美什史诗》从结构上看，可分为前言和正文两大部分，正文的情节包括七部分。前言的标题可以称为"乌鲁克之王吉尔伽美什"，

①　也有学者认为第12块泥版系后人所加。

主要描述吉尔伽美什其人其事。他是一个"万事通"。他是一个周游过世界的国王。他很聪慧，洞悉一切神秘和秘密之事——在洪水到来之前，事先获得了消息。他进行了长途旅行，历经艰辛，回来后把所经历之事刻在一块岩石上。当众神创造吉尔伽美什之时，众神赋予他完美的身躯，太阳神沙马什赋予他美貌，暴风雨神阿达德赋予他勇敢，众神使他的美貌更完美，超过其他人，其威武的身躯宛若一头巨大的野公牛。众神把他塑造成三分之二像神，三分之一像人。他在乌鲁克修建城墙和堡垒，为天神安努和爱之女神伊什塔尔修建了埃安纳神庙，使其金碧辉煌，无与伦比。

《吉尔伽美什史诗》正文的第一部分可称为"恩奇都的降临"。吉尔伽美什力大无穷。他周游世界未遇见对手后，便返回了乌鲁克。他在乌鲁克的残酷统治激起了人民的怨愤。他抢夺了所有的青年和孩子，占有了所有的少女，就连战士的妻子和贵族的妻子也不放过。天上的众神听到了乌鲁克人民的哀怨后，报告给天神安努。安努命令创造女神阿鲁鲁为吉尔伽美什创造一个对手，让其制服吉尔伽美什，使乌鲁克得享安宁。阿鲁鲁创造了贵族恩奇都。恩奇都具有战神尼努尔塔的美德，身体粗犷，留着女式的长发，其波浪有如谷物女神尼萨巴之发。恩奇都起初是个野人，经常与野兽生活在一起，不通耕作之事。后来在神妓的引导下，他才具有人的本质，忘掉了山野之事。恩奇都来到了乌鲁克，两位非凡的英雄在广场上展开了猛烈的厮杀。经过艰苦的战斗后，两人不分胜负（一说最终恩奇都战败[①]）。但无论如何，从史诗中明显可见，两人相互钦佩对方的勇敢和武艺，产生了英雄相惜之情，结成了形影不离的莫逆之交。吉尔伽美什也一改往日残暴的恶习。

《吉尔伽美什史诗》正文第二部分可称为"森林之行"。吉尔伽美什由一位罪大恶极的暴君转而成为为民造福的英雄。正文第三部分可称为"伊什塔尔与吉尔伽美什，恩奇都之死"。吉尔伽美什得胜后返回乌鲁克，其勇敢和美貌打动了爱之女神伊什塔尔的心，她向这位大英雄倾诉了爱慕之情。面对诱惑，吉尔伽美什不为所动，断然拒绝了女神的求爱，他

---

① H. W. F. Saggs, *The Greatness that was Babylon*, p.393.

再也不是从前那个荒淫无道的暴君了。伊什塔尔勃然大怒，她向其父、天神安努求助，要挟其父造了一头天牛，到吉尔伽美什的城市进行报复。吉尔伽美什与恩奇都和天牛展开了生死搏斗，最终将其诛杀。乌鲁克的居民为这两位英雄举行庆功宴。但就在当天晚上，恩奇都做了一个梦，他梦见安努、恩利尔、埃阿和沙马什等众神在一起开会。安努对恩利尔说，由于吉尔伽美什和恩奇都杀死了天牛和洪巴巴，他们两人之中必须有一人受到死亡的惩罚，恩利尔主张让恩奇都死，让吉尔伽美什活下去。沙马什为他们辩护道："难道他们不是按照我的命令去杀死了天牛和洪巴巴的吗？无辜的恩奇都却要死亡？"恩利尔对沙马什非常愤怒。最后，恩奇都没能摆脱厄运，他在患上重病的12天以后，去世了。恩奇都的死亡使吉尔伽美什失去了一位挚友，他悲痛万分。正文第四部分可称为"吉尔伽美什寻求永生"。挚友恩奇都的亡故对吉尔伽美什的打击实在太大，他感到死亡乃人类最大的悲剧。他对自己的命运感到惶恐不安，因此决心探寻获得永生的奥秘。正文第五部分可称为"洪水故事"，正文第六部分可称为"归途"。史诗的最后一部分写的是吉尔伽美什与友人恩奇都幽灵的对话。

（四）寓言

根据西方传统，生活在公元前6世纪的伊索被认为是寓言的首创者，他那著名的反映古典世界社会生活的《伊索寓言》也自然被奉为动物寓言的始祖。但《伊索寓言》的许多原型可以追溯到比他早一两千年的苏美尔人和阿卡德人的动物寓言。动物在苏美尔智慧文学中占有非常重要的地位。根据目前的材料和研究成果，在迄今翻译过来的近300个寓言和格言中，涉及的动物达64种之多。[①]它们不仅包括牛、马、狗、狐狸、狼、驴、羊等家畜和野生动物，还包括各种鸟类、鱼类和昆虫类等。除动物以外，古代美索不达米亚寓言故事的主角还有植物、工具和自然现象等。这些寓言所涉及的内容大多反映了动物的凶残和贪婪等本性，以及植物、工具和自然现象间的内部争斗和骄傲自大等弱点。这些寓言无疑在一定程度

---

① S. N. Kramer, *History Begins at Sumer*, p.124.

上揭示出古代美索不达米亚社会生活的某些方面。其中保存较好和较著名的包括《狐狸的故事》《牛与马》《骑驴的故事》《柽树与椰枣树》《柳树的故事》《牲畜与谷物的争论》《冬与夏的争论》《铜与银的争论》《锄与犁的争论》及《鸟与鱼的争论》等。这些"争论文学"多以一方获胜而告终。

1. 《锄与犁的争论》①

这是一则苏美尔寓言。在该寓言中，同属农具大家族的两兄弟——锄与犁——在谁优谁劣的问题上展开了激烈的争论。寓言以描述锄的制作原料和形状开始。原料共有四种，即杨木、梣木、柽树和"海木"；但却只有两种组合，即齿用梣木制作而柄用杨木制作，齿用"海木"制作而柄用柽树制作；在形状或类别上还有三种：第一种是单齿锄，第二种是两齿锄，第三种是四齿锄。锄首先向犁挑战：

> 当水冲来时，我可以阻止它，
> 你不能把土装入篮中，
> 你不能和泥，你不能制砖，
> 你不能打地基，你不能建房屋，
> 你不能加固旧墙的根基……

这个挑战激怒了骄傲的犁，它把自己说成是大神恩利尔之手的创造物，人类的农者及国王和贵族的宠爱物，它丰收的谷物可以装点原野，可以为人和牲畜提供食粮：

> 我，犁，由伟大的臂膀制造，由伟大的手掌装配，
> 我是众神之父恩利尔高贵土地的书记员，
> 我是人类农业的忠实经营者。
> 当在舒努蒙月于田间庆祝我的节日时，

---

① S. N. Kramer，*History Begins at Sumer*，pp.342-347.

国王为我屠宰牛，为我繁殖羊，

往石坛倒满酒。

…………

国王握住我的扶柄，

把牛套入轭中，

所有的显赫贵族在我身边行走，

所有的土地无不充满赞赏，

人民兴奋不已地观看。

我掀起的犁沟把原野装点……

显示了自己的神圣和尊贵以后，犁便开始炫耀自己的功绩和德善：

我的谷堆遍及田间，

那是杜木兹①的羊群在休息。

我的麦垛点缀原野，

那是青山充满魅力。

我为恩利尔积起堆垛，

我为他聚集麦谷，

我填满了粮仓……

孤儿、寡妇和赤贫者，

手挎芦苇篮，

拾起我撒落的麦穗。

标榜了一番自己以后，犁便大肆贬低别人，并加诸谩骂与威胁：

（而你）锄，无谓地挖洞，无谓地凿齿，

（你）锄，在泥中劳作、翻滚，

---

① 牧神。

把你的头埋在地里，

你和砖横在肮脏的泥土中度过时光，

你……不适合高贵之手，

你的头装扮成奴隶之手，

你竟敢对我恶言侮辱！

你竟敢与我相提并论！

滚到草原上去，我已看（够了）你……

锄在遭到犁的激烈反击后，当然不甘示弱，马上抛出一篇巨论，它也是首先炫耀自己如何为人类服务，诸如灌溉、排水及为耕地做准备：

犁……

我先于你来到恩利尔之地，

我挖掘沟渠，我开凿运河，

我使牧场水源充足。

当洪水淹没芦苇丛时，

我的小篮子可以应付之。

当河流决堤，当运河决堤之时，

当决堤之水汇成河流泛滥成灾，

到处一片汪洋之时，

我，锄，在周围建起堤坝，

南风和北风都不能摧毁之，

（于是）捕禽者开始拾蛋（不受妨碍地），

渔民开始捕鱼，

人民开始筑栅，

所有的土地都充满富庶。

在牧场排完了水，

湿地开始耕作之后，

犁，我先于你进入田地……

进行了一番自我吹捧之后，锄也如法炮制地开始了对犁的攻击。不过这一次与刚开始提出挑战时略有不同，前者只是自夸能做什么，而蔑视犁不能做什么，这次则直接贬低犁的工作或作用：

> （你）耕地之时，践踏脚下的一切，
> 你要耗费六头牛、四名劳力，你自己是第十一个。
> 所有的技术工人从田地中逃走，
> （而）你竟把自己与我相比！
> 当你远远落在我后边，走进田地时，
> 你只能望着你唯一的垄沟沾沾自喜。

在接下来的10行中，锄诉说犁不坚固，工作中容易损坏，一旦损坏，使用它的农人便称它为"废物"，随后便需要雇人修理，等等。之后话题转移到工作时间上，在这一点上犁显然处于下风，因为它只应用于耕作期；而锄则不然，它不仅用于农业中，还用于建筑等其他行业中，一年四季都用得上：

> 你，成就贫乏，（但）品性骄傲，
> 我的工作时间是十二个月，
> （但）你的工作时间只有四个月，
> （而）你闲置的时间却有八个月，
> 是工作时间的一倍。

锄不仅在工作时间自视甚高，对其所谓成就更是自我陶醉：

> 我，锄，居住在城市，
> 没人比我更尊贵。
> 我是一名跟随主人的仆从，
> 我为主人建房筑屋，

我加大畜圈，我拓宽羊栏，

我和泥，我制砖，

我打地基，我盖房院，

我加固基，

我把最诚实之人的屋顶封严，

我使林荫大道笔直向前。

在接下来的长达24行的篇幅中，锄更把自己的功劳提到一个新的高度之上，即它不仅修建神庙，建设城市，还直接关系到国计民生。它尽其所能地标榜自己如何使建筑工人、船工和园丁等得以养家糊口，尽享天伦之乐。最后，锄主要述及它怎样使筑路工人和田间农人的休息得到保障：

在河边、在犁旁进行了劳作，在那里平整了道路，

（并）在岸边建起了塔楼，

劳动者白天在田间劳作，

晚上在地里过夜，

在我修建的塔楼中，

他们像在富丽堂皇的城市中一样得到休息，

在他们制作的水囊中，我为其注满了水，

我把"生命"装入其中，

（而）你，犁，却侮辱我（说）："挖沟，挖沟，还是挖沟"，

（当）我在无水的荒原，

挖出甘甜之水时，

那些久盼甘泉之人便在我的沟边得到满足。

当锄完成了它的长篇巨论后，犁再也没有进行反驳，这场争论便以大神恩利尔判决锄获得胜利而告终。根据苏美尔的神话，是恩利尔本人创造了锄，以便于人类使用。

2. 《冬与夏的争论》

这是苏美尔寓言中长篇幅的寓言之一，对研究古代苏美尔的农业具有较高的史料价值，因为其内容涉及古代农业的许多方面。其内容梗概大致如下：

风神恩利尔决定创造各种树木和农作物，在大地上建立繁荣和富庶。为此目的，他创造了两个神，即埃美什（夏）和恩腾（冬）。他们是两兄弟，恩利尔为他们分别指派了各自的任务：恩腾使牛、羊繁殖，使奶油和牛奶的产量增多；在平原上，他要使野山羊、绵羊和驴心情愉快；他要为天空中的鸟建立巢穴；他要为河中之鱼在芦苇丛中创造产卵场所；在椰枣树林和葡萄园中，他要使蜂蜜和葡萄酒丰产；果树无论种植在哪里，他都要使其结出果实；他要用绿色装扮园圃，使植物繁茂及使农作物在垄中生长；等等。埃美什则负责创造树木和田地；加宽牛棚和羊栏；在农田中，他装扮大地，把丰收带进千家万户，使粮仓堆积如山，建立城市和居住区，在大地上建屋筑房，在山巅建立神庙；等等。完成了使命后，两兄弟决定到尼普尔的"生命之屋"，给其父恩利尔送去酬谢的礼物。埃美什带来了各种各样的野生动物、牲畜、鸟和果物作为礼物，而恩腾则选择了贵金属、宝石、各种树木和鱼等作为礼物。但到达"生命之屋"的门口时，嫉妒心很强的恩腾开始与其兄弟争吵，两位反反复复地争执不休，最后埃美什向恩腾所宣称的"农神"的地位发起挑战。两兄弟来到了恩利尔大神庙埃库尔之中，展开了各自的陈述。恩腾向恩利尔抱怨道：

> 父王恩利尔，你赋予我管理运河之权，我使河水丰沛，
> 我建的农庄一座连一座，粮食堆积如山，
> 我使农作物在垄中生长，
> 我像阿什南①和善的少女一样，使其茁壮成长，
> 现在，埃美什……不知道田地之事，
> 争夺我的……臂……膀……

---

① 谷物女神。

埃美什反驳的内容目前还不太清楚，恩利尔对两兄弟的争执判决如下：

> 普天之下的生命之水由恩腾掌管，
>
> 农神——他生产一切，
>
> 埃美什，我的儿子，你怎么能与你的兄弟恩腾相提并论！

恩利尔的判决不容更改。埃美什跪在恩腾面前，向他祝福。恩腾——忠实的农神——战胜了埃美什。

3. 动物寓言

苏美尔人和巴比伦人留下了许多内容生动、思想深刻的动物寓言。与《锄与犁的争论》等长篇相比，多数的动物寓言只能算短篇，或只保留下残片。这些寓言反映的主题思想涉及面较广，一个最常见的主题是反映动物贪婪的本性。例如，有两则苏美尔寓言表现狗的贪婪：其一，驴在河中游泳，不会游泳的狗紧紧地抓住驴不放，但嘴里却说："你一上岸，我就吃了你。"其二，一只狗去赴宴，但当它在另一边看见有骨头时，便离席而去，并且说："在我现在所去的地方，我将得到比这更多的食物。"另一个常见的主题是表现某些动物的胆小、怯懦及骄傲自大。这在一则关于狐狸的寓言中刻画得淋漓尽致：

> 狐狸对它的妻子说："过来！让我们用自己的牙齿摧毁乌鲁克城，它就好像是一棵韭葱！让我们把库拉波城捆绑在双脚上，它就好像是一双草鞋！"但当它们还没有出城600加尔（约2英里）远之时，城里的一群狗对着它们吼叫："吉米-图玛尔，吉米-图玛尔（可能是狐狸妻子之名）！"这些狗从城里向它们发出威胁的吼叫。结果，这只狐狸和它的妻子便倒转了脚跟。

还有的寓言称赞弱者以智慧战胜强者的凶残，并进而说明后者的愚蠢。这方面比较典型的例子是苏美尔长篇的动物寓言《狮子与母羊》：

一只狮子逮住了一只无依无靠的母山羊。（母山羊对狮子说）：
"放开我，我将给你一只绵羊，我的一个伙伴。"（狮子回答说）：
"如果我让你走，（首先）你得告诉我你的名字！"（然后）母山羊
回答说："你不知道我的名字？我的名字叫'你很聪明'！"（就这
样，）当狮子来到了羊圈之时，它咆哮道："现在由于我已来到了羊
圈，我将放开你！"（而）母山羊却从篱笆的另一边（？）回答道：
"你已经放开了我！你（真的）那么聪明吗？我不会给你（我许诺过
的）绵羊，就连我也不会待在这儿了！"

在这则寓言中，母山羊利用了狮子刚愎自用、喜欢听奉承之言和贪婪
的弱点，使狮子上当，自己很轻易地便逃脱了它的魔爪。还有些寓言的主
题可能旨在揭露一些现实的社会问题，一只狮子给它母亲的信较有特色：

> 致路莎路莎，我的"母亲"说！
> 因此猴子先生说：
> "乌尔是南那神的可爱之城，
> 埃利都是恩奇神的繁荣之城；
> 但我在这里却只能躲在音乐大厅的门后，
> 我只能吃垃圾；但愿我不会因此而生病！
> 我甚至尝不到面包，我甚至尝不到啤酒。
> 快给我派一名特别的信使——紧迫！"

这则寓言中的猴子显然是用于娱乐活动的，它揭露了社会的不平等，
反映了下层人要求改善地位的呼声。

苏美尔人和巴比伦人留下的寓言故事非常丰富多彩，它们是美索不达
米亚人智慧和文化发展的重要体现之一，同时也在一定程度上反映了美索
不达米亚的社会发展状况。限于篇幅，我们不可能把所有存留至今的寓言
一一介绍出来，只能有所选择，管中窥豹。

（五）谚语与格言

谚语与格言是古代美索不达米亚智慧文学的重要形式之一。在此之前，先是希伯来人，后是古埃及人享有人类最早的谚语和格言创作者的美誉，但随着苏美尔—巴比伦文学的得以重见天日，这一桂冠很自然地就落在了苏美尔人和巴比伦人的头上。苏美尔人的谚语和格言集大部分，即使不是全部，要早于古埃及人几个世纪。现存的苏美尔—巴比伦谚语和格言集有相当一部分是用双语言刻写的，即以苏美尔文刻写，字里行间附有阿卡德文的翻译；也有一些是只用巴比伦方言刻写的。刻写的时期有的是公元前第1千纪，有的则在公元前第2千纪初。但许多谚语和格言在成文以前，早已在口头文学中存在很长时间了。

古代美索不达米亚的谚语和格言的基本特征是，其内容所涉及的主题范围非常广泛。一般说来，一个民族的谚语和格言的产生和形成是以该民族的文化背景、社会环境和民族习性等诸多因素为基础的，是他们对长期的生产、生活经验的高度总结和概括，因此它们反过来也必须能如实地折射出该民族在一定历史时期或社会发展阶段的文化特征、社会、政治和经济发展状况以及日常生活、习俗等方方面面的内容。苏美尔人和巴比伦人的谚语和格言也同样如此。苏美尔—巴比伦的谚语和格言的内容或所反映的主题思想大体可概括如下：

首先，有大量的谚语和格言是反映穷人和富人生活的，它们已经反映出社会等级差别的意识。例如：

> 有钱人可能很快乐，
> 有大麦之人可能同样很快乐，
> 但一无所有之人可能高枕无忧。

这段文字一方面反映出富人过着享乐的生活，但却要常常担心财产被盗或遭抢劫，受此煎熬可能夜不成眠；另一方面也反映出穷人虽一无所有，却也有独特的享受，即可以安心地进入梦乡。但这种诙谐的谚语的背后，无疑隐藏着穷人的无奈。下面这组格言生动地反映出了穷人的处境：

穷人活着不如死了好，

如果他有面包，便没有盐，

如果他有盐，便没有面包，

如果他有肉，便没有小羊，

如果他有小羊，便没有肉。

　　穷人连最基本的生活资料都不具备，过着缺衣少食的生活。最具讽刺意义的是，贫穷的工匠买不起自己制作的物品，有这样一句格言可资证明：裁缝总衣衫褴褛。①

　　其次，反映古代美索不达米亚人的政治观念和社会制度的谚语和格言，也为数不少。例如：

人民没有国王，（犹如）羊群没有牧人；

人群没有头领，（犹如）河水没有管理者②；

劳动者没有监工，（犹如）田地没有扶犁人；

房屋没有主人，（犹如）女人没有丈夫。③

　　这可能反映出人们对美好社会制度和政治秩序的向往。令人惊异的是，苏美尔人和巴比伦人的谚语和格言还表现出对国家兴亡和社稷安危的洞见。例如：

国家军备虚弱，

无以抵御外敌。

　　这句格言道出了军事力量与国家独立的关系。还有的格言和谚语反映

----

① S. N. Kramer，*History Begins at Sumer*，p.119.

② 原文为"运河管理者"。

③ W. G. Lambert，*Babylonian Wisdom Literature*，p.232.

出对和平的热爱。例如：

> 抢夺敌人的土地，
> 敌人也会抢夺你的土地。[①]

这可能也或多或少地体现出"人不犯我，我不犯人"或"多行不义必自毙"的思想。除了"外患"以外，苏美尔和巴比伦人还有关于"内忧"的"名言"：

> 可以有主人，可以有国王，
> 但最怕税务官！

此外，还有反映家庭生活的：

> 我妻子去了神殿，
> 我母亲顺河而下[②]，
> 我正在此挨饿。

这一方面反映出妇女积极参加社会活动，尤其是宗教活动；另一方面也反映出妇女在家庭生活中的作用，没有她们男人将无以为食，她们显然承担做饭的任务。妇女的家务劳动可能也较繁重，她们逃避劳动的唯一方法是生病（有时也可能是装病）。"辛苦的女人痛上加疼"这句格言说的就是这个。

另一则以男人为主角的格言，反映了家庭成员之间的相互依赖关系：

---

① *ANET*，p.425.

② 据克莱默的解释，可能系参加某一宗教仪式。S. N. Kramer，*History Begins at Sumer*，p.120.

> 沙漠中的水壶是男人的生命，
> 鞋为男人的眼睛，
> 妻是男人的未来，
> 子为男人的庇护，
> 女是男人的救助，
> 媳为男人的魔鬼。

关于书吏和学问的：

> 笔口一致的书吏，才是真正的书吏！

这是好书吏的标准，不够格的书吏却另有标准：

> 不懂苏美尔文的书吏，你算什么书吏！

关于学问和知识的格言为：

> 文字①乃演说家之母，乃学者之父。②

还有反映生活态度或人生哲学的谚语和格言。这集中反映在面临死与生两种不同情况时所选择的两种不同的生活方式：

> 我们注定要死亡，让我们尽情地花费③；

---

① W. G. Lambert译为"书吏职业"或"书写艺术"。W. G. Lambert，*Babylonian Wisdom Literature*，p.259.

② G. R. Driver，*Semitic Writing*，p.1.

③ "让我吃光一切"，参见*ANET*，p.425。

126

我们命还能长久，让我们精打细算。①

表达命运多舛或形容走背运的：

逃脱野公牛，又遇野母牛。②

这与我们今天常说的"逃出狼窝，又入虎穴"或"刚出油锅，又进火海"所表达的意思大致相同。又如：

我居住在用沥青和烧制砖修建的房屋中，（还是有）一把泥土落下砸在我的头上。③

假使足不出户，厄运还是会找上门来，这显然很倒霉。在表达命运事事处处都跟自己作对时，古代美索不达米亚相应的谚语和格言为：

你置身水中，水就会变臭，
你进入花园，花便开始凋谢。④

反映社会和人际关系的：

向年轻人美言，他会奉献出一切你想要之物；
向狗掷些残羹，它也会对你摆尾。
你对别人恶语中伤，别人也会反戈一击；

---

① S. N. Kramer, *History Begins at Sumer*, p.118; W. G. Lambert, *Babylonian Wisdom Literature*, p.250.

② S. N. Kramer, *History Begins at Sumer*, p.122.

③ W. G. Lambert, *Babylonian Wisdom Literature*, p.249.

④ S. N. Kramer, *History Begins at Sumer*, p.118.

争吵时不要面露怒色。①

还有一句格言与我们今天所说的"同行是冤家"有相似之处：

同事间必有争吵，祭司中难免谗言。②

还有关于人与人之间所谓友谊的格言，对此有不同的翻译，现举三种：

（1）友谊维系一日，亲情天长地久。③
（2）友谊维系一日，奴役天长地久。④
（3）友谊维系一日，交易天长地久。⑤

第一句拿友谊与亲情相对比，旨在说明朋友间的友谊不会长久，只有血亲关系永存。第二句与第三句分别把友谊与奴役和交易相对照，旨在说明人与人之间不存在真正的友谊，只存在相互奴役和互相利用。这三句虽然把友谊比喻成不同的对象，但所表达的主题无疑是一致的，不存在真正的友谊，只存在永久的利害关系，从而表现出"世态炎凉"。这也在某种程度上反映出苏美尔人消极的人生态度，以及阶级社会中人与人之间赤裸裸的利益关系。

还有反映劳动与收获关系的：

像贵族一样建设，就会过奴隶般的生活；
像奴隶一样建设，就会过贵族式的生活。⑥

---

① H. W. F. Saggs, *The Greatness that was Babylon*，pp.430-431.
② W. G. Lambert, *Babylonian Wisdom Literature*，p.259.
③ S. N. Kramer, *History Begins at Sumer*，p.121.
④ *ANET*，p.425.
⑤ W. G. Lambert, *Babylonian Wisdom Literature*，p.259.
⑥ S. N. Kramer, *History Begins at Sumer*，p.122.

这就是说，如果人们都像贵族一样怕脏怕累，就无法创造财富，自然就会过着悲惨的生活；如果都像奴隶那样不分白天黑夜的劳动，就会创造更多的财富，生活自然就会变好。这句格言从鼓励人们勤劳向上的观点出发，无疑阐明了一个最简单的道理，但在现实生活中却并非总能如此。事实上，贵族整日游手好闲，照样可以花天酒地，而奴隶虽不停地从事繁重的劳动，却依然处于社会的最底层。

反映社会问题的谚语和格言也很有趣：

饥饿者可以凿穿房屋的砖墙。①

这条格言无疑反映了一个比较普遍的社会问题，相当于我们今天所说的"饥饿起盗心"。

（六）书信文学

研究书信的历史一定是一件很有意义的事情，它是人类社会关系和人际交往、交流的重要形式。美索不达米亚人是书信这种人际交往和交流形式的发明者，而令他们自己想不到的是，他们的发明被几千年以后的欧洲人，即文艺复兴时期的意大利人所喜爱，用于人文主义的文学创作中。根据研究文艺复兴的专家判断，"人文学者的大部分文学创作是书信"②。书信的类型包括政府公函、宣言和其他政治文件，它们对研究当时的政治思想弥足珍贵；私人信函，它们不仅是人们交流的载体，而且从一开始便作为一种文体为人模仿和诵读；学术讨论信札，书信比论文更个性化却又具有论文的功能，因而信札实际上是论文的文学先导③；国际交流信件，它们不仅在传播人文主义思想过程中起到了重要作用，而且成为学术研究

---

① W. G. Lambert, *Babylonian Wisdom Literature*, p.235；H. W. F. Saggs, *The Greatness that was Babylon*, p.443.

② ［美］保罗·奥斯卡·克里斯特勒：《文艺复兴时期的思想与艺术》，邵宏译，10页。

③ 参见［美］保罗·奥斯卡·克里斯特勒：《文艺复兴时期的思想与艺术》，邵宏译，10页。

和传记作品的珍贵史料；情书，"在很大程度上得益于古典和意大利榜样的实践"，"形成了一种独立的文体"，它还"启发了一部早期的书信体小说"。①此外，还有推荐信、感谢信、致歉信和慰问信等市场化产品。

1. 书信的起源

有关美索不达米亚人发明书信的故事，早在苏美尔时期就存在着至少两种不同的版本。②第一个版本说的是乌鲁克与阿拉塔这两个王国争夺霸权的故事。乌鲁克王和阿拉塔王没有发动战争，而是选择将猜谜作为他们争斗的方式，展开了国际智力竞赛。根据约定，凡是没有解开对方谜语的一方，便成为失败者。一名信使担当起中间人的角色，他要记住双方的谜语，口头报告给对方，然后再把对方的答案带回。双方势均力敌，不相上下，互相给出的谜语越来越复杂，负责来回传递的信使终于招架不住，记忆力陷于崩溃。乌鲁克国王恩美尔卡机智地拿来一块黏土，并将其拍平，然后用一根芦苇秆的末端将答案在黏土泥版上画了出来，从而制作出人类最早的文字系统，以及最早的书信。恩美尔卡马上派人将答案送给对手阿拉塔国王，阿拉塔面对图画文字一筹莫展，只得投降认输。

根据苏美尔人的另一个传说，是一个巨大的阴谋促成了书信的发明。故事是这样的：基什王身边有一个野心勃勃的持杯人萨尔贡，基什王一直对萨尔贡存在戒心，总是担心萨尔贡有一天会夺取他的王位。因此，基什王想出一个阴谋，决心除掉萨尔贡。他在一块黏土泥版上写了一封信，然后用另一块黏土泥版将这封信密封上，因此创造了历史上第一封信和第一个信封。他对萨尔贡说："把这个送给乌鲁克国王卢伽尔扎吉西。"然后，他便把信交给了萨尔贡。这封信的内容是："杀死此信的持有者。"但萨尔贡幸运地躲避了这个杀身之祸，并推翻了基什王的统治，建立了阿卡德王国。

这两个关于书信起源的传说有一些共同的特点。首先，它们反映了书

---

① ［英］彼得·伯克：《欧洲文艺复兴：中心与边缘》，刘耀春译，214页，北京，东方出版社，2007。

② 具体内容参见Stephen Bertman，*Handbook to Life in Ancient Mesopotamia*，pp.174-175；［美］斯蒂芬·伯特曼：《探寻美索不达米亚文明》，秋叶译，271页。

信是人类文明和社会交往的需要。随着这种需要的深入发展，书信逐渐成为古代美索不达米亚一种固定的文学创作形式，而且是最为重要的一种形式。其次，这两个书信的故事都发生在乌鲁克，与考古发掘的事实是相符合的。最早的楔形文字系统就是在乌鲁克发现的，其时间也与故事传说大体一致。

2. 书信的种类

从目前保存下来的书信材料来看，古巴比伦时期的通信事业显然最为发达，尤其是汉谟拉比统治时期的书信保存下来的较多，它们构成了我们今天珍贵的史料。这些书信大体可分为以下几种。

第一种，王室书信。

它是国王处理外交事务和管理其庞大王国的重要手段。根据写信人和收信人的情况，这类书信主要包括国王写给另一个国家国王或宫廷之间的书信；国王写给大臣要求查办案件或督办重要事项的信件；大臣写给地方官员命令其回复公民投诉或办理重大事项的信件；地方官写给大臣的回复信件；大臣写给国王的回复信件；公民写给大臣的投诉信件；公民写给国王的投诉信件等。以汉谟拉比王为例，他经常写信的有两位大臣：一位是卢尼努尔塔①，另一位是辛–伊丁纳姆②。前者可能官居宰相，地位显然高于后者；后者可能只是专门负责某一领域工作的大臣，他经常受到汉谟拉比的书信斥责，而汉谟拉比对一些事情的处理，包括对辛–伊丁纳姆办理的冤假错案的处理，往往都要征求卢尼努尔塔的意见。卢尼努尔塔经常写信督促办事的一位地方官员，该地方官员是拉尔萨的沙马什–哈西尔③，其中有些涉及处理土地分配问题④、土地所有权问题⑤、土地纠纷⑥和其他案

---

① Zheng Dianhua, "On the Role of Lu-Ninurta in ammurapi's Administrative Structure," *Journal of Ancient Civilizations*（*JAC*）, 1996（11）, pp.111-122.

② L. W. King, *The Letters and Inscriptions of Hammurabi*, London, 1900.

③ Yang Dawu, "Hammurapi and Bureaucracy: A Study of the Role of Šamaš-Hazir," *JAC*, 1987（2）.

④ AbB 4：46，53.

⑤ AbB 4：115，121.

⑥ AbB 4：52，55，60，64，123等。

件等。在王室书信中最值得称道的是，一般公民写给国王的信以及国王写给其大臣要求处理公民"投诉"的信件，这样的"下情上达"和"及时处理"，也是这个社会以人（阿维鲁公民）为本的反映，是其文明程度和开化程度的一个写照。

第二种，外交书信。

它从一个侧面反映了一定时代国际交往、民族与文化交融以及经济交流的基本状况。美索不达米亚尤其是古巴比伦时期发达的对外贸易和强盛的国力，使得楔形文字成为古代近东地区国际外交和商业语言，书信无疑是国际政治、经济和文化交流的重要方式，而楔形文字则是当时古代近东地区共同采用的"世界语"。即使是在其国力已经走向衰微的古巴比伦时期的末期，楔形文字书信仍保持着其国际影响。来自埃及法老阿蒙霍特普四世（著名的改革家埃赫那吞）统治时期的首都埃赫塔吞[1]的"阿马尔那书信"便是人类文化史上的一个奇迹。出土的400余封国际外交书信反映了"公元前14世纪是个国际化的时代"，反映了埃及在那个国际化时代所享有的尊贵的地位，但几乎所有书信都是采用阿卡德语楔形文字书写的泥版文书，又"正是美索不达米亚文化在整个东地中海世界具有普遍影响力的证明"[2]。

第三种，商业书信。

楔形文字和阿卡德语的广泛使用，在相当大的程度上与美索不达米亚商人们的国际活动和贸易路线以及他们所建立的殖民地密切相关，而它们无疑也反过来促进了商业经济的发展。在迄今发现的楔形文字文献中，经济文书或商业文书占有相当大的比例，它们揭示了美索不达米亚商品经济和对外贸易发展的盛况。这类信件的大部分内容涉及土地及其他商品的转让和买卖，订货、发运、付款、交货或未交货，商人之间的合伙与分红，各种生产资料的租赁和劳动力的雇佣，以及商会管理商人等内容。例如，

---

[1]　阿马尔那。

[2]　［美］斯蒂芬·伯特曼：《探寻美索不达米亚文明》，秋叶译，275页；Stephen Bertman，*Handbook to Life in Ancient Mesopotamia*，p.177。

里姆–辛统治时期（Rim-Sin，在位时间为公元前1822—前1763年）的一位乌尔的大铜商埃亚–纳西尔，经营的是底尔蒙的贸易，乌尔城的很多投资者和订货人与他保持书信往来，通过书信来做生意，这些书信收录在《乌尔发掘文书》（第五辑，UET V）①中。

第四种，私人书信。

私人书信反映的是一个社会个人交往和交流的状况。美索不达米亚的私人书信包括家书、朋友之间的书信和情书等，尤其值得注意的是奴隶也有相当的文化程度，也会从事连书吏都需要反复接受训练才能掌握的书信写作技能。

私人书信的内容可以说涉及方方面面。例如，在一封家书中，一个名叫伊丁–辛的孩子写信给其母亲济努夫人，抱怨自己的衣服没有朋友的好。信中说道："每年我的朋友们会穿戴得更好，而每年我自己的衣衫却越来越糟。看来这正是您想看到的情况。我知道您在家里存放着大量的羊毛，可是您送给我的都是破衣服。我的朋友，他的父亲曾为我父亲工作，比我都穿戴得体面：每件东西他都有两套。我朋友的母亲是收养的他，而您却是给我生命的人。可是看来她爱他更甚于您爱我。"②

女奴达比图致其主人的信，则涉及一个婴儿的生命："我告诉过您可能会发生的情况，而且事情已然发生了。我带着这个孩子已经七个月了。现在这个孩子也死去一个月了，没有人会帮助我。在我死以前做件事情吧。主人啊，您就来吧，这样我就能看到您。您说过您要送我点东西，但是我什么也没有收到。如果我必须死，我只想再看您一眼。"③

透过一封大约属于公元前2100年的情书，我们可以窥见巴比伦男女青年的爱情故事。信上说："比比亚……愿沙马什和马尔杜克永远保佑你使你健康……我特派人前来，主要就是想知道你最近的健康情形。我到巴比伦

---

① W. F. Leemans，*Foreign Trade in the Old Babylonian Period*，*as Revealed by Texts from Southern Mesopotamia*，pp.39-56.

② Stephen Bertman，*Handbook to Life in Ancient Mesopotamia*，p.178.

③ Stephen Bertman，*Handbook to Life in Ancient Mesopotamia*，p.178.

不能见到你，你知道我心里多么难过。"①

女祭司阿瓦特阿娅致她亲爱的伽米伦的情书，则表达了痴情女子的相思之苦："当我的双眼注视着你时，我心里充满欢乐，就像第一天当黑暗的教堂之门在我身后关闭，我看见女神的脸黯然失色的时候那样。我知道你也为看见我感到非常开心。'我会在这里停留一周'，你说过。可是我当时不能告诉你我曾从远方写给你的信的内容。而你突然离去，于是我有三天快发疯了。我的嘴唇不曾碰过任何食物，也不曾碰过一滴水，我所拥有的只是回忆。把你能提供的送给我吧，这样我就可以养活那些依赖于我的人。冬季的寒冷渐行渐近了。帮帮我吧。我从未更多地去爱一个人。"②

第五种，与神灵的书信往来。

在美索不达米亚种类繁多的书信材料中，最不同寻常的便是那些写给神灵的书信以及神灵偶尔的回信。写给神灵的信包括两种，一种是普通民众写给神灵的书信，另一种是君王写给神灵的书信。普通民众给神灵写信，主要是在自己身处不好的境遇时，请求神灵的帮助；而君王给神灵写信，一方面是为了表达对神灵支持与帮助的感激之情，另一方面是向民众表明自己的君权得自神授。这种传统自苏美尔时代一直传至新巴比伦王国以及亚述帝国。而神灵写给君王的信，多半是爱出风头或有政治野心的祭司假托神灵之口而写的。在亚述时代有文献记载的两个案例中，神灵给一位国王写信，表达了对他所做之事的不悦，结果这位假借神灵之名给国王写信的祭司，"被知情的国王送到了一个遥远的沙漠教区里"③。

3. 书信的格式与写作风格

美索不达米亚的书信拥有固定的格式和鲜明的写作风格，这从侧面反映出美索不达米亚的社会情况和人情世故。

古巴比伦时期的书信拥有固定的格式。无论是官方书信还是私人书信，都遵循这样的格式："致某某人，某某人如是说。"接下来便是书信

---

① CAH，i，547，转引自［美］威尔·杜兰：《东方的遗产》，150页。

② Stephen Bertman，*Handbook to Life in Ancient Mesopotamia*，p.178.

③ Stephen Bertman，*Handbook to Life in Ancient Mesopotamia*，p.178.

内容的正文。在私人书信中，在"致某某人，某某人如是说"这句套话之后，通常还要加一句："愿沙马什和马尔都克因为我的缘故保持你身体永远健康。"这在后文的引文中将反复出现。

三、艺术与建筑

（一）乌尔王陵——人类早期艺术的瑰宝

在第一次世界大战和第二次世界大战之间，美索不达米亚的考古工作也取得了较大的成绩，尤其是对南部苏美尔诸城遗址的发掘。1922—1934年，列奥纳德·伍利爵士（Sir Leonard Woolley）对乌尔进行了挖掘，向人们展示了一代苏美尔名城的风貌。他在这里发现了一个拥有椭圆形城墙的城池，最大尺寸为半亩以上。它的北边和西边由幼发拉底河古河床环绕，并有两个船用码头。他还发现了属于较早时期的神庙台基及埋在地下的小型塔庙等。不过伍利最引起轰动的发现是著名的乌尔王陵。他在这里发现了上百座小型墓穴，其中有一群属于乌尔的"王陵"。乌尔王陵大约有16座墓，墓穴由石筑成，有时一个墓穴有几个墓室。墓顶是由托梁支撑的石或砖砌成的拱顶，其中还有一座圆顶墓。乌尔王陵中豪华的随葬品和众多的人殉令世界震惊。墓主居于墓室的主要位置，常常被放置在木棺床上，随葬品数量众多，品种齐全，有装饰品、武器、乐器和其他珍宝等。其中用锡和铜熔化铸成的青铜器，是迄今所知世界上早期的青铜制品之一；黄金头盔造型端庄优美；一个由黄铜和天青石制成的公牛头，形象逼真，工艺精巧，是世界上古史时期著名的艺术珍品。（见图5-12～5-14）这些精美的艺术杰作不仅是美索不达米亚生产发展和科技进步的见证，而且还具有较高的艺术价值，它们所反映出来的设计能力和高超的手工业技术在古代世界堪称一大奇迹。墓内的殉葬者有死者的妻、妾、仆从、士兵和奴隶等，

图5-12　乌尔王陵出土的金王冠／约公元前2650—前2550年／出自乌尔／现存伊拉克国家博物馆／复制品现存英国伦敦大英博物馆

图5-13　乌尔王陵出土的铜牛头／公元前
第3千纪中期／出自乌尔／现存法国巴黎卢
浮宫博物馆

图5-14　乌尔王陵出土的金
短剑和剑鞘／约公元前2600—
前2100年／出自乌尔／现存伊
拉克国家博物馆／复制品现存
英国伦敦大英博物馆

这在某种程度上反映出苏美尔社会的贫富分化和阶级对立的状况。

（二）圆筒印章艺术

两河流域在文化方面最与众不同的艺术品就是圆筒印章。圆筒印章可以说是一种小型的微雕艺术，平均只有1～1.5英寸长。就是这种微型雕刻艺术在古代近东地区产生了广泛的影响，除此之外，"世界其他文明再也没有发明过或完善过这种艺术形式了"[①]。圆筒印章艺术不仅向世人展示了美索不达米亚人所理解和创造出来的方寸之美，还深刻地反映出了他们日常生产和生活中的方方面面。

1. 独特的文物

圆筒印章在美索不达米亚的历史中占据了3000多年的时间，为我们提供了美索不达米亚人生活的独特证据。仅在公元前3300—前2300年，也就是说，从原始文化时期至早期城邦年代，目前就发现了约2000枚圆筒印

----

① ［美］斯蒂芬·伯特曼：《探索美索不达米亚文明》，秋叶译，357页。

章。正如一位亚述学家所估算的那样："如果说博物馆里每一种考古学物件至少有100件依旧埋在地下的话，以此为基础推算，单就这段时期就会有大约20万枚这样的印章仍然等待着挖掘出土。而且在印章本身还没有得到探明出处的情况下，它们留在黏土上的古老印迹依然固执地宣告自己的存在。"[①]圆筒印章具有很高的考古学价值，作为已经消失了的世界的图像性记录，它们是无价之宝。圆筒印章不仅提供了关于古代遗址及其地层时间上的信息——例如，有些圆筒印章上就刻有铭文，铭文中有当时的国王的姓名，据此可推定铭文和圆筒印章所处的时间，它们还像陶器一样，以其材料、尺寸、形状和装饰等在漫长历史中的演变过程，向我们揭示其时间线索。

泥版印章的历史可以追溯到公元前第8千纪的叙利亚，当时的叙利亚人用它作为装饰品或用于巫术。到公元前第6千纪中期，在美索不达米亚北部，人们开始用印章在黏土块或盘子上印出图案。考古学家推断在公元前第5千纪圆筒印章就出现了。目前的考古学资料可以肯定，圆筒印章在公元前第4千纪就已经存在了。属于公元前第4千纪的泥版上（乌鲁克文化Ⅳ）保留下来的印迹证明，当时美索不达米亚南部的苏美尔人和伊朗西南部的埃兰人已经使用圆筒印章了。印章的产生先于文字的诞生，大约与冶金术同时出现，因为雕刻石头需要金属工具。阿卡德时代，圆筒印章艺术处于全盛时代，题材丰富，镌刻精美。这一时期，印章雕刻者的技艺以及他们在构图方面的天赋，建立了美索不达米亚雕刻艺术的新标准。主题、图案和雕刻风格都有一些革新。在美索不达米亚文明的发展中，圆筒印章从苏美尔时代一直流行到波斯帝国，大约在公元前5世纪时由于阿拉米语取代了阿卡德语而成为近东的混合语——阿拉米语已经开始用墨水在莎草纸和羊皮纸上书写——圆筒印章的历史宣告结束。

雕刻圆筒印章所使用的材料绝大多数来自进口的石料，也有少数圆筒印章是使用诸如动物的骨头、象牙、贝壳、木头、黏土，以及金、银、铜和青铜之类的金属雕刻而成的。石料的种类和特性因地区而异，最早的

---

① ［美］斯蒂芬·伯特曼：《探索美索不达米亚文明》，秋叶译，357页。

圆柱体都是用较软的石灰石、天青石和水晶石雕刻而成的。后来又引进了彩色矿石，比如滑石、闪长岩、玛瑙、蛇纹石、绿泥石、苹果绿鹦鹉石、光玉髓、磁铁矿石、黑曜石、赤铁矿岩和紫晶石，等等。在较晚的历史时期，美索不达米亚人甚至还使用了合成石——石英石。美索不达米亚人相信不同的石头具有各自神奇的功能，能够为他们带来福气：天青石象征着权势与成功；水晶石能传递快乐；绿色大理石预示着永久的祝福；在亚述人看来，梦见有人赠送圆筒印章预示着有儿子降生；一块雕刻有众多人物的印章预示着子孙满堂；红色的圆筒印章预示着儿女双全；象牙雕刻的圆筒印章代表着心中的一个愿望；一块王室的圆筒印章预示着能够得到诸神的保护。

2. 工匠与工艺

制作圆筒印章的工匠在苏美尔语里称为"布尔古尔"，在阿卡德语里称为"普尔库鲁"。制作圆筒印章是一份对技术要求很高的职业，一名学徒工至少需要四年的学习时间，才能学成手艺。在这四年的时间里，他必须每天跟着师傅在作坊中不停地磨炼技艺。人们在古埃什努那遗址（阿斯马尔）就发现了一名工匠用于雕刻圆筒印章的全套工具，在一只黏土罐子里还装有一把小小的铜錾子、两把尖锐的铜刻刀、一块磨刀石、一把用于打孔的钻子，还有一些正在制作中的印章。圆筒印章不仅是手工制品，还是美索不达米亚工匠们的艺术杰作。印章上所刻的微型的图文，我们现在需要借助放大镜才能欣赏其中的细节。圆筒印章微雕采用"凹雕"的技法，制作出三维立体的雕像。圆筒印章为工匠和艺术家们赢得了很高的社会地位，他们的职业是美索不达米亚社会最具荣誉感的职业之一。

美索不达米亚所特有的圆筒印章，采用"凹雕"的技法在圆柱体材料上刻画出图案，把圆筒按在柔软的黏土上进行滚动，就会显出连续性的小型浮雕。这些小型浮雕所表现的主题，在美索不达米亚不同的历史时期呈现出不同的特点。（见图5-15）最早的主题呈现出重视经济活动的特点，主要描述生产活动或展示食物和纺织品，以及伴随着经济活动的各种仪式场景。在苏美尔早王朝时期，在对那个英雄时代的英勇成绩的庆贺中，圆筒印章出现了新的主题，即神话式的冲突和盛宴。苏美尔早王朝时期，常见的一个印章主题是"动物搏斗"：狮子对牛的袭击及人或似人的"护卫者"的防卫。在这种防卫者中又出现了留着长胡须的"英雄"和系着腰带、角下有装饰边锁的"牛—人"。这些形象构成了复杂的图案，但那时还没有立体表现，而且线形图案也是随意的。到早王朝后期，印章制作有了很大进步。印章形象变得更加粗壮，造型更加娴熟。

图5-15　两枚青金石圆筒印章／苏美尔早王朝时期／出自乌尔／现存英国伦敦大英博物馆

狮子和"护卫者"一类形象的面部表现非常细腻，格斗的场面常被带框的铭文隔开，图案通常被水平地分成两栏。神话或宗教仪式的场面也是这时印章的主题。阿卡德时代，印章的图案是一系列独立的画面，相互间的距离也在增大，而且更加注意装饰。神话、宗教题材是印章中的主要反映对象。阿卡德王国消亡后，印章艺术中落。民间喜闻乐见的题材不见了，宗教题材压倒一切。题材内容是印章主人站在城邦保护神面前的情景。亚述时代，印章的主要题材是狩猎图或逼真的动物画。到新巴比伦时期，流行平面印章。印章的主要题材多为狩猎题材，也有一些宗教内容。

3. 圆筒印章的功能价值

圆筒印章中丰富的内容和主题向我们揭示出了美索不达米亚人日常生活的方方面面，尤其是农业生产、吃穿、音乐、舞蹈、交通和宗教精神生活等。透过圆筒印章，我们看到了美索不达米亚人从事农业生产的场景；看到了他们对神灵的崇拜，尤其是对太阳神沙马什（乌图）、月神辛（南那）以及情爱女神、生育女神和战争女神伊什塔尔（伊南娜）的崇拜等；看到了在圆筒印章图案中流行的动物、植物题材，包括已经灭绝了的一些动物；我们还看到了美索不达米亚人在设计方面的成就和思想，诸如圆顶房屋设计、合成弓设计和琵琶等乐器设计等。（见图5-16）

图5-16 一名妇女佩戴着一枚圆筒印章，正优雅地吹奏长笛／贝壳制作／约公元前2600—前2500年，苏美尔早王朝时期／出自尼普尔／现存美国纽约大都会艺术博物馆

圆筒印章的出现是与美索不达米亚人民的经济生活密切相关的，这一点从圆筒印章的用途得到了充分的反映。在文字发明以前的时期，人们用圆筒印章在空心的黏土球上印上标记。这些空心的黏土球里面装着一些标记商业交易中的货物如绵羊的物证。后来，圆筒印章被用于密封罐子并标示罐子里面的有价物品。再后来，圆筒印章最广泛的用途是对黏土泥版文件做"标记"。文字发明以后，圆筒印章的功能得到了进一步的提升，它不仅成为人们社会交往中不可或缺的工具，甚至还成为人们身份、所有权甚至社会地位的象征和标志。圆筒印章的楔形文字铭文中，不仅要刻写印章所有者的姓名，还要标明他父亲的姓名、他的职业或职务，以及他所服务的统治者和神灵的名字。从圆筒印章的楔形文字铭文中可以看到，在美索不达米亚社会，圆筒印章的拥有和使用是一件非常普遍的事情，不同职业、不同职位之人都需要使用圆筒印章，统治者与祭司、士兵与书吏、王室的厨师与仆人、木匠和其他手艺人、商人、妇女也可以拥有圆筒印章，甚至奴隶都拥有圆筒印章，就连神灵有时也和人一样佩戴着圆筒印章。一个人可以拥有不止一枚圆筒印章，至少在其更换职业、服务于新主人或者职务得到升迁时，都要制作一枚新的圆筒印章。

在美索不达米亚社会，没有圆筒印章，任何形式的买卖和交易活动都很难进行，我们在法律合同、条约甚至在信件中都发现有印章的印记。例如，对于借贷来说，借贷人或其受托人会以自己的印章确认借贷的数额；在一份财产转让书中，卖方会签印出售单据，买方在收到货物后也要签印收条；在买卖合同中，双方都要签印；甚至在婚姻协议中，男女双方也都要签字盖章。圆筒印章的遗失或者被盗，是受社会广泛关注的重大事件，失主和官员要记下丢失的时间，相当于做挂失处理，以确保印章遗失后的交易无效。当有人丢失圆筒印章时，会在全城吹响号角，以作为印章丢失的公告。

在美索不达米亚人的观念中，世上没有确定和永恒的东西，包括生命本身，生命非但不可能永恒，甚至充满了不确定性，而圆筒印章却成为他们追求永恒的一种精神寄托，也成为他们生命永恒的终极象征。这也正很好地诠释了，为什么圆筒印章在美索不达米亚人的生活中占据异常重要的地位，以及享有特殊的荣誉。

（三）圆雕

1. 苏美尔人的圆雕

苏美尔人创造了古朴浑厚的艺术品，并在一个时期达到相当高的水平。无论是圆雕还是浮雕，虽然很多都与宗教有关，但它们与其他非宗教题材的雕刻作品一道，仍然表现出了浓厚的世俗主义和现实主义风格。从作品内容上来说，苏美尔和阿卡德的雕刻以人物雕像最为突出，其中最为著名的作品包括君王雕像、祭祀活动中的人物雕像以及普通的男人像和女人像等。

属于约公元前3300年乌鲁克时期的两尊裸体男性雕像，容貌、仪态和表情几乎一模一样，似乎表明他们是孪生兄弟。特征鲜明的男性生殖器官在显示男性魅力和力量的同时，可能也流露出男性隐藏在内心的自豪感。（见图5-17）

属于约公元前3000年的著名的乌鲁克花瓶所描绘的场面，则是一队裸体的男性在向伊南娜女神敬献贡物。值得一提的是，类似的宗教祭祀场景在美索不达米亚的艺术作品中很常见，揭示出的是一种特殊的宗教文化。我们知道，国王在进入祭祀现场举行祭祀活动之前，

图5-17　乌鲁克文化时期的男性裸体石雕像／可能是国王或祭司／约公元前3300年／现存法国巴黎卢浮宫博物馆

要经过几道门进行洗浴净身，很多情况下人们都是赤裸着身体向神献祭，可能也是由于净身之故。

在阿斯马尔的阿布神庙的地窖里，完好地保存着一批属于约公元前2600年的圆雕人像，为我们了解早期美索不达米亚的苏美尔人的雕塑提供了重要实物。这些雕像中有形体高大的阿布神和一位女神，基座上明确地雕刻着他们身份的标志。在神像对面站立着一排大小不一、服装各异的祈祷者。其中，有9名是男性，他们身穿当时传统的衣服。一个光头且胡须理得很干净的人被认为是祭司，其余的人有浓密的胡须，长长的头发。胡须和头发都是用规整的皱纹和黑彩表现的。眼睛镶嵌贝壳和天青石。第12尊雕像是雪花石膏雕刻的呈跪状的祭司，根据礼仪，呈裸体状，并戴着一个圆形的小头饰。这些雕像都是双眼平视着前方、耸肩抬头、双手紧握并贴在胸口，显得十分虔诚。

2. 古埃及早王朝时期的圆雕

圆雕，包括人像、神像和动物像。关于人像，现在至少有两个疑似纳尔迈的头像传世，一个在彼特里博物馆，另一个在剑桥博物馆。（见图5-18）这些

图5-18 纳尔迈头像 / 现存彼特里博物馆

雕像同巴达里时期的人像相比，在雕刻技术上有了长足的进步：一方面它们是用石头雕刻的，另一方面它们的比例都大致正确。

关于动物像，柏林博物馆收藏了一座狒狒像，它身上刻有纳尔迈的名字，显然也和纳尔迈有关。（见图5-19）另外，作为棋子或玩具等小狮子雕像，都非常传神，说明那时古埃及的艺术家已经有了很强的观察和表现事物的能力。

古埃及圆雕艺术的基本特征有以下几点。

（1）雕像姿势，不论直立或端坐，其头部、躯体和双腿都保持垂直。立像一般采用前进姿势，双腿

图5-19 狒狒像 / 现存德国柏林博物馆

一前一后，人体重心完全均等地落在双脚上。由于这点，尽管立像呈现的是迈步的动作，也依旧显得静止并略带僵直。双臂紧贴着身体，两眼直视前方，手里有时拿着表明身份的权杖或工具，双手下垂，间或有抬举等动作，仍以紧靠躯体为原则。（2）头像雕刻，除注意轮廓的相似之外，必须加上理想化的修饰。（3）为了衬托主题，雕像中的随从人员，在比例上做缩小处理。（4）为了满足实感的追求，雕像一般都着色，一律用黑色颜料加画眼圈，皮肤、发饰、衣着等也悉照实物涂加彩色（在古王国时期和中王国时期尤为明显）。（5）为雕像装设眼球和眼珠，是古埃及雕像艺术中最突出的表现技法。这种技法在古王国时期特别流行。贵族的雕像眼球用水晶、石英等不同的矿物做成，眼珠用普通乌铜制成。

但这些特征只适用于王公贵族的雕像，而一些劳动者的雕像就基本上没有遵从这些法则。

（三）浮雕

浮雕艺术几乎同美索不达米亚本身一样古老，在各城神庙里，都发现了某种题材的浮雕。浮雕镌刻在正方形的石灰石石板上，从石板中部都有空隙这一点来揣测，石板制成后是用来固定在某个地方或挂在神庙内宗教礼器上的。这些石板镌刻的题材主要是颂扬石板的主人为神祇大兴土木的业绩和为此举行的庆典，或是记录军队挺进、战胜邻邦的史实。

1. 苏美尔城邦时期的浮雕

在海法吉出土的浮雕，由三幅横向的画面组成，记载庆祝神庙落成的情景。但浮雕的线条没有表现出人体轮廓的圆润，衣服和人体本身处理得很马虎，这说明当时的艺术水平不高。

早王朝时期，描绘国王的浮雕，往往在衣裙上刻着国王的名字。在拉伽什发现的一件浮雕，画面的上部是国王乌尔南什，头顶装有盛放建筑工具的筐，前面站立的是他的家人。画面的下部，国王坐着，他的家人簇拥在旁，一起庆祝佳节。画面中，国王刻得比他的家人高大，并把家人的名字刻在他们各自的衣服上。（见图5-20）

图5-20　拉伽什王乌尔南什许愿浮雕 / 约公元前2550—前2490
年 / 出自特罗，古代吉尔苏 / 现存法国巴黎卢浮宫博物馆

　　具有"鹫碑"称号的安那吐姆石柱，是苏美尔浮雕中的杰出典范。这
座纪念碑是记功碑，歌颂拉伽什城邦统治者安那吐姆击败毗邻城邦乌玛所
取得的胜利。这块石碑也是一块边界界石，上面刻着征服者与被征服者之
间的契约。从石碑上层的画面上，我们可以清楚地看到安那吐姆王正率领
军队作战，后面跟着一排方形列队的士兵。士兵头戴战盔、手持长矛，身
上用大块盾牌连成墙以作掩护。下层的画面是国王站在战车上，正投掷长
矛，指挥士兵与敌奋战。石碑背面描绘的场面是国王把胜利象征性地归于
战神恩利尔之子宁吉尔苏，把俘虏集中在一个网里，由狮首鹰伊姆杜古德
看守着。石碑的一个断片上，刻画了飞翔着的兀鹰带着被砍下来的敌方士
兵的头颅。石碑上的题字揭示出画面的内容：叙述了拉伽什军队的胜利，
并且宣布，被打败的乌玛居民必须向拉伽什的神祇献纳贡品。这件浮雕反
映出苏美尔人纪念性浮雕的基本原则。画面由水平线分隔成一条条横带，
人们在这些横带上组织构图。展开在这些横带上的，往往是不同时期的若
干插曲，这些插曲构成了对事件的清楚的叙述。全体被描绘者的头部，总
是放在同一水平线上。国王与神祇的形体往往比较高大。

2. 古埃及早王朝时期的浮雕

在浮雕方面，这时有纳尔迈调色板、利比亚贡赋调色板、纳尔迈权标头、一些国王的名字碑等传世，这些文物上的浮雕都很精美。

这些浮雕反映了当时的历史事件，如纳尔迈调色板、纳尔迈权标头和利比亚贡赋调色板上面的浮雕，反映了纳尔迈统一的事件；国王登的一块象牙片断上面的浮雕，反映了当时埃及同西亚的贝都因人的战争。

此外，登统治时期的一个大官海马卡的墓里的一个圆盘上雕刻了几个动物：两只豺狼和两只羊。其中一只豺狼已经咬住了一只羊的脖子，另一只狼这正在追逐另一只羊。圆盘上的雕刻构图简练，形象生动。

四、建筑

艺术史学家西格弗里德·吉迪昂曾经说过，"美索不达米亚是建筑学的诞生地"，在美索不达米亚，"与无形的力量建立起联系的久远渴望，首次被赋予了建筑的形式"。[①]建筑与建造工程是古代两河流域文明与文化最主要的实物形态遗产。但由于美索不达米亚缺少风调雨顺的自然条件，潮湿的土壤导致埋葬在地下的文物被腐蚀，加之材料的脆弱和战乱频繁，美索不达米亚各民族的建筑与建造工程文物几乎没有保存下来。

（一）苏美尔人的建筑

在苏美尔时期，人们将黏土放在四边有框的模子中模压成型，并在太阳下晒干，称"日晒砖"。日晒砖用于砌筑房屋台基和墙心，其表面贴有具有防水性能的陶砖，以防墙体受潮浸蚀。在北部亚述地区，气候湿润，砖往往是烧干的。石灰石以及更贵重的石料只用于神庙和王宫的装饰，而私人住宅主要是使用黏土。

芦苇和黏土一样，是底格里斯河和幼发拉底河对美索不达米亚人民较大的奉献之一。在较早的历史发展阶段，芦苇成为美索不达米亚人主要的建筑材料。他们用芦苇建造自己的家园，芦苇屋成为民居的主要形式。随着黏土砖的发明和普及，芦苇作为房屋建筑材料便退居到了次要地位。

---

① ［美］斯蒂芬·伯特曼：《探寻美索不达米亚文明》，秋叶译，299页。

　　沥青作为一种建筑和建造材料，在世界古代文明中，几乎为美索不达米亚人所独有。沥青是古代柏油的别称。它是一种类似石油一样的东西，在古代近东地区，尤其是在两河流域属于天然的物质。底格里斯河和幼发拉底河的两岸都有含有沥青的沉积物。美索不达米亚人在这些沉积物里发现了一种强大的黏胶剂——沥青。沥青与黏土砖结合起来，性能比一般的胶好，黏性更大，而且防水性能突出。因此，沥青也被用来当作防水涂料，比如它在当时是美索不达米亚人造船业不可或缺的材料。

　　在人类的早期文明中，建造技术都没有什么特别之处，值得一提的就是拱形结构的发明和使用。拱形结构是苏美尔人发明的，是美索不达米亚文明在建筑领域对人类的较大贡献。早在公元前第4千纪的时候，苏美尔人为解决建造房屋的门和通道问题，发明了拱形结构。拱形门解决了水平门框承受力差、容易被压垮的弱点，使建筑的坚固性得到了大大的提升。"其秘密在于释放并转移重量，将重量向下传递到地底下而不是完全只靠自身的承载。通过建造一个接一个这样的拱形结构相互支撑，工程师们就能建造出能作为隧道用的拱顶结构。除形成通道，拱形结构还具有效支撑上层结构力量：因为具有开放性，这种结构所需要的砖或石块比建造一堵同样规模，并支撑近似重量的墙要少得多。"①

　　最早的拱形结构可能出现在芦苇屋的建造过程中，因为芦苇捆容易折弯而形成曲线轮廓。随后，美索不达米亚的工程师们还运用拱形结构建造桥梁和高架渠，他们无可争议地成为后来擅长此道的古希腊人和古罗马人的先驱。

　　苏美尔的重要建筑物都呈塔形，塔形建筑是多层的，每一层都比下面一层小些，四周有阳台，还有梯级。软砖的表面盖着瓦和经过烧制的较硬的砖。美索不达米亚人在建筑方式上发明出一种独特的结构，对后世建筑艺术的发展影响很大，此即拱形结构以及由拱形结构化生的半圆屋顶和圆屋顶的结构系统，随后又创造了可用来保护与装饰墙面的面砖和彩色琉璃砖。这些将材料结构、构造与建筑造型艺术有机结合的成就，影响着小亚

---

① 　［美］斯蒂芬·伯特曼：《探索美索不达米亚文明》，秋叶译，297页。

细亚、欧洲与北非的建筑风格。

迄今在美索不达米亚发现的最古老的神庙在南部城市埃利都。这座神庙可以追溯到公元前第5千纪。这座神庙并不大，只有一个12英尺①×15英尺大小的房间。这座神庙的中央，摆放着一张贡品桌，在墙壁里设置了一个壁龛作为祭坛或放置神像。

乌鲁克文化时期，神庙建筑出现了变化。这一时期，有座神庙建在一个人造的不规则的山头上，已达到宽50米、长80米以上的规模，其壁面有密排数层而突出的拱壁，巨大的"T"字形殿堂从十字形甬道出入，四周环绕着侧房。庙内有长方形的神坛，坛上有祭坛和一个与炉壁相连的供桌。神庙的外墙被粉刷成明亮的白色，因此，人们称它为"白庙"。同一时期的另一座神庙，有半柱式墙垣，建在石砌的地基上。这座神庙用彩色的镶嵌画作为装饰。镶嵌画用嵌在建筑物上的生砖砌成，并由钉在墙垣上的彩色陶钉加固。这是在美索不达米亚神庙建筑中运用彩色镶嵌的最早范例。

在苏美尔早王朝时期，神庙建筑分成两类。第一类是建在砖台基上"高大"的神庙或塔庙。第二类是地面建筑，有时周围绕着私人住宅。神庙的核心部分是一个长方形殿堂，在其中一个长边上开一个门。殿堂的另一端有一个凸起的砖祭坛，它的后面是放置神像的殿龛。殿堂中部有一个小砖台基，此即为"供桌"。长砖凳靠在墙边，用于放置还愿像。殿堂两旁是侧房，其中一个通向平顶阶梯。

一座城市不止一座神庙，而是有很多座神庙，供奉不同的神灵。但是，作为城市保护神的主神，其地位肯定是其他神无法相比的，为城市主神或保护神所建造的神庙，无疑会更大一些，也更具威严。

塔庙是美索不达米亚最杰出的建筑学创造。年代最久远的塔庙可以追溯到公元前第3千纪末期，同样出现在人类历史上的第一座城市埃利都。"塔庙"这个词源于阿卡德语"Zigguratum"，意思是"顶峰"或"高地"。最初，塔庙是一种由砖块砌成的多台阶平台式建筑，建在整个神庙

---

① 1英尺约等于0.304米。

综合建筑群的最高处，塔的顶部可能供奉着神龛，神灵可以在这里降临。大型的宗教活动，尤其是盛大的宗教仪式，都要在塔庙最顶端的平台上举行。一方面可能是因为更能显示出帝王君临天下的威严和气势，另一方面可能是因为作为城市的制高点，距离神灵更近，更容易接受和传递神灵的旨意。

苏美尔人所创造的塔庙，是独创一格的祭神建筑。塔庙耸立在当地主要神祇的庙宇附近。塔庙主要用生砖砌成，涂以沥青浆接合。塔庙的顶部有作为建筑物的结顶的不大的房子，即所谓"神宅"。

（二）古埃及早王朝时期的建筑

图5-21　国王捷特的名字碑／现存法国巴黎卢浮宫博物馆

古埃及早王朝时期的王宫、神庙和民居已基本无存。关于王宫建筑，我们只能从一些国王的名字碑上见到这种建筑正面的样子，如第一王朝国王捷特的名字碑，人们认为，这个名字碑中的鹰是站在一座王宫正面之上。（见图5-21）但这时的王宫是用什么材料建筑成的呢？我们不得而知。不过，这时的坟墓保留了下来。早王朝时期国王和贵族的墓多半是马斯塔巴形的墓。这种墓一般分为上下两层，每一层的房间数量不等，这些房间是作为墓主人及其陪葬者的墓室，以及放置陪葬品（吃的、穿的、用的及其他物品，如国王阿哈的墓里还有一个地产模型）。墓是用砖坯建造的，但隔墙有可能是用的石头。萨卡拉、赫尔旺、阿卑多斯、希拉康波里等地发掘出的部分建筑使用了石灰石、沙石和花岗岩。《帕勒摩石碑》有关于第一王朝时期的建筑中使用石头的记载。这显然与工具的改进、开采技术的提高有关。

五、宗教信仰

一般认为，自然崇拜的宗教源于原始社会末期私有制的产生和国家确立的早期，美索不达米亚宗教的自然崇拜特点，自始至终贯穿于从苏美尔文明、阿卡德文明、古巴比伦文明，到新巴比伦文明，以及亚述文明的各个发展阶段。在这一点上，后来的古希腊宗教和古罗马宗教也如出一辙，甚至在很多方面有明显的传承关系。

（一）苏美尔人的自然崇拜和多神崇拜

美索不达米亚人的自然崇拜，包括对天、地、山、水和日、月、星，以及风、雨、雷、电等宇宙存在和自然现象的崇拜，以至于他们甚至认为，"空气中到处充满了鬼神"[1]，包括对各种人力难敌的奇异怪兽的崇拜，还包括对人类广受其惠的各种植物的崇拜。一般认为，这种自然崇拜的原因，源于人类对宇宙认识的无知，与自然力抗争的无奈，与野兽搏斗的无力，以及对赋予人类以生活资料的各种植物的感激与敬畏。对美索不达米亚的居民而言，每逢底格里斯河和幼发拉底河泛滥的季节，滔滔的洪水淹没了田园，冲毁了庄稼，他们除了恐惧便是那样的无助；面对经常出没的凶猛野兽，也只能敬而远之。"他们认为自然界中各种森严可畏的现象是某些至高的有强大威力的和超自然的存在物的活动，于是他们就把自然界的不同形式和表现化为神灵。"[2]

早在远古的时候，苏美尔地区便出现了关于原始自然力混沌洪水阿普苏和提亚马特的纯宗教观念。随着生产力发展，人们开始认识到水这一自然力的造福力量：可以灌溉土地，给人民以丰收。于是便出现了关于善良与造福的水神、智慧之神埃阿的观念。埃阿是一位把一切手艺、艺术与知识教给人们的神。苏美尔人认为水是一种原始的神圣的力量，生命便是起源于这种自然力。关于创造世界的神话的开头就讲道："上面的天还没有名字，而下面的地也还没有得到自己的称呼，只有创造了地的元始的阿普苏和一并创造了天和地的提阿玛特和穆姆，把他们的水混合到一起。"[3]

古代美索不达米亚人不单崇拜自然力，而且还崇拜植物、动物。神

---

① ［美］威尔·杜兰：《东方的遗产》，16页。

② 于殿利、郑殿华：《巴比伦古文化探研》，103页。

③ ［苏联］阿甫基耶夫：《古代东方史》，王以铸译，116页。

话和宗教艺术里便有神圣的"生命之树"和"真理之树"。人们把主管生殖的神杜木兹称为"植物国的君主"；伊什塔尔女神常常被描绘成妇女的样子，从她的身体上有枝茎生长出来。椰枣树受到人们特别的尊敬，因为这种树在经济生活中有巨大意义。美索不达米亚宗教还保存了古代野兽崇拜的许多残余。例如，在乌尔受到崇拜的南那就被称为"强有力的牡牛阿努"；地下世界之王内尔伽尔神被表现为一个可怕的动物的样子："他有牡牛的角，他背上有丛毛发；他有人的脸面、面颊……翅膀；他有狮子的前脚和站在四条腿上的身体。"水神埃阿被表现为一个带着鱼尾或是背上带着鱼的神；而马尔都克——巴比伦的雷雨之神和最高的保护神——则被表现为一半是蛇、一半是猛禽。

在古代美索不达米亚得到普遍传播的是对于天空和星辰的崇拜。人们认为天神安努是最高的神，作为"父亲"和"诸神之王"的天神安努居住在天国的最高一层，在那里，他坐在宝座上统治着世界。其余在诸神中地位显赫的是月神辛、日神乌图，此外还有自然、生命和生育女神伊什塔尔，这位女神代表金星。

这一切古老而复杂的自然崇拜同祖先崇拜有着密切的关系。最高神安努一般被视为诸神之"父"，而杜木兹神的名字意思是"真正的儿子"。自然界的神化、星宿崇拜和祖先崇拜，形成一套复杂的宗教。

多神崇拜是古代美索不达米亚宗教的重要特征之一，这个特征也同样贯穿整个美索不达米亚文明的各个阶段和各个地区。早在20世纪初，就有学者们列出了在古代美索不达米亚受到崇拜的诸神的名单，数目之巨，令人吃惊。1914年，有学者给出了一份诸神名单，列出了3300位神灵的名字。[1]1938年，另一位学者以严格的尺度编撰了一份美索不达米亚众神表，列出的神灵名字也多达2400名。[2]

多神崇拜与自然崇拜是密切相关的，原因很简单，宇宙天体是数量繁

---

[1]　A. Deimel, *Partheon Babylonicum*, Biblio Bazaar, 2011.

[2]　K. Tallqvist, *Akkadische Götterepitheta*, Hildeshein, Georg Olms Verlag, 1974. Jean Bottréo, *Religion in Ancient Mesopotamia*, Translated by Teresa Lavender Fagan, Chicago, The University of Chicago Press, 2011, p.45.

多的，自然现象是变化多端的，自然力是举不胜举的，人类的恐惧和需求是永无止境的，所有这一切都需要特定神灵的保佑，如天神安努、风神恩利尔、暴风雨和雷电之神马尔杜克、太阳神沙马什、月神辛，以及自然、生命与生育女神伊什塔尔等都是各司其职，没有一个万能之神可以主宰一切，即便是天神安努，虽然是众神的"父王"，是至尊之神，住在天国的最高一层，但也有其致命的弱点，有时也只能在"安努之路"上行走。

（二）古埃及人的多神崇拜与统一神的出现

在古埃及早王朝时期，虽然古埃及人还是多神崇拜，但鹰神荷鲁斯逐渐成为全国崇拜的主神和国王的主要保护神，在一些国王的名字碑上面几乎都有一只鹰，既表示了国王对鹰神荷鲁斯的崇拜，又表明了鹰神荷鲁斯对国王的保护，如前文提到的第一王朝国王捷特的名字碑，以及第一王朝国王勒涅布的名字碑，上面也有一只鹰。第五王朝编制的上古埃及年代记还不止一次地记载了荷鲁斯祭，说明了对荷鲁斯的祭祀已经成了国家的事情。

六、科学

（一）苏美尔的数学家

古代美索不达米亚数学几乎与文字的出现，因为文字的产生是出于社会经济发展，更确切地说，是出于记录财产和产品的实际需要。乌鲁克文化Ⅳ中发现的迄今所知既是美索不达米亚也是人类最早的文字中，数字就占有重要的一席之地。

在考古学家迄今于美索不达米亚所发现的大约50万块楔形文字泥版中，约有300多块被鉴定为纯数学泥版，其中100多块是学生练习的"习题集"，其余的200多块属于数学表格。"习题集"的内容多为代数和几何问题，数学表格则包括乘法表、除法表、倒数表、平方表、平方根表、立方表和立方根表，甚至还有指数表等。尼普尔无疑是迄今所发现的泥版的重要来源地之一，在此发现的泥版约有5万块之多。这些载有数学表格的泥版多数出自尼普尔城，主要原因可能在于，尼普尔城是古巴比伦时期书吏教育的中心，而数学很显然是书吏教育的重要课程之一。（见图5-22）

图5-22　乌鲁克文化晚期的更为复杂的具有百位数的数字泥版 / 公元前3300—前3100年 / 现存英国伦敦大英博物馆

保存至今的楔形文字数学泥版文书大体上可以分为三组：第一组来自苏美尔时代末期（约公元前2100年）；第二组来自古巴比伦时期，主要自汉谟拉比时代（公元前1792—前1750年）开始，至公元前1600年前后，这时期的材料数量最多；第三组来自新巴比伦王国及随后的波斯帝国和塞琉古时代，时间为公元前600—前300年。这些材料反映出，美索不达米亚的数学经历了三个重要的发展和繁荣时期，即苏美尔时期、古巴比伦时期和塞琉古时期。在苏美尔时期，数学主要涉及土地转让及处理这类事务的算术计算，苏美尔人已熟悉各种法律契约，如账单和收据、期票、单利和复利、抵押、卖货单据和保证书等。苏美尔人还把数学用于度量衡和商务记录中。苏美尔人发明了十进制和六十进制。

（二）早王朝时期古埃及人的数学成就

古埃及人在早王朝时期已经有了一些科学知识，特别是数学知识。他们已经发明了一些数字：1～10、100、1000。有了比较高的计算水平，所以，他们能够使用很大的数字，如纳尔迈调色板上有6000这个数；在纳尔迈权标头上有120000、420000和1400000这几个数字等。他们用❙表示1，用∩表示10，用❻表示100，用❡表示1000。（后文详叙）虽然我们不清楚在那时他们是否已经有了完整的记数方法，但既然已经数到1400000，应当是已经有了比较完整的记数方法。第二王朝末期的哈谢海姆或哈谢海姆威的雕像基座上有杀死北方的敌人"47209人"和"48205人"两个数字，也说明他们在记数方面已经很熟练了。他们在写2～9时，重复写象形文字中表示1的符号，如他们写2时就画两个表示1的象形文字符号，写3时就写3个符号等。如果要写34这个数，那就写成3个表示10的象形文字符号再加上4个表示1的象形文字符号等。纳尔迈权标头上写的几个数字颇具代表性：12万名俘虏就写12个表示1万的象形文字符号，加上3个表示0的符号；表示42万头大牲畜就写成4个10万的符号，2个表示1万的符号；142万头小牲畜就写成1个表示100万的符号，4个表示10万的符号和2个表示1万的符号等。他们在那时还发明了一些表示长度的符号，如肘、掌、指等，这在记录尼罗河每年泛滥的高度时使用过。例如，《帕勒摩石碑》就记载了可能是第一王朝的一个国王统治时期的某年尼罗河泛滥时水涨的高度是六肘；另一年是四肘一掌等。

第六章　统一王国的形成

第一节　阿卡德王国的统一

苏美尔城市的兴起、城邦之间的争霸斗争及分分合合的过程，反映了人类从史前向历史时期过渡、城邦社会经济的发展以及城市文明与文化的确立。统一成为美索不达米亚历史发展的总趋势，正如历史学家所云："重建美索不达米亚的统一，以达到我们所说的自然界限，是美索不达米亚历代君主们的梦想。从公元前第3千纪中期开始，一直到公元前539年巴比伦城陷落，古代伊拉克的历史就是一部君王们不断尝试统一的历史，其间有成功也有失败。"[①]他们之中第一位真正的成功者是阿卡德的萨尔贡。

图6-1　阿卡德时期的萨尔贡大帝铜像／约公元前2350—前2250年／出自尼尼微／现存伊拉克国家博物馆

一、阿卡德王国的盛与衰

萨尔贡是美索不达米亚第一位强有力的君主，是美索不达米亚历史上第一位真正的"统一者"，历史学家毫不吝惜地为他的名字加上了"大帝"的称号。他所开创的塞姆人王朝和建立的阿卡德王国，改变了美索不达米亚历史的轨迹。（见图6-1）

萨尔贡自称沙鲁金（Sharrum-kin）。这是一个塞姆语的名字（意为"正义或合法之王"），因为萨尔贡本身来自一支操塞姆语的部落。对于塞姆人部落是何时来到美索不达米

---

① Georges Roux，*Ancient Iraq*，pp.146-147.

亚的，历史学家尚无法确定。但在公元前第4千纪的史前时期，美索不达米亚已经有了塞姆人的踪迹。在苏美尔早王朝时期，塞姆人在巴比伦尼亚北部的基什地区已经非常活跃且很有势力，虽然与南部的苏美尔人相比，人口数量仍属于少数。

萨尔贡自己原本就在基什王宫服务，可以说具有苏美尔人和阿卡德人的双重性格。据文献记载，他是基什王乌尔扎巴巴的持杯官，他利用接近王宫和国王的便利机会，一举推翻了乌尔扎巴巴的统治。一份材料记载了萨尔贡获取王权时的情景：

乌尔扎巴巴命令萨尔贡，他的持杯官，换掉伊萨基尔的祭酒杯："换掉它们！"萨尔贡并没有换掉它们，相反，他小心翼翼地把酒杯献给了伊萨基尔。马尔都克，阿普苏王之子，愉快地望着他，授予他统治四方的王权。[①]

萨尔贡旋即向都城乌鲁克进军，目标正是在那里享受对全苏美尔进行统治的"苏美尔的主人"卢伽尔扎吉西。尽管卢伽尔扎吉西拥有多达50个"城邦"国王（恩西）的军队供其指挥，但还是抵挡不住萨尔贡的进攻，最终战败。卢伽尔扎吉西本人被俘获，萨尔贡用"牵狗的方式把他带到位于尼普尔的恩利尔神庙前示众"[②]。萨尔贡并没有停止前进的步伐，他继续率军挺进乌尔、拉伽什和乌玛，所到之处，战无不胜；所进之城，"尽毁其城墙"。萨尔贡为了向世人展示他已经征服了整个苏美尔，并且已经掌握了通往波斯湾的钥匙——拉伽什的港口城市恩因基马尔，他在这里做出了一个具有重大象征性历史意义的举措——在"下海"，即波斯湾洗刷了自己的武器。这个最能表明胜利者姿态的举动，被后来的征服者在不同的海岸反复地模仿。

---

① Marc Van de Mieroop, *Cuneiform Texts and the Writing of History*, London and New York, Routledge, 2006, p.72.

② *ANET*, p.267.

萨尔贡注定不会满足于"基什王"的称号，尽管先前的苏美尔城邦统治者们把获得这个象征"统一"和"权威"的称号作为自己梦寐以求的目标，而且这个称号也给自己带来了足够的尊崇，但是他还有更大的野心。他在幼发拉底河畔修建了一座都城，取名为"阿卡德"（塞姆语被称为"Akkade"；在苏美尔语中被称为"Agade"），意为"祖先之城"。①他还为自己修建了王宫。阿卡德城是考古学家迄今唯一未探知其确切位置的古代美索不达米亚王家都城。"阿卡德"这一名称在美索不达米亚历史上发挥了特别重要的作用。最早进入美索不达米亚的这支塞姆人，也就是萨尔贡家族所属的这支塞姆民族，因此被冠以"阿卡德人"的称呼载入史册；他们根据苏美尔语符号创造的"特殊塞姆语"，被称为"阿卡德语"；从萨尔贡时期开始，塞姆人所居住的美索不达米亚中部地区，从尼普尔到西提和萨迈拉，包括下迪亚拉河谷，被称为"阿卡德地区"；萨尔贡所开创的塞姆人统治的王朝，被称为"阿卡德王国"。

萨尔贡依靠武力所建立起来的那个时代最庞大的帝国。为了维护帝国的长治久安，他必须采取必要的统治措施。他建立了强有力的中央政府（文献记载"他使国家拥有一张嘴"②）；建立起了庞大的常备军队，据文献记载，"每天在萨尔贡宫廷中吃饭的士兵有5400人"③；如上文所述，他还采取亲近苏美尔的文化和宗教政策。所有这一切使得萨尔贡的帝国统治在大部分时间里相对稳定，虽然在庞大的区域内完全杜绝"摩擦"或"不和谐因素"是不可能的。据《萨尔贡年代记》记载，"在萨尔贡的晚年，所有国家都起来反抗他，并把他包围在阿卡德城内，但他组建了突围部队，击败了他们"④。

萨尔贡所创立的阿卡德王国，在其子孙统治时期达到鼎盛。萨尔贡死后，对阿卡德王国的反叛斗争在苏美尔和埃兰境内全面爆发。他的儿子兼

---

① H. W. F. Saggs, *Babylonians*, Berkeley and Los Angeles, California, University of California Press, 2000, p.68.

② H. W. F. Saggs, *Babylonians*, p.266.

③ H. W. F. Saggs, *Babylonians*, p.268.

④ H. W. F. Saggs, *Babylonians*, p.266.

继任者里姆什，镇压了各地的反叛。但战争的胜利并未使里姆什的统治持续长久，就在他镇压埃兰反叛并取得胜利的时候，因刺杀而身亡。他的孪生兄弟曼尼什图苏继位。曼尼什图苏继续其父萨尔贡和其兄里姆什的事业，为维系统治和开疆拓土，率军远征，因为萨尔贡兵锋所到之处有些地区并未实际占领，而所征服地区有一些已经重获自由。（见图6-2）

把萨尔贡所创立的帝国带到极盛的是他的孙子、曼尼什图苏的儿子和继承者纳拉姆辛[1]，他统治时期所达到的疆域范围以及他强大的统治力，使阿卡德帝国比其祖父创立之时更具帝国气质。

纳拉姆辛30多年的统治几乎都是在战争中度过的。他的军事征服活动都发生在美索不达米亚的周围地区。在西部，内尔加尔神[2]"为强大的纳拉姆辛打开了通道，把阿尔曼[3]和埃勃拉给予

图6-2　曼尼什图苏方尖碑／闪长岩／约公元前2270年／出自苏萨／现存法国巴黎卢浮宫博物馆

了他，还把阿玛努斯雪松山和"上海"赠给了他。强大的纳拉姆辛用达干神[4]的'武器'屠戮了阿尔曼和埃勃拉，达干神扩大了其王国……达干神第一次把所有这些地区的人民赠予了他"[5]。沿途他还部分地摧毁了马里

---

① 其名字的意思是"月神辛所宠爱的"。
② 内尔加尔，冥界主神，也是具有毁灭性的战争和瘟疫之神。其神庙位于库塔城。
③ 可能是阿勒颇。
④ 居住在幼发拉底河上游地区的古代塞姆民族之神。
⑤ *ANET*, p.268.

的王宫。在北部，他展开了对胡里人的战争。胡里人的王宫建在泰尔布拉克，居于喀布尔河流域的心脏和交通要冲的位置。在最南端，马干①发生暴动，纳拉姆辛亲自率军远征，亲手俘获了马干的国王曼丹努。纳拉姆辛最著名的战争是对当时十分强大的卢路比②王国的战争。这场战争为我们留下了美索不达米亚雕刻艺术史上的一部杰作——纳拉姆辛为庆祝战争胜利而制作的庆功纪念碑。

纳拉姆辛的伟业通过他所获得的称号和封号就能体现出来。他并不满足于"阿卡德之王"的称号，为与他的伟业相匹配，他骄傲地自称"（世界）四方之王""宇宙之王"。不仅如此，作为阿卡德王朝最强大的国王，纳拉姆辛不仅像他祖父萨尔贡一样，被当作传奇英雄传诵，还被尊奉为神，他的名字前面被加上了星号。星号是"神"的表意符号，只有神的名字前才可以有此符号。这个代表神的星号，在苏美尔语里读作"dingir"，在阿卡德语里读作"ilu"。这表明，纳拉姆辛已经变成了神，而保存下来的铭文也确实提供了纳拉姆辛从人变为神的确凿的文献证据。从文献记载中我们看到，阿卡德城的人民在自己的城中为纳拉姆辛修建了一座神庙，他的名字被刻进了神谱，人民可以永远朝拜他、祭祀他。阿卡德城的人民不断为他竖立纪念碑或记功碑，以庆祝他为帝国开疆拓土所取得的每一次胜利。③（见图6-3、图6-4）

纳拉姆辛依靠武力为阿卡德帝国创造的辉煌，在他死后帝国迅速走向衰落直至崩溃。他死后，埃兰王国宣布脱离阿卡德帝国。在历史上，埃兰以及后来的波斯帝国一直是美索不达米亚的竞争对手。在纳拉姆辛统治时期，埃兰与美索不达米亚一直保持着和平相处甚至是友好的关系，埃兰统治者普祖尔-因舒什那克既顺从于强大的阿卡德帝国，又享受着纳拉姆辛的恩惠。

---

① 今天的阿曼。

② 卢路比是一支居住在东部扎格罗斯山区的民族。

③ Joan Aruz with Ronald Wallenfels, edited, *Art of the First Cities*：*The Third Millennium B.C. from the Mediterranean to the Indus*, The Metropolitan Museum of Art, New Haven and London, Yale University Press, 2003, p.195.

图6-3　阿卡德时期的纳拉姆辛雕像／现存土耳其伊斯坦布尔近东博物馆

图6-4　纳拉姆辛雕像残部／闪长岩／约公元前2250年／出自苏萨／现存法国巴黎卢浮宫博物馆

　　在纳拉姆辛的继承者沙尔-卡利-沙里统治时期，普祖尔-因舒什那克宣布独立，放弃阿卡德语改用自己的语言——埃兰语，并且把纳拉姆辛所拥有的至尊称号"宇宙之王"，加在自己头上，据为己有。沙尔-卡利-沙里的名字在阿卡德语中的意思是"王中之王"。"阿卡德王"对此却无能为力，因为帝国不仅危机四伏而且内乱全面爆发，沙尔-卡利-沙里不得不忙于镇压苏美尔的反叛，应付卢路比人、古提人和叙利亚游牧部落的反抗战争，还有正在崛起的阿摩利人。沙尔-卡利-沙里与其前辈里姆什和曼尼什图苏一样，死于宫廷政变（公元前2193年）。

　　苏美尔城邦乌鲁克率先宣布独立，建立了短暂的乌鲁克第四王朝（先后五王，共统治30年），其他城邦纷纷效仿。宣布独立的埃兰王普祖尔-因舒什那克甚至率军挺进美索不达米亚，抵达阿卡德城附近。库尔迪斯坦卢路比的国王安努巴尼尼把自己的雕像刻在岩石上，并配有阿卡德语的铭文，以炫耀自己的征服业绩。最后给阿卡德帝国致命一击的是古提人，但遗憾的是没有任何文献流传下来，让我们知道古提人是什么时候、在哪里以及怎样击败曾经不可战胜的阿卡德帝国的。

更为遗憾的是，古提人作为"山里人"在接下来一个世纪的统治（约公元前2250—前2120年），留下来的是"蛮族入侵"的深深印记：不仅摧毁建筑、亵渎神灵，还大肆杀戮人口，连妇女和儿童也不放过。因此，古提人的统治时期，在美索不达米亚历史上被称为"黑暗时期"。根据《苏美尔王表》的记载，古提人共有21位王，每个王统治的时间都很短，统治时间最长的一个王在位时间也只有7年。因此，有学者认为，古提人所说的王算不上真正的王，可能只是任期很短的首领，并据此推断，古提人的社会可能正处于原始的军事民主制阶段，王权尚未真正形成。①

二、阿卡德王国统一的历史意义

阿卡德王国作为美索不达米亚历史上第一个帝国，对美索不达米亚文明乃至人类文明都产生了重要的影响。

战争是古代人重要的交往方式。在古代，战争打破了各地区、各民族和各共同体之间原始的封闭状态，使得征服自然的技术、生产力和思想得到交流与传播。在阿卡德王国的统治下，苏美尔和巴比伦尼亚的自然界线被打破了。战争开辟了联络各地区、各民族和各共同体之间的道路和交通；道路和交通的开辟使得远距离贸易和商品交换不仅成为可能而且得到发展和繁荣；贸易和商品交换不仅促进了社会分工的进一步发展，满足了人们生产和生活中的需要，还使得各民族之间产生了交流；伴随商品交换的还有思想和文化的交流。这些都在后来被美索不达米亚文明的发展和传播所证实。

阿卡德王国第一次建立了美索不达米亚内部及其与周边广阔地区的紧密联系。帝国疆域从地中海到波斯湾，商贸往来则从西部的安那托利亚和塞浦路斯到东部印度河流域，从北部的凡湖和亚美尼亚②到南部的阿曼，甚至非洲的埃塞俄比亚和马达加斯加。

战争和商业贸易所带来的财富源源不断地流入美索不达米亚，促进了城市的繁荣和发展，促进了美索不达米亚以城市文化为主要特征的文明的

---

① H. W. F. Saggs, *The Greatness that was Babylon*, pp.70-71.

② 实际上，人们在亚美尼亚的边境处发现了纳拉姆辛竖立的石碑。

发展。萨尔贡统治时期的文献资料显示，战争和商业贸易是相辅相成的。靠战争打下来的天下，其实很难拥有足够的军队来维持幅员辽阔的帝国的统治，商贸往来便成为一种辅助的手段，来保持帝国的繁荣。而在商业贸易受阻之时，出兵平定也是帝国必须采取的措施。在纳拉姆辛统治时期，各地的贡品——多数为珍稀的物品——从四面八方汇集到阿卡德，各地的城市管理者按月或按年缴纳贡品。大量的青铜、银、木材和石材通过商业贸易涌入美索不达米亚。此外，还有战俘作为家内奴隶或者廉价劳动力被带到美索不达米亚。

统一帝国的统治秩序极大地促进了美索不达米亚各民族之间的交融，使得各民族具有了包容、理解、欣赏甚至相互学习的机会。民族交融尤其是苏美尔民族与属于塞姆民族的阿卡德人之间的交融，创造了美索不达米亚独特的文化。非苏美尔人和非塞姆人的其他民族，如胡里人等，也加入民族交融的浪潮。美索不达米亚城市因富庶和文明与文化的繁荣，遭到周围许多山地游牧民族的抢劫。阿卡德王国仅仅与他们保持距离还不够，必须征服他们，征服他们的过程就是把他们拉入帝国文明和文化体系的过程。

阿卡德王国的建立使以楔形文字（苏美尔语和阿卡德语）为载体的苏美尔—阿卡德文化得到了前所未有的广泛传播，奠定了美索不达米亚文明体系的基础并扩大其影响力，这种文明体系和影响力在后来的巴比伦与亚述统治时期达到极盛。仅苏美尔—阿卡德的楔形文字体系就被美索不达米亚的民族所广泛接受，还被古代西亚的许多民族（如胡里人、卢路比人、赫梯人和埃兰人等）所采纳。

阿卡德王国的统治者们一方面凭借武力统一了南部美索不达米亚，兵锋甚至远达整个近东地区，另一方面也采取各种积极措施，在政治、经济和文化等领域加强中央集权统治和统一王国的管理。他们采取积极的外交活动，保持阿卡德王国在国际上的地位和影响力。

三、阿卡德统一王国的政治、经济和文化政策

（一）新型政府管理体制的创立

萨尔贡以武力统一苏美尔和阿卡德之后，他并没有急于施展自己的

"远大抱负"，即并没有急于对外扩张，而是先把精力投入"内政"建设。在政治方面，他创立了新型的政府管理体制。原来各自独立的城市国家并入统一王国，成为阿卡德王国的"行省"。对那些原来城市国家的统治者，即被征服的卢伽尔和恩西，他仍然保留他们的职位，只是他们不再是城邦统治者，而成了行省总督或地方城市总督了。萨尔贡让他们以行省总督或地方城市总督的角色继续履行职责，为自己的王国服务，实际上是为了维护统一王国的稳定大局着想。他虽然确立了阿卡德人对苏美尔人的统治，但他并没有一味地排挤苏美尔人，更没有在政治上过于压迫他们。实际上，他们由苏美尔城邦统治者摇身一变而成为阿卡德王国的地方总督，遍及整个巴比伦尼亚。苏美尔人反抗阿卡德人的斗争从来没有停止过。

为了维护阿卡德王国内部的稳固，较高的国际地位和良好的国际关系也是非常重要的因素。除了武力征伐之外，和亲是阿卡德的国王们维持与边远地区国家良好关系的重要手段。例如，纳拉姆辛的女儿塔拉姆阿卡德就远嫁到北叙利亚的城市乌尔凯什；东部国家马尔哈什把他们的公主嫁给了阿卡德国王沙尔–卡利–沙里或者他的儿子。

（二）统一度量衡

在经济方面，阿卡德王国同样加强了中央对地方的控制。中央政府建立了新的统一的税收制度。每个地区都要把收入的一部分上交中央政府，这些税收被征集上来后，一部分集中运送到首都，另一部分用作地方政府的管理之需。在纳拉姆辛统治时期，为了进一步加强中央集权统治，纳拉姆辛开始了全国的计算或计量标准化，他建立了全国统一的计量和重量标准体系，由书吏实施。例如，用"阿卡德古尔"[①]来计算大麦。会计账簿的泥版形状和设计，以及相关楔形文字符号的形成，都由中央政府统一规定。为了使中央政府控制的财政记录能够在时间或日期上保持连续性和一致性，全国统一实行"年名制"的记录方法。所谓"年名制"就是每年选择上一年所发生的最著名的事件，来为这一年命名。这个纪年的方法让我们知道，在古代美索不达米亚的统治者心中什么事情最重要。结果被用

---

① 1阿卡德古尔相当于300升。

来命名最多的事件是军事征伐、修建或重建神庙和城墙、开凿运河、任命高级祭司或女祭司，以及为宗教仪式捐赠物品等。

（三）文化与意识形态管理

为了在意识形态领域维护巴比伦尼亚的统一，萨尔贡努力把这一地区的宗教祭祀制度与自己的家族联系在一起。萨尔贡仍然尊敬苏美尔人的宗教习俗，尊崇和信奉苏美尔人的神灵，为其修建神庙。萨尔贡甚至把自己的女儿送到乌尔城，让其成为乌尔城的保护神月神南那神庙的一名高级女祭司。为此，萨尔贡还为自己的女儿取了一个纯正的苏美尔名字——恩-荷都-安娜，意为"服务上天的女祭司"。[①]这一点具有象征性的意义，因为作为南方城市的乌尔城，是一座典型的苏美尔人城市。萨尔贡还自称"安努神的神圣祭司"和"恩利尔神的伟大恩西"，以表明他没有也不希望阿卡德王国割断与过去神圣传统的联系。乌尔城是巴比伦尼亚南部的核心区域之一，恩-荷都-安娜积极参与这里的文化活动。恩-荷都-安娜是一名女诗人，创作过一系列优美的赞美诗，不仅献给伊南娜女神，还献给遍及巴比伦尼亚的35座城市的神庙。因此，恩-荷都-安娜成为世界文学史上第一位可辨别姓名的作者。在此后的五个世纪里，对乌尔城月神南那祭祀职位的控制，成为在巴比伦尼亚政治地位的标志。任何一位统治者，若要获得对乌尔的控制权，都要把自己的女儿安置在月神南那的神庙里，使她能够接触到神庙庞大的经济资产。纳拉姆辛发扬了这一制度。他把自己的几个女儿送到巴比伦尼亚的其他城市，担任神庙的高级女祭司，目的是稳固阿卡德王国的统治。

阿卡德王国加强中央集权统治在意识形态领域的重要措施，就是把王权神化提高到了一个新高度。这个新高度的标志就是一改国王在死后被追奉为神的传统做法，而是国王在活着的时候就被尊奉为神，并在神庙中受到万众的供奉。在古代美索不达米亚历史上开此先河的是"（宇宙）四方之王"纳拉姆辛。在镇压了一次规模巨大、蔓延至整个巴比伦尼亚的反叛

---

① Marc Van de Mieroop, *A History of the Ancient Near East*, Second Edition, Blackwell Publishing, 2006, p.66.

之后，他在自己名字的前面加上了代表"神"的星号，自称为"神"。在一份奇特的铭文中，有这样的记载：

> 纳拉姆辛，强大之王，阿卡德之王，当（宇宙）四方都联合起来与他为敌之时，他在一年之内就取得了九次战役的胜利，因为他是慈爱的女神伊什塔尔所生，他让那些起而反抗他的国王们全都沦为阶下囚。由于他能够在危急时刻保全他的城市，他的城市（的居民）向下列诸神请求，埃安那的伊什塔尔、尼普尔的恩利尔、图吐尔的达干、基什的宁胡尔萨格、埃利都的恩奇和库塔的内尔加尔，请求他们同意纳拉姆辛成为阿卡德城的主神，他们在阿卡德城的中心位置为纳拉姆辛修建一座神庙。①

作为加强中央集权统治的重要措施之一，阿卡德人所说的阿卡德语取代苏美尔语成为阿卡德王国的官方语言，但苏美尔语仍然受到尊重。对于传统的苏美尔书吏们来说，他们必须学习一种新语言来从事书写或记账工作。阿卡德城是位于巴比伦尼亚北部的一座城市，居住在阿卡德城及其周围的人们都说一种塞姆语，而不说在南方流行的苏美尔语，现代的学者把阿卡德人所说的这种塞姆语称为阿卡德语。阿卡德王国的统治者们通常都用阿卡德语刻写他们的皇家铭文，只在少数情况下附有苏美尔语的译文。在说苏美尔语的传统地区，苏美尔语作为书面语还在流行，但皇家管理文书和中央政府的会计账簿都必须使用阿卡德语记录。在语言实践方面，我们发现，苏美尔语和阿卡德语有相互借鉴和吸收的传统。从阿卡德王国开始，阿卡德语成为美索不达米亚人最重要的语言，其影响遍及整个近东地区，甚至成为古代近东地区的国际语言。

在文化方面，萨尔贡还对苏美尔文化给予了足够的尊重。他采用苏美尔人的天文历法、数学和文学等，并把有关著作编目收藏于书库中，这是两河流域最早的书林。

---

① Marc Van de Mieroop，*A History of the Ancient Near East*，p.68.

第二节　古埃及统一国家的形成

一、第二王朝的统一活动

第二王朝的第一个国王名叫霍特普–舍克赫姆伊，其意思是"使两个统治者满足"或"两个权力和好"。有学者认为，这可能意味着该国两个不同部分——荷鲁斯部落和塞特部落的联合。

第二王朝的第四个国王伯里布森统治时期，采用了塞特的王衔，而不是传统的荷鲁斯王衔。但在大英博物馆收藏的一个他的名字碑上，在他的名字上方，却既有塞特又有荷鲁斯，说明他至少曾采用过双王衔，既把塞特作为自己的保护神，又把荷鲁斯作为自己的保护神。

但他是先采用双王衔，后来又放弃了双王衔而只采用一个王衔呢，还是先采用塞特作王衔，后来又采用了双王衔呢？情况尚不清楚。有学者认为他可能是一个篡夺者，不是一个合法的继承人，不知其是不是根据这个王衔的变化而得出的结论。

在古埃及走向统一的过程中，第二王朝的最后两个国王或最后一个国王（如果是最后两个国王，那么就是哈谢海姆和哈谢海姆威，如果是一个国王，那么就是哈谢海姆，因为有人认为，这两个国王是一个人。我们无法断定究竟是两个还是一个，暂且认为他们是两个国王）可能起了十分重要的作用。

关于哈谢海姆，有这样一些文物可以反映他对北方的进一步征服和统一活动。如他的一座雕像的底座上雕刻了两个杀死敌人的数字："北方的敌人47209人"和"48205人"，反映出对北方战争的规模和激烈程度。还有一个石瓶，上面雕刻了这样一幅情景：秃鹫女神在国王的王宫前面，用一只爪子抓住象征上、下埃及的植物，而用另一只爪子握着一个写有爪子（Besh）的象形文字的圆圈，上面的解释性铭文是"攻击和杀死北方人之年"。女神的旁边还有一个跪着的人，头上是象征三角洲的纸草，显然是象征被俘的三角洲的居民。他还对努比亚用过兵：有一个大的雕刻片断，表现的是国王正跪在一个匍匐于地上的努比亚人的身上，解释性铭文是：

"优秀的凉鞋反对邪恶，荷鲁斯-哈谢海姆。"

第二王朝最后一个国王哈谢海姆威统治时期，古埃及的统一基本完成。他采用了荷鲁斯和塞特双重王衔，这两位神立于写有他的名字的方框（象征王宫正面）之上。在神话传说中这两个长期以来处于对立和战争状态的神能安居一处，显然意味着上、下埃及的统一。

二、上、下埃及统一的历史意义

前王朝和早王朝时期社会经济的发展要求有一个安定的环境，要求在更大范围内对尼罗河进行管理，要求在更大范围内发展灌溉事业。

上、下埃及的统一确实促进了古埃及社会经济的发展。在《帕勒摩石碑》里，从第一王朝时期起，几乎每年都有关于尼罗河泛滥情况的记录，已如前述。关于尼罗河泛滥对农业的重要性，第三王朝的开国之君乔赛尔的一个铭文说道："尼罗河不泛滥，于今七年矣，五谷枯槁，民不得食，羸弱不能自立，朕之隐忧，曷为得矣！"这说明尼罗河不泛滥，农业得不到灌溉用水，将影响农业生产，从而造成灾荒，严重威胁到奴隶主的统治。从早王朝时期，特别是古王国时期奴隶制经济的长足进步来看，统一上、下埃及确实促进了古埃及经济的发展。

古埃及南北自然条件很不相同，经济发展速度也有差异，物产各有所长。上、下埃及统一后，人们可以利用尼罗河作为联系的通道和纽带，交流物产，交流技术，从而促进南北双方的发展（例如，南方的石材、粮食生产，北方的纸草、园艺和畜牧业等）。

但是，这种统一的要求并不是以一种明确而有意识的形式表现出来的，而是统治阶级以武力扩大其统治和剥削范围的方式来进行和实现的。因此，这种统一必然会打上统治阶级的烙印，打上奴隶主阶级的烙印。在统一过程中，大批财富或被统治者掠夺去，或被毁坏；大批居民或被杀戮，或被掳掠，变成俘虏，成为奴隶。因此，上、下埃及统一后，经济发展仅仅是一个方面；另一方面，奴隶主阶级的统治范围扩大了，奴隶制发展了，人民群众在统一中并非真正的受益者。

上、下埃及的统一，使奴隶主在全国范围内联合成一个统治阶级，加强了奴隶主阶级的力量[①]；但同时也使被剥削、被压迫者（包括农民、手工业者和奴隶）在更广阔的范围内联合起来，进行反对统治阶级的斗争，因为他们现在面对的是同一个统治阶级及其政权。因而阶级关系更复杂了，阶级斗争的规模扩大了（在第一中间期和第二中间期曾发生过贫民奴隶大起义就是证明）。

随着统一国家的形成，原来在一个小国范围进行统治的国家机器就显得太薄弱了，不能满足统治阶级加强统治的需要了，为此，奴隶主必然进一步加强国家机器。从第一、第二两个王朝的资料里，我们可以明显地看到，这时设立了许多新的官职。尤其明显的是，这些官职是以王权为中心而设立的。因此，统一战争也加强了王权，君主专制逐步形成。可以说，两者是同步进行的。

三、统一王国的政治、经济和社会状况

在格尔塞时期，古埃及的国家刚刚形成，小国寡民，国家机器也相对薄弱，王权还未强化，还带有浓厚的军事民主制残余的影响，受到可能存在的贵族们的制约。到早王朝时期，古埃及的国家机器随着版图的扩大、人口的增多、阶级关系的复杂化、阶级斗争规模的扩大而日益强化、日益庞大和复杂化。尤其是王权，逐渐摆脱了贵族们的约束，摆脱了军事民主制残余的影响，一往直前地发展起来，君主专制逐步形成。王权被神化，成为这时古埃及国家机器强化的显著特征。君主专制逐步形成的表现有以下几点。

（一）国王地位的提高与世袭权力的形成

早王朝时期反复进行的统一战争的结果：许多小国的灭亡，许多小国君和贵族的灭亡，一些原来的同盟者也可能被削弱，或是被消灭。领导统一战争取得胜利的国王的威望提高了、权力加强了，他们甚至被神化。因此，在早王朝末期，未曾发现过像前王朝和第一王朝时期的猎狮调色板、战场调色板、蝎王权标头、纳尔迈调色板、利比亚贡赋调色板等文物上所

---

① 参见魁别尔的《希拉康波里》一书（11页及图版）。

反映出来的同盟者"平等"出现的场面。

在古埃及，前王朝时期的国王是世袭的还是选举的，情况尚不清楚。但是，从第一王朝开始，显然已经是世袭制了。一个王朝基本上是出自一个家族。例如，阿哈是纳尔迈的儿子；登是哲特和王后麦伦特之子（麦伦特可能还做过摄政王，她有自己的金库）；舍麦尔克赫特则是阿涅德吉布和王后塔尔舍特之子等。

（二）双重王冠的采用

王冠或王徽，是王权的标志之一。早王朝时期的初期，国王或者头戴红冠，或者头戴白冠，在第一王朝的第五个国王登统治时期，国王同时将红白二冠戴在头上，既表明他是上、下埃及之王，也表明他受到蛇神和鹰神的保护。第一王朝初期的国王只有一个王衔，都采用的是荷鲁斯衔，即他们都自认为他们的权力来自荷鲁斯，受荷鲁斯的保护的。国王的名字写在一个长方形的框子里，框子上面站着一只象征荷鲁斯的鹰。国王登统治时期，既采用荷鲁斯衔，同时为与双冠相适应，而采用了两个新的王衔，即树蜂衔和菅茅衔，也是象征上、下埃及的王权。

王徽和王衔的采用都是神化王权的表现。王权神化的历史背景和条件有以下几点。（1）国王既是行政首脑又是军事首长，还控制神权，是祭司长。他们既控制神权，当然也会利用神权来加强王权、神化王权。（2）国王的世俗权力不断扩大，统治的范围也不断扩大。每打一次胜仗，占领一个小国，其威信也就增长一分；而当全国统一时，他们几乎被看成是战无不胜的了，他们的能力也就几乎被神化了。在他们看来，国王之所以获胜，不仅是由于他们自己的能力，更是由于神灵的保佑。当时的人们没有认识到统一是社会经济发展的要求和结果，而把一切都归于国王个人的作用、神灵的作用。（3）随着阶级矛盾的复杂化和尖锐化，统治阶级也需要神化自身的统治，而国王是其政权的象征，当然也就被神化了。王权的神化和强化，既为国王本人所追求，也为奴隶主阶级所需要和容忍。尽管王权的强化和神化是以削弱奴隶主贵族的权力为代价，但是奴隶主贵族迫于无奈而不得不承认已经形成的局面。

（三）官僚机构的复杂化，以国王为中心的一套机构的形成

随着统一国家的形成，原来的小国寡民的国家机器已经完全不适应奴隶主统治阶级的需要了。因此，在第一至第二王朝时期新设置了许多国家机构。

例如，纳尔迈和阿哈统治时的管家，捷尔统治时的洪水管理人，捷特统治时的涅特的酒的王室检查员，阿涅德吉布统治时的王室葡萄园的管理人和洪水监督，麦伦特统治时的酒的保管者，登统治时的王室刻印者、掌玺官和王室建建筑师，舍麦尔克赫特统治时的贵族的领导者和国王臣仆，卡统治时的仪式大师和国王侍从。彼特里在总结第一王朝的情况时说："在国内组织方面，我们看到逐渐生长出官僚政治……捷尔的统治是这种形式的第一个成就，在登统治下达到最辉煌的地步。"[1]第二王朝的伯里布森统治时设立了"南方一切文件的盖印者""国王之下条规记录者的首领""铭文、条规的记录者""莲米的采集者""Amu条规的石屋""北方运输的管理人"，哈谢海姆威国王统治时设立的"宫廷条规记录者""一切东西的盖印人"，等等。

早王朝时期乃至整个古埃及，国家机构的一大特点是：设置极其混乱，带有很大的随意性，官职名称也极为混乱而庞杂，看不出一个层次。不过我们从现有的残缺不全的资料中仍然可以看出，这时的国家机构确实比前王朝时期要复杂得多了。

早王朝时期官僚机构设置的另一个重要特点是：以国王为中心的，为国王服务的机构的形成。许多机构简直就是国王私人事务、王室家族事务的管理机构。这样的机构往往与国家机构或混杂或平行地存在着，起着作用。

不过，由于缺乏资料，我们至今仍不能恢复古埃及国家机构的全貌。

（四）双墓、三墓及其意义

古埃及人非常重视给自己建造坟墓，而且在生前就开始建造，王室家族就更是如此。在古王国时期的一个王室成员哈尔德杰德夫给自己的儿子

---

① 关于第一王朝的情况，可参见彼特里的《埃及史》一书（第1卷，25~26页）。

的教训中说："在墓地修好你的居所，使你在西方（指尼罗河西岸，即古代埃及人的亡灵之地）的居所富有价值。假如死亡侵袭我们，倘若生命刺伤我们，死亡之屋可以用来生活。"[①]许多国王还在活着的时候就开始修建金字塔。

在早王朝时期，王室和贵族的墓叫马斯塔巴（形似现代阿拉伯人院子里的长凳，阿拉伯人称这种长凳为马斯塔巴，故埃及学家把古埃及的这种墓也叫作马斯塔巴），这种墓的规模比前王朝时期的墓要大得多，一般都有两层，地上和地下各一层，每一层都有若干间屋子，除了存放尸体以外，还有陪葬者的房间（在早王朝时期还存放陪葬的奴隶，国王的墓里还有陪葬的妻妾和近臣等）、存放各种陪葬品的库房，以储藏各种粮食、油、酒和其他用品。古埃及人认为，这些东西放置在墓里，可以通过魔法手段而为死者享用。值得注意的是，在阿哈的墓里还有一个王室地产的模型，大概他们以为在他死后还可以继续享用地产上的收入。

第一王朝的国王，大多有两个马斯塔巴，一个在阿卑多斯（在提尼斯附近，这里据说是奥西里斯的故乡，因此很多国王把自己的墓建筑在这里），另一个在萨卡拉（在孟斐斯附近尼罗河西岸，这里自早王朝时期起便是古埃及的首都）。个别国王还有三个墓，除了在阿卑多斯和萨卡拉以外，第三个墓在涅伽达（例如，阿哈的第三个墓就在涅伽达）。

在两个或三个墓里，当然只有一座是真墓，其他的只能是假墓，纪念碑式的墓。

如此众多而规模巨大的王室陵墓（还很不完全），说明了当时国家经济实力的雄厚，尤其说明了国王权力的膨胀，以致可以动用众多的人力物力来经营其永久性居所——坟墓。同时，也可以说，这时贵族势力虽然也很强大，他们的墓也很大，但王权大概已经远远超过了贵族的权利，在一般情况下，贵族已经不能和王室平起平坐了。

---

① 于殿利：《世界古代前期文学史》，124页，北京，中国国际广播出版社，1996。

（五）王室经济的形成与全国经济普查

前王朝时期有没有王室经济，现在缺乏证据证明。早王朝时期，古埃及已经有了王室经济，这有两个证据可以证明：一是阿哈墓里的王室地产模型；二是这时的文物中有了管理王室经济的官职的印章。

在氏族制度晚期，按理说，氏族首领作为氏族贵族，应当有自己的地产，不过，现在没有证据证明这一点。在早王朝时期，王室地产主要是对下埃及进行战争的过程中抢夺来的土地等财产。这时的印章上标有王室葡萄园的管理者的官职，说明已经有王室地产，而且是在三角洲地区，因为三角洲地区是当时和后来生产葡萄的主要地区。国王在每次获胜后，必然会将占领地区的耕地中的一部分作为战利品划归自己所有，当然也会将其中的一部分给予自己的将领和士兵。此外，还会有劳动力和其他财富。王室经济的形成无疑将大大地加强王权的地位。

君主专制的逐步形成，统治阶级统治的强化，一个重要的表现就是加强对全国的控制，包括对全国经济上的控制。在早王朝时期，古埃及曾经不断地对全国的土地、黄金、人口和牲畜进行清查。《帕勒摩石碑》记载，第一王朝时期就有了这种清查。

清查的目的是什么？第一，可能是为了征税；第二，是为了加强控制；第三，是为了统计人口。

早王朝时期，君主专制的形成有利于加强奴隶主阶级的统治，也有利于正在形成的国家的统一。因为，从古埃及的历史看，王权是统一的象征，王权削弱意味着统一的削弱，而王权的崩溃，也意味着统一的崩溃。

第三节　统一国家的文化

一、阿卡德时期的文化

阿卡德时期，浮雕艺术在画面的整体设计上有明显变化，即通过一个大画面反映整个故事并安排各种人物，同时现实主义倾向得到了发展。在苏萨和拉伽什两城，人们发现了记载阿卡德诸王武功的石碑，其中最清晰可辨的是萨尔贡之孙纳拉姆辛的胜利纪念碑。（见图6-5）

图6-5　阿卡德王纳拉姆辛胜利纪念碑 / 约公元前2250年 / 出自苏萨 /
现存法国卢浮宫博物馆

纳拉姆辛胜利纪念碑生动地描绘了纳拉姆辛手握弯弓、头戴角形神冠，满怀英雄气概，正在攀登一座陡峭山峰的情景。他脚踩着敌人的尸体，一小队步兵紧随其后。它以写实的手法刻画了纳拉姆辛率军征服一些山地部落的历史场面，在构图、人体造型等方面都有进步。构图的统一与鲜明性是这一浮雕的重要特点。雕刻家运用对角线结构方法来表现军队翻山越岭。山区用斜线刻画。在人体造型上，表现了现实主义倾向。纳拉姆辛的形象比士兵们高大，位置也比他们高，能盖过他的，只有山顶和星星。在这幅作品中，既作为国王又具有神的身份的纳拉姆辛居于整个构图的中心，而作为上天神灵代表的两颗星星（在楔形文字中星号代表神的身份），虽然高居整个画面的上方，但与纳拉姆辛庞大的身躯和整个画面相比显得很小，而且在整个画面中没有神的形象出现，说明这一时期的艺术已经重人而轻神了。神只具有象征性意义的地位——两颗星星高悬在天空。

二、古埃及第二王朝时期的文化

第二王朝时期的国王们，继续了第一王朝国王们的统一事业，基本上完成了上、下埃及的统一。现在，人们已经知道第二王朝六个国王的名字，虽然，这六个国王的名字究竟是什么，各家说法不一。关于第二王朝的具体情况，现代学者知之甚少，到目前为止，还没有发现这些国王的马斯塔巴墓，有关这些国王的文物也很少，我们现在知道的有两个国王的名字碑，这就是勒涅布的名字碑和伯里布森的名字碑。另外，还有第二王朝最后一个国王哈谢海姆威的两尊雕像，一尊在开罗埃及博物馆，另外一尊在英国的阿什莫林博物馆（但在阿什莫林博物馆的这一尊展出的是不是真品，我们不得而知，因为，它不像是青石雕刻的，而像是石灰石雕刻的）。（见图6-6、图6-7）两个名字碑都是用花岗岩雕刻成的，而花岗岩是一种坚硬的石材，雕刻起来很不容易，因为那时候古埃及只有铜制工具，连青铜都没有，更不用说铁制工具了，说明第二王朝时期古埃及的雕刻工艺已经有了很高的水平。这个时期的石瓶、石罐的制作也非常精美。（见图6-8、图6-9）

图6-6 哈谢海姆威
坐像／现存英国阿什
莫林博物馆

图6-7 伯里布森的名字
碑／现存英国伦敦大英
博物馆

图6-8 勒涅布的名字碑／
花岗岩／现存英国伦敦大英
博物馆

图6-9 石瓶／现存开罗埃及博物馆

第七章　专制统治的确立

由城邦向统一国家的过渡过程，究其实质，是君主专制统治逐步形成的过程。在这方面无论是美索不达米亚还是古埃及，都为我们提供了比较清晰的资料。美索不达米亚还为我们提供了在君主专制体制下城市自治的独特案例，在经过苏美尔城邦的原始民主制、阿卡德王国的统一政策和乌尔第三王朝的专制统治之后，君主专制在古巴比伦王国正式确立。古埃及则在古王国时期，君主专制达到极盛。

第一节　乌尔第三王朝的中央集权制

在阿卡德帝国的晚期，帝国分崩离析之际，苏美尔城邦便开始纷纷独立。在古提人统治时期，古提人的统治最为严酷，因此遭到破坏最严重的是北部的阿卡德地区，而南部诸城市虽然也遭到了破坏，但实际上还保持着自治的地位。

相比之下，在众多的城市之中，南部的拉伽什遭受的破坏较轻。拉伽什在苏美尔城邦争霸时期曾经遭到乌玛的卢伽尔扎吉西的严重毁坏，幸运的是，在阿卡德帝国的繁荣时期得以修复和重建。拉伽什作为旧时重要的港口城市其地位仍在，加之其在航海贸易方面最强大的竞争对手阿卡德已经灭亡，所以它尚有机会和能力重现其昔日的辉煌。

一、拉伽什复兴王朝

拉伽什重新崛起并恢复成为独立城邦的第一个关键人物是乌尔巴瓦。乌尔巴瓦慢慢地复苏拉伽什的经济，积聚了财富，然后修建了10座神庙，开创了新的王朝。在拉伽什城邦复兴的同时，其他苏美尔城市也在积蓄力量，逐渐地摆脱古提人的统治，恢复了独立城邦的地位，如乌玛、舒路帕克和乌鲁克等。拉伽什复兴王朝最著名的统治者，是其第四位恩西古地亚

图7-1　拉伽什王古地亚石雕像／题献给女神格什缇娜娜，被称为"喷涌的罐子"／约公元前2120年／出自特罗，古代吉尔苏／现存法国巴黎卢浮宫博物馆

（Gudea[①]，在位时间为约公元前2141—前2122年）。

在经济建设方面，古地亚致力于开展对外贸易。从文献中可以得知，古地亚之所以在对外贸易方面表现出了浓厚的兴趣，与他的另一重要活动，即修建神庙和开展宗教活动密切相关。据文献记载，"当他（古地亚）正在修建宁吉尔苏神庙之时，宁吉尔苏，他所宠爱之王，为他打开了从上海到下海的（所有）的（商）路"[②]。在其统治时期，拉伽什城邦的对外贸易呈现出一派繁荣的景象。

古地亚统治时期的对外贸易范围已经比较广泛，除了马干、底尔蒙、哈胡[③]和黎巴嫩外，还远达印度河流域。进口贸易的物品包括石材、木材、宝石、铜、金银等贵金属以及沥青与石膏等。

古地亚统治时期的另一项重大活动，就是大肆修建和修缮神庙。他在拉伽什至少修建和修缮了15座神庙，但这些座神庙的奢华程度没有一座及得上吉尔苏城的保护神宁吉尔苏神庙。在两块大的黏土圆筒印章和他自己雕像的铭文中，详细地记载了他是为什么以及怎样修建神庙的，其中包括复杂的奠基仪式。（见图7-1）在典型的苏美尔人思维中，修建神庙的决定不是出于统治者的意志，而是为了完成神的心愿。神的心

---

① 古地亚这个名字的意思是"被赋予权力或力量之人"。

② *ANET*，pp.268-269.

③ 可能位于小亚细亚，产金矿。

176

愿通常以托梦的方式，传达给统治者。古地亚就为我们留下了这样的证据。他做了这样一个梦：

> 在梦的中心，这里有一个男人：他身高与天齐，体重与地比……在其右侧和左侧蹲伏着狮子……他告诉我为他修建一座神庙，但我并不能明白他的心……
>
> 这里有一位女人。她是谁？她不是谁？……她手中正握着一支燃烧着的金属笔；还握着一块天庭中书写完好的泥版；她正陷入沉思中……①

古地亚并不能完全理解自己所做的梦的意义，他便向神灵询问。为此，他还特意乘船来到了南舍女神的神庙解梦，因为南舍女神享有"解梦者"的美名。南舍对他说，那个男人是宁吉尔苏，女人则是科学和智慧女神尼萨芭。南舍建议古地亚向宁吉尔苏奉献一辆战车，战车"以光芒四射的金属和天青石装饰"。

为把神庙建好，充分满足神的心愿，古地亚通过贸易手段从各地网罗建筑和装饰材料。不仅如此，他并不满足于拉伽什城邦的建筑和工艺水平，从世界各地招来能工巧匠。

> 从埃兰来了埃兰人，从苏萨来了苏萨人。从马干和梅路哈的山里，他收集了木材……为了建造宁吉尔苏神庙，古地亚把所有这一切汇集到了他的城市吉尔苏。②

神庙竣工之后，举国之下，无人不怀尊敬之心；陌生之人，无人不生畏惧之意。（见图7-2）

在美索不达米亚，文化尤其是文学和艺术的发展，是与宗教活动和宗

---

① Georges Roux，*Ancient Iraq*，p.166.

② *ANET*，p.268.

图7-2 拉伽什城邦保护神宁吉尔苏神庙莫基铭文／古地亚时期／现存法国巴黎卢浮宫博物馆

教礼仪密切相关的。古地亚在修建神庙和丰富宗教活动、仪式的同时，也鼓励开展艺术和文学创作活动。这一时期所流传下来的雕刻和雕像艺术作品，不仅成为美索不达米亚而且成为世界雕刻艺术的杰作。在这些作品中，一代君王古地亚的雕像最具代表性，或站或蹲，表情或庄重或平和，如今坐落在博物馆中，让人产生怀古之幽情。

古地亚所带来的复兴，是拉伽什作为独立的城邦最后的辉煌。他死之后，其儿孙们继承了其职位，但并未能续写他的辉煌。在其儿孙统治时代的后期，拉伽什实际上已经处于其他独立城邦的霸权之下，沦为其他独立城邦的附庸。

二、乌鲁克第五王朝

由于古提人统治时期遵循着烧、杀、掠、抢的政策，极具破坏性，因此苏美尔和阿卡德的城邦从来就没有停止过反抗。我们也可以肯定，在反抗古提人的长期斗争中，苏美尔和阿卡德的城市不断取得成果。在古提人统治的后期，一些苏美尔和阿卡德的城邦开始逐步取得独立。上述的拉伽什城邦就是最早的一例。

给古提人的统治以致命一击的是乌鲁克的恩西乌图赫加尔。大约在公元前2120年，乌图赫加尔集合了一支军队，揭竿而起，目标直指被称为"山里的带刺毒蛇"的古提人统治者，苏美尔的许多城邦的恩西跟随他起义。古提人，作为苏美尔人和阿卡德人长期痛恨的入侵者，最终战败。其末代统治者提里千企图逃跑，但终被抓获，被交到苏美尔人领袖乌图赫加尔手里。对此，有文献记载：

乌图赫加尔坐在那里；提里千跪倒在他的脚下。乌图赫加尔把一只脚放在他的脖子上，他把苏美尔的霸权重新揽回到了他（自己）手中。

由于自吉尔伽美什时代以后，乌鲁克先后为苏美尔贡献了四个王朝，所以历史学家们习惯上把乌图赫加尔所创立的王朝称为"乌鲁克第五王朝"。乌鲁克第五王朝是个非常短命的王朝，乌图赫加尔仅仅统治了七年，就被他自己的一位官员，据说还是他的亲属甚至兄弟[①]，乌尔的总督乌尔纳木所驱逐。

乌图赫加尔死后，其尸体被河水冲走。乌尔纳木攫取了"乌尔之王，苏美尔和阿卡德之王"的称号。他所创立的王朝，史称"乌尔第三王朝"（约公元前2112年—前2004年）。

三、乌尔第三王朝——苏美尔文明最后的辉煌

乌尔纳木所创立的乌尔第三王朝，是美索不达米亚历史上辉煌的时期之一，不仅因为乌尔纳木及其继承者们恢复了阿卡德帝国的疆域，还因为它为美索不达米亚提供了长达100年之久的相对和平与繁荣发展时期，为苏美尔文化在各方面的复兴创造了良好的条件。这一时期也被称为苏美尔复兴时期或新苏美尔帝国时期。（见图7-3）

乌尔纳木在统治的18年时间里，除了把古提人的残部驱逐出美索不达米亚以及与西南埃兰的冲突外，其他大部分时间都致力于经济建设和保持政治稳定。为此，他不惜采取政治联姻的手

图7-3　乌尔纳木铜像 / 约公元前2254—前2218年 / 现存英国伦敦大英博物馆

① Marc Van de Mieroop，*A History of the Ancient Near East*，p.75.

段，娶了一位马里总督的女儿为妻，以扩大自己的势力范围。他还修建和加固城墙，以防止外人的入侵，毕竟古提人的"恐怖统治"给苏美尔人和阿卡德人的心灵留下了太多的印记。

在经济建设方面，乌尔纳木采取诸多措施保证商路的畅通。这一点具有十分重要的意义，因为乌尔城的商业尤其是对外贸易十分发达，保证商路的畅通成为关键。他花费很大的精力开凿运河，并筑堰或堤坝来调节水位。运河的作用一半是用于农田灌溉，另一半是用于内河航运。乌尔纳木开凿的运河使得船队可以从波斯湾最远端的马干抵达乌尔，就像从前在阿卡德帝国时期商船可以从马干直接到达阿卡德城一样。

经济的发展为乌尔纳木从事宗教和文化活动创造了条件。乌尔纳木像其他盛世时期的君王们一样，忘不了修建神庙这样的头等大事。在尼普尔，他重修了国神恩利尔的庙宇伊库尔。他只有控制尼普尔，才能获得"苏美尔和阿卡德之王"的称号。拥有"苏美尔和阿卡德之王"称号，这无疑意味着巴比伦尼亚的南北统一。他还在国内的许多城市修建了塔庙或阶梯塔庙，这些城市包括乌尔、乌鲁克、埃利都和尼普尔等大城市，还有其他许多城市，现在这些塔庙遗址仍然是当地重要的风景。这些塔庙之中，无疑以乌尔城的工程最大、最为壮观。

乌尔城的塔庙也是迄今保存下来最好的塔庙，堪称美索不达米亚塔庙的典型代表。它是由泥浆做成的土砖建造而成的，在土砖的外表用沥青贴上一层烘烤后的黏土砖。乌尔塔庙的基座宽度为60.5米×43米，整个建筑至少有三层，现在只有第一层和第二层的部分保存了下来，保存下来的部分高度为20米左右。其他城市的塔庙没有乌尔城塔庙保存得这么好，在塔庙构造的细节方面也与乌尔塔庙略有不同，但它们在整体形状、方位、功能以及与主神庙之间的关系等方面，都保持着基本的一致性。乌尔纳木所建造的塔庙为后世所借鉴，成为《圣经》的巴贝塔、古埃及人的金字塔甚至古希腊神庙建筑的创作的原型和灵感的源泉。

乌尔纳木的另一项功绩就是在国内建立正义秩序，他"把土地从窃贼、抢劫者和反叛者手中解放出来"，其标志就是长期以来被誉为迄今保存下来的人类第一部成文法典的《乌尔纳木法典》。但最新的材料，即最新发现的该法典前言遗失的部分表明，这部法典实际上是其子和继任者舒尔吉编撰和颁布施行的。[1]

虽然乌尔纳木一生大部分时间不是在戎马生涯中度过的，但他却死在了战场上。他所未竟的事业由其长子舒尔吉继承。乌尔纳木在其死后被追认为神，这是人民对其业绩的认可。舒尔吉也确实不辱使命，他把乌尔第三王朝带到了极盛，不仅使乌尔第三王朝具有了以前阿卡德帝国具有的规模和气质，更使得社会经济和文化得到了巨大的发展，人民得享和平、安定与富庶。（见图7-4）

根据历史文献和宗教文献的记载，舒尔吉是个非凡之人。他是一个智商很高的人，一个有着非凡成就的人，一个很讲道德原则的人。在青年时代，他就在书吏学校里学习，并成为学生中的佼佼者。他对书写艺术和数学知识的掌握堪称完美。长大以后，他很快就成为优秀的军事指挥官，尤其是熟知和运用各式各样的武器，是名副其实的武器专家。他还是狩猎能手，面对雄狮、野牛、野驴和野猪，既不缺乏技术更不缺乏胆识。他拥有很强的运动天赋，跑得奇快，能追赶上羚羊，而且从不知疲倦。一份未经证实的宗教文献甚至记载，他从尼普尔跑到乌尔，然后又从乌尔跑回尼普尔，全程320千米。他还是一名技艺高超的宗教乐师，能够演奏任何一种管弦乐器。他不仅指法精深，而且对各种不同类型的乐曲都有精到的理解。他不仅精于演奏，而且善于创作，既能作词又能作曲。他把自己创作的词曲作品捐赠给乌尔和尼普尔的书吏学校，希望通过学生的不断传抄而流芳百世。他还精通多种外语，这在其宫廷之中无人能出其右。他还自称是热爱和平的人士，在他多年的征战生涯中，从未有毁城的行为，

图7-4　舒尔吉青铜奠基雕像/尼普尔的伊南娜神庙/公元前2100—前2000年/出自尼普尔/现存美国纽约大都会艺术博物馆

① H. W. F. Saggs, *Babylonians*, p.85; Georges Roux, *Ancient Iraq*, p.162.

第七章　专制统治的确立

至少对巴比伦尼亚的城市是这样。他甚至与很多神灵有亲属关系，他宣称他的母亲是宁苏女神，太阳神乌图是他的兄弟和伙伴。他是众王之中最伟大的一位。

对于这样一位非凡之人，人们可以理所当然地期望他能成就非凡的伟业。在舒尔吉统治的48年中，前19年他主要从事修建神庙和宗教祭祀的活动。在他统治的第20年，他开始把乌尔的人民武装成长矛兵，接下来的主要活动很自然地便是军事行动了。舒尔吉修建神庙和组织祭祀活动，可能主要是为了赢得神庙地产的支持，因为当时的巴比伦尼亚神庙还拥有很大的影响力和势力。舒尔吉的统治业绩可以说是内外兼修，既有文治又不乏武功。

在内政方面，舒尔吉进行了律法、行政、经济和宗教等改革，都取得了很好的成效。他最著名的改革应该是在律法方面的。他编撰和颁布了以前被我们记在他父亲乌尔纳木名下的著名法典。实际上，舒尔吉才是迄今所知人类历史上第一位法典编撰家。从舒尔吉的法典中，我们可以很容易地了解他的立法精神，即保护弱者，恃强不凌弱。虽然这种立法精神可以在美索不达米亚的传统中找到本源，君王们往往在社会矛盾复杂且十分突出时，采取各种改革措施以缓和和消除既存的矛盾，如著名的乌鲁卡基那改革，但舒尔吉的不同在于，他第一次以立法的形式进行改革，不仅着眼于缓和、消除矛盾，更着眼于预防这种社会矛盾，使社会永远处于有序的状态。

在对外政策方面，舒尔吉采取征伐与和亲并用的策略，以扩大帝国的影响和维持帝国的统治。在他统治的第24年，舒尔吉开始了对库尔迪斯坦地区的平原和山地的征战。居住在该地区的胡里人及其盟友卢路比人对乌尔第三王朝的两条主要商路——沿迪亚拉河通往埃兰中部和沿底格里斯河通往亚美尼亚、安那托利亚——构成了严重的威胁。公元前2051年，舒尔吉取得了最终的胜利，并把库尔迪斯坦的这部分地区变成了苏美尔人的一个行省。对于长期给美索不达米亚造成威胁的埃兰人，舒尔吉则采取和亲与征伐并用的手段。他把自己的两个女儿分别嫁给了埃兰的两位统治者瓦拉赫舍和阿万。他在苏萨设立总督府，任命苏美尔人总督。他为埃兰的最高神因舒什那克修建神庙。为了表达对埃兰人的亲善，他宣称自己如通晓苏美尔语一样通晓埃兰语。对于在安珊发生的叛乱，他出兵一举平定。他还征募埃兰士兵组成"海外军团"，来防御苏美尔的东南边境。在北部地区，舒尔吉的统治范围到达了亚述城，从此再往东北方向扩展。舒尔吉在统治的晚年还征伐了伊尔比尔。在西北部，虽然舒尔吉的直接统治范围并没有超过幼发拉底河中游的马里，但与这些保持独立地位的"行省"总督之间的友好关系，使得舒尔吉把自己的势力范围和影响力扩大到了地中海沿岸。效仿阿卡德帝国的前辈纳拉姆辛，舒尔吉也自称"（世界）四方之王"。

在舒尔吉长达48年的统治中，乌尔第三王朝或新苏美尔帝国达到了空前的繁荣，其疆域虽然比不上阿卡德帝国庞大，但其统治比阿卡德帝国更为稳定，至少在巴比伦尼亚，没有发生过反叛舒尔吉的军事行动。这一切都要归功于舒尔吉的开明政策，舒尔吉把所有旅行者能够在全帝国境内畅通无阻地平安旅行，当作自己的努力方向之一。

舒尔吉死后，其子阿马尔–辛继位。阿马尔–辛的统治时间为9年。与他父亲一样，他的统治时期也可以分为修建神庙和从事战争两大部分。舒尔吉和阿马尔–辛父子的统治时期，是乌尔第三王朝最辉煌的时期。这时期苏美尔帝国明显地分为三个层次：处于外围的独立的城邦、中间被征服的行省和苏美尔与阿卡德的核心地区。接替阿马尔–辛的是他的弟弟舒辛（Shu-Sin[①]，在位时间为公元前2038/2037—前2030/2029年）。在舒辛统治时期，乌尔第三王朝的边境变得不太平了，好在他还能应付。在统治的第4年，舒辛在马尔图[②]建立了军事堡垒。对于活跃在这一地区的阿摩利人，舒尔吉和阿马尔–辛时期的文献就曾提到过他们，现在形势逆转了，处于守势的变成了苏美尔人。公元前2028年，舒辛死后，其子伊比–辛[③]继位。在伊比–辛统治时期，新苏美尔帝国开始分崩离析，东部的行省从埃什努

① Shu-Sin也拼作Shu-Su'en（舒–苏恩），意思是"月神辛的人"。

② 在苏美尔语里称马尔图（MAR.TU），在阿卡德语里称阿姆鲁（Amurrum），通常是对幼发拉底河以西地区及其居民阿摩利人的称呼。

③ 其名字的意思是"月神辛所呼唤的"。

那（在其统治的第2年）和苏萨（在其统治的第3年）开始，一个接一个地宣布独立。与此同时，阿摩利人展开了猛烈的攻势，并在其统治的第5年进入苏美尔的心脏地区。在与阿摩利人斗争的过程中，伊比-辛王朝的内部出现了分裂的因素，在其统治的第12年（公元前2018年），他的一位将军伊什比-伊拉在伊新自立为王，并在那里统治着尼普尔、基什和埃什努那等城市。而在此前几年，一位阿摩利人酋长纳波拉努姆在距乌尔城仅25英里的拉尔萨城加冕为王。更为糟糕的是，埃兰人乘虚而入，轻车熟路地大举进犯苏美尔。在军事危机和饥荒的双重打击下，公元前2004年，乌尔城失守，埃兰人占领、洗劫和焚烧了这座伟大的苏美尔城市。伊比-辛被掳至埃兰，并死在那里。乌尔第三王朝或新苏美尔帝国走完了自己的历程。

四、乌尔第三王朝的高度集权统治

乌尔纳木所创立的乌尔第三王朝彻底结束了古提人统治的松散状态，把中央集权的统治向前推进了一大步。乌尔第三王朝以乌尔城为首都，其统治范围虽比不上阿卡德王国，但比阿卡德王国的统治更加紧密，内部组织和中央权力更加集中。乌尔第三王朝的统治地区可以明显地分为两部分，即苏美尔和阿卡德的中心区域和东部底格里斯河与扎格罗斯山脉之间的军事控制区。对于这两个区域之外的其他地区，乌尔第三王朝通过外交手段来维持与它们的关系，有时也对它们进行军事劫掠。乌尔第三王朝的中央集权统治是在舒尔吉统治时期一步步强化的，舒尔吉在统治的48年时间里，对苏美尔和阿卡德中心地区以及东部的军事征服地区实行一系列的改革。

（一）政治体制改革

在政治或行政改革方面，最有趣的事情是，作为改革的一个措施和结果，舒尔吉特意创建了人类历史上最早的国家行政学院。乌尔第三王朝或称新苏美尔帝国的统治心脏在巴比伦尼亚，包括迪亚拉地区。为便于统治和管理，舒尔吉把巴比伦尼亚划分为若干个行省，以前的苏美尔城市基本为一个个行省单位，全帝国拥有20多个行省。舒尔吉在每个行省都会任命总督和其他官员进行统治，庞大的帝国需要同样庞大的官僚队伍。为了提高行省官员的行政管理能力，虽然早在公元前第3千纪巴比伦尼亚就出现了书吏学校，但舒尔吉还专门在乌尔和尼普尔等地出资建立了正规的行政书吏学院，有意识地教授有行政管理才能和宗教神职官员潜质的学生书写、数学和其他行政管理技能等课程。这些行政书吏学院在舒尔吉的直接掌控之下，以保证它们能够完成好为国家输送行政管理人才的任务。顺便提一下，由于书吏学校的繁盛，苏美尔文学也在舒尔吉时代呈现繁荣之势。古老的文学作品得到修订，口头文学得以变成文字，同时新的文学作品不断诞生。

舒尔吉行政改革的第二项措施是，在整个巴比伦尼亚建立了统一的行政管理体系，为的是中央政府能够对行省施行最终的控制。在每一个行省，他都任命一位总督和一位或多位军事将领。在绝大多数情况下，总督的人选来自当地古老的贵族或名门望族甚至苏美尔人的恩西家庭，而总督这个职位如同其他许多行政和宗教职位一样，在乌尔第三王朝时期是可以世袭的。行省的其他高级行政官员也多半出自这些名门望族或恩西家庭。因此，作为重要的统治策略，君王们要把这些名门望族牢牢地拉在自己一边，而联姻往往是最有效的手段。例如，舒尔吉就至少娶了9位王后，每位王后都出自当地的名门望族。行省总督基本上控制了神庙的地产。神庙地产在巴比伦尼亚的南部是非常庞大的。行省总督还要负责运河系统的修缮，以及扮演行省内最高法官的角色。由于在行省代表国王的意志，总督手中握有非常大的权力。

为了防止行省权力集中和膨胀对中央政府的威胁，舒尔吉在行省又设置了与总督权力同等的将军一职。对行省将军职位的安排采用另一种完全不同的方式。多数情况下，担任将军的人不在当地的苏美尔人中选拔的，不来自当地古老的名门望族，而是在阿卡德人中，有时甚至在外邦人（胡里人、埃兰人和阿摩利人等）中选拔的，通常出自中央政府的服务体系内。总督和将军的管辖范围并不一定是完全重合的，有时在一个行省还会出现设置一位总督和几位将军的情况。例如，在乌玛行省就设有一位总督和几位将军，每位将军分别管辖不同的地区。将军通常与国王有着密切的关系，往往娶王室家族的女性为妻，成为王室家族的驸马。对于行省首府之外的其他城市，舒尔吉任命市长进行管理。对于所有的国家行政管理人员和军事人员，舒尔吉或中央政府都会拿出一份皇家田地分给他们，以回报这些公职人员对国家的服务。

舒尔吉行政改革的第三项措施是，在整个帝国创立了一种新的历法。在他的苏美尔新历法中，有一个月份就是以他的"舒尔吉神"的名字命名的。舒尔吉的新历法并没有强行在整个王国推行，而只是在普兹瑞什-达干、乌玛、吉尔苏和埃什努那等地区用于王室事务中，其他城市和地区仍然使用自己的月份名称和顺序，这可能反映出地方习俗仍然很强大。

（二）经济体制改革

在经济改革方面，舒尔吉重要的措施之一便是加强中央对经济命脉尤其是财政税收的控制。他采取很多措施把庞大的神庙地产资源纳入中央政府的掌控之下。他把所有的神庙地产置于地方行省总督的管理之下，就是为了保证它们的剩余收成能够流进中央政府的税收体系。舒尔吉创立的税收制度有一个苏美尔语的名称——"巴拉"，大概是"交换"的意思。各行省所缴纳税收的物品和数量依其经济实力和各地不同的物产特点而定。例如，吉尔苏地区盛产谷物，就缴纳粮食；而其邻居乌玛则缴纳诸如木材、芦苇和皮革之类的制造品。许多的税收物品都被当地的王室依附民所消费，还有一些被运送到特定的征集点，以备其他地区之需。所有税收物品的流通，王室的行政管理人员都对其进行精确的规划。为此，舒尔吉在各地建立起了再分配中心，各地所生产的粮食等农产品和制造物品以预估产量的方式确定纳税标准，以实物的形式支付到中央政府在当地建立的再分配中心。到年底收成或产量确定后，应纳税数额与预估预收数额之间的盈亏，将在下一年的税收中得到平衡。在手工业领域，舒尔吉建立了许多皇家工场，雇用了成千上万的编织工、木匠、金属匠和皮革工等，他们都在中央政府的控制之下从事手工业生产活动。他还建立了统一的重量和计量标准，并用苏美尔语创设了新的计算程序。

（三）加强意识形态管理

为了在政治上加强中央集权统治，乌尔第三王朝的国王们加强了对意识形态领域的控制。他们在整个王国范围内大肆修建或重建庙宇，并把自己的子女送到神庙中担任高级祭司和高级女祭司。在宗教方面，舒尔吉最重要的举措便是正式宣布自己成为神。大约在他统治的第20年，舒尔吉在自己的名字前面加上了代表神的前缀符号"DINGIR-"。他的父亲乌尔纳木是在死后才被追认为神的，舒尔吉在这方面的"强势"可能一方面带有炫耀自己业绩的成分，另一方面可能也是出于他加强中央集权统治的需要。无论是在生前还是在死后，舒尔吉都受到了全国人民的祭祀和膜拜，全国每月都要举行两次向其雕像进献供奉的宗教活动。大量的赞美诗被创作出来，以歌颂他的丰功伟绩。在舒尔吉死后，他的后继者们也继承了他的"神"的称号，而且这个"神"如同舒尔吉一样是全国的神，而不单是某个城市的保护神。全国很多城市都为国王们修建了神庙和雕像，供人们供奉和祭拜。

很多官员利用圆筒印章来证明他们所从事的生意的合法性和有效性，他们所携带的印章通常刻有主人的名字以及他的职务。有一点非常重要，他们在提及自身社会地位时，通常把自己称作"国王的仆人"，表明他们的权威最终来自国王。普通人在给自己孩子起名时，也常常使用类似"国王是神"的概念。乌尔第三王朝的统治者还鼓励官员们更改名字，以便把自己的名字与国王联系在一起，因此，诸如"舒尔吉是我的保护神"之类的名字，变得很常见。通过这一系列在意识形态领域的统治措施，中央集权的观念深入每个公民心中。

（四）军政府与外交关系

对于东部被征服地区，乌尔第三王朝采取与核心地区完全不同的措施进行统治。早在乌尔纳木统治时期，他已经以武力征服了底格里斯河至扎格罗斯山脉之间的土地，到舒尔吉统治末期，乌尔第三王朝完全控制了南自苏萨北至摩苏尔平原的地区。乌尔第三王朝的国王们在这一地区建立起了军政府，实行有效的统治。军政府对当地的居民施行直接剥削的制度。军政府的领导机构由几位将军组成，将军可以从一个中心区被任意地调往另一个中心区任职。皇家财政官代表王室的利益，从首都派出监督这一制度的执行。他负责监督将军们征收贡赋，从军管区征收上来的贡赋来自不同的社会阶层，牛、羊和山羊等贡赋都计算精确。士兵们如何征收贡赋情况不明，但几乎可以肯定这些贡赋都是从当地居民那里征收来的。征收上来的大量牲畜被运送到巴比伦尼亚，集中在尼普尔附近一个叫普兹瑞什-达干的地方。它们在那里进入"巴拉"税收体系中，作为食物被分配给宫廷或作为供奉物被分配给众多的神庙。饲养牲畜是因为它们的皮毛有价值。从东部军管区和巴比伦尼亚本地征收上来的牲畜，其数量之大是十分惊人的。据文献记载，从普兹瑞什-达干经过的牲畜，仅一天就高达200只羊、15头牛。①因此，东部地区因其牲畜资源而受到剥削，而被剥削上来的物品又进入中心区的经济体系中来。

乌尔第三王朝统治的核心地区和东部的军事控制区以外，存在着许多长期与之为敌的国家。乌尔第三王朝的国王们通常采取三种手段保持与这些国家的关系。其一是间歇式的军事掠夺，其二是王族间的联姻等外交关系，其三是经常性的贸易往来。乌尔第三王朝的王室铭文中提到了一系列军事行动，这些军事行动多半是针对在东部军事控制区以远的边界地区的。在军事征伐之后，往往辅以和亲或联姻的关系加以安抚。乌尔第三王朝的五位国王中有三位把自己的女儿嫁给了伊朗的王子。在波斯湾地区，乌尔纳木恢复了在阿卡德王国甚至更早时期就建立起来的贸易关系。在北部和西部边界，乌尔第三王朝几乎没有采取军事手段和措施，历代国王们都与这一地区保持着良好的外交关系。乌尔纳木就为他的儿子舒尔吉安排了一桩与马里公主的婚姻，为的是让马里这个幼发拉底河中游的国家成为乌尔第三王朝通往更北部地区的缓冲或中间地带。西部叙利亚人的诸多邦国，都各自保持着在政治上的独立地位，没有形成一国霸权式的统一国家。它们与乌尔第三王朝保持着友好的关系，处于商路上的城市交往较密切，包括图吐尔、埃勃拉、乌尔舒和毕布洛斯等，其他城市由于经济衰落而与巴比伦尼亚的交往渐少。

---

① Marc Van de Mieroop，*A History of the Ancient Near East*，p.79.

第二节　古巴比伦时期的中央集权与城市自治

古巴比伦时期通常指自乌尔第三王朝灭亡，经伊新—拉尔萨时期，到巴比伦第一王朝结束的历史时期。

一、巴比伦第一王朝的兴衰

乌尔第三王朝灭亡以后，苏美尔城邦再度活跃起来，整个美索不达米亚也变成了由众多王国组成的拼图，其中最重要的包括南方的伊新和拉尔萨，以及北方的马里、亚述和埃什努那，它们共存达两个世纪之久。伊什比-伊拉在伊新创立的王朝繁荣一时，有些苏美尔城邦开始被阿摩利人统治，其中最强者应该属于纳波拉努姆创立的拉尔萨王朝。由于乌尔第三王朝灭亡之后是伊新和拉尔萨唱主角的时期，因此历史上称这一时期为伊新—拉尔萨时期。

在公元前第3千纪即将结束之际乌尔第三王朝的灭亡，是美索不达米亚历史上重要的转折点之一。它不仅标志着一个王朝和一个帝国的终结，而且标志着苏美尔民族正式退出历史舞台，苏美尔人所创造的社会类型寿终正寝，当然其诸多要素被后继者阿摩利人所吸收。

阿摩利人是西塞姆人的一支，在公元前第3千纪的下半叶开始从叙利亚及其西部沙漠地区向美索不达米亚大规模地迁徙，阿摩利人的入侵也是乌尔第三王朝走向灭亡的重要原因之一。乌尔第三王朝灭亡之后，埃兰人离开，阿摩利人长久地居留了下来。伊新王国的前几位国王在其强盛时期还能有效地控制阿摩利人的扩张，但在王国式微之后，阿摩利人便又大规模地穿过幼发拉底河，进入巴比伦尼亚，纷纷在基什、乌鲁克、西帕尔以及其他许多城市称王。公元前1894年，阿摩利人众多酋长之一的苏姆-阿布姆（Sumu-Abum，在位时间为公元前1894—前1881年）选择了一座城市作为首都，这座城市位于幼发拉底河左岸，距离基什城以西几英里，占据着美索不达米亚的重要地理位置。这座城市的名字在苏美尔语中称"KA.DINGIR. RA"，在阿卡德语中称"Bab-ilani"，两者的意思是一样的——"众神之门"。巴比伦是希腊语。在乌尔第三王朝统治时期，巴比伦被恩西统治，在政治生活中不起任何作用。苏姆-阿布姆的定都之举，具有非凡的历史意义——开创了在美索不达米亚历史上具有不可替代地位的巴比伦第一王朝。

巴比伦第一王朝的前五位国王苏姆-阿布姆、苏姆拉埃尔（Sumu-La-El，在位时间为公元前1880—前1845年）、萨比乌姆（Sabium，在位时间为公元前1844—前1831年）、阿匹尔-辛（Apil-Sin，在位时间为公元前1830—前1813年）和辛-穆巴里特（Sin-Muballit，在位时间为公元前1812—前1793年）既懂得韬光养晦的道理，更会审时度势；既会"动武"，又会利用"外交"来丰满羽翼、扩大势力。他们用了将近一个世纪的时间，通过一块地一块地的"收复"，才征服了整个阿卡德地区。他们在向尼普尔——苏美尔的钥匙——逼近时，遇到了拉尔萨的强烈抵抗。公元前1835年，拉尔萨王西里-阿达德在与巴比伦的战争中被杀，拉尔萨的王位处于空缺状态。无时不在觊觎美索不达米亚的埃兰人自然不会放过这个机会，一位埃兰官员库都尔-马布克占领了拉尔萨，并任命他的一个儿子为拉尔萨之王，他自己则满足于"阿姆鲁之父"的称号。库都尔-马布克的两个儿子，先后接替其父统治拉尔萨的瓦拉德-辛，其名字的意思是"月神辛之奴隶"。和里姆-辛，其名字的意思是"月神辛之公牛"。他们都放弃了埃兰语的名字，而采用了塞姆语的名字。更重要的是，他们的言行举止在各个方面都更像真正的美索不达米亚君主，而没有留下"外国人"的印记，他们仅在乌尔城就修建了九座神庙和十几座纪念碑。公元前1794年，里姆-辛挫败了一个由巴比伦领导的联盟，并成功地占领了伊新，最终打败了老对手。两年以后，汉谟拉比在巴比伦登基，成为巴比伦第一王朝的第六代国王。（见图7-5）

图7-5　被称为"汉谟拉比"的庄严头像／闪长岩／公元前2000年代初／出自苏萨／现存法国巴黎卢浮宫博物馆

190

公元前1792年，汉谟拉比继位。正如汉谟拉比的名字所昭示的，他是阿摩利人的后代。在古代美索不达米亚，所有人的名字都由一个短句构成，都表达一个完整的意思。一般说来，绝大多数人的名字由一种语言构成，如汉谟拉比的父亲辛-穆巴里特的名字就完全是阿卡德语，意为"月神辛是我生命的给予者"。汉谟拉比的名字就是阿摩利语和阿卡德语的结合体，由阿摩利语的"家庭"（Hammu）和阿卡德语的形容词"伟大"（Rabi）组成。[①]与此相一致的是，他通常自称"巴比伦之王"，有时也自称"阿摩利人国家之王"。

汉谟拉比即位之时，其先辈已经把古巴比伦王国从一个以巴比伦城为核心的区域小城邦发展成涵括诸多城邦在内的统一王国，其中有基什、西帕尔和波尔西帕等举足轻重的城市。这些城市控制着巴比伦尼亚北部地区，面积为60千米×160千米左右，在这一区域内幼发拉底河与底格里斯河相距最近。这时的古巴比伦王国就是近东地区众多王国中的一个，其地位远没有那么重要，周围可谓强敌林立。北有埃什努那和上美索不达米亚王国，西北有马里王国，南有伊新和拉尔萨王朝，东有埃兰王国。汉谟拉比采取军事和外交并用的手段，先后击败了埃兰，吞并了拉尔萨，占领了埃什努那，最后攻陷了马里，实现了美索不达米亚空前的统一，带来了美索不达米亚空前的经济发展和文化繁荣。这种经济发展和文化繁荣对后世产生了重要的影响。

汉谟拉比的统治使古巴比伦王国臻于极盛，但这很大程度上依靠的是他的强权，其内部根基并不稳固。公元前1750年，汉谟拉比死后，其子萨姆苏伊鲁纳（Samsuiluna，在位时间为公元前1749—前1712年）继位，王国开始陷入内外交困的境地。在其统治早期，埃兰边界地区发生暴动，领导者自称里姆-辛（拉尔萨王朝末代国王），坚持战斗两年多，最终被镇压。公元前1740年左右，一位名叫伊鲁马伊鲁的人在苏美尔扯起独立的大旗。他假称伊新王朝末代国王之后，成为尼普尔以南地区的主人，建立了

第七章 专制统治的确立

---

① 也有学者认为汉谟拉比的名字是纯粹的阿摩利语，拼作Ammurapi，意思是"the kinsman heals"。

所谓巴比伦第二王朝，或称海国王朝。萨姆苏伊鲁纳在应对反叛的同时，还面临着外敌入侵的压力。在其统治的第9年，东北部山区的加喜特人开始入侵巴比伦，这一次加喜特人虽然被打退，但他们以后逐渐成为对巴比伦的严重威胁。在他统治末年，其父所开拓的疆土已丧失殆尽，王国的领土又缩回到汉谟拉比以前的疆域。萨姆苏伊鲁纳的四位后继者又勉强维持了约一个世纪。公元前1595年，赫梯人入侵巴比伦尼亚，巴比伦城惨遭洗劫，主神马尔杜克及其妻子的雕像作为战利品被入侵者带走。

二、古巴比伦时期的社会、经济和法律制度

社会分层是人类社会的"自然"规律，是不以人的意志为转移的不可抗拒的规律。尽管追求平等是人类的目标和愿望，但社会分层却是人类社会的现实。在古代美索不达米亚历史发展的任何阶段，社会都存在着明显的分层，在美索不达米亚的文化中存在着分层或等级的观念和意识。就连天上的众神也是划分层次或等级的，"这是美索不达米亚人热衷于社会分层的十分有力的证明"①。从《汉谟拉比法典》中就可以明显看出，古巴比伦社会存在着阿维鲁、穆什钦努和奴隶三大社会阶层，不同阶层显然享有不同的权利和社会地位。

（一）古巴比伦时期的社会结构

1. 阿维鲁的社会地位

众所周知，汉谟拉比在其法典中把古巴比伦社会的居民划分为三个等级，即阿维鲁、穆什钦努和奴隶。关于阿维鲁与穆什钦努的内涵问题，自《汉谟拉比法典》发现以来，一直存在着激烈的论争。②随着讨论的不断深入，越来越多的学者达成了基本的共识——阿维鲁是在公社中享有全权的自由民，穆什钦努是王室仆从。这一论断无疑符合历史

---

① Jean Bottero, *Religion in Ancient Mesopotamia*, p.49.

② 关于阿维鲁和穆什钦努的论述，参见于殿利：《巴比伦法的人本观：一个关于人本主义思想起源的研究》，28～60页，北京，生活·读书·新知三联书店，2011；施治生、徐建新主编：《古代国家的等级制度》，125～154页，北京，中国社会科学出版社，2003；于殿利：《试论〈汉谟拉比法典〉中商人的社会等级地位》，载《比较法研究》，1994（1）。

事实。

　　阿维鲁与穆什钦努有以下几方面的区别。

　　其一，阿维鲁源于传统氏族，属于城市公社，穆什钦努被排斥在氏族和城市公社集体之外。这从有关法典中便明显可见。

　　《汉谟拉比法典》[①]第136条规定：

　　　　如果一个人（阿维鲁）背弃其城市公社（Alum）而出走，而后其妻改嫁入他人之家，及此阿维鲁返回而欲重新拥有其妻，则因彼憎恨自己的城市公社而出走，此妻不得返回其夫——出走者之处。[②]

　　《埃什努那法典》第30条规定：

　　　　如果一个人憎恨其城市公社而逃走，而另一人在事实上占有了其妻：无论他何时返回，他都不能对他的妻子进行起诉。[③]

　　从《汉谟拉比法典》和《埃什努那法典》中不难看出，阿维鲁不仅属于城市公社，而且还必须忠于城市公社，热爱城市公社，擅自离开自己的城市公社，要受到法律的惩罚。不仅如此，其他文献同样能为此提供许多证据。在这里我们仅以《芝加哥亚述语词典》为例，把该词典在城市和阿维鲁条目下的例句择要列举如下：

　　　　任何人不得以暴力在城市公社内从其他人（阿维鲁）家中抢夺

---

　　① 本书在引用《汉谟拉比法典》时采用了三种办法：其一，引用中译本，未加任何修改时，在注释中直接列出原书的相关信息；其二，引用中译本，略加修改时，在列出的原书前加"参见"二字；其三，不赞同中译本的条款，系根据E. Bergman，*Codex Ammurapi*，Textus Primigenins，楔形文字原文译出，则不注明出处。

　　② 参见杨炽译：《汉穆拉比法典》，74~75页，北京，高等教育出版社，1992；林志纯主编：《世界通史资料选辑·上古部分》，85页，北京，商务印书馆，1962。

　　③ Reuven Yaron, *The Laws of Eshnunna*, Jerusalem, The Magnes Press, The Hebrew University, 1988, pp.60-61.

財产。①

> 国家将不同情国家，城市将不同情城市，个人（阿维鲁）将不同情个人，家庭将不同情家庭，兄弟也将不同情兄弟。②

> 他不是沙加城（Šagga）的居民，因此，他也不是该城的公民。③

这些材料表明，国家、城市公社、家庭和个人是一个有机体，也就是说，国家是由城市公社组成的，城市公社是由家庭组成的，家庭是以其家长阿维鲁为代表的，阿维鲁构成古巴比伦王国的主体，他们是城市公社的公民，是真正意义上的"人"。穆什钦努被排斥在城市公社之外，现有涉及城市公社的资料，几乎没有提到穆什钦努的。

其二，阿维鲁在公社中拥有土地所有权，并因此享有公社中的全权，处于公社自治机构的司法管辖之下；穆什钦努处于公社之外，靠为王室提供服务获取王室土地的使用权，并因此成为王室仆从，受王室的特殊保护和限制，处于王室的司法管辖之下。

而且这种划分可以解释这一事实，即总体来说阿维鲁的地位高于穆什钦努，但穆什钦努与王室的利益密切相关，因此受到王室的限制和保护。穆什钦努虽然没有土地所有权，但为王室服务和耕种王室土地也可使一些人变得富有。

另外，从材料中我们看到，在古巴比伦社会中，一个人可以同时身兼阿维鲁和穆什钦努双重身份。如在一封官方书信中，一群穆什钦努同时被称为阿维鲁，甚至城市之子（a Lú Meš muškēnum dumu meš as-la-wk-ka-a^{ki}）。④之所以存在这种情况，可能是因为古巴比伦时期土地买卖及转让很活跃，一个人只要获得私人拥有的公社土地便可成为阿维鲁。这种情况的出现应不是个别现象，因为贾可诺夫对公元前19—前18世纪的乌尔和拉

---

① *CAD*，A，part 1，p.384.

② *CAD*，A，part 1，p.384.

③ *CAD*，A，part 1，p.56.

④ F. R. Kraus，*Ein Edikt des Königs Ammisaduqa von Babylon*，Leiden，E. J. Brill，1958，p.145.

尔萨两城的研究结果表明，"大多数城市居民，即使不是全部，实际上与王室或神庙服务有关。同时，他们大多数不仅以服役为条件换取土地，还在公社中拥有私人财产。因此，他们有权获得阿维鲁称号"[①]。

其三，阿维鲁享有参政的权利。阿维鲁因为自身是城市公社成员，是真正的公民或国民，所以他们不仅在城市公社中享有政治权利，可以担任城市公社管理机构的官员，参加长老会和公民大会，而且中央政府的官吏也同样出自阿维鲁，包括商人首领、商人塔木卡和高级女祭司纳第图。

总之，阿维鲁出自城市公社，源于氏族组织，是城市公社中的公民，享有土地所有权及参与政治的权利。穆什钦努被排斥在城市公社之外，他们不享有土地所有权，没有参与政治的权利。阿维鲁不仅参与城市自治机构的管理，中央政府的官吏同样出自城市公社，出自阿维鲁公民，迄今未发现有穆什钦努担任官吏，或官员被直接称为穆什钦努的记载。

2. 穆什钦努的社会地位

穆什钦努一词是迄今所知最古老的一批阿卡德语词汇之一，早在《汉谟拉比法典》颁布之前1000多年就已出现了，在苏美尔文中它被称为"MAŠKA'EN"。学者们普遍认为，"Muškēnum"一词源于动词"Šuk-ēnum"，表示"鞠躬""下跪"和"磕头"等意。[②]根据穆什钦努被排斥在城市公社之外这一点来判断，贾可诺夫等人所坚持的穆什钦努"可能只是在公社中无以立足、已经破产与被剥夺财产的人，或是外邦人"，可能更接近事实。但同样是根据这一点来判断，克劳斯和米克等人认为穆什钦努是平民，阿维鲁是贵族，也有其道理。因为阿维鲁出自氏族和城市公社，并因此成为公民，他们实际上就成了传统的氏族贵族；穆什钦努由于是外邦人或被逐出公社之人，实际上也就沦为平民。

3. 奴隶的社会地位

在任何文明和社会中，奴隶都处于社会的最底层，在美索不达米亚

---

① I. M. Diakonoff, "Socio-Economic Classes in Babylonia and the Babylonian Concept of Social Stratification," *Compte Rendu de la Rencontre Assyriologie International Selected Papers*, 1970（18），pp.46-47.

② Reuven Yaron, *The Laws of Eshnunna*, p.133.

同样也不例外。他们同牲畜一样被视为奴隶主的财产，可以任意买卖、转让、交换、租借和赠予。据《汉谟拉比法典》，奴隶的价格一般为20舍克勒银（第116、第216和第252条）。然而，这只是人们所熟知的一个方面，另一方面的情况是，在古代美索不达米亚尤其是在古巴比伦社会——关于这方面的材料相对要多一些——奴隶的社会地位远比人们想象的要高。

其一，与自由民的通婚权。

在法律地位上，奴隶享有与自由的阿维鲁公民和穆什钦努通婚的权利。关于男奴隶娶自由的阿维鲁之女，《汉谟拉比法典》有如下规定：

第175条：如果宫廷之奴隶或穆什钦努之奴隶娶阿维鲁之女，此女生有子女，则奴隶之主人不得要求将自由民之女所生之子女作为奴隶。

第176条：如果宫廷之奴隶或穆什钦努之奴隶娶阿维鲁之女，当他娶她时，她曾由其父家带来嫁妆以入于宫廷奴隶或穆什钦努奴隶之家，后来他们同居之后，既成家，且有［动］产，而后宫廷奴隶或穆什钦努之奴隶死亡，则自由民之女应得自己之嫁妆，而所有从同居后由其夫及她自己所得之物，应分为两份，奴隶之主人得其半，自由民之女为其子女亦得其半。如果自由民之女未有嫁妆，则所有自同居后由其夫及她自己所得之物，应分为两份，奴隶之主人得其半，自由民之女为其子女亦得其半。[1]

虽然没有确实的材料证据，但自由民阿维鲁娶女奴为妾的情况在古代美索不达米亚尤其是古巴比伦社会，应该更为普遍。对此，《汉谟拉比法典》有如下规定：

第170条：如果一个人的配偶为之生有子女，其女奴亦为之生有子女，而父在世之日，称女奴所生之子女为"我之子女"，视之与配

---

[1] 参见林志纯主编：《世界通史资料选辑·上古部分》，89页。

偶之子女同列，则父死之后，配偶之子与女奴之子女应均分父之家产；当分产时，配偶之子得优先选取其应得之份。

第171条：如果父于生前未称女奴为之生育之子女为"我之子女"，则父死之后，女奴之子女不得与配偶之子女同分父之家产。女奴及其子女应解放，配偶之子女不得要求将女奴之子女变成奴隶。配偶取得自己之嫁妆及其夫所给且立有遗嘱确定赠予孀妇之赡养费，并居于其夫之住宅，享有此一切以终其身，但不得以之出卖；至她身后，仅归其子女所有。[①]

从《汉谟拉比法典》的以上规定可以看出，男女奴隶不仅都有与自由的阿维鲁通婚的自由权，而且婚姻中所生之子女都享有自由的身份，而不是奴隶的身份；只要阿维鲁父亲承认其为自己的子女，他们就都与其他子女一样享有同样的财产继承权。

其二，财产权。

古巴比伦社会的奴隶不仅拥有财产权，而且还拥有财产经营权。"有些主人让他们的奴隶去当学徒学做一门生意，或者如果奴隶看上去还机灵的话，主人就会在经济上给他们支持，让他们做生意。美索不达米亚的奴隶甚至能存钱，出租财产，而且购买属于他自己的奴隶。"[②]

既然奴隶拥有财产权，他们就可能积攒到足够的银钱来赎回自由，奴隶赎身通常要举行一个象征性的净化仪式。[③]

其三，奴隶身份的转归。

《汉谟拉比法典》明确规定，在国外沦为奴隶的自由民，回国后恢复其自由民身份。

《汉谟拉比法典》第32条：

---

① 参见林志纯主编：《世界通史资料选辑·上古部分》，89~90页。

② ［美］斯蒂芬·伯特曼：《探寻美索不达米亚文明》，秋叶译，419页。

③ Georges Contenau, *Everyday Life in Babylon and Assyria*, London, Edward Arnold, 1954，p.23.

如果里都或巴衣鲁于王命远征时被捕为俘，塔木卡赎回了他，并把他送回到他的城市，倘其家有物可以取赎，应自取赎；倘其家无物可以取赎，应由其城市的神庙为之取赎。倘其城市的神庙无物为之取赎，则应由宫廷取赎之。其田园房屋不得作为赎金。①

士兵在战争中被捕以后，汉谟拉比并没有置之不理，还积极想方设法地恢复其自由。首先，如果士兵自己有经济能力，则自己支付赎金；其次，如果自己无力支付，则由其所在地的神庙替他支付赎金；最后，如果其所在地的神庙也无力支付，则由国家出资将其赎回。在这样层层保护之下，被俘士兵之命运便可得到保障。塔木卡是巴比伦尼亚的大商人，经营远距离贸易或对外贸易，经常出入国外的市场，因此比其他人更有条件和机会买下本国在战争中被捕为俘的士兵。汉谟拉比的两封书信证实了法典所反映的情况。他在第一封信中说："至于被敌人捉住的那个人（人名），某某人（人名）之子，从辛（SIN，月亮神）神庙中取出10舍客勒之银，交给塔木卡，把他赎回来。"②在另一封信中，付钱给塔木卡赎回两名俘虏的是他们的父亲。③

正因为商人塔木卡从事的是有利可图的商业活动，因此他借赎买被俘士兵之机强占被赎者田园房屋之事可能时有发生，这条法律显然是保护被俘士兵获得自由的生存条件，使他们免于沦为塔木卡的奴隶。为此，《汉谟拉比法典》明文规定，被俘士兵的田园及房屋不得作为赎金。

与此相关或相呼应的是，汉谟拉比对沦为奴隶的自由民也竭力恢复他们的自由，甚至不惜为此损害塔木卡的利益。《汉谟拉比法典》有如下规定：

---

① 参见杨炽译：《汉穆拉比法典》，26页；林志纯主编：《世界通史资料选辑·上古部分》，75页。

② AbB 9：32；A.L.Oppenheim, *Letters from Mesopotamia*, Chicago, The University of Chicago Press, 1967, p.93.

③ LIH：48.

第280条：如果一个人从外国买了一个人的男女奴隶，当他回到国内时，男女奴隶的主人认出了他的男奴或女奴；如那男女奴隶是本国人，应不（付）任何银子就放他们自由。

第281条：如果他们是外国人，那么买主应在神前说明他付出的银子，男奴或女奴的主人可把他付的银子给塔木卡，从而赎回他的男奴或女奴。①

从这两条法律中可以看出，汉谟拉比是反对自由民把自己的同胞当作奴隶来奴役的。在国外为奴，无论何种情况，回国后都无条件释放。即使在国内时已成为别人的奴隶者，当再次被带回国内后也可无条件地获得自由，不用支付任何赎金，也不管塔木卡为此付出了多少银两。

其四，奴隶的来源。

关于奴隶的来源问题，古代美索不达米亚的现有材料证据并不充分。

从《汉谟拉比法典》中，我们只能看到奴隶的一种确实来源，即通过商业手段从境外进口。从事这项活动的是商人塔木卡，塔木卡在巴比伦尼亚从事奴隶买卖是出了名的。②根据法典第280～281条来判断，塔木卡很可能经常出入国外的奴隶市场，从事买卖奴隶的活动。这与契约文书和书信材料所反映的情况是相符的。如在一封私人书信中，某人对某个名叫辛埃里巴姆的人说："我女儿将出嫁，但我没有东西可以陪嫁，现在我委派四人（四个人名）到你那里去，请你见到他们后收下银子，给我买两个男奴和三个女奴并送来。"③在另一封书信中，一位官员的妻子向塔木卡付了三个女奴的钱，却只得到两个女奴，为此委托身居高官的哥哥与塔木卡交涉，未果。④在其他书信中我们还发现，塔木卡拥有许多奴隶，任买者

---

① 杨炽译：《汉穆拉比法典》，144～145页。

② W. F. Leemans, *The Old Babylonian Merchant: His Business and His Social Position*, Leiden, E. J. Brill, 1950, p.5.

③ AbB 9：9.

④ PBS 7：100.

从中挑选。①在同一份契约中，我们还发现两个塔木卡在分一份共同的财产（可能系合伙所得）时，每人分得十个奴隶。②顺便说一句，从这些材料中不难看出，塔木卡所从事的活动具有"典型的私人商业性质"。③荣格（J. Renger）根据古巴比伦时期的买卖奴隶文书，并参照奥本海姆和列曼斯等人的研究④认为，众多的奴隶买卖文书证实了奴隶从私人手中买得，这些销售奴隶的私人是塔木卡。⑤甚至有学者认为，"奴隶在任何时候都处于私人手中"⑥，而且"主要用于私人家庭"⑦。

从词源学的角度对巴比伦的奴隶来源进行探究，更有助于追根溯源，弄清事实。在古代美索不达米亚的楔形文字中，最早表示"奴隶"的词是"女奴"，这个词的楔形文字符号为𒊩，来源于▽，是"女性生殖器"。▽（表示女人）+ �（表示来自山里），意思是"来自山里的女人"。⑧这个词及其来源至少可以告诉我们三个信息：其一，在古代美索不达米亚最早的奴隶是女奴，而不是男奴，这与前面我们阐述过的其统治者对待战俘的态度是一致的，是相互印证的；其二，女奴主要源于外族，源于美索不达米亚周边的山区，至少早期是这样；其三，奴隶的用途主要从事家务劳动，这也是与历史实践相符合的。

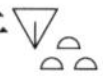

长期以来中国学术界所坚持的所谓"巴比伦债务奴隶制"，主要依据

---

① AbB 6：65.

② YOS 8：98.

③ W. F. Leemans，*The Old Babylonian Merchant*：*His Business and His Social Position*，p.97.

④ W. F. Leemans，"The Old Babylonian Letters，"*JESHO*，1968（11），182f.

⑤ J. Renger，"Partterns of Non-Institutional Trade and Non-Commercial Exchange in Ancient Mesopotamia at the Beginning of the Second Millennium B.C.，"*in Circulation in Non-Palatial Context in the Ancient Near East*，Roma，1984，p.80.

⑥ A. L. Oppenheim，*Ancient Mesopotamia*：*Portrait of a Dead Civilizition*，Chicago，The University of Chicago Press，1964，p.174.

⑦ I. J. Gelb，"From Freedom to Slavery，"ed. D. O. Edzard，München，1972，p.83；I. J. Gelb，"Approaches to the Study of Ancient Society，"*JAOS*，1967（87），p.7.

⑧ G. R. Driver，*Semitic Writing*，p.57.

是《汉谟拉比法典》的相关条款。《汉谟拉比法典》中涉及租借、借债以及债务问题的条款达35条之多，被认为最能反映所谓"债务奴隶制"的是第114～119条，其中最主要的是第117～119条。实际上，这一方面是因为对原文翻译错误所导致的错误理解；另一方面是因为没有正确理解"债务奴隶"的实质。对此，笔者有专门的论述①，限于篇幅不在这里赘述。

（二）古巴比伦时期的经济

国有土地在美索不达米亚历史的任何时期都占有相当大的比例，国有农业经济同样在任何历史时期都占有重要的地位。国有土地的耕种方式决定着国有农业经济的生产方式，也决定着国有农业经济的性质。

1. 土地制度

古巴比伦时期的国有土地大体可以分为两大类。一类是由王室依附民耕种的土地，这类土地称为贡赋田（Biltu-land），最低层次的王室依附民得到的报酬通常只是粮食和食物配给。另一类是国家根据国家工作人员为国家提供的服务而向其分配的土地，这类土地称为服役田（Ilku-land），为国家提供的服务可以是农业性质的，也可以是非农业性质的。这类土地又分为两种：一种为供养田（Sukussu-fields），另一种为持有田（Sibtu-fields）。我们把第一类土地称为贡赋田，因为其所有权在国家，由国家行政官员施行管理权，王室官员把它分配给王室依附民耕种，收获物扣除生产成本以及留有小部分之后，大部分都要上缴国家。租种这类土地的人被称作纳贡人（Naši bilti）。根据《汉谟拉比法典》第36～38条规定，纳贡人租种的这类土地以及田园房屋不得出售，不得转让给其妻子和儿女，也不能用作债务抵押。第二类服役田也称为王室份地，具有采邑或封地的性质。享有王室份地之人都是为王室或国家提供各种服务之人，如国家的各级行政官员、商人塔木卡、纳第图女祭司、士兵里都和巴衣鲁、王宫卫兵、王室建筑师、王室牧羊人和王室手工业者等。虽然服役田或王室份地

---

① 参见于殿利：《古巴比伦社会存在债务奴隶制吗？》，载《北京师范大学学报（社会科学版）》，2004（4）；于殿利：《巴比伦法的人本观：一个关于人本主义思想起源的研究》，256～286页。

是以为王室服务为条件的，一旦服务结束就不再享有王室份地，但实际上这类土地已经私有化了。除了里都和巴衣鲁这样服军役的士兵不能将自身拥有的与军事义务相关的田园房屋出售、转让和用作债务抵押（《汉谟拉比法典》第36～38条）外，纳第图女祭司、商人塔木卡以及其他服役人的田园房屋都可以出售，买主在购买这类田园房屋的同时，要履行附着在房屋上的相应义务（《汉谟拉比法典》第40条）。士兵不能出售、转让和抵押这类土地，显然是由于服军役的特殊性，或者更确切地说是由于服军役的特殊要求所致。

这两类国有土地的耕种方式有所不同。由于服役田已经在某种程度上私有化了，所以其耕种是按照私有经济的规律进行的，多数采取的是雇佣劳动或租赁式的生产方式。贡赋田是由专门的王室官员负责组织耕种的，他们通常把这类土地分割成小块，分配给纳贡人耕种。这类土地根据收成的归宿又可以分为两种，一种是收获物全部上缴给国家的田地；另一种是耕种者或纳贡人可以享有一部分收成作为耕种土地报酬的田地，一般情况下，纳贡人享有1/2或1/3的收成。①根据美国学者艾莉丝（Maria DEJ. Ellis）的研究，纳贡人是对租种这类土地之人的一种统称，伊沙库（Iššakku）是纳贡人中重要的一种。②现有的文献材料为我们解读伊沙库的职责和活动，提供了一些线索。根据权威的《芝加哥亚述语词典》的解释，"可以说，汉谟拉比对其王国封建结构进行重组，遵循巴比伦尼亚北部的具体实践，创造了一个新的世袭农民阶层"③，这个"世袭农民"就是伊沙库。在不同地区和不同时期，伊沙库的职责是不同的，有的伊沙库自己耕种土地，有的伊沙库雇佣劳动力耕种土地，有的伊沙库把土地租出去耕种，还有的伊沙库则已经成为农业管理者。

学术界普遍认为，王室和神庙控制着古代美索不达米亚的土地，从而控制着整个社会经济。随着大量的美索不达米亚经济文献得到整理和释

---

① Maria DEJ. Ellis, *Agriculture and the State in Ancient Mesopotamia*, Philadelphia, University of Pennsylvania Press, 1976, p.31.

② Maria DEJ. Ellis, *Agriculture and the State in Ancient Mesopotamia*, p.26-27.

③ *CAD*, I/J 266b.

读，学者们的研究越来越深入，传统的观点也在逐步得到修正。20世纪80年代中期以后，新的结论得以确立，即古代美索不达米亚虽然存在着王室经济和神庙经济，但私人经济自始至终发挥着重要的作用，甚至起着主导性的作用。私人土地占有制和土地买卖便是私有经济的重要表现形式，也是私有经济的重要组成部分。

早在苏美尔城邦时期，美索不达米亚就出现了土地买卖活动，在属于这一时期的经济文献中，有相当部分是土地买卖契约。到古巴比伦时期，土地买卖活动更是达到了极盛，这一点在《汉谟拉比法典》中就得到了充分的反映。属于古巴比伦时期的经济文献尤其是土地买卖契约，也比任何其他历史时期都要多。

租赁制渗透到古巴比伦社会的方方面面，成为普遍采用的经营方式，租赁制也是私人土地最重要的经营方式。《汉谟拉比法典》就比较全面地为我们揭示了古巴比伦社会普遍的生产方式——租赁制的整体面貌。通过《汉谟拉比法典》我们看到，租赁制是古巴比伦社会农业、商业、手工业、房地产业甚至"金融业"（信贷）普遍采用的经营方式。关于古巴比伦时期工商业文明的特点，尤其是《汉谟拉比法典》中的相关内容和租赁制，我们在上面已有较详细的论述。《汉谟拉比法典》第71～78条对房地产（居民住宅）的买卖与租赁做出了法律规范，虽然其中的第72～77条缺失，但根据《汉谟拉比法典》中内容一贯的逻辑性判断，由于第71条和第78条是有关房地产买卖与租赁的，所以夹在这两条中间的第72～77条所涉及的内容应该是一样的。信贷或贷款也可以被看作某种形式的租赁，所不同的只是其所租赁的是作为一般等价物的货币，而且在古巴比伦社会还包括金属货币和实物货币（通常是大麦）两种形式。法典第89～96条则对信贷或贷款，即通常人们所愿意指称的高利贷业务进行了规范，虽然商人塔木卡成为法典中的"银行家"或放贷人，但在实际经济领域中，从事这种信贷业务的不仅仅是商人塔木卡，至少纳第图女祭司凭借其雄厚的资金实力，在此领域也十分活跃。

关于农业领域的租赁制，《汉谟拉比法典》为我们提供了整个农业产业链的全貌。其中包括土地和果园的租种（第42～47条），租种土地和果园资金的借贷（第48～52条和第66条），租牛耕田（第244～252条），租用其他牲畜和生产工具等（第268～272条），保管粮食或租用粮仓（第120～126条）以及雇工耕田（第252～258条）等。《汉谟拉比法典》的这些规定，与古巴比伦时期的社会经济实践是相吻合的。在全农业产业链的租赁制之中，最核心的无疑是土地和果园的租赁与耕种。《汉谟拉比法典》为我们提供了古巴比伦社会两种形式的租赁与耕种方式。一种是田主仅仅收取租金的单纯的租赁制；另一种是田主参与分成的"混合"租赁制，这种"混合"租赁制究其实质就是合伙制经营。

2. 对外贸易

列曼斯对巴比伦城的对外贸易研究结果表明，巴比伦城贸易繁荣，所有贸易似乎都是私人性质的。[①]其他城市的资料更为丰富。这些材料反映出，古巴比伦时期的贸易具有明显的私人或民间贸易特点。

其一，商人在生意结束之后，往往要向国家或神庙缴税（如UET V 81、286、526和546等）。这说明他们显然是私商。因为如果他们是王室代理人即所谓"官商"，或神庙代理人的话，就必须把所有商品和利润上缴国家或神庙，只领取固定的工资，无须缴税。他们缴税的性质，与现代社会所有经营者都必须履行纳税义务的事实，想必并无本质区别。

其二，商业资本多半来自私人或民间。[②]一般的借贷契约都有5～6位证人，并有证人的印章。[③]虽然也有学者持不同观点，指出私人文书和管理文书都有可能出现证人[④]，但一般认为，证人的出现是私人之间订立文

---

① W. F. Leemans，"Hammurapi'Babylon，Centre of Trade，Administration and Justice，"*Sumer*，1985（41），pp.91-92.

② H. F. Saggs，*The Greatness that was Babylon*，p.274；W. F. Leemans，*Foreign Trade in the Old Babylonian Period，as Revealed by Texts from Southern Mesopotamia*，p.56.

③ TCL X 95，98，125；UET V 367.

④ Benm Landsberger，"Remarks on the Archive of the Soldier Ubarum，"*JCS*，vol.9，1995（4）；N. Yoffee，*The Economic Role of the Crown in the Old Babylonian Period*，Unpublished Ph. D. Dissertation，Yale University，1973，p.7.

书的标志①。需要指出的是，提供"贷款资本"的债权人多半是商人塔木卡。这不仅因为从事借贷活动是商人塔木卡主要的活动内容之一，更因为我们发现许多塔木卡向别人提供合伙做生意的资金。②此外，富有的神庙祭司和女祭司也从事借贷或高利贷业务；文献资料还显示，城市长官也资助城市间的贸易。③

其三，民间出现了许多专营某种商品的大商人。如乌尔的大锡商南那伊里什和西帕尔的大锡商卢宁尼亚那。④其中较著名的是里姆-辛统治时期的大铜商埃亚-纳西尔。乌尔的许多商人贷款或货物给他。让他在底尔蒙购铜。从材料看，他可能是个带有私人性质的大批发商。因为其"资本"来自私人（参见UET V6、7和55），很难想象王室代理商靠私人提供者借贷；他要向国家缴税（UET V 81）；他还要向债主交抵押品，债主有时抱怨甚至威胁他（UET V 6、7和81）；他有时可能还与别人合伙⑤。列曼斯在承认埃亚-纳西尔从私人手里获得出口商品和资金的同时，又认为他可能也为王室服务⑥，起初，贾可诺夫一方面承认埃亚-纳西尔的大部分生意，特别是贩铜生意是私人性质的，另一方面又认为他可能是皇家商人。⑦但后来他改变了看法，认为埃亚-纳西尔"是在以前的王室分配制毁灭之后起家的独立私商"⑧。他还考证出与埃亚-纳西尔有业务往来的某个

---

① M. V. de Mieroop, "Turam-ili, An UR Ⅲ Merchant, " *JCS*, 1986（38）, pp.11-12.

② TCL X 75；YOS 8, 96.

③ J. F. Robertson, "The Internal Political and Economic Structure of Old Babylonian Nippur, " *JCS*, 1984（36）, pp.145-190.

④ W. F. Leemans, "The Old Babylonian Letters, " pp.202-205.

⑤ UET V 29 有"你同伙们的带有印章的泥版刚刚给你送去"之句；参照UET V 22 和55。

⑥ W. F. Leemans, *Foreign Trade in the Old Babylonian Period*, p.56.

⑦ I. M. Diakonoff, "On the Structure of Old Babylonian Society, " *in Beitrage Zur Sozialen Struktur des Alter Vorderasien*, ed. H. Klengel, Berlin, 1971, p.21.

⑧ I. M. Diakonoff, "Extended Families in Old Babylonian Ur, " *ZA*, vol.75, 1985（1）, p.52.

伊里伊丁那姆是某一商人家庭中的五兄弟之一。[1]列曼斯和贾可诺夫早期疑问主要起因于UET V 81中提到向王室缴纳18塔连特铜之事。其实这个根据是靠不住的，因为正如奥本海姆指出的那样，这些铜是作为税收上缴国家的。[2]如果这个结论正确的话，如同我们在前面对商人纳税所分析的那样，它恰好表明了埃亚-纳西尔及所从事贸易的私人性。

王室也可能经营商业贸易，有些塔木卡也可能与王室的贸易有关系。如在一封书信[3]中，我们发现商人首领可能负责组织官方的商业活动，但商人首领同时还经营私人商业。[4]我们还发现有位塔木卡经商的资金来自政府管理机构。[5]但就目前而言，这样的材料太少了，可以说微乎其微。不仅如此，值得注意的是，虽然可能有少数商人参与政府贸易，但绝不意味着他们仅仅是王室代理人。因为材料表明，"政府经济中雇用了许多私人，他们除为政府经商外自己还独立经商"[6]。这与努济地区（靠近两河流域北部的边缘）的商人形成了鲜明的对照。"努济的王室代理商在代理王室经营商业期间，使用王室提供的资金，他们没有多少行动自由，每次经商归来之后，塔木卡要到行政机构结账，他们所购之物必须如数上交王室。不仅如此，他们还必须把所购商品的价格带来作为结账的依据。王室几乎控制着每位商人的账目，在每次商业冒险之后似乎都要对每位商人的账目进行修正，登记盈余或亏空。"[7]他们从王室领取固定的工资。[8]至少到目前为止，我们尚未发现古巴比伦的商人处于如此的境遇和地位。

---

① I. M. Diakonoff, "Extended Families in Old Babylonian Ur," pp.57-60.

② A. L. Oppenheim, "The Seafaring Merchants of Ur," *JAOS*, 1959（74），p.11.

③ AbB 9：9, 10.

④ W. F. Leemans, *The Old Babylonian Merchant: His Business and His Social Position*, p.95.

⑤ BE 6/1.85.

⑥ W. F. Leemans, *The Old Babylonian Letters*, p.199.

⑦ C. Zaccagnini, "The Merchants at Nuzi," *Iraq*, 1976（38），pp.179-184.

⑧ G. R. Driver and J.C.Miles, *The Babylonian Laws*, vol.2, Oxford, Clavendon Press, 1956, p.195.

3. 税收与国库管理

中央从地方征收上来的赋税收入，可能统称为"行省税"，包括从各种职业的人员那里征收的税赋。例如，有一组文献（CT32 19～22）记载了乌尔第三王朝时期这样一笔"行省税"。文献所记载的这笔"行省税"包括121头牛、1110只绵羊和山羊，是从13座城市和城镇的头领和士兵那里征收上来的，这13座城市和城镇都位于迪亚拉河地区，包括阿比巴纳（Abibana）、卡库拉图姆（Kakkulatum）、伊什姆–舒尔吉（Išim-Šulgi）、图图勃（Tutub）和马什坎–阿比（Maskan-abi）。[①]

其一，税收的种类。

以西帕尔城作为行省的典型为例，缴纳给中央政府的税赋包括以下几种。

职业税和执业税（Nemettu tax），按年度向官员和商人征收的税种，通常以实物的形式如牲畜和大麦等交付，有时也需要交付银钱。例如，有两份账单记录了征收与缴纳职业税或营业税的情况，这两份账单涉及的税款都是实物——大麦。[②]在阿米萨杜卡（Ammisaduqa，在位时间为公元前1646—前1626年）统治第12年的一份账单（BE6/1 99）中，纳税的是两名牧羊官、两名将军和另一位可能也是军官的辛–伊丁纳姆。他们缴纳大麦的总额达20古尔，征税的人员是城市的管理者，这些大麦都被送到了西帕尔–阿姆那努姆的粮仓。在属于萨姆苏迪塔纳统治时期的第二份账单（Goetze JCS 11 24 No.52）中，缴纳大麦的是其他官员、军队的队长、皇家书记官、学徒的医师、法官以及旅馆经营者。

在另一份来自巴比伦城的属于阿米迪塔那（Ammiditana，在位时间为公元前1683—前1647年）统治第36年的文献中，纳税的是旅馆经营者和炊具商店的合伙经营者。根据这份文献的记载，他们缴纳的不是实物税——

---

① I. J. Gelb, "The Prisoners of War in Early Mesopotamia," *JNES*, 1973（32）, p.85.

② R. Harris, *Ancient Sippar*: *A Demographic Study of an Old-Badylonian City*（*1894-1595 B. C.*）, Istanbul, Uitgaven van het Nederlands Historisch-Archaeologisch Instituut Teistanbul, 1975, pp.40-41.

大麦，而是货币税——银钱。[1]

兵役免除税（Kasap ilkim）。这是适龄男子不服兵役需要缴纳的税。根据楔形文字文献我们得知，逃避服兵役是很严重的罪，要受到严厉的惩罚。根据现存文献我们无法得知，具备什么条件可以通过纳税的方式免除服兵役的义务，文献中记载缴纳免除兵役税的人中有牧羊人、建筑师、理发师和船运工等。[2]免除兵役税需要以银钱的方式，按年度缴纳，也可以分期付款，通常数额都较大，每人要缴纳6～7舍客勒银。负责征收免除兵役税的是在军队中负责征兵工作的征兵官，也有法官和商人首领负责征收的情况。一份文献（CT 45 40）提到了一件征收两年时间的兵役免除税的事情，数额达到了450舍客勒银，若干名男子指摘这笔巨额税收落入几名负责征税的征兵官手中。[3]

商人和祭司税（Igisû）。这是向商人和祭司征收的年税。[4]这个税不仅向商人和祭司征收，还向一些特殊的官员征收，如向沙卡那库（Šakkanakku）、商会（Kârum）、商人首领以及法官等征收。商人和祭司税也是按年度以银钱的货币税方式征收，也可以分期付款。负责征收商人和祭司税的税务官似乎不太固定，因为文献中显示参与征收此种税的人员很多。来自西帕尔城的材料还显示，在该城征收上来的商人和祭司税，有一部分用于为派驻在西帕尔城的王室官员和军事书记官提供生活保障。

此外，还有很多种税，诸如Miksu-tax和Muštabiltu alim等。

其二，税收的征集。

税收是国家财政的重要支柱，美索不达米亚国家机器的运转也同样离不开税收。在古巴比伦时期，税收的种类众多，负责和参与征税的人员

---

[1]　R. Harris, *Ancient Sippar*: *A Demographic Study of an Old-Badylonian City* （*1894-1595 B. C.*）, p.41.

[2]　R. Harris, *Ancient Sippar*: *A Demographic Study of an Old-Badylonian City* （*1894-1595 B. C.*）, p.43.

[3]　R. Harris, *Ancient Sippar*: *A Demographic Study of an Old-Badylonian City* （*1894-1595 B. C.*）, pp.42-43.

[4]　A. L. Oppenheim, *The Assyrian Dictionary*, vol.7, 1960, p.42.

和官员也同样众多。这种情况似乎说明，"国王可以随时随地派人下去征税，没有人成功地建立起有序、高效的税收体系"①。虽然众多的个人和官员负责并参与到国家税收工作中来，但也有一些是比较常见的，如马基苏（Makisu，或者ZAG.HA/GIR）、穆沙迪努姆（Mušaddinum）和商会及商人首领等。在汉谟拉比统治早期的文献中，马基苏负责沙马什神庙的开销，很多物品都归属在他的名下，很多从私人手中征收上来的大麦等实物税都是由马基苏负责征收的。马基苏可能是地方的税务官，而不是中央政府从巴比伦派出的税务官。相比之下，穆沙迪努姆负责征收很多特定的税，很可能是中央政府从巴比伦派往各地征收亏欠王室的税收的。因此，也有学者主张，"穆沙迪努姆不是一个专门的官职，而是临时受到差遣之人，负责在特殊情况下，由王室以税务官的身份派出去督税"②。

从材料中我们发现塔木卡，尤其是商人首领及其领导下的商会，根据国王的文件负责为王室征收和运送实物税及贡赋，并负责储存和再分配，即管理国家粮仓。③如汉谟拉比和萨姆苏伊鲁那统治时期拉尔萨地区的商人首领森普辛及在他领导下的商会负责为王室征税。④具体的征收和运送任务由商会成员塔木卡执行。如森普辛手下的一位首领从一位官员那里收到大蒜⑤；乌尔城的商人首领辛木什塔尔手下的一位首领征收鱼银⑥等。有材料表明这类首领就是塔木卡。⑦因此，塔木卡和商人首领享有王室份地。众所周知，古巴比伦时期的王室土地除王室成员直接享用外，还把它

---

① R. Harris, *Ancient Sippar: A Demographic Study of an Old-Badylonian City (1894-1595 B. C.)*, p.40.

② N. Yoffee, *The Economic Role of the Crown in the Old Babylonian Period*, p.36.

③ R. Harris, *Ancient Sippar: A Demographic Study of an Old-Badylonian City (1894-1595 B. C.)*, p.69; W. F. Leemans, "Hammurapi's Babylon, Centre of Trade, Administration and Justice," p.93.

④ For example, HE 137, YOS 12 70; *JCS*, 1982（34）, p.135.

⑤ *JCS*, 1982（34）, p.134.

⑥ *JCS*, 1982（34）, p.134.

⑦ M. Stol, "State and Private Business in the Land of Larsa," *JCS*, 1982（34）, pp.141-142, 147-148; W. F. Leemans, *The Old Babylonian Merchant: His Business and His Social Position*, pp.91-92.

出租或作为供养田分给为王室服役的人员。塔木卡就属于拥有供养田并对王室负有某种义务之人。《汉谟拉比法典》第40条规定，纳第图女祭司、塔木卡及其他负有类似义务之人可出售其田园房屋，买者必须同时承担其与田园房屋有关之义务。

古巴比伦时期的文献资料表明，商会、商人首领和商人塔木卡所收之税赋有些是比尔吐土地税或田租，有些则可能是伊尔库土地税。大神庙的土地税可能由国王自己控制。商会、商人首领和商人塔木卡负责并参与王室的税收工作，除了商会作为最高行政机关（古巴比伦后期）的角色外，还与他们的职业或行业有着直接的关系，即他们所从事的商业活动具有将物品或实物转化为货币的便利条件，而国家从各行省征收上来的税收多半为实物税，所以商会便顺理成章地成为王室在税收工作方面最好的服务伙伴，由此商人塔木卡和商人首领便扮演了国家税务官的角色。有人把他们称为"对某种商品拥有国家垄断权的'财政官员'[1]或'技术性官员'"[2]。

然而，商人塔木卡和商人首领在收税的过程中，或者说在进而帮助国家把实物税转化成货币银两的过程中，不是简单的等价交换，而是享有"差价"的利益。换句话说，商人塔木卡和商人首领在为王室提供税收"服务"的同时，是有利可图的。对于国家来说，这是税收的过程，但对于商人塔木卡和商人首领来说，这同时也是一个商贸或做生意的过程。[3]

我们拥有商人塔木卡伊波尼阿姆鲁姆的一些材料（TCL 10 13，TCL 11 208，TCL 11 199，TCL 11 194-195）[4]。他是某一个商人家庭的第四代

---

① *ANET*，p.162.

② Yang Dawu，"Hammurapi and Bureaucracry：A Study of the Role of Šamaš-hazir，"p.81.

③ 关于商人塔木卡征税的活动，参见于殿利、郑殿华：《巴比伦古文化探研》，242～247页；于殿利：《巴比伦法的人本观：一个关于人本主义思想起源的研究》，352～356页。

④ 以上五则材料均来自*JCS*，1982（34），p.138。

子孙。①从材料中我们看到，塔木卡负责征收实物税并把它们兑换成银两上交国家。事实上，在征税过程中，塔木卡不仅仅是为王室或国家服务，他们自己也有利可图。如我们所见，商会成员以国家规定产品的1/3价（可能系国家收购价）从纳税人手中"买"到这些实物，这些产品实际上是国家的税收物，故所有权应属于国家。因此严格说来，卖者应该是国家。但国家关心的只是保证自己收到这些产品价格1/3的银两，塔木卡以收购价买进之后再以什么价格将它们卖出便与国家毫不相干了。塔木卡以当时市场的流通价卖出这些税收物，盈利或亏损均与国家无关，盈利自得，亏损亦自己负担。

不仅如此，塔木卡从国家手中"买"到这些税收物的同时，并没有立即向国家付银，而是在他把产品销售出去之后才由其买主将银直接交给国家，即把国家应得的1/3价银交给国家。所以从严格意义上讲，与其说是国家把物品"卖"给塔木卡，倒不如说"租借"更合适。

从其他材料中我们还发现，塔木卡和商人首领经常拖欠王室的税款，汉谟拉比经常写信催促。②这种经常性的拖欠是否意味着塔木卡没能及时把税收物出售而致使国家不能及时得到税银呢？回答当然是否定的。材料向我们揭示了这种长期拖欠的秘密，即道出了这些税收物和税银的另一种使用价值——出租或借贷出去以图大利。例如，在一份契约③中，森普辛把羊毛以固定利率贷出；在另外两份契约④中已明确指出了贷出的是国家的税银。古巴比伦后期西帕尔城的材料也为此提供了例证。在西帕尔，商会和商人首领负责管理王室粮仓，许多商人把王室的物品出租出去，王室对此也显得很宽宏大度。⑤苏联学者库兹列娃对拉尔萨的材料进行研究

① W. F. Leemans, *The Old Babylonian Merchant: His Business and His Social Position*, pp.53-61.

② R. Frankena, AbB 2, 33; L.W.King, *LIH I*, pp.119-120.

③ *JCS*, 1982（34）, No.35.

④ *YOS*, 12, No.61-62.

⑤ R. Harris, *Ancient Sippar: A Demographic Study of an Old-Babylonian City*（*1894-1595 B. C.*）, pp.67-74.

后，得出了类似的结论。她认为，官员和塔木卡每年年底要向国家报告收支情况，在此之前，他们或多或少地能自由支配由其保存的产品。也正是在这个中间阶段，官僚机构的"私人"活动产生了。[1]因此，我们有理由认为，商人首领和塔木卡在税收及管理国家粮仓过程中通过两种方式，即买进与卖出的差价及"再次借出"实现自己盈利的目的。

其三，国库管理与财政经营。

行省税的征收和皇家在各地的土地收入在核心地区形成了粮食和物品集散地，在主要城市形成了皇家粮库或国库。皇家粮仓的主要功能是储存征收上来的各种税收和皇家土地的收入，把其中的一部分发放到相应的机构和人员手中，用剩余的部分开展"租贷式"的经营活动。发放到相应的机构和人员手中的粮食和物品主要包括在各地为王室服务的官员、工作人员和其他各种服务人员，驻守在各地的军队和为军队服役的马匹、其他牲畜和动物提供生活物资、给养。而皇家粮仓的"租贷式"经营活动，对于国家而言，其主要目的并不是盈利，而是把征收上来的实物转化为银两或货币。

在各地的国家粮仓由城市的各类行政官员负责管理，他们包括书吏、法官、商人首领、公民大会主席以及由商人塔木卡为会员组成的商会等。以西帕尔城为例。大西帕尔地区由三座城市构成，即作为核心城市的西帕尔城，以及两座卫星城市西帕尔-阿姆那努姆和西帕尔-亚赫路鲁姆。在来自西帕尔城的一份属于萨姆苏迪塔纳统治第3年的文献（BM 81255）中，在书吏伊比-辛、商人首领、法官和西帕尔城的商会控制下的105西拉大麦从皇家粮仓中运出，并由一名法官作为国家发放的"贷款"送给另一个人。[2]在一份来自西帕尔-阿姆那努姆城的属于阿米萨杜卡统治第12年的文献（BE 6/1 99）中，公民大会主席、辛-伊丁纳姆之子伊比-辛（身份不明）、三名法官以及西帕尔-阿姆那努姆城的商会收到了一笔税，即

① N. V. Kozyreva, "Economics and Administration in the Old Babylonian Period, " *JCS*, 1984（36）, p.86.

② R. Harris, *Ancient Sippar*: *A Demographic Study of an Old-Badylonian City* （*1894-1595 B. C.*）, p.46.

20古尔的大麦。①另一份材料（CT 45 48：30ff.）表明，西帕尔–阿姆那努姆城皇家粮仓的48古尔大麦被提供给驻守在西帕尔–阿姆那努姆城的战车兵（ERÍN GIŠ. GIGIR HI. A）和步兵（ERÍN GIR）。②有时粮食和其他物资也可能从巴比伦运来，由西帕尔城的官员负责分发，一份来自西帕尔–亚赫路鲁姆城属于阿米迪塔那统治时期的文献（CT 45 55）为此提供了例证。③

（三）法律制度与契约精神

法律传统和立法精神是古代美索不达米亚人对人类文明的重要贡献之一，国内外的学术传统都习惯上把这一功劳记在了古罗马人的头上，这实在有失公允。实际上，古代美索不达米亚文明从根本上来说，就是法律文明和契约文明，古代罗马人的法律受到了楔形文字法系的重要影响。

1. 法律的起源与发展

古代美索不达米亚文明显著的特征之一就是尊重法律。法律的发展构成了该文明的重要内容之一。据英国学者萨格斯（H. W. F. Saggs）估算，在迄今所发现的楔形文字文献中，有关法律方面的内容在苏美尔文献中占95%左右，在阿卡德文献中所占的比例也不会少很多。④其中包括一些"松散"的契约，尽管实际上主要是一些关于财产的收据、记账单和相关登记的记录。在没有文书记录的情况下，任何形式的财产买卖和转让都是无效的。任意伪造和更改文书一定会受到严厉的惩罚。每位国王上任后的第一件事就是颁布新法律，宣布自己建立了秩序和正义。在古代苏美尔的书吏学校中，高年级的学生要花相当多的时间学习法律方面的专业知识。他们必须反复地练习和抄写高度专业化的法律术语以及法典和一些具体案

---

① R. Harris, *Ancient Sippar*：*A Demographic Study of an Old-Badylonian City（1894-1595 B. C.）*，p.47.

② R. Harris, *Ancient Sippar*：*A Demographic Study of an Old-Badylonian City（1894-1595 B. C.）*，p.47.

③ R. Harris, *Ancient Sippar*：*A Demographic Study of an Old-Badylonian City（1894-1595 B. C.）*，p.47.

④ H. W. F. Saggs, *The Greatness that was Babylon*，p.196.

例的法庭判决书等。

迄今所知人类历史上第一位改革家和立法者，是苏美尔城邦拉伽什的统治者乌鲁卡基那。虽然现在所知的有关乌鲁卡基那改革的内容并非出自法典之上，而是记载在乌鲁卡基那的档案学家们为纪念新运河开凿所作的铭文之上，但改革无疑具有明显的立法性质，并对以后两河流域的法律发展产生了重要影响。有关改革的铭文原文用苏美尔语写成，现存法国巴黎卢浮宫博物馆。

目前所知第一部成文法典是乌尔第三王朝的《乌尔纳木法典》。正如美国著名苏美尔学家克莱默在评论《乌尔纳木法典》时所说："已经有迹象表明，在乌尔纳木之前很久就存在着立法者，某位幸运的发掘者或迟或早将会发现早于乌尔纳木一个世纪或更早时期的法典版本。"[1]学者们对美索不达米亚更早历史时期法典出土的期待，是有充足的理由的。因为法律不是孤立存在的，它是人类社会发展到一定阶段的产物，用恩格斯的话来说就是，法起源于经济生活条件，是一定物质生产方式所产生的利益和需要的表现，"在社会发展的某个很早的阶段，产生了这样一种需要：把每天重复着的产品生产、分配和交换用一个共同规则约束起来，借以使个人服从生产和交换的共同条件。这个规则首先表现为习惯，不久便成了法律"[2]。具体到美索不达米亚社会，可以说，从苏美尔城邦诞生的那一刻起，生产、分配和产品交换就随着城市文明的发展而发展，因此法律也一定是随着苏美尔城邦文明的产生而随之产生的，而不成文的习惯法甚至早于城邦文明产生之前就肯定早已存在了。

乌尔第三王朝灭亡之后，古代美索不达米亚的历史进入了其最辉煌的时期——古巴比伦王国时期。学术界通常所说的古巴比伦时期包括伊新和拉尔萨两个独立王朝及著名的巴比伦第一王朝。国家的强盛、经济的发展和社会制度的演进极大地促进了文化的繁荣和法律的发展，使这一时期成为古代美索不达米亚编纂法典的鼎盛期。

---

① S. N. Kramer, *History Begins at Sumer*, p.54.

② 《马克思恩格斯选集》第3卷，260页，北京，人民出版社，2012。

古巴比伦王国时代之初，两河流域呈现多国林立的局面。在这些国家中，最重要的有南部的伊新和拉尔萨，北部的埃什努那、马里和亚述，这些国家共存达两个世纪之久。拉尔萨王朝建于公元前2025年，其创立者纳波拉努姆是第一个在巴比伦尼亚建立统治的阿摩利人。拉尔萨王朝的法律比较发达，遗憾的是属于这一时期的法律典籍只保存下来《苏美尔法典》断片和《苏美尔亲属法》。有关《苏美尔法典》的情况目前所知甚少，甚至连编纂的具体时间及颁布此法典的国王都还未确定。目前保存下来的法典文本是古巴比伦时期苏美尔地区书吏学校学生的习作，时间大约在公元前1800年。法典抄本的原文为草书体的晚期苏美尔文，刻在一块大型的楔形文字泥版上，该泥版可能出自乌鲁克城。可惜的是，保存下来的仅是该泥版的一部分。泥版的正面损坏严重，但从依稀可辨的几行中可以推断，它包括一些毫不相关的法律术语和句子，仅涉及债务抵押和丢失牲畜等有限的主题。反面保存稍好，其内容可概括为10条，包括保护孕妇及胎儿、租借船只、收养、婚姻伦理及保护牲畜等方面。[①]《苏美尔亲属法》的出现时间可能较《苏美尔法典》稍早，大概编纂于公元前20世纪。原文为苏美尔文。现存的只有公元前7世纪的阿卡德文抄本，出自尼尼微的亚述国王的档案。《苏美尔亲属法》的正文只保存下来7条，主要包括两方面的内容：其一为以立法的形式确立父母与儿子（第1～4条）及丈夫与妻子（第5～6条）之间的法律关系和地位，任何一方不得擅自否认自己所处的这种社会关系，更不能摆脱所承担的相应的责任和义务，否则会受到惩罚；其二为规定雇佣奴隶所应支付的佣金（第7条）。

　　伊新王朝建立于公元前2017年，它虽晚于拉尔萨摆脱乌尔第三王朝的控制，但比拉尔萨更强大。其创立者伊什比–伊拉占据着尼普尔、乌鲁克和埃利都三个重要的中心城市，并在其统治末年赶走了埃兰人并在乌尔的驻防军，控制了乌尔。伊新的霸权一直维持到其第五代统治者李必特·伊什塔尔统治时期。这位国王以立法者著称，大约在统治的末年，颁布了著名的《李必特·伊什塔尔法典》。法典以晚期苏美尔文写成，最初可能

---

　　① *ANET*，pp.525-526.

刻在石柱之上。现存的抄本包括九个楔形文字泥版的断片，其中大部分出土于尼普尔。这些泥版断片只保存下来法典正文43条，还有部分前言和结语。正文内容涉及土地和房屋等不动产的占有、各种动产的损害与赔偿、各种雇佣契约、婚姻家庭和继承关系以及私有奴隶的地位等诸多方面。李必特·伊什塔尔在前言中自称把尼普尔、乌尔、伊新、苏美尔和阿卡德的公民"解放"出来，在"苏美尔和阿卡德""主持正义"。这可能系指他把奴隶从奴役中解放出来①，但从另一方面也反映出李必特·伊什塔尔统治时期伊新王朝非常强大。

与美索不达米亚南部诸国国力强大、法律盛行交相辉映，北部国家的实力也蒸蒸日上。在立法方面的代表是埃什努那王国的国王俾拉拉马。埃什努那位于底格里斯河与扎格罗斯山脉之间，迪亚拉河以东10英里处，是上美索不达米亚通往埃兰之路的中转站。其文明和文化受多方面的影响：它处于苏美尔阿卡德文明的氛围之下，与北部地区有密切的联系，与东部的埃兰在经济、政治和文化等方面有广泛的交往。公元前2028年，埃什努那摆脱乌尔第三王朝国王伊比–辛的控制，脱离乌尔第三王朝，成为独立的王国。埃什努那的统治者自称"提什帕克神的仆从"②，而不再称"乌尔国王的仆从"。他们还以埃什努那独有的名称取代了乌尔第三王朝时期采用的年月的名称，以阿卡德语取代了苏美尔语作为官方语言。埃什努那的早期统治者很快就扩大了王国的领土，在一支阿摩利人的帮助下占据了下迪亚拉河的整个谷地，包括重要的中心城市图图勃③，其统治在北方可能远至基尔库克地区。在这些早期统治者之中，俾拉拉马为最著名者。

俾拉拉马统治的具体时间目前尚不得而知，只知他是伊新王朝第二代国王舒伊–里舒（Šhu-ilišu，在位时间为公元前1984—前1975年）的同时代人。俾拉拉马也是以立法者名载史册的。他统治时期颁布的《埃什努那法

---

① I. E. S. Edwards, *The Cambridge Ancient History*, vol. II, part 1, Cambridge, The Cambridge University Press, 1973, pp.634-635; H. W. F. Saggs, *The Greatness that was Babylon*, p.63.

② 提什帕克（Tishpak），埃什努那地区信奉的主神。

③ 图图勃，即海法吉（Khafaje）。

典》（或称《俾拉拉马法典》）在时间上应该早于《李必特·伊什塔尔法典》。但与《李必特·伊什塔尔法典》不同，《埃什努那法典》的正文不是以苏美尔文写成的，而是以阿卡德文写成的，但两者的序言又都是用苏美尔文写成的。有趣的是，该法典是伊拉克考古学家在1945—1949年发现的，发现的地点不是阿斯马尔，而是巴格达郊区的一个小土堆——哈尔马勒。哈尔马勒是埃什努那王国农业区的管理中心，考古学家在"市政厅"中发现了该法典的抄本以及其他许多颇有价值的泥版文书。该抄本由两块泥版组成，现存巴格达博物馆。这两块泥版保存下来的《埃什努那法典》只有简短的序言和正文59条。其中正文内容涉及日常生活必需品如大麦、上等植物油和羊毛等的最高限价，租用生产工具和生活用具的费用，雇佣劳动力的佣金，借贷谷物和白银，婚姻家庭，偷盗，伤害乃至杀人的刑罚等。

标志古代美索不达米亚法典编纂达到顶峰的是举世闻名的《汉谟拉比法典》。汉谟拉比是古巴比伦王国的第六代统治者，在他统治期间，两河流域达到了空前的统一，古代美索不达米亚的历史和文明进入了辉煌的时代。汉谟拉比统一两河流域后，如同以前的统治者一样，在其土地上"建立秩序""发扬正义"。他集以往苏美尔和阿卡德法典之大成，并结合阿摩利人的习惯法，编纂了著名的《汉谟拉比法典》。

刻写法典的石碑是由摩尔根率领的法国考古队于1901年12月—1902年1月在埃兰古都苏萨遗址发现的。石碑由三块黑色玄武岩合成，高2.25米，上部周长1.65米，底部周长1.90米。石碑上部刻有太阳神、正义之神沙马什授予汉谟拉比王权权标的浮雕，下部是用阿卡德语楔形文字刻写的法典铭文，共3500行。据考证，该石碑是埃兰国王于公元前1150年前后入侵巴比伦尼亚时，作为战利品掳回苏萨的。石碑上的部分铭文已磨损得无法辨认，据推测系埃兰国王意欲刻上自己的功绩而为，虽然因故未能刻成。残缺部分依法典复本及在其他地区发现的法典片断进行了填补。石碑现存巴黎卢浮宫博物馆。（见图7-6）

《汉谟拉比法典》是迄今所知最早的保存完整的古代法典。法典由前言、正文和结语三部分组成。前言大致包括三方面的内容：其一，神化

图7-6　刻写《汉谟拉比法典》的石碑 / 古巴比伦时期 / 出自苏萨 / 现存法国巴黎卢浮宫博物馆

王权，宣扬其权利得自神授；其二，炫耀汉谟拉比本人的伟大业绩；其三，声明其立法的目的，即"发扬正义于世，灭除不法邪恶之人，恃强不凌弱"。在结语中，汉谟拉比主要宣扬他的法典如何"公平"与"正义"，希望垂之后世，并诅咒敢于破坏法典之人。正文共282条，包括关于神判的规定（第1～5条），关于盗窃动产和奴隶的规定（第6～25条），关于田园房屋等各种不动产的占有、继承、转让、租赁和抵押等方面的权利和义务的规定（第26～88条，其中有14条残缺），关于借贷、经商和债奴等方面的规定（第89～126条，其中有4条残缺），关于婚姻、家庭的规定（第127～194条），关于伤害不同地位之人予以不同处罚的规定（第195～214条），关于各种职业人员的报酬和责任的规定（第215～240条），关于租用工具、牲畜和雇工的规定（第241～277条），关于赎还奴隶的规定（第278～282条）。

汉谟拉比以后，古巴比伦王国逐渐衰落。其后继者可能仍按先王汉谟拉比制定的法律来治国，因为这一时期古巴比伦王国的社会结构和经济制度并未发生本质的变化，似无另立新法之必要，汉谟拉比的子孙们也远没有他那样强大，因此没有著名的法典流传下来。但是，这一时期出现了一种特殊形式的法律或法令，即所谓"正义"或"平等"法令（阿卡德语称Mišarum）。这些法令的主要内容是减免债务和其他义务，将小块土地归还原主等，因此有些学者也称之为所谓"巴比伦解负令"。这些所谓"正义"或"平等"法令显然是统治者在自由民分化严重、平民与贵族斗争激烈的社会背景下，为稳定社会局势、维持正常的生产秩序而采取的积极措施。所谓"巴比伦解负令"完整地保存下来的，目前只发现一篇，即古巴比伦王国第十代王阿米萨杜卡的诏令。另外还发现一残篇，即汉谟拉比之子萨姆苏伊鲁纳诏令的断片。其实，这种所谓"正义"或"平等"法令并非古巴比伦后期所特有的，它一直可以追溯到迄今所知古代美索不达米亚的立法始祖乌鲁卡基那。迫使乌鲁卡基那改革和立法的社会因素，几乎与这些所谓"正义"或"平等"法令完全相同。就像《乌尔纳木法典》《李必特·伊什塔尔法典》《埃什努那法典》甚至《汉谟拉比法典》也有相当一部分内容涉及减免债务的问题，都属于"正义"或"平等"法令的条款。几乎所有美索不达米亚的立法者都极力标榜自己在所统治的土地上建立了"正义"和"平等"，汉谟拉比的子孙们直接把自己的法令冠以"正义"或"平等"的名称，只是有些太过招摇罢了。因此，古巴比伦后期的所谓"正义"或"平等"法令与以往的法典并无本质的区别，实为一脉相承。这些所谓"正义"或"平等"法令如同此前的法典一样，对缓和社会矛盾、维持正常的生产秩序和促进社会经济的发展，起到了一定的积极作用。

古巴比伦时期成为古代美索不达米亚法典编纂的鼎盛期，绝不是偶然的。乌尔第三王朝崩溃后，两河流域的社会经济结构发生了重大变化，先前由王室控制的大农庄和手工作坊瓦解了，私人经济在混乱和破坏之后迅速恢复。古巴比伦时期，商品货币关系迅速发展，土地的私有化和奴隶的家庭私人占有制不断深化，高利贷活动空前增长，在经济领域还出现了新的生产方式——租佃方式。统治者为维护其统治地位，保证社会稳定，肯定现存的社会秩序和生产关系，把既存的一切用法律的形式确定下来就显得十分必要。

古巴比伦王国衰落并于公元前1595年被赫梯王国灭亡后，美索不达米亚的政治中心开始北移，即由南部的巴比伦尼亚转移至亚述。公元前第2千纪后半期，在米坦尼王国打击下衰落下去的古亚述开始复兴，史称"中期亚述时代"。在这时期，亚述的奴隶制得到进一步发展，王权不断加强。这一时期的社会发展史是以一部重要的法律文献为标志的，它就是《中期亚述法典》。迄今发现的古代美索不达米亚最晚的一部法典是《新巴比伦法典》。该法典发现于大英博物馆所藏的一块泥版上。从符号、书写和构词等方面看，该法典显然属于新巴比伦王国时期。整理后的法典共16条；其中只有9条保存完好；2条保存下大部分内容；其余5条要么只保存下来几个字，要么一字未存。法典内容包括出租土地、灌溉、买卖奴隶、偷盗木材、婚姻、家庭及财产等方面。

2. 法典的基本特征和惩罚原则

在古代美索不达米亚2000多年的法律发展史上，在不同的历史时期，不同的民族都曾拥有自己的法律，这些法律无疑在不同程度上存在着相互影响甚至继承关系。因此，它们存在着许多共同特征，体现出非常饶有兴味的立法原则和法律精神。它们在世界法制史上形成了自己独特的法系，占有非常重要的地位。

其一，结构的完整和严谨性。

古代美索不达米亚的法典多由前言、正文和结语三部分组成。迄今所知第一部成文法典《乌尔纳木法典》和埃什努那王国的《埃什努那法典》保存下前言和正文两部分，尚未发现结语部分。伊新王朝的《李必特·伊什塔尔法典》和著名的《汉谟拉比法典》都包括前言、正文和结语三部分，在结构上具有较好的完整性，但正文中有些内容被毁。而《中期亚述法典》目前只发现了正文。所有这些法典的前言和结语在内容上如出一辙，立法者在前言中都竭力神化王权，宣扬其权力得自神授；炫耀自己的文治武功；阐明自己立法的主旨或目的等。在结语中，立法者主要宣扬其法典的所谓"公正"性，并且诅咒和威胁那些敢于毁坏法典之人。著名君王汉谟拉比的法典结语简直令人生畏和胆寒："此后千秋万世，国中之王必遵从我在我的石柱上所铭刻的正义言词，不得变更我所决定的司法判断、我所确立的司法裁定，不得破坏我的创制"；"倘其人不崇敬我在我的石柱上所铭刻之言词，蔑视我的诅咒，不畏神灵的谴责，废除我所决定之司法判决，变更我的创制，磨灭我所铭刻的名字而刻入自己的名字，或对此诅咒心怀畏惧而唆使他人为之……愿众神之父，赐我统驭之权的伟大的安努，剥夺其贵为王者的光辉，断其王笏，诅咒其命运；愿决定命运而其命令不可更改且曾光大我的王权的主神恩利尔，使其祸起萧墙，消弭无术，而终趋灭亡，注定其统治动摇，国祚短暂，饥馑连年，天日无光，死不旋踵，并以有力之言宣布其城市毁坏，其人民离散，其王位灭绝，其姓名及国号无传……愿沙马什在上界使其生命绝灭，在下界使其灵魂干涸……"。

其二，保留了所谓"神圣裁判法"。

古代美索不达米亚人的法律无疑都属于世俗法，这从苏美尔和巴比伦的司法制度中便明显可见。但在审判程序中，仍然保留了所谓"神圣裁判"原则。这表现在两个方面：一方面是由神直接证明当事人有罪与否；另一方面则由当事人对神发誓以表明自己的清白。前一种情况最典型的例子是《汉谟拉比法典》和《乌尔纳木法典》。《汉谟拉比法典》第2条有这样的规定：

> 倘自由民控告另一自由民犯行巫之罪而没有证据，则被控犯行巫罪者应被带至于河边而投入之。倘彼被河水所吞噬，则控告者可以占据其房屋；倘河水为之洗白而彼仍无恙，则控彼行巫者应被处死，投河者取得控告者之房屋。[①]

这里的"河"原文是一个神的限定符号，意指"河神"。"河"应特指幼发拉底河，因为巴比伦人把幼发拉底河视为神圣之河。这条法律所涉及的案子显然由河神来审理和裁决，河神就是一类特别法官。如果原告没有足够的证据，那么被告就要被带到幼发拉底河边，自投河中。如果被告被河水吞没，就表明河神认为其有罪，其房产就要归原告所有；如果被告未被河水吞没，仍安全走上河岸，就表明河神认为其无罪，那么原告就要因诬告罪而丧失自身的房产。

后一种情况在《汉谟拉比法典》中经常出现。例如，第120条规定："倘自由民将其谷物交存于自由民之家，而发生藏谷缺少之事，或屋主开仓擅取谷物，或根本否认曾藏谷于其家，则谷物之主人应对神宣誓，证明其谷物，此屋主应将彼所擅取之谷加倍交还谷物主人。"[②]

---

① 参见杨炽译：《汉穆拉比法典》，12页；林志纯主编：《世界通史资料选辑》上古部分，72页。

② 参见林志纯主编：《世界通史资料选辑·上古部分》，84页。

其三，所谓"和谐"惩罚原则。

在古代美索不达米亚的法律中，对身体的处罚，即所谓肉刑（死刑除外）表现为两种形式，或者说遵循着两种原则。一种就是通常被称为"以眼还眼，以牙还牙"的原则，或被称为所谓同态复仇原则；另一种就是所谓"和谐"惩罚原则。所谓"和谐"惩罚原则，在某种程度上体现了4000多年前的古代美索不达米亚人对法律和犯罪行为的某些观念。这种原则的内容可以简单地阐释为，犯罪行为是由身体的哪一个部位直接引发的，换句话说，身体的哪一个部分直接触犯了法律，惩罚就直接落在该部位上，是为"和谐"。"和谐"惩罚原则在《汉谟拉比法典》和《中期亚述法典》中表现得十分明显。例如《汉谟拉比法典》第192、第193、第195条：

> 阉人（？）之〔养〕子或神妓之〔养〕子倘告抚养彼之父母云："你非吾父"或"你非吾母"，则彼应割舌。
>
> 倘阉人（？）之〔养〕子或神妓之〔养〕子获知其父之家，因而憎恶抚养彼之父母，而归其父之家，则彼应割去一眼。
>
> 倘子殴其父，则应断其指。[①]

再如《中期亚述法典》第三表第8、9条：

> 如果某女人在打架时打破了某人的睾丸，那末就应该割去她一个手指。
>
> 如果医生把绷带扎在某人的身上，发现第二个睾丸原来是和第一个同时受伤，而且已经〔肿〕胀，或是她在打架时打破了第二个睾丸，那末就应该割掉该女人的两个〔乳头（？）〕[②]。
>
> 〔如果〕某人吻了别人的妻子，那末就应该用斧刃〔拉〕开他的

[①] 林志纯主编：《世界通史资料选辑·上古部分》，82～83页。

[②] 米克在其《汉谟拉比法典》中把"乳头"这个词译成了"眼睛"，参见 *ANET*, p.181；英国学者萨格斯则译为"乳头"或"阴唇"，参见其 *The Greatness that was Babylon*, p.213，可见学者们对这个词的理解略有不同。

下嘴唇。①

《汉谟拉比法典》第193条中所云"因而憎恶抚养彼之父母"的直观表现形式，显然是指养子用眼睛瞪其养父母，因此在立法者的观念中，他应受剜眼之刑。《中期亚述法典》第三表第8条则提供了另一种特例。该条法律的前半部分无疑属于"和谐"惩罚原则，因为该女人打破该男人睾丸的直接施动者显然是手，故而断其指。但后半部分却引起了所谓"以眼还眼，以牙还牙"原则，两者的差别可能仅在于伤害程度的不同。具体地说，在这个案子中，就是该女人伤害该男人一个睾丸还是伤害两个睾丸的数量上的差别。在立法者看来，伤害一个睾丸还是伤害两个睾丸显然代表着致残程度的轻重。因此可以推断，立法者据以认为犯罪行为已发生了性质上的变化。因此，我们可以据此推断，掌握使用"和谐"惩罚原则和"以眼还眼，以牙还牙"原则的尺度在于犯罪行为或伤害程度的轻重。但这仅仅是一种推测，目前还缺乏其他材料证据。这条法律还揭示了一种特殊性，即在男人和女人因生理构造不同而无法直接实行"以眼还眼，以牙还牙"的原则时，则惩罚其相对应或相关的部位。

其四，所谓"同态复仇"法。

"以眼还眼，以牙还牙"或习惯上所说的"同态复仇"是古代两河流域法律两大身体处罚（肉刑）原则之一，这两种处罚原则在《汉谟拉比法典》和《中期亚述法典》中体现得淋漓尽致。但并不是所有的美索不达米亚法典都施行肉刑，对身体的处罚也不是美索不达米亚人创法之初就存在的。在人类第一部成文法典《乌尔纳木法典》和后来的《埃什努那法典》中就不采用肉刑，取而代之的是处以罚金。

《汉谟拉比法典》中的"以眼还眼，以牙还牙"或所谓"同态复仇"原则是社会学意义上的一种进步，是对人的尊严或人格在法律上的承认和肯定，体现了立法者的一种人本观。很显然，在立法者汉谟拉比看来，严重的人身伤害是对人的尊严的侵犯，是对人格的侮辱，因此侵犯他人尊

---

① 林志纯主编：《世界通史资料选辑·上古部分》，112页。

严、侮辱他人人格之人自身也无资格享有人的尊严，也应该丧失其人格。而处以罚金显然收不到如此之功效，更何况人的尊严或人格是无法用金钱来收买的。这一点从《汉谟拉比法典》对待阿维鲁、穆什钦努和奴隶的不同刑罚上，便看得更清晰。所谓"以眼还眼，以牙还牙"原则只适用于阿维鲁等级，而对穆什钦努和奴隶仍采用罚金的办法。[①]例如，损毁穆什钦努之眼或折断其骨，应赔银1明那；损毁自由民奴隶之眼或折断其骨，则应赔偿其买价的一半（参见第198～199条及第201条）。传统的"野蛮残余说"无法解释立法者对三个不同等级在使用刑罚方面的区别，即为什么对社会地位较高的阿维鲁等级采用所谓"野蛮"的刑罚，而对社会地位相对较低的穆什钦努和处于社会最底层的奴隶却采用所谓"文明"或"进步"的惩罚方式呢？因为穆什钦努属于依附民，在法律上没有独立的地位和人格，而奴隶从来就不是"人"，只是主人财产的一部分，充其量只是会说话的工具而已。因此，在《汉谟拉比法典》中，阿维鲁等级具有独立的社会经济地位，是城市公社的公民，其人格与尊严不容侵犯。

3. 法律文明与契约精神

法律文明和契约文明是美索不达米亚文明最重要和最显著的特征，可以说在人类早期文明中独树一帜。同时，法律文明也是美索不达米亚人留给我们的重要遗产，美索不达米亚人首先将他们的法律文明在周围民族中传播开来，进而影响到整个古代近东社会，形成了古代文明中跨地域影响的楔形文字法体系。美索不达米亚的法律体系被后来的古希腊和古罗马文明所借鉴和吸收，成为西方文明的重要元素和来源的一部分。[②]

在人类社会，契约精神的基础是自由与平等原则，人们在自由与平等的基础上才形成约定。同时，契约的结果又引发权利与义务的关系，正如卢梭所说，只有"约定才可以成为人间一切合法权威的基础"[③]。从这个意

---

① 对此的详细论述参见于殿利的《巴比伦法的人本观：一个关于人本主义思想起源的研究》一书。

② E. A. Speiser, "Cuneiform Law and The History of Civilization, " *Proceedings of American Philosophical Society*, vol.107, 1963（6）, p.538.

③ ［法］卢梭：《社会契约论》，何兆武译，10页，北京，商务印书馆，2003。

义上我们说，只有在法治社会和契约文明的环境下，人的权利才能得到根本的保障，因而也只有这样的环境才能孕育人本观念和人本思想，这样的社会才可能成为以人为本的社会。

纵观古代美索不达米亚的历史，我们可以得出这样的结论，即法律意识和契约观念渗透到美索不达米亚人日常生活的方方面面，上到君王和廷臣，下到寻常百姓，离开了法律和契约，他们寸步难行，他们赖以生存的社会也就无法正常运转。迄今所发现的美索不达米亚文献属于法律和契约类的文书占绝大多数，其内容对国际社会和国内公民社会两大领域都有涉及。

其一，涉及国与国之间关系的国际条约或同盟和约。

古代美索不达米亚历史的早期就存在国际交往，到古巴比伦时期，这种国际交往随着对外贸易的发达，以及巴比伦国力的强盛更是达到了前所未有的水平。因此，美索不达米亚人保存下来了一些较为珍贵的关于国际交往的法律文献和证据。它们包括两国之间关于战争与和平的条约、结为同盟的盟约，以及其他外交和经济贸易协议等。虽然如此，但正如学者们所说："从任何宽泛的角度和综合的种类属性来判断，都很难说古代美索不达米亚人创立了'国际法'。相反，古代美索不达米亚的大多数国际法都只局限于两国或多国之间的条约和联盟。因此，从很多方面来看，更适合把这些国际条约纳入一般契约法的范畴内。"① 这也是我们把它放入美索不达米亚契约文明论题来讨论的重要原因所在。

美索不达米亚的国际条约或国际法则，始于苏美尔城邦时期。苏美尔城邦时期的重要特点之一，便是城邦争霸、战争不断，霸权往往随战争的胜负而易主。城邦之间结束敌对状态，往往是通过缔结和平条约实现的。美索不达米亚人皆信国际法则是神赐给他们的，比如关于条约和结盟的观念，以及如何对待战败国等。为了能够缔结条约和建立联盟，国家首脑们必须要在神前宣誓。

---

① Russ Versteeg, *Early Mesopotamian Law*, Durham, North Carolina, Carolina Academic Press, 2000, p.175.

迄今所知古代西亚地区最早的国际性条约来自埃勃拉，时间为公元前第3千纪。可喜的是，有一份阿卡德国王纳拉姆辛同一个埃兰国王之间签订的同盟条约留存了下来。该条约用埃兰文写在一块有些损坏了的泥版上。条约的开头部分是以两国的神起誓；然后是说纳拉姆辛指派大使带着礼物前去苏萨；而埃兰国王则派遣一位司令官带领一支辅助部队前往纳拉姆辛处，该司令官同纳拉姆辛的代表一起拟定两国间的同盟条约。在埃勃拉档案被发现以前，这份条约曾被认为是最古老的有文字为证的国际条约。[①]

马里文书或书信中重要的部分之一，就是涉及国际条约的内容，时间在公元前第2千纪的初期（汉谟拉比统治之前）。根据马里书信判断，各国的国王们为了使缔约规范化或程式化，他们通常要举行盟誓或其他仪式，或象征性的动作，比如"触摸喉咙"等。[②]各国的王室还通过联姻的方式来建立和加强同盟关系。更有甚者，当两国准备进行结盟谈判时，为了表示诚意，双方有时要事先交换人质。如果谈判失败，人质就会被处死。[③]在一般情况下，一旦同盟条约达成，缔约国之间便不仅限于军事联盟，而且双方还同意引渡罪犯和自由贸易与自由通航。[④]当一国统治者想要给另一国统治者赠送外交礼物时，他通常雇佣被称为沙曼达提（Šamandatti）的商人来完成此任务，商人通常受到外交条约的保护。

在古代西亚的历史中，赫梯王国占有重要的一席之地。其中赫梯条约既是难得的史料，也是重要的历史事件。赫梯条约是认识赫梯国对外政策和揭示赫梯国历史发展道路的重要文献。条约在赫梯历史文献中以其流传数量多、种类多而受到人们的关注。现存三大类条约：一是国与国之间的平等条约，如赫梯国王哈吐什里三世与古埃及法老拉美西斯二世签订的"银板条约"；二是附属国条约，这一类在赫梯条约文献中居多，如赫梯

---

① 参见刘家和、廖学盛主编：《世界古代文明史研究导论》，86页，北京，高等教育出版社，2001。

② Russ Versteeg, *Early Mesopotamian Law*, p.176.

③ H. W. F. Saggs, *The Greatness that was Babylon*, pp.223-224.

④ H. W. F. Saggs, *The Greatness that was Babylon*, pp.224-228.

国王吐塔里亚四世与阿穆鲁国王沙乌什卡姆瓦签订的条约；三是赫梯王国与本国王室成员之间签订的条约，如赫梯国王舒皮鲁流马一世与沙里库苏赫签订的条约。前两者充分反映了赫梯王国的对外关系和政策，后者充分体现出赫梯国王驾驭庞大帝国的谋略和王室成员内部之间的政治、军事关系。①

其二，公民共同体成员之间的契约。

在阿卡德语中，用来表示一般意义上的"契约"的词是"Riksatum"。"Riksatum"一般用于财产交易中，比如涉及物品的买卖、保管与储存，雇佣服务、代理、委托及婚姻等。②这类公民共同体成员之间的契约，其内容多数都是记载公民之间的经济活动，目前发现较多的有商业契约、土地买卖契约、土地和房屋租赁契约、其他各种租赁契约、雇工契约和借贷契约等。现存的美索不达米亚契约告诉我们，"所有阶层的个人都可以自由地买卖、交换、捐赠或者出租属于他们自己的，或者更有可能是属于他们家族共同体的房屋、土地、花园、鱼塘、牲畜和奴隶"③。法律观念和契约意识渗透在古代美索不达米亚人生活的方方面面。他们的任何经济活动和社会活动的当事人双方都要签订合同、契约或类似具有法律效力的文件。在没有文书记录的情况下，任何形式的财产买卖和转让都是无效的。例如，《汉谟拉比法典》（第95条）中就有如下规定：

> 如果塔木卡为利息而贷出大麦或银子，［但既无证人也无契约］，那么他将白白地丧失他所贷出的一切。④

至于契约或合同的形式，"美索不达米亚的契约法并没有要求任何特定具体的有效格式。相反，契约——尤其是买卖契约——其形式多种多

---

① 参见刘家和、廖学盛主编：《世界古代文明史研究导论》，131页。
② Russ Versteeg, *Early Mesopotamian Law*, p.169.
③ Georges Roux, *Ancient Iraq*, p.133.
④ 参见杨炽译：《汉穆拉比法典》，第74+E条，54页。

样……然而在特定的历史时期，很多契约包含有共同的元素和模式"①。例如，在古巴比伦时期，土地买卖的契约文件就形成了比较固定的格式，通常包括以下内容——对土地的描述（面积、位置、四周邻接的土地）；买方与卖方（通常表述为：从甲手中，乙买下了它）；土地的价格；对交易完成仪式的描述（木杵被传递，交易结束）；声明对交易满意，将来任何一方不得对交易提出争议、诉讼；起誓、证人、时间（年名、月名、日期）；交易双方的印章。②对于一般交易契约而言，有两点是保证其法律效力的关键：其一是证人；其二是书面的文字契约，约定双方的权利和义务。没有证人，很多契约是不被法律承认的，证人的名字通常被刻在文件的末尾。③在涉及土地买卖的契约中，证人的数目较多，一般在10个以上。有的契约中，证人甚至达到了24个。证人的身份随着买卖双方身份的变化而变化。如果土地买卖的双方是一般的自由民，那么证人大多没有身份，而土地买卖的一方或双方是官僚贵族，那么证人也就有一定身份。市长、神庙主持、军官、法官等都可以以证人的身份出现在契约中。④

在古代美索不达米亚人的契约中，还有两件事情是比较独特的，因而也是非常有趣的。其一，缔约的双方不是通过亲笔签名，而是通过盖章来确认当事人在场、同意契约条款的。印章是美索不达米亚人身份的标志，所谓盖章就是在柔软的黏土文件上做出印记，最常见的是圆筒印章，此外还有印环，甚至有时还出现衣服的褶边。其二，在乌尔第三王朝及其以后的历史时期，契约的原件被封在黏土信封的里面，而契约的副本被刻写在信封的外面。一旦双方针对契约发生争执，被封在信封内部的契约原件便要被启封，并作为解决争执的决定性文件。刻写副本是为了防止有人篡改

---

① Russ Versteeg，*Early Mesopotamian Law*，p.170.

② 参见李海峰：《古巴比伦时期不动产经济活动研究》，2页，北京，社会科学文献出版社，2011；李海峰、祝晓香：《古巴比伦时期土地买卖活动述论》，载《西南大学学报（人文社会科学版）》，2007（1）。

③ Russ Versteeg，*Early Mesopotamian Law*，pp.169-170.

④ 李海峰：《古巴比伦时期不动产经济活动研究》，5页。

契约原件的内容。①

此外，在巴比伦社会，任意伪造和更改文书属于严重的犯罪行为，一定会受到严厉的惩罚。

《汉谟拉比法典》还界定了非法契约的形式，凡是违反公共政策或国王旨意的契约，都是非法契约。这一立法原则一直延续到现在，因此其"先进性"堪与现代法律相媲美，也是《汉谟拉比法典》令人称道的地方之一。在现代社会，一般而言，如果某一公民共同体认定公民的某一交易践踏了公共政策，那么就会认定该交易属于无效法律行为，在法律上不受保护。在古代美索不达米亚，也有一些类似的法律来禁止不法交易。在古巴比伦时期，为王室服役人员因其为王室服务而从王室获得的土地等财产，法律是禁止其转让和买卖的。因此，凡是这类的交易都是非法的。例如，《汉谟拉比法典》（第35～38条）规定，里都、巴衣鲁和纳贡人与其服役相关的土地、房屋和其他财产是不可以转让和买卖的，所有这样的交易在法律上都被视为无效，购买者都将白白丧失其所支付的银钱。显然在立法者看来，所有为王室服役的人员从王室获得的财产既是其为王室提供服务所获得的报酬，又是其为王室提供服务的经济条件，如果因转让和买卖而丧失其经济条件，必将动摇他们为王室服务的基础，从而使公共利益受到伤害。另外，《埃什努那法典》（第15条）还禁止商人塔木卡和卖酒妇从奴隶、女奴手中接受银、羊毛、胡麻油及其他物品。也就是说，奴隶和女奴不具备独立从事交易的主体资格，与他们进行的交易属非法交易，不受法律保护。这条法律规定的宗旨，应该是维护奴隶主阶级——主要是阿维鲁、穆什钦努的整体利益。他们构成了古巴比伦公民社会的基础。

其三，家庭成员之间的契约。

家庭成员之间的契约主要包括婚姻契约、继承契约和收养契约。根据官方法律和私人契约的记载，我们可以说，至少在古巴比伦社会，契约观念和契约形式已经进入百姓的日常生活之中。婚姻形式就是一种典型的契约形式，包括三种形式：缔约——结婚，违约——退婚或悔婚，解约——

---

① Russ Versteeg, *Early Mesopotamian Law*, p.171.

离婚。

首先，没有缔结契约的婚姻是不被法律所认可和承认的，这在埃什努那王俾拉拉马的法典和古巴比伦王国汉谟拉比王的法典中都得到了体现。（参见《埃什努那法典》第27~28条①，《汉谟拉比法典》第128条②。）

中外学者大多数都认为法典中所说的契约指的是书面文约，但也有个别学者认为《汉谟拉比法典》第128条中所说的契约不一定是书面文约而也可能是口头婚约。③无论是书面文约还是口头婚约，都不影响我们的立论，因为两者都属于契约形式。《中期亚述法典》则规定，如果一个人与寡妇结婚，在没有缔结婚约的情况下，女方在男方家住了两年，那女方就是男方的妻子，也就不能走了（第34条）。④

其次，对缔结婚约之后，尚未结婚之前，无论是男方还是女方的退婚或悔婚行为，《汉谟拉比法典》都给出了处罚的措施（参见第159~161条⑤）。

最后，对于解约——离婚的处罚，不仅表现出了对男方主动提出离婚和女方主动提出离婚处罚轻重的不同，还体现出了处罚方式等方面的差异（参见《汉谟拉比法典》第137~140条⑥）。

关于家庭成员之间的财产继承契约和收养契约，也有相当多的楔形文字文献流传下来，在这里就不赘言了。

三、古巴比伦时期的城市自治

《汉谟拉比法典》向我们揭示了古巴比伦时期的官僚体系、司法制度和审判程序，从中可以窥见城市公民在政治和司法制度中的位置，以及立

---

① 参见林志纯主编：《世界通史资料选辑·上古部分》，55页。

② 参见杨炽译：《汉穆拉比法典》，第77+F条，70页。

③ Samuel Greengus, "The Old Babylonian Marriage Contract," *JAOS*, 1969（89），pp.505-532.

④ Samuel Greengus, "The Old Babylonian Marriage Contract," p.521；林志纯主编：《世界通史资料选辑·上古部分》，118页。

⑤ 参见林志纯主编：《世界通史资料选辑·上古部分》，78页。

⑥ 参见林志纯主编：《世界通史资料选辑·上古部分》，76页。

法者对"人"或公民的态度。根据法典及其他文献材料，城市和市长、长老会议、公民大会以及商会在巴比伦的司法和行政体系中，在不同时期起到了不同程度的作用，而这些都与"人"或公民有直接的关系，或者说，都是由"人"或公民构成和管理的机构。它们展示了巴比伦城市自治的图景。

（一）城市公民与公民权

1. 城市的性质及其管理模式

城市最初起源于氏族的居落，实质上是氏族的活动中心。因此，城市首先是氏族成员的城市。外族人和外邦人不能居于城市的中心地区，那些原来没有氏族或失去与自己氏族联系的人便只能生活在属于某一或某些氏族的城市的周边。平民的情况便是这样。在古希腊和古罗马，平民只能通过不断地斗争，逐步地从贵族——传统意义上的氏族贵族——手中争得权利的。他们的活动也一步步从城郊或乡野移入城市的中心地区的。

巴比伦人将自己的城市称为"Alum"。这个称呼总体上包括两层含义：其一，指的是城市的自然特征，如建筑及公共设施等；其二，指作为社会组织的城市，即城市管理机构。在现存文献中能确定其含义的包括"城市""作为社会组织的城市""小村庄""大庄园""大地产""要塞""堡垒"和"军事要塞"等。[①]"Alum"一词在现有文献中的多种用法在某种程度上暗示了古代美索不达米亚城市起源的多种线索，即有些城市可能是由村庄、大庄园、大地产发展而成的，有些城市则是由军事要塞等发展而成的。古代美索不达米亚的城市几乎可以说是人类历史上最早的城市。[②]这些标志着人类迈入文明大门的城市具有如下特点：其一，城市的兴起在当时肯定不是孤立的现象，而是在两河流域星罗棋布。这不仅可以从后来的历史事实中找到肯定的答案，而且可以从当时的历史文献中找到明证。如在一份材料（TCL 3 164）中有这样的文字："其众多的城市数

---

① A. L. Oppenheim, *The Assyrian Dictionary*, vol.1, A, part 1, 1964, pp.379-391.

② 参见日知主编：《古代城邦史研究》，14~15页，北京，人民出版社，1989。

不胜数，宛若繁星布满天空。"①其二，当时的城市虽然规模很小，但很精致。如文献中曾经把精美的首饰比喻为"形状像城市一样"②。其三，当时的城市如同古代的其他城市一样，基本上是农业社会，不能以后世的城市度之。如文献中经常出现诸如"在这座城市的灌溉区""在该城丰收的大麦收割之后"③之类的记载。其四，城市是公民的城市，是可以称为"人"的城市，古巴比伦的城市是"阿维鲁"的城市。在阿卡德语中，"公民"一词便是从"城市"一词起源的，其直译为"居住在城市中的人"④。

所以，城市最初只是享有公民权的人的集体组织，"是公民的集体组织，自由民、公民是城邦的主人"⑤。城邦在发展到城邦联盟或专制帝国的阶段后，城市在本质上与国家既是相互对立的，又是互相依托的。相互依托是因为没有公民，国家便只剩一具空壳，国将不国。国家的一个重要职能就是保护公民的利益，维护公民的安全。相互对立是因为在权力和利益分割方面，城市或公民集体有时与国王或国之统治者是相冲突的，城市是公民的城市，但同时它无疑又是国家或国王的城市。所以，城市的管理问题，在某种程度上是公民和国家在权力和利益方面的分配问题。分配得好将对城市的发展起到积极的影响，分配得不好则会阻碍甚至破坏城市的发展，从而使国家的利益和公民的利益受到损害。

城市自治或在某种程度上享有自治的权利，是调节公民与国王、地方城市与国家之间关系的一种历史实践。古代的许多国家和地区都曾流行过这种管理模式。甚至在被称为极度专制的君主国家中，城市在某种程度上享有自治权也并不罕见。

2. 城市公民拥有驱逐国王的权利

国王和中央政府对城市实行监督和控制，在任何统治形式的社会中都是必要的，更不用说是在君主专制的社会中了。这只是问题的一个方面，

---

① A. L. Oppenheim, *The Assyrian Dictionary*, vol.1, A, part 1, p.379.

② A. L. Oppenheim, *The Assyrian Dictionary*, vol.1, A, part 1, p.380.

③ A. L. Oppenheim, *The Assyrian Dictionary*, vol.1, A, part 1, p.381.

④ *CAD*, vol.1, A, part 1, p.390.

⑤ 日知主编：《古代城邦史研究》，2页。

另一方面，我们发现在古代美索不达米亚，城市对国王也并非一味地唯命是从，对"无道"的"昏君"，城市可以拒不接受，甚至驱逐他。如在一份属于古巴比伦时期的文献中有这样的记载："城市的长老会（Šibut a-li-šu）将驱逐国王"（RA27 149：25）；在另一份文献中，记载道："城市的长老会将把城市及其国王交给（敌人）。"（CT 20 37 iu 7）[①]但有关这方面的材料很少，可以说微乎其微。这两份材料也只能提供一个线索：驱逐国王可能是城市公民能够享有的最大政治权利了。

3. 公民享有生命和财产安全的权利

城市既然是公民的城市，那么它就理所当然地负有保护公民人身和财产安全的责任和义务。这与城市产生的目的，与其本质一致。《汉谟拉比法典》中就有这样的规定：

第22条：公民犯强盗罪而被捕者，应处死。

第23条：如果强盗没有被抓到，被抢之人应在神前申明他所被抢之物，城市或发生抢劫的地区的长官（Rabiânum）将赔偿他的损失。

第24条：如果丢了人命，则城市和市长将赔偿其亲人1明那银子。[②]

从这几条我们不难看出：首先，公民的财产和人身安全不容侵犯，侵犯者应被处死；其次，如果案件发生，城市当局及其最高行政长官便难脱其咎，就有责任和义务进行赔偿。上述城市的两项权利和义务，体现了一种专制社会极难得的思想，即"重民"或以"人"（专指公民，即古巴比伦社会中的阿维鲁）为核心的统治思想。从城市公民可以驱逐国王这一点来看，这是自下而上的保护意识，公民是城市的公民，城市机关有责任保护公民不受"无道昏君"的欺压；从国王以立法的形式规定地方当局的责

---

① A. L. Oppenheim, *The Assyrian Dictionary*, vol.1, A, part 1, p.383.

② 参见杨炽译：《汉穆拉比法典》，22~23页；林志纯主编：《世界通史资料选辑·上古部分》，64页。

任和义务这一点来看，这是自上而下的保护意识。在立法者——国王的思想意识中，公民显然首先是自己的公民，是国家的公民，所以国家有责任和义务保护公民的人身安全和财产不受侵害。

除了这两项重要的权利和责任外，城市还有其他许多日常管理方面的职责，如征收捐税、招募兵役、征募劳役、管理国家粮仓以及修建和维护运河及其他重大公共工程等。

（二）城市自治机构

虽然在传统上古巴比伦社会被认为是专制统治社会，国王既是最高行政长官，又是最高法官，但在中央政府之下，仍然存在着地方城市自治机构和地方城市法院。根据现有材料，在城市自治机构中起最高行政和司法职能的是城邦会议。实际上，城邦会议这时已随着统一专制国家的建立和巩固而降为了城市公民会议。在古巴比伦时期，它包括三种公民组成的会议，即长老会议、公民大会和商会。

1. 长老会议

在古巴比伦时期，长老会议和公民会议仍然在政治和司法领域起着不同程度的作用。在阿卡德语中，这一时期的长老会议称为"Šibūtum"，原来表示城邦会议的"Puhrum"，这时专指公民大会。长老会议通常与城市（阿卡德文为"Alum"，苏美尔文为"URU. KI."）及市长共同执掌城市的司法权和行政权。一般认为，这一时期的长老会议可能由城市中名门望族的首领或族长组成。[①]虽然反映其在这一时期活动的材料十分有限，但通过有限的材料我们仍然可以依稀看到这一机构在行政和司法方面的一些职能。

长老会议和城市在古巴比伦时期，至少在萨姆苏伊鲁纳统治时期之前，在政治和行政管理方面仍然享有一定的权利。第一，长老会议可以废立城邦的国王。当城邦国王因战争或内乱被杀时，长老会议便有权推举一位新王。第二，长老会议有决定城邦对外政策，决定战争与和平、投降与

---

① R. Harris, *Ancient Sippar*: *A Demographic Study of an Old-Badylonian City* (*1894-1595 B. C.*), p.59.

抵抗等重要事务的权利。①如一份材料记载："一座敌对城市的长老们将前来，并跪倒在我主的脚下。"（Labat Suse 3：40）②第三，参政、议政，充当国王的顾问。根据材料判断，国王外出，常有长老陪伴。如一则材料记载："某城的国王（人名）与另一地的五名长老到达查萨加拉图姆。"（ARM 14 114：8）③城市的长老会议有向国王提供咨询或提出建议的权利。如一份材料记载："该地的长老们将向国王提出不明智的建议。"④第四，作为城市的代表管理城市内部事务。

长老会议与城市、市长一起，其在政治和司法领域的地位和影响逐渐减弱。大约到萨姆苏伊鲁纳统治末期，有关长老会议的活动才很少见诸文献中，其职能到阿比舒统治时期全面被商会所取代。

2. 公民大会

有关古巴比伦时期公民大会活动的材料可以说是微乎其微。现有材料及现代学者的研究成果⑤为我们提供了这一时期的公民大会的如下情况：

其一，其成员由阿维鲁构成。

其二，其召开的频率很低，而且其职能可能仅限于为涉及主要公民的案子提供裁判结果。

其三，公民大会设有主席（苏美尔文为"GAL. UKKÍN. NA"）一人，其任期与商人首领及市长一样均为一年；其职位在萨姆苏伊鲁纳时期及其以前，高于法官团和商人首领。

其四，其行政管理职能既对国王及中央政府负责，又对城市及其公民负责。如管理王室粮仓、管理城市内部土地的出租、出售和转让等。

其五，由于高高在上的职位，其可能享有大量的王室土地，国王可能

---

① 参见施治生、郭方主编：《古代民主与共和制度》，122～131页，北京，中国社会科学出版社，1998。

② *CAD*，S，part Ⅱ，p.393.

③ *CAD*，S，part Ⅱ，p.394.

④ *CAD*，S，part Ⅱ，p.394.

⑤ R. Harris, *Ancient Sippar：A Demographic Study of an Old-Badylonian City*（*1894-1595 B. C.*），pp.64-67.

赋予其某种特权。国王阿比舒有一封写给西帕尔城商会和法官的信，涉及的便是公民大会主席的事情。[①]

关于公民大会和长老会议的职权范围及其相互关系，目前的材料还无法对此进行回答。

在古巴比伦时期，虽然国王既是最高行政长官，又是最高法官。但在中央政府之下，还存在地方法院。根据现有材料，古代美索不达米亚社会的许多事物是在公民大会中做出决定的。公民大会在其最后丧失政治权力以后很久，在司法管理中仍起着作用，一直到新巴比伦王国时期。这在《汉谟拉比法典》中表现得非常清楚：

第5条：如果法官审理讼案，做出判决，提出正式判决书，而后来又更改其判决，则应揭发其擅改判决之罪行，科之以相当于原案中之起诉金额的12倍罚金，该法官之席位应从审判会议（原文为"puhrum"，应为"公民会议"）中撤销，不得再置身于法官之列出席审判。

第202条：如果一个人打了一个地位比他高的人嘴巴，那么他应在集会中（原文为"ina puhrim"，应为"在公民会议中"）被用牛皮鞭打60下。

公民大会的法庭似乎对所有成年男子开放，如一则《箴言》这样写道："不要去站在公民大会中，不要出入是非之地。陷入纷争中命运会摧毁你；你将要作为证人为他们作证……去证明一个不属于你的案子。"[②]在被称为迄今所知世界上第一起法律判决的案子中，审理此案的便是公民大会。这个案子用苏美尔语记录在一块泥版上，属于伊新王朝时期，时间约在公元前1890年。

---

① LIH Ⅲ：8.

② 参见H. W. F. Saggs, *The Greatness that was Babylon*，p.216；［美］T. 雅各布森：《古代美索不达米亚的原始民主》，载《世界历史译丛》，1980（3）。

在汉谟拉比统治时期，公民会议在司法方面仍然起着很大的作用。在一个案件中，一位名叫马尔伊尔西提姆的人与其兄弟向汉谟拉比申诉道，他的叔父乌杜都给了其父一块土地，但其父死后，其叔父又想要回土地。汉谟拉比命令尼普尔的公民会议审理此案，公民会议经过调查后，做出了判决。[①]

3. 商会及其地位

商会具有行政功能甚至成为城市的行政和司法机构，是古代美索不达米亚城市文明的奇特现象。这在某种程度上印证了商人和商业贸易在美索不达米亚城市生活中的重要性。

在阿卡德文中，代表"商会"的"Kârum"一词首先表示的意思是"堤岸""停泊区"；其次表示的意思是"海港区""为商人和海员指定的城区"；最后，这个词随着商业的发展，其所表示的含义便由毫无生命力的地点，衍生出这个地点或地区最为活跃的人群，这便是"商会"。[②]

商会的成员主要由商人塔木卡组成，此外商会中还有法官。至于法官和商人首领、商人塔木卡是一种什么样的关系，比如，法官是必须由商人和商人首领兼任，或是专职法官，任何城市公民均有资格担任，根据目前的材料尚无法得知。法官不仅具有司法权，而且在萨姆苏伊鲁纳统治时期，尤其是在阿比舒及其后继者统治时期，其在行政管理方面也占有一席之地。商会成员塔木卡属于"人"的范畴。[③]

商人和城市中的商业区虽然在汉谟拉比统治前很久就已在古代美索不达米亚存在，但直到汉谟拉比统治时期，商人和商会才在古巴比伦社会占据重要的地位，这可能是因为到古巴比伦时期，古代美索不达米亚的商业

---

① W. F. Leemans, "King Hammurapi as Judge, " in *Symbolae Luridicae et Historicae Martino David Dedicatao*, ed., J. A. AnKum, Leiden, E. J. Brill, 1968, pp.117-118.

② *CAD*, K, pp.231-239.

③ 关于商人塔木卡的社会经济地位，参见于殿利：《试论〈汉谟拉比法典〉中商人的社会等级地位》；于殿利：《论古巴比伦时期商人的社会经济地位》，载《北京师范大学学报（社会科学版）》，1991年增刊。

和对外贸易达到了前所未有的水平。

商人首领（苏美尔文为"UGULA DAM. GSAR."）在法律文献中出现，最早也只能追溯到古巴比伦时期阿匹尔辛统治时代。在当时的一份法律文书中，一位商人首领是一位证人和财产所有者。其在司法制度中占有一席之地且有史可依的最早记载是在汉谟拉比的父亲辛-穆巴里特统治时代。在这一时期的法律诉讼中，商人首领的名字通常排在法官的后面，而到了汉谟拉比统治时期，商人首领和法官的排序则正好颠倒了过来，即法官排在商人首领的后面。也正是在汉谟拉比统治时代，商人首领才成为商会的最高领导或代表，与法官组成法庭，接替了从前由市长履行的职责，裁定诉讼案的结果。①这时商会在某种意义上可被称为城市的最高法院，商人首领则是院长。

商会中设有商会成员大会。法庭通常由商会、商人首领和法官组成。最初首席法官由市长担任，后来被商人首领取代。他们通常处理城市内部或公社成员之间的民事纠纷，诸如家庭纠纷和财产继承等。他们还审理神庙女祭司纳第图的案子。这也说明神庙本身并没有独立的法庭，它们在司法制度中几乎不起任何作用。例如，西帕尔城沙马什神庙的一位女祭司从他人手中买到一幢房屋，并且付清了款项，三年后买主否认此事，向国王控告这位女祭司。国王将此案交给商会组成的法庭审理。②

从现有材料中可以判断，下列种类的案件或纠纷不经过城市法庭而由中央法庭或国王亲自裁断。

第一，涉及王室或神庙份地（也是王室份地的一部分）纠纷的案子可能不属于城市的司法管辖范围内，一般由国王的大臣或国王亲自审理。第二，城市之间或公民跨越城市的纠纷案通常由中央法庭或国王亲自审理。这可能是为了防止各城市法庭袒护自己城市的公民。第三，城市行政长官的正义由中央政府或国王本人伸张。城市行政长官甚至包括最高行政长官

---

① R. Harris, *Ancient Sippar*: *A Demographic Study of an Old-Badylonian City* (*1894-1595 B. C.*), p.71.

② W. F. Leemans, "King Hammurapi as Judge, " p.120.

市长和商人的个人案件，直接向中央政府或国王本人申诉。这可能出于两方面的考虑：一方面是避免城市为自己长官断案的偏袒嫌疑，另一方面是防止城市长官利用职权欺压公民。

如果说在汉谟拉比统治时期，商会及商人首领的主要地位是把握着城市公社的最高司法权的话，那么在汉谟拉比的后继者统治时期，商人首领及其领导下的商会还取代了城市和长老会成为城市的最高行政机关。[①]这时的商会和商人首领既是城市公民的最高行政管理机关，在某种程度上又是国王和中央政府的代表，因此负有上对国王和中央政府，下对公民和城市双重职责。

对国王和中央政府，商会和商人首领的一项重要职责就是收取租税和管理王室粮库。从材料中我们发现，塔木卡尤其是商人首领根据国王的文件负责为王室征收和运送实物税及贡赋，并负责贮存和再分配，即管理国家粮仓。[②]此外，商人和商人首领还根据国王的命令为其办理任何在自己管辖范围内的事情。商会和商人首领作为城市的最高行政机关和行政长官，在城市管理、市政建设和安全防务等方面享有直接的责任。主要包括为农业生产提供服务、组织公民在自己的水域捕鱼、对商人的活动进行指导和管理等。

专制统治社会中也存在着自治和民主机构，其在世界上不同的国家和地区，在不同的历史时期起着不同程度的作用。这些自治和民主机构几乎毫无例外地包括长老会议和公民会议，在古巴比伦社会还有其特殊机构商会。长老会议、公民大会和商会各自发挥的作用及其发挥作用的历史时期，基本反映了各文明和各社会的经济与文化的发展及社会结构的演变，或者说与经济和文化的发展阶段和社会结构的演变过程相吻合。具体地说，就是人类社会随着经济的发展，从以血缘关系为纽带和标准的氏族制，逐渐演进到以地域关系为纽带和标准的国家形态，并在国家形态下财

---

① R. Harris, "Some Aspects of the Centralization of the Realm under Hammurapi and His Successors," *JAOS*, 1968（88）, p.730; R.Harris, *Ancient Sippar*, p.69.

② R. Harris, *Ancient Sippar*: *A Demographic Study of an Old-Badylonian City*（*1894-1595 B. C.*）, p.69; W. F. Leemens, *Hammurapi's Babylo*n, p.93.

产关系逐渐上升为主要的甚至是主导因素。卢梭在《社会契约论》中讨论贵族制时的相关论断对我们是有极大启发的。他说："最初的社会是以贵族制来治理的。各家族的首领们互相讨论公共事务。年轻人服从着经验的权威，毫不勉强。因此才有了长老、长者、元老、尊长这些名称。北美洲的野蛮人到今天还是这样在治理他们自己的，并且治理得非常之好。但是，随着制度所造成的不平等凌驾了自然的不平等，富裕或权力也就比年龄更为人们看重，于是贵族制就变成了选举（此处'选举'一词系指选择、挑选、择贤而任，而不是指在会议上投票选举。——译注）的。最后，权力随着财产由父子相承，便形成了若干世家，使政府成为世袭的；于是人民就看到有二十岁的元老了。"①

在长老会议的地位和作用逐渐减弱后，公民大会和商会两个机构接过了城市和长老会议的职能。至于这两个机构哪个起的作用更大些，虽不太好评估，但有一点是显而易见的：公民大会的权利逐渐缩小，由最初具有最高行政权，逐渐缩小到只保留司法权；而商会则刚好相反，权力范围呈扩大趋势，即由最初仅限于司法方面的权力不断扩大，成为行政权力的核心。对涉及公民大会和商会的材料进行综合分析后，我们还发现了这样一个现象，即涉及公民大会的材料主要来自尼普尔城，换句话说，公民大会在尼普尔城占据主要地位，而涉及商会的材料则主要出自西帕尔城。也就是说，商会和商人首领等是西帕尔城的最高司法机关。这可能表明，各城市根据自己的不同情况享有自治的权利。从美索不达米亚的历史发展来看，尼普尔城是苏美尔人的文化中心，从苏美尔城邦时期起便是宗教中心，受"传统文化"影响较大；而相比之下，西帕尔城则属于经济中心之一，商品经济可能更发达。

（三）城市最高行政长官

古巴比伦时期的城市拥有自己的市政机关、司法机构和法庭。在不同的历史阶段和不同的城市中，长老会议、公民会议和商会分别起到了最高行政机构和司法机构的作用。城市的最高行政长官是市长，后来是商人首

---

① 参见［法］卢梭：《社会契约论》，何兆武译，86~87页。

领。从现存的材料里可以得知以下情况：

第一，市长和商人首领均来自城市的内部。有能力担任市长和商人首领的人都是城市公社的杰出人物①，都来自城市公社中的望族和富家大户②。这从"市长"一词的词源便可略知一二。"市长"一词来源于一个形容词"Rabûm"，意为"伟大的""杰出的"等。

第二，市长和商人首领可能由选举产生，而不是由国王或中央政府任命的。"由多数人从一小部分富有之人中选举产生，即将离职的现任长官不参加其继任者的选举"，"被选举人被严格限制在公民圈中"。③

第三，市长和商人首领既然出自城市公社，那么他们就代表着城市公社的利益，代表公社与中央政府打交道。④在这方面，作为首都的巴比伦城，其地位可能略有不同，巴比伦城作为中央政府的象征，其地位要高于其他城市。⑤

第四，市长和商人首领的任期为一年，而且严格限制在一年，不得连选连任。唯一的一个例外是一位叫伊尔舒-伊波尼的商人首领，他在阿米迪塔那统治时期，担任商人首领的时间长达22年，可能是通过非常规手段攫取职权。⑥虽然市长和商人首领不得连续当选，但却可以隔年当选，而且任职的次数不限。在文献中出现过同一年有两位市长的现象，但这并不意味着市长一职同时由两人担任，而是两人由于某种原因各任职一段

---

① R. Harris，*Ancient Sippar*：*A Demographic Study of an Old-Badylonian City* (*1894-1595 B. C.*)，p.138.

② A. L. Oppenheim，"A New Look at the Structure of Mesopotamian Society，" *JESHO*，1967（10），p.6.

③ A. L. Oppenheim，"A New Look at the Structure of Mesopotamian Society，" p.6-7.

④ A. L. Oppenheim，"A New Look at the Structure of Mesopotamian Society，" p.7.

⑤ R. Harris，*Ancient Sippar*：*A Demographic Study of an Old-Badylonian City* (*1894-1595 B. C.*)，p.138.

⑥ R. Harris，*Ancient Sippar*：*A Demographic Study of an Old-Badylonian City* (*1894-1595 B. C.*)，p.71.

时间。①

第五，公民有权罢免市长。虽然作为城市最高行政长官的市长无论业绩如何突出都不得连续任职，但他却可以因为渎职或有劣迹而遭到公民的驱逐。如在一份材料（YOS 10 31 x 38）中有这样的记载："他们将要把市长从他自己的城市中驱逐出去。"②

（四）中央政府的监控机制

在以专制统治著称的东方社会，城市公社能享有一定程度的自治权已属难得，国王和中央政府不愿意，也不可能对城市的管理不闻不问、"放任自流"，因为城市虽然是公社和公民的城市，但同时也是中央政府和国王的城市。城市自治机构与中央政府是既相互制约，又相辅相成的关系。

1. 中央政府对城市自治机构的监控机制

主要表现在：其一，现有材料虽然不能证明城市的最高行政长官——市长和商人首领不是由国王与中央政府任命，而是由城市公社自己内部选举产生的，但他们名义上还算是国王和中央政府"任职"和雇用的代表③，因此仍然要执行王室和中央政府的命令。

其二，虽然市长和商人首领不由国王和中央政府任命，但城市的部分官员还是由国王任命的。比如说负责城市内各区域安全防务的警察官就由国王和中央政府直接任命，任期也比市长和商人首领要长。④城市还有其他官员（如Ša muhhi ali）也由国王任命。⑤

其三，国王直接任命自己的官员以监视或监督城市自治机构。这些被任命的官员并非出自城市，更非世族，而是国王授予特权之人。例如，在一份材料中，一位官员发表过这样的言论："我不是这座城市官员

---

① R. Harris, *Ancient Sippar*：*A Demographic Study of an Old-Badylonian City*（*1894-1595 B. C.*），p.60；A. L. Oppenheim, "A New Look at the Structure of Mesopotamian Society，" p.6.

② A. L. Oppenheim, *The Assyrian Dictionary*，vol.1，A，part 1，p.382.

③ R. Harris，*Ancient Sippar*：*A Demographic Study of an Old-Badylonian City*（*1894-1595 B. C.*），p.138.

④ A. L. Oppenheim, "A New Look at the Structure of Mesopotamian Society，" p.9.

⑤ *CAD*，vol.1，A，part 1，p.390.

（Bēl ali-official）的后代，但我是一位被赋予了特权之人（Unzarhu），是国王的仆人，我主——国王——在城市内任命了我，我的使命是把我所见所闻报告给国王。"①此外，国王还经常从巴比伦城派遣官员外出办案，或下达国王对某件案子的命令，有时甚至直接监督地方法庭的审理。他们有时被称为"国王的法官"（Dâianu sarrim），有时被称为"国王的士兵"（Redûšarrim）。

其四，国王或中央政府经常派遣高级官员下去私访巡视。上面提到的所谓国王的"耳目"可能不一定要把自己所见所闻亲自向国王本人报告，而是定期或不定期地向中央政府的巡游官汇报，再由巡游官返回首都后，向国王本人报告。如一份材料为此提供了例证。在这份材料中，一个人这样讲道："国王的官员们一经过他的城市，某某城市的某某官员就（带着贡品）到我这里来了。"②

2. 建立公民申诉制度

公民如在城市公社内遭受到不公正对待，有权直接上诉到中央政府，甚至上诉到国王本人那里。当然这是万不得已的做法，是公民讨回公道的最后手段。③例如，有人向国王反映，法官辛–伊丁纳姆、商会和西帕尔城的法官未经允许便破门而入某人女儿的闺房，国王要求他们对此做出解释。④又如，阿比舒王致辛–伊丁纳姆、商会和西帕尔城的法官的一封信：

> 致辛–伊丁纳姆、商会和西帕尔城的法官，阿比舒如是说。布尼尼纳西尔（Bunini-nasir）、米尼沙马什（Mini-ŠamaŠ），里什（Riš-）［……］之子，向我报告说："伊利伊丁纳姆（Ili-Idinnam），我们的兄长，把我们作为抵押品。两年来，我们一直向西帕尔城的商会申诉，但他们（法官们）不为我们伸张正义。"在这种情况下，他

---

① *CAD*, vol.1, A, part 1, p.388.

② A. L. Oppenheim, *The Assyrian Dictionary*, vol.1, A, part 1, p.388.

③ W. F. Leemans, "Hammurapi's Babylon, Centre of Trade, Administration and Justice," p.94.

④ 参见于殿利、郑殿华：《巴比伦古文化探研》，219页。

们向我做了报告。当你见到泥版文书后，布尼尼纳西尔、米尼沙马什、里什－［……］之子将向你指出伊利伊丁纳姆和知情的证人，你把这位伊利伊丁纳姆和知情的证人送到巴比伦，以便他们的案子有所了结。①

列曼斯对古巴比伦时期的众多案例进行研究后得出这样的结论：上诉到国王的案子一般通过三种方式进行调查和审理。第一种，国王亲自审理并做出判决。第二种，国王根据法律做出指示，然后交由地方法官或地方当局执行。第三种，国王把整个案子交由地方法官处理。②在汉谟拉比身边的一些官居要职之人，具体官职不详，他们构成中央政府的核心。其中材料涉及较多的是一位名叫卢尼努尔塔的人。他不仅掌管王室事务，而且对公社事务也有管理权，他不单单执行国王的命令（他常说："我主人对我说……"），而且对一些事务具有独立决断权。如果有人在地方蒙冤，可直接上书卢尼努尔塔，他有时直接做出判决，有时把案子移交给地方司法机关，后者根据他的指示进行处理，并把结果报给他。地方总督也直接听命于他。有学者认为，在汉谟拉比外出征战之时，由卢尼努尔塔代行国王的职权。③在第一种情况下，证人要前往巴比伦。④有时国王把案子交由国王的法官来审理。国王的法官住在首都巴比伦，也采用同样的三种方式处理。⑤值得一提的是，巴比伦城的法官似乎享有特殊的地位和权利，可以审理整个王国的案件。就目前所见材料而言，涉及巴比伦城法官审理案件的泥版遍及王国的每一个城市，全国四面八方的人民求助于他们。巴比伦城的法官有时自己亲自审理案件，有时把案件交给其他法官审理，这一

---

① LIH Ⅲ：3.

② W. F. Leemans，"King Hammurapi as Judge，"pp.107-129.

③ W. F. Leemans，"King Hammurapi as Judge，"p.121.

④ For example，AbB 2：1，11，74.

⑤ W. F. Leemans，"Hammurapi's Babylon，Centre of Trade，Administration and Justice，"p.94.

点也与国王本人和国王的法官处理的方法一样。[1]

3. 国王直接控制军队，密切关注军队建设

以西帕尔城为例，在巴比伦第一王朝时期，虽然在国王阿匹尔辛统治时期就有关于军队的记载，但是直到汉谟拉比统治时期才建立起制度严密、权力分层的军事组织。汉谟拉比及其后继者试图在西帕尔城建立和保持一支有实力的军事力量。军队的最高军事长官称为"将军"（UGULA MAR. TU）。最早提到"将军"的文献材料，其时是汉谟拉比统治的第39年，此外文献中还提到"队长"（PA. PA，出自汉谟拉比统治第41年）、士官（Laputtu，出自汉谟拉比统治第18年）、军事书记官（DUMU E. DUB. BA，出自汉谟拉比统治第35年）及传令官（Deku）等。[2]将军由国王从巴比伦直接选派，迄今尚未发现有将军是出自西帕尔城的本地公民。士兵既可以在当地人口中招募，也可以在更大的范围内雇佣。此外，还有皇家军队驻扎在西帕尔城里，或其附近地区。所有这些军队的给养都由位于西帕尔城的王室粮库供给。[3]所有为王室服兵役的军事人员，作为回报都能从王室领取份地、花园和房屋等，这从《汉谟拉比法典》（第26~39条）中便明显可见。需要指出的是，古巴比伦时期的军队不仅用于军事目的，而且也用于修建公共工程中，在这方面，汉谟拉比也是第一人。[4]实际上，在和平时期，古巴比伦的士兵还充当警察、运输公司和劳动力公司的保安等，这些都有契约和书信文献的记载。[5]

军官和士兵在卷入经济或其他民事纠纷时，尤其是涉及其土地耕种

① W. F. Leemans, "Hammurapi's Babylon, Centre of Trade, Administration and Justice," p.94.

② Benno Landsberger, "Remarks on the Archive of the Soldier Ubarum," p.122; Harris, "Some Aspects of the Centralization of the Realm under Hammurapi and His Successors," pp.730-731.

③ R. Harris, *Ancient Sippar: A Demographic Study of an Old-Badylonian City* (*1894-1595 B. C.*), p.39.

④ R. Harris, "Some Aspects of the Centralization of the Realm under Hammurapi and His Successors," p.231.

⑤ Benno Landsberger, "Remarks on the Archive of the Soldier Ubarum," p.128.

问题时，可以由军事法庭审理或调解。军事法庭通常由将军和队长联合组成。①

第三节　古王国时期古埃及的
君主专制制度的确立与崩溃

古王国时期包括曼涅托王表中的第三至六王朝时期。这是开始修建金字塔的时期，而且最大的金字塔也修建于此时，因此，这个时期又被称为金字塔时期。

随着国家的统一，古王国时期古埃及的奴隶制经济和社会获得了飞速的发展，其主要的标志是这时开始使用青铜器，古埃及进入了青铜时代。这时古埃及通过不断对外扩张，疆域北部到了地中海南岸，东部到了西奈半岛，南边到了尼罗河第二瀑布以南的地方，比前王朝时期扩大了许多。古王国时期，君主专制得以确立。君主专制的确立，有助于统一政权的巩固，也有利于奴隶制政治、经济的发展，加强了奴隶主的统治。

一、古王国时期古埃及的土地关系

古王国时期古埃及的土地关系是一个十分复杂的问题。由于种种原因（包括资料的不足、资料内容的模糊不清，以及人们在这个问题上的观念的不同等），现在还不可能得到解决。

（一）土地占有的情况

古王国时期古埃及的土地占有情况，至少就奴隶主阶级所占有的土地而言，有三种形式或三个层次。这就是国家占有、神庙集体所有和私人所有（包括王室家族所有、官僚贵族奴隶主所有和其他私有者所有等）。

1. 国家占有的土地

从古王国时期的资料来看，国家占有的土地很多，遍布全国各地。例如，在《帕勒摩石碑》中记载的某个国王将某地的土地捐赠给神庙，其中有些土地显然是国家占有的土地：第五王朝国王乌塞尔卡夫统治第5年，

---

① Benno Landsberger, "Remarks on the Archive of the Soldier Ubarum," p.126.

给予"拉神、北部诸州的土地44斯塔特"①，"女神哈托尔，北部诸州的土地，44斯塔特"，"荷鲁斯［……］之屋的诸神，土地54斯塔特……"等。

国王萨胡拉在位的第5年，给予神庙的土地，有的在克索伊斯州，有的在布西里斯州、孟斐斯州以及东部的土地、利比亚州的土地、东部肯特州的土地。第13年，他给予神庙的土地，是北部和南部的土地。在国家占有的土地中，有一部分是诺姆占有的土地。

2. 神庙集体所有的土地

古王国时期各地崇拜的神很多，所以神庙也就很多。各地有供奉地方神的神庙，也有供奉全国都崇拜的神的神庙（如拉神的神庙），还有国王、贵族们的安灵祭祀神庙。这些神庙都占有土地以维持祭祀仪式，其土地有的主要源于原诺姆（或氏族部落）的土地，有的源于国家、国王的捐赠与贵族的捐赠和转让。神庙所有的土地由祭司控制，其收入除了用于祭祀费用外，也用作祭司的薪给。祭司并不从事物质生产，是剥削者、是奴隶主的一个集团。所以，神庙所有实际上是奴隶主中的一个集团的集体所有。

3. 私人所有的土地

私人所有的土地即奴隶主个人所有的土地，包括王室家族成员、官僚贵族奴隶主和其他奴隶主所有的土地。王室经济分属王室各个成员，至少其中有一部分是如此，他们占有的土地，也像别的私有者一样，可以世袭、传给子女或妻子。

王室土地大致可以分成两大部分：一部分用于祭祀基金，另一部分用于王室家族的日常开支和消费。我们从几个例子中可以看出王室占有土地的规模。其中一个例子是哈夫拉的王子涅库勒的遗嘱。遗嘱提到他占有26个村镇的土地和两份金字塔地产，虽然不清楚这里面包含了多少土地，但显然是很多的。

官僚贵族奴隶主占有土地的情况大致如下：古王国时期，官僚贵族奴隶主包括行政官吏、高级军官、神庙高级祭司等。他们是古王国时期奴隶

---

① 斯塔特为古代埃及土地面积单位，1斯塔特等于2735平方米。

主阶级的主要组成部分。他们是王权的主要阶级基础，而且他们在经济上拥有雄厚的实力，占有大量土地、劳动力、畜群和其他财产，如第三至第四王朝之交的大官梅腾。据铭文记载，梅腾至少占有266斯塔特土地，还有葡萄园等。

官僚贵族奴隶主占有的土地的来源有以下几个：

第一，由国王或国家赏赐的土地。伊比的铭文记载："我主陛下给了我203斯塔特土地，使我富裕。"第四王朝哈夫拉时期的一个已不知其名的官吏在铭文里说，他曾得到国王赐予的城镇、土地和人民。

第二，继承来的土地。梅腾墓里的铭文记载，"由母亲涅布森特授予他50斯塔特耕地"。

第三，转让来的土地。第六王朝佩比二世统治时期的一个名叫伊都（或叫西涅尼）的人在铭文里说，他将一些数目不详的土地转让给他的妻子狄斯涅克，作为她的祭祀基金。

第四，购买来的土地。梅腾墓里的铭文记载，他用酬金从国王的人们（尼苏提乌）那里获得耕地200斯塔特。

第五，新开垦的土地。梅腾墓铭文记载，他在舍易斯州、科索伊斯州和列脱波利州建立了12个居住地。与梅腾同时期的别赫尔涅菲尔在三角洲建立了14个居住地，第四王朝末第五王朝初年的卡里尼苏特同其他人一起建立了14个居住地。这些居住地的建立，必然伴之以大量新开垦的土地、新修建的灌溉渠道，而新开垦的土地当然会有相当大的一部分落入建立这些居住地的官僚贵族手里。

关于小土地所有者占有土地的资料，目前尚未发现。

从现有的资料看，当时的众多劳动者都已经失去了土地，例如，麦尔特（mr. t）、勒麦特（rmt）等，更不用说奴隶了。但这些劳动者都在一定程度上，以不同形式与土地有某种结合，这种结合就成为他们被剥削的不同形式，或奴隶主剥削他们的不同形式。劳动者同土地的结合，是奴隶主剥削劳动者的前提条件，也是劳动者被剥削的条件。劳动者是被剥削的对象，即使他们有一小块土地，他们也会成为剥削的、兼并的对象（用"合法"的形式，如"购买"；非法的形式，如强占）。

（二）土地的买卖、转让和继承

古王国时期的古埃及，梅腾墓里的铭文记载土地已经可以买卖。哪些土地可以买卖呢？国家、国王和神庙的土地一般说来是不会买卖的。贵族们的土地中的某些部分，如继承来的土地大概是可以买卖的，但继承来的负有义务的土地似乎不能轻易买卖，或随意处置。如果要买卖，买者必须承担相应的义务。这在铭文中是说得很明白的。

合法的土地买卖首先需要签订一个契约（不过我们尚未发现古王国时期存在这种契约），梅腾墓里的铭文记载了梅腾从尼苏提乌那里用酬金获得的土地，但那不是契约文献。既然当时买卖房屋已经签订了契约（这份契约已经被发现），那么我们可以确定买卖土地也需要签订一份契约。而且，当时转让土地要有凭证才算合法（这也已经有证据可以证明）。其次，需要有证人在场（从买卖房屋的契约可知）。最后，需要经过国王和有关政府机关的批准证书（从梅腾墓铭文可知，继承土地是需要这项手续的，所以，土地买卖也一定会有这项手续）。

古王国时期土地转让和继承的情况也不完全相同：第一，不附带任何条件的继承和转让。例如，梅腾从其母亲那里继承的土地就不附带任何的条件，也无需承担任何义务。第二，有义务的继承和转让、附带有条件的继承和转让。例如，祭司涅康涅克赫作为一个祭司从国王那里获得50斯塔特土地，作为进行祭祀的报酬。后来，他又将这些土地传给他的孩子，其条件就是都要承担进行祭祀的义务。如果某人从其父亲那里继承了附有义务的土地而又不承担附有义务，那么，原主人可以收回土地。

作为财产而继承和转让的，除了土地以外，还有其他财产和劳动力，如梅腾墓里的铭文讲到转让的有人（勒麦特）和小牲畜。

古王国时期的古埃及，土地等财产遗嘱的继承人是谁呢？古王国时期留下的若干资料说明，可以是长子继承，但并非通常由长子继承。例如，王子涅库勒的遗嘱，是将土地给予他的妻子和几个儿女的，并未指定长子继承。

（三）古王国时期奴隶主经济的经营形式

古王国时期古埃及各类奴隶主的经济基本上都是自给自足的经济。他们的经济中，既有农业，也有手工业、畜牧业、园艺业，甚至捕鱼业。奴隶主生活中所需的一切基本上都是自给自足的产品，大概只有很少的奢侈品才需要从市场上去购买。这说明了当时的自然经济性质。这种自然经济反过来又阻碍了商品货币关系的发展，加重了全国经济的自然经济的性质。

古王国时期的资料表明，当时存在集中经营的形式。一些贵族奴隶主的墓里的浮雕生动地反映了奴隶及其他劳动者在贵族奴隶主主导经济形式下从事农业、手工业生产的情景。例如，第五王朝初期的提伊墓（位于萨卡拉）里的浮雕中有劳动者用锄头翻地、播种、收割等情景，在农庄里还有手工作坊、畜牧业和园艺业等情景，这些可以说是集中经营的形式。

但是，是否只有集中经营这一种形式呢？从古王国时期留下的资料看，似乎不止这一种形式，即除了集中经营以外，还有分散经营的形式，也就是租佃的形式。

例如，有的奴隶主的幕墙上雕刻有农民因为交不起租税而遭到捆绑、受处罚或被拷打的情景。一般说来，在集中经营的情况下，是不可能发生这种情况的。贵族奴隶主的墓墙上的浮雕中出现这种情景表明，当时存在分散经营的形式，农民独立租佃土地的形式是存在的。这些农民因为天灾人祸而交不起租税，所以被捆绑、受处罚或被拷打。但我们无法知道分散经营的形式占多大的比例，也不知道租税占收成的比重有多大。

二、奴隶主经济中的劳动者

古埃及有若干表示生产劳动者的术语，如古王国时期的"ISW. W""hm（男奴）""hmw（女奴）""B；K""麦尔特（mr. t）""勒麦特（rmt）"等。弄清这些术语的含义，对了解这些人的地位及其在生产中的作用具有重要意义。但遗憾的是，这些术语往往是在铭文中上下文不清楚的情况下出现的，而且有关它们的资料又极度贫乏，所以我们往往弄不清楚它们的情况。虽然现代学者对此进行了很多研究，收集了不少的资料，但往往看法不一，甚至尖锐对立。"ISM. W（ISW，ISW. W）"，复数名词，在古王国时期的铭文里提到过。这类人是购买来的。第六王朝时的一个铭文里记载："属于我的财产的 ISW. W，我买了他们，（他们）已经在一个盖了木印的契约上登记过了。""hm"，巴凯尔注音为"hmw"，意为身体。伽丁内尔注音为"hmy（w）（男奴）""hmy（wt）（女奴）"。古王国时期的一个铭文记载："由国王的hm簸扬小麦（spelt）。"巴凯尔认为，在古王国时期，"hm"曾在官吏的土地上劳动，可能属于国王在地方上的财产。舍斐尔将"hm"看作仆人。不过，他引证的例子在巴凯尔的书里却注音为"B；K"，是另一类人。古王国的墓里（位于舍伊赫·赛义德、位于维德和扎维伊特·埃勒麦伊廷地方）的解释性铭文，称"hm"为"国王的仆人"或"国王的奴隶"。卢利耶认为，"hm"是奴隶。汤普逊认为，"hm"是战俘奴隶。

在古王国时期的生产中起作用最大的是麦尔特。有关这些人的资料主要在古王国末期一些国王的敕令里。另外，一些贵族奴隶主的铭文，《帕勒摩石碑》和开罗博物馆所藏的断片也提到过他们。例如，佩比一世给其母的礼拜堂的庇护敕令说："朕已经命令豁免此礼拜堂，属于它的麦尔特以及大小牲畜。"

伊比的铭文说："我地产上的谷物、公牛和麦尔特。"《帕勒摩石碑》（开罗博物馆所藏的断片）记载："上、下埃及之王涅菲里耳刻勒作为他的纪念——而在'大公'的要塞城墙上的牺牲台为拉神供奉牺牲。规定每日的牺牲份额为200份面包和啤酒，为此而建立'pr. sn'，并为此募集麦尔特。"

这些麦尔特之所以在各类奴隶主经济中劳动，是因为他们都失去了生产资料，不在奴隶主经济中劳动，便无衣无食，无以为生。佩比一世给其母亲的小礼拜堂的敕令和伊比的铭文把麦尔特和大小牲畜放在一起提，说明麦尔特的社会地位极低。至于麦尔特的身份问题，至今学者们的认识极不一致：有的学者认为麦尔特是奴隶，有的学者认为是自由的公社成员，有的学者则认为是农奴、臣仆。麦尔特的起源为何？学者们的看法也极不一致。有人认为麦尔特是奴隶，因此，他们认为其主要来源是战俘、罪犯、债务奴役等；另外一些人认为，麦尔特源于失去土地的公社成员。

另外一类比较多的劳动者是勒麦特。在古王国时期的铭文里，勒麦特常常是在"人民""人"的一般意义上碰到过。例如，"……这块土地上的所有人"，"……人们所喜爱的"。勒麦特的社会地位很低。当时资料里面提到的勒麦特显然都是失去了生产资料的人。但他们在生产中的地位如何则不得而知。但可以肯定的是，他们都应当是劳动者。目前没有资料可以说明他们与奴隶的关系，但他们绝对不是自由的公社成员。从若干资料中看，他们的社会地位和麦尔特差不多，也和奴隶差不多，完全受奴隶主摆布。

三、古王国时期的君主专制

古王国时期，随着奴隶制经济的发展，统一的巩固，君主专制也愈加强化。这从许多方面得到了反映，包括国王对经济、行政权力、军队、司法权、地方行政的控制等。

（一）国王对经济的控制

国王控制全国的经济，可以动员全国的人力和物力。国王及其家族通过各种方式占有大量的土地，这些土地遍布全国各地，还占有大量的劳动力、牲畜、手工作坊以及其他财富；国王可以控制国有土地，代表国家赏赐或捐赠国家的土地，支配国有土地上的收入；国王组织对全国进行土地、人口、牲畜、黄金的清查；国王可以动员全国的人力、物力，修建公共工程，或者只是为了一己的私利，如修建金字塔、祭祀神庙。朕即国家，在经济上的表现就是将全国财政收入置于国王的控制和支配之下。

（二）国王对行政权力的控制

古王国时期，国王是国家的象征，被称为法老。在国王之下有一个行政首脑，即维西尔（古埃及人称之为塔提，维西尔是一个阿拉伯词，是后来人们借用的一个词）。维西尔在国王之下，主持日常行政事务，主管行政、司法、经济和神庙等事务，拥有很大的权力，相当于中国古代的宰相。但大事的决策权不属于维西尔，而属于国王。维西尔和其他所有大臣也是由国王任命的，在第四王朝时期，许多维西尔是由王子担任。他们所做的一切也都听命于国王。这些高级官吏既然受命于国王，就必须对国王负责，向国王报告工作，并对国王感恩戴德、卑躬屈膝。目前，我们从未在任何资料里见过向维西尔负责的官吏。（见图7-7、图7-8）

图7-7　维西尔
海米昂坐像／现
存奥地利维也纳
艺术博物馆

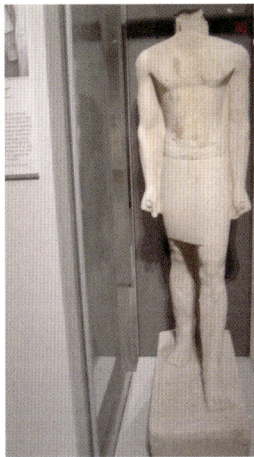

图7-8　维西尔巴巴耶夫像／
现存美国波士顿博物馆

古埃及的官制十分混乱（至少表面上看是如此），不过，总的来说，当时的官职大约可以分为三个系统：国家行政系统（包括行政、司法、军队、财政等方面）、王室系统、神庙系统。国王对这三个系统的官吏应当是都能控制的。君临一切，这是君主专制的重要表现。

（三）国王对军队的控制

古王国时期有一支相对于同时期的其他国家来说要强大的军队。《帕勒摩石碑》记载，在斯尼弗鲁时，与尼西人作战，获男女7000人，大小牲畜20万头；《大臣乌尼传》记载，他为反击贝都因人而募集了人数为好几万人的军队。[①]这些都说明战争的规模不小。战争规模如此之大，军队的数量也必然很大。军队是君主专制得以建立并维持其统治的主要工具。

军队控制在国王手中，王子可以担任维西尔，而维西尔可负责行政、司法、经济、神庙等事务，但没有军权，不掌管军队。军队由国王亲自统率，战时国王常常御驾亲征（在西奈、努比亚等地留下若干国王的名字，

---

①　关于古王国时期军队的情况，可参见布利斯特德的《古代埃及文献》一书（第1卷，121～125页）。

那可能就是国王远征时留下作为纪念的，当然，也可能是一些将领代替国王留下的）或国王派人远征，但必须常常向国王请示和报告情况。

这时古埃及的军队不仅由古埃及人组成，而且也有被征服地区的人："陛下反击亚细亚贝都因人。陛下在全部上、下埃及，南起埃烈芳提那，北至阿弗洛狄城区。在下埃及，在三角洲的东西两部的全境，在城堡（？），在各处堡垒，向伊尔捷特的努比亚人、麦德查的努比亚人、伊阿马的努比亚人、瓦努特的努比亚人、卡阿阿乌的努比亚人，以及利比亚的国境募集好几万的军队。"

军队可能分为两部分：常备军和临时征召的军队。临时征召的军队主要是在战时，在对外远征时进行，战事结束即解散。从萨布尼的铭文可知，贵族奴隶主可以有自己的私人军队，即"私宅"的军队。铭文记载，萨布尼的父亲在远征努比亚时战死，萨布尼便带领其"私宅"的军队去努比亚，把他父亲的尸体运回国。

（四）国王对司法权的控制

古王国时期及以后，维西尔几乎都是司法首脑，有司法权，但国王往往越过维西尔自行任命法官审理一些重要案件，特别是有关宫闱的案件，乌尼的铭文说："当国王的宫闱发生秘密起诉王后乌勒特赫斯特（？）的案件时，陛下令我来（？）。以便一个人进行审问，那里除我一个人以外，没有有关法庭首长——最高大臣、也没有一个别的大臣……"

古埃及没有留下像两河流域那样的法典，虽然在晚些时候的资料如《伊浦味陈辞》（或译为《一个埃及贤人的训诫》）里说到有法律纸卷，新王国时期的列赫米拉①的铭文里提及法律皮卷，不过目前尚未见到实物。

在古埃及，国王颁布的相当于法律的敕令就是法律。

古埃及有两类法庭：世俗法庭和神庙法庭。世俗法庭的首脑名义上是维西尔。从森涅吉米布的铭文中我们知道，维西尔兼任最高法官。实际上国王才是司法首脑。神庙法庭的审判即神判法，主要由神庙祭司来判定是否有罪。不过，很多神庙都由世俗官吏来管理，如维西尔又是最高祭司，

----

① 又译为列赫米留。

而地方上的诺马尔赫也兼任地方神庙的祭司，大臣乌尼是城市祭司监督，佩比-纳克赫特也是一个祭司，所以，神庙法庭实际上也控制在他们的手中。

（五）国王对地方行政的控制

反映古王国时期地方上的情况的资料很少，我们见到的考古发掘资料主要是首都地区的资料，地方的发掘也很不充分。因此在现有的资料的基础上连勾画一个大概轮廓也都是很困难的。古埃及地方上的行政单位是由原来的小国演变来的，应当称斯帕特，但现在，人们一般都称其"诺姆"或"州"。其长官为"诺马尔赫"或"州长"。诺马尔赫大概是可以世袭的。从格布拉维地方发掘的资料看，这里的几个人，亨库、伊比和扎乌是一个家族的，都担任过诺马尔赫。因此，诺马尔赫可能是世袭的，但也不排除是任命的。例如，伊比不仅继承了提尼斯诺姆的诺马尔赫的职位，还因为他同色拉斯特诺姆的诺马尔赫的女继承人结了婚，他又被任命为色拉斯特的诺马尔赫。国王的这种任命可能只是一个形式，但至少在古王国时期是如此。

从各种资料看来，诺马尔赫的职责是：管理诺姆行政、司法、神庙、诺姆经济，并管理国家和王室在该诺姆的经济。至于掌管军队与否则不得而知。不过，在战争时期，可能也要负责在本诺姆临时征召军队。至少在《大臣乌尼传》中有这方面的暗示。

诺马尔赫的官邸多半位于以前小国的首都，那里也是当地主神神庙的所在地。诺马尔赫中的许多人原来可能就是小国国王的后代或其他贵族的后代。他们在诺姆中的势力很大，影响力也很大。但那些被打败并被消灭了的小国的诺马尔赫肯定已经换了人，换成了在统一战争中的有功之臣，他们成了新的统一王国的支持者。总的来说，在古王国时期的前期，王权相对强大，旧贵族与王权之间的矛盾还没有暴露；或者虽有矛盾，但因为王权相对强大，还能驾驭地方贵族和诺马尔赫，地方贵族的分裂主义倾向还不严重，更不敢作乱。后来，到第五王朝时期，可能王权与地方贵族的矛盾开始显露，地方贵族的势力不断加强，其叛离倾向有所抬头。所以，一些诺马尔赫敢于经常借口发展诺姆的事业而侵犯神庙的利益，甚至侵犯国王的金字塔地产和使用地产上的劳动力。这表明诺马尔赫乘王权削弱之机逐步壮大自己的经济实力，因此，国王们颁布了若干敕令以保护神庙的利益和金字塔地产。

在中央政权和地方诸姆之间，上埃及设有上埃及官邸，有上埃及首长。上埃及官邸的设立，应当是为了控制地方贵族势力。

（六）王室家族控制朝政

古王国时期的君主专制，除了表现在国王本人对各种权力的控制之外，还有一个重要表现，就是王室家族控制了朝政。王室家族控制朝政的一个表现就是由王子担任维西尔，这在古王国时期的初期和中期更为明显。《剑桥古代史》指出，第四王朝国王的专制权力是靠高级官吏由君主直系亲属中分配这一点来维持的，而最高行政职务维西尔一职则是由与国王有最密切的血缘关系的人来担任。摩勒更指出，第四王朝的维西尔都是由王子担任的（有关古王国时期的维西尔与王子的关系）。古王国时期末期，地方贵族在经济和政治上的实力增强，有的人担任了维西尔（如提尼斯诺姆的贵族扎乌），不过，这种情况似乎还要和王室联姻，变成皇亲国戚才行。例如，扎乌的两个姊妹都嫁给了第六王朝的国王佩比一世。也就是说，通过联姻，这些贵族也成为王室家族的人以后，才能担任维西尔这样高级的职务。

（七）古王国时期的王权继续被神化

王权神化，君主专制与神权结成联盟以强化王权，加强奴隶主的统治，在古埃及历史上的表现十分突出。前王朝时期出现的红冠和白冠是王权神化的最初表现。早王朝时期又出现了多种王衔符号，也与神化王权有关。

从早王朝到古王国前期，鹰神荷鲁斯是国王的主要保护神。据《魏斯特卡尔纸草》记载，第五王朝时期的前三个国王都宣称自己是拉神的后代，是拉神同拉神祭司的妻子所生。因此，他们夺取王权似乎就是理所当然的。

古王国时期，国王的名字有了新的写法。在早王朝时期，国王的名字是写在一个长方形的框子里，这个长方形框子象征的是王宫的正面，在长方形框子的上面还站着一只鹰，如第二王朝的国王勒涅布的名字。但可能是从第四王朝时期起，国王名字的写法变了，不再写在一个长方形的框子里，而是写在一个椭圆形的框子里。古埃及人称这个椭圆形的框子为"shenen"（拉丁文注音），现在人们说这个框子叫"cartoch"。这个椭圆形框子的意思是什么？据说是表示太阳照耀的区域，反映了对太阳神的崇拜，说明国王受到太阳神的保护。在这个椭圆形框子的下面有一条黑线，据说这是到此为止的意思。这种写法一直到罗马帝国统治古埃及时还在沿用。

古埃及君主专制的物质力量是军事官僚机器，以及雄厚的经济基础，但君主专制本身大概觉得还不够，还需要借助神权的支持。正是因此，从古王国时期以后的文献中，我们经常可以看到国王向神庙捐赠土地、劳动力和其他财富的记载，才能够理解国王及奴隶主为什么花费那么多的财富去养活祭司集体。

（八）金字塔的修建及其后果

金字塔是自古王国时期至第二中间期古埃及国王的坟墓形式，其形似汉字中的"金"字，故称其为"金字塔"。古埃及人称之为"麦尔"〔M（e）r〕，至少，他们把角锥体叫作麦尔。西方人称之为"Pyramid"，希罗多德说之所以称之为"Pyramid"，是因为古埃及人痛恨修建了大金字塔的胡夫国王，因此，人们鄙夷地用一个曾在该地放羊的牧人的名字来称呼金字塔。所以，"Pyramid"应当算是一个牧人的名字。不过有学者认为，可能是希腊人从远处看金字塔，很像他们自己吃的糕点（Weaten cake），故名之。①

作为国王坟墓的金字塔，是从第三王朝时期的乔赛尔国王开始修建的，在这之前，国王最大的坟墓是马斯塔巴。乔赛尔的金字塔是古埃及著名的维西尔、建筑师和学者伊蒙霍特普设计和建造的。（见图7-9）但他建造的不是我

图7-9　伊蒙霍特普坐像／现存开罗埃及博物馆

————————

① 关于金字塔的描述可参见爱德华兹的《埃及的金字塔》一书的第7章。

们通常见到的角锥体金字塔，而是一座层级金字塔，或阶梯形金字塔。它实际上是在马斯塔巴墓上加五个台阶，成为一座六层的马斯塔巴。这座层级金字塔不仅在规模上比马斯塔巴要大，而且在建筑材料上也有了很大的改进。以前的马斯塔巴是用砖或砖坯建造的，但乔赛尔的层级金字塔却是一座真正的用石头建造的坟墓。而且，除了建造一座埋葬用的金字塔以外，伊蒙霍特普还在它附近建造了一座祭庙。真正的角锥体的金字塔是从第四王朝的斯尼弗鲁国王开始建造的，不过，他的第一座金字塔是在麦杜姆建造的，一开始还是建造成一座层级金字塔。对此，斯尼弗鲁很不满意，于是设计者便在此基础上，将各层台阶填平，从而形成一座角锥体的金字塔。后来，他又在达赫淑尔建造了一座菱形的金字塔。本来，他一开始是要建造一座角锥体的金字塔的，但因为设计的原因，角度太大，不得不急忙半途收缩，从而形成一座菱形金字塔。斯尼弗鲁当然不满意，于是又在达赫淑尔建造了一座真正的角锥体金字塔，塔高99米。所以，他一个人就建造了三座金字塔。

此后很长一段时期里，直到第二中间期，国王的坟墓形式主要的就是金字塔。不过，虽然在中王国时期国王也建造金字塔，但它已经不是作为埋葬用，而是作为坟墓的一种装饰品，规模也小了许多。

古埃及最大的金字塔是斯尼弗鲁的儿子胡夫在基泽建造的那座大金字塔。胡夫的大金字塔是由胡夫的兄弟海米昂设计并建造的，地址选择在首都孟斐斯附近的基泽西边5英里远的沙漠边缘的台地上。（见图7-10）这座金字塔高146.5米，因为长期风化，现在已经矮了大约10米。金字塔的基座每边长230米（但据英国著名考古学家彼特里的测量，金字塔基座的各边长是：北边为755.43英尺、南边为756.08英尺、东边为755.88英尺、西边为755.77英尺）。人们推测说，这座金字塔共用了230万块巨石，平均每块重约2.5吨。据说，如果把大金字塔的石头分成一立方英尺大小，然后将其绕地球赤道排成一行，可绕地球外圆2/3。拿破仑远征埃及时曾同他的将领们登上大金字塔顶，下来后他推算说，如果把基泽的三个大金字塔的石头用来砌一条10英尺高、1英尺宽的墙，可以绕法国一圈。

图7-10　胡夫金字塔／基泽

　　胡夫的金字塔除了以其规模巨大令世人惊叹之外，还以其高超的建筑技巧而著名。它的每块巨石之间没有用水泥灰浆之类的黏合剂，却垒得十分牢固，这是因为每块石头都磨得很平，使得石头之间的缝隙很小，故能历时数千年而不倒，这不得不说是建筑史上的奇迹。另外，在金字塔塔身的北侧离地面13米高的地方，有一个用四块巨石砌成的三角形出入口。这个三角形用得非常巧妙，因为如果不用三角形而用四方形，那么，100多米高的金字塔本身的巨大压力将会把这个出入口压塌。而用三角形，就使那巨大的压力均匀地分散开了。在当时，古埃及人对力学原理有这样的理解和运用，确实是了不起的。

　　胡夫金字塔工程巨大。希罗多德说，这座金字塔的石头是从"阿拉伯山"（可能是指西奈半岛）开采来的。不过，现在我们知道，石头多半是从本地开采的，修饰金字塔表面的石灰石，是从尼罗河河东的图拉开采的。但在那时，开采石头并非易事，因为古埃及并没有炸药，也没有钢钎之类的工具，可能是用铜凿子在岩石上打上眼，然后插进木楔，再灌上水，当木楔被水泡胀时，岩石便被胀裂。这样的方法，在今天看来也许显得笨拙，但在当时，却是很了不起的技术。

　　古埃及人是将石头装在类似雪橇的装置上，用人力和畜力拉过去的。

为此，需要修造宽阔而平坦的道路。希罗多德说，修筑运送石头的道路和开凿金字塔的地下墓室就用了10年的时间。而修筑金字塔本身用了20年的时间。

修建胡夫的金字塔，一定是集中了当时人们的一切聪明才智，因为它需要解决的难题太多了。但是，这些问题都解决了，金字塔修建起来了，而且屹立了4000多年，这本身就是一大奇迹。所以说，金字塔是古埃及人民智慧的结晶，是古埃及文明的象征。

胡夫之后的另一座大金字塔，是哈夫拉的金字塔，它比胡夫的金字塔矮了3米，但由于它修建在地势稍高的地方，因此看起来似乎比胡夫的金字塔还要高，而且其外形更为壮观。尤其是在这座金字塔前还有一座狮身人面像，是用整块巨石雕刻而成的。据说，那是按照哈夫拉的模样雕成的。那为什么雕刻成狮身呢？据古埃及神话记载，狮子是各种神秘地区的守卫者，也是东方和西方地平线的地下世界大门的守护者。狮子以斯芬克斯的形象出现并拥有守卫的职能，而被太阳神赋予了人的特征，可能是人们认为国王去世后会变成太阳神的缘故吧。（见图7-11）

在这两座金字塔旁的是孟考拉的一座小得多的金字塔，它只有66米高，还不及胡夫金字塔的一半高。

从客观上说，修建金字塔需要解决许多技术上的难题，因此，必然促

图7-11　哈夫拉金字塔／基泽

进了古埃及数学、建筑学等科学技术的发展；也会促进采矿、冶金、运输等手工业的发展。金字塔的修建场地犹如一所大型学校，培养了一代代的人才。

但金字塔的修建耗费了古埃及的国力。大量的人力、物力被用在了这种毫无使用价值的方面，而不是用在扩大再生产方面，显然不利于社会经济的发展。

金字塔的修建加重了人民的负担，激起了人民的愤怒。希罗多德说，胡夫和哈夫拉修建金字塔，给古埃及人民带来了极大的灾难，使得古埃及"曾有一百零六年是在水深火热之中……人民想起这两个国王时恨到这样的程度，以致他们很不愿提起他们的名字……"[1]。戴奥多罗斯也说："虽然这两个国王修建金字塔作为他们的坟墓，但是他们谁也没有埋在里面。由于人民在建筑金字塔时受尽千辛万苦，这些国王还做了许多残忍的事，人们满腔怒火地起来反抗那些使自己受苦的人，并且公开地要撕碎他们的尸体，狠狠地把他们抛出坟墓之外。"[2]这也许说明，为什么胡夫大金字塔中的棺材是空的。

四、古王国时期君主专制的崩溃

第四王朝的国王们大肆修建金字塔，加剧了阶级矛盾。第四王朝末期，古埃及国内可能发生过人民起义，第五王朝就可能是在人民起义的过程中，或利用人民起义的形势，而建立起来的。

在第五王朝时期，国王与贵族之间的关系发生了明显的变化，为了维持自己的统治，国王不得不更多地依赖贵族，从而成为贵族的附庸。

因此，古王国时期的君主专制在第六王朝以后便崩溃了。

---

① 参见［古希腊］希罗多德：《历史》，Ⅱ，128。
② 参见［古希腊］戴奥多罗斯：《历史集成》，Ⅰ，64，4-5。

261

第四节　专制统治时期的文化

一、苏美尔和巴比伦文化

（一）苏美尔人的爱情诗

爱情是人类文学史上永恒的主题，一部不朽的爱情诗篇如同一个动人的爱情故事一样，可震撼人的心灵，陶冶人的情操。因此，爱情诗或情歌是人类文学史上早期的体裁之一。最早的爱情诗篇便诞生在苏美尔。苏美尔人留给我们的爱情诗数量不多，且内容多是涉及国王和神的爱情故事。

迄今所知最早的两首爱情诗保存在伊斯坦布尔古代东方博物馆所藏的两块泥版上。这两首诗的创作时间无疑是乌尔第三王朝时期，因为其男主人公都是乌尔第三王朝的第四代国王舒辛。根据苏美尔人的信仰和习俗，为了保证土地丰产和人丁兴旺，当政的国王每年都要迎娶一位爱情和生育女神伊南娜的女祭司，这是他的神圣职责。这种"圣婚"仪式在每年新年那一天举行，仪式开始前要举行庆祝宴会，席间有音乐伴奏，载歌载舞。根据克莱默的研究，第一首诗很可能是由国王舒辛选定的新娘在新年庆祝"圣婚"的过程中吟诵的。下面就是根据克莱默的英译文翻译的全诗内容[①]：

> 新郎（哥），亲亲，我的心，
> 你的美貌甜如蜜，
> 壮士（哥），亲亲，我的心，
> 你的美貌甜如蜜。
>
> 你已迷住了我，让我不安地站在你面前，
> 新郎哥，我甘愿被你带入洞房，

---

① S. N. Kramer, *History Begins at Sumer*, pp.245-246.

你已迷住了我，让我不安地站在你面前，
壮士哥，我甘愿被你带入洞房。

新郎哥，让我亲吻你，
我的香吻比蜜甜，
在洞房里，充满柔情蜜意，
让我们享受你的美貌，
壮士哥，让我亲吻你，
我的香吻比蜜甜。

新郎哥，你已占有了我，
告诉我的母亲，她将给你以佳肴，
告诉我的父亲，他将给你以赠礼。

你的精神，我知道如何振奋你的精神，
新郎哥，与我同眠至天明，
你的心，我知道如何取悦你的心，
壮士哥，与我同眠至天明。

你，因为你爱我，
给我你亲吻的请求，
我的君王之神，我的君王保护者，
我的舒辛，你取悦了恩利尔之心，
给我你亲吻的请求。

你的偶像甜如蜜，请把（你的）手置其上，
把（你的）手置于其上，就像一件衣服，
举起（你的）手置于其上，就像一件衣服。
这是伊南娜的颂歌。

第二首诗也是一位不知名的女祭司献给国王的情话。但其结构不太分明，含意也有些模糊之处。根据克莱默的划分，这首诗由6节组成。[1]每节之间的逻辑关系不很清楚。头两节各由4行组成，第一节歌颂舒辛的诞生，第二节颂扬舒辛及其母阿比斯姆提[2]、其妻库巴图姆[3]：

> 她生下了他，他很纯洁，她生下了他，他很纯洁。
> 王后生下了他，他很纯洁，
> 阿比斯姆提生下了他，他很纯洁，
> 王后生下了他，他很纯洁。

> 哎，我的（王后）很宠爱顽童，
> 哎，我的（王后）……头，我的王后库巴图姆，
> 哎，我的（君王）……发，我的君王舒辛，
> 哎，我的（君王）……言，我的舒尔吉之子！[4]

第三节较长，共由6行组成，诗人歌颂国王赠给她的礼物：

> 因为我吟诵，因为我吟诵，君王赠我以礼物，
> 因为我吟诵阿拉里歌，君主赠我以礼物，
> 金耳坠，天青石印，君王送我作礼物，
> 金戒指，银戒指，君王送我作礼物，
> 君王，你的礼物充满……仰脸看着我，
> 舒辛，你的礼物充满……仰脸看着我。

---

[1]　S. N. Kramer, *History Begins at Sumer*, pp.247-248；*ANET*, p.496.

[2]　阿比斯姆提，应为乌尔第三王朝第二代国王舒尔吉之妻，舒辛之母。

[3]　库巴图姆，一译达巴图姆，舒辛的妻子之一，可能曾是女祭司。

[4]　这句诗有重要的史料价值。它表明乌尔第三王朝的第四代国王舒辛不是第三代国王布尔辛之子，而是他的兄弟，舒辛和布尔辛都是第二代国王舒尔吉之子。

第四节由4行组成，其中两行损坏严重，意义已连贯不上，但仍可明显看出这节是称颂舒辛本人的威力的：

> ……君王……君王……
> ……像一件武器……
> 城市举起了手，宛若一条巨龙，我的君王舒辛，
> 它伏在你脚下，有如一头幼狮，舒尔吉之子。

诗人在第五节中把笔锋转向了自己，她颇具诱惑地向国王展示自己的魅力：

> 我的神，酒女[①]之神，她的酒甜美芳香，
> ……她的酒甜美芳香，
> ……她的酒甜美芳香，
> 她的酒，她的混合酒甜美芳香。

在这首诗的最后一节，诗人又转而歌颂舒辛国王：

> 我的舒辛宠爱我，
> 噢，我的（舒辛）宠爱我，爱抚我，
> 我的舒辛宠爱我，
> 我的深受恩利尔宠爱的舒辛，
> 我的国王，其土地之神！
> 这是巴乌女神的颂歌。

这两首爱情诗不仅向我们展示了生活在4000多年前的苏美尔人的婚姻和爱情观，还告诉我们，苏美尔人在文学表现手法上已经采用了语句重

---

① 　学者们认为这里的酒女指的是诗人自己，参见*ANET*，496页注。

复、排比句和比喻等修辞方法。他们显然已懂得重复和排比句所具有的感染力和恰当比喻造成的生动性。重复和排比属于作品结构本身的范畴，比喻则要求有丰富的知识和敏锐的观察力。在第一首诗中，用作比喻的客体是蜜，比喻的内容是其重要的性质"甜"，比喻的对象分别是"美貌"和"香吻"。在第二首诗中用作比喻的客体有巨龙、幼狮等。其实，比喻是绝大多数苏美尔文学作品，尤其是诗歌作品通常采用的修辞手法之一。从大量的苏美尔文学作品中可以看出，苏美尔人用作比喻的客体数量、种类非常多，涉及范围也非常广。第一是宇宙和天体，包括日、月、星和天、地等。苏美尔诗人通常用"天"来形容"高"，如苏美尔人的塔庙在许多作品中被描写为"与天齐高"；有时也用来形容"美丽"，如一位诗人把尼普尔说成"里里外外都像天一样美丽"等。"大地"则取其"宽广"的寓意，即所谓"天高地广"；有时也用来表示"持久""长久"等含义，即所谓"天长地久"。第二是自然现象，如雷、雨和风暴等。第三是宇宙间的万物，如山、水、植物和动物等。其中，动物王国是主要的比喻源泉，野生动物常见的有狮、狼、野牛、山羊和大象等，家畜主要包括公牛、母羊、驴和狗等，此外还有各种鸟类和鱼类等。第四是各种物品，如前面两首诗中出现的蜜和酒，还有牛奶、船和服装等。用作比喻的这些客体都有其鲜明的个性和特点，这些个性和特点无疑体现了苏美尔诗人的理解和思想观念，所以它们才能恰当地被诗人所利用。这在某种程度上也反映出了苏美尔文化的某些基本特征。

（二）美索不达米亚的科学

古巴比伦时期是古代美索不达米亚数学发展史上最重要、最辉煌的时期。这可能与古巴比伦时期是美索不达米亚的政治、经济和文化的鼎盛时期不无关系。下面将要介绍的古代美索不达米亚的主要数学成就，多数属于巴比伦人。一般认为，在古巴比伦时期数学相对高度发展之后，美索不达米亚的数学经历了一个缓慢的发展过程。直至大约1500年之后的塞琉古时代前，巴比伦人在数学方面没有取得重大成就。令人不可思议的是，这期间却是其他科学发展的重要时期。

必须提及的是，古代美索不达米亚的数学奥秘得以被揭破，除考古学家的不朽功绩外，许多著名的语言学家和科学史学家厥功至伟。可以说，没有他们的辛勤劳动和聪明才智，这个人类智慧宝藏不知还要被埋藏多久。解开古代美索不达米亚数学之谜贡献最大者无疑首推美国学者奥托·诺伊格鲍尔，他被认为是关于巴比伦数学的权威人士，因此值得在这里略书一笔。他在20世纪20年代末首先破译了巴比伦楔形文字的数学泥版，并建议要妥善保护那些尚未破译的泥版。其主要著作有《古代的精密科学》（*The Exact Science in Antiquity*，Princeton，Princeton University Press，1952）及与萨克斯合著的《楔形文字数学文献》（*Mathemitical Cuneiform Texts*，New Haven，Conn，American Oriental Society and the American Schools of Oriental Research，1945）等。此外，他对巴比伦天文学的研究也有较深的造诣。

1. 代数学

大约在公元前2000年，美索不达米亚的算术已发展成为一种高度发达的用文字叙述的代数学。巴比伦人已经非常善于编撰数学用表，并把它们用于实际的运算过程之中。这些数学用表包括乘法表、除法表、平方表、平方根表、立方表、立方根表、倒数表，甚至还有对数表等。例如，9的倍数表：

$$
\begin{array}{ll}
(9 \times 1) & 9 \\
(9 \times 2) & 18 \\
\vdots\ \vdots & \vdots \\
(9 \times 20) & 3,\ 0 \\
\vdots\ \vdots & \vdots \\
(9 \times 50) & 7,\ 30
\end{array}
$$

再如，除7和11以外的2至12的倒数表：

2	30
3	20
4	15
5	12
6	10
8	7, 30
9	6, 40
10	6
12	5

巴比伦人的数学用表都是按六十进位制计算的。例如，9×50 的转写形式 7，$30 = 7 \times 60 + 30 = 450$；2 的倒数 30 的意义为 $30 \times \frac{1}{60}$；8 的倒数 7，30 的意义为 $\frac{7}{60} + \frac{30}{60^2}$。上述倒数表中之所以没有 7 和 11 这两个数，是由于它们属于不规则数，在六十进位制下永远也除不尽。对不规则数的倒数，巴比伦人另有办法。[1]

巴比伦人已经涉及了级数问题。诺伊格鲍尔在巴黎卢浮宫博物馆发现了一块属于公元前 300 年左右的泥版，上面载有两个有趣的级数问题。它们分别为[2]：

$$1 + 2 + 2^2 + \cdots + 2^9 = 2^9 + 2^9 - 1$$
$$1^2 + 2^2 + 3^2 + \cdots + 10^2 = \left[\left(1 \times \frac{1}{3} \right) + \left(10 \times \frac{2}{3} \right) \right] \times 55 = 385$$

巴比伦人还有一种特殊的代数表，即一个给定的数的立方与平方表。假设给定的数为 n，那么表达形式应该为 $n^3 + n^2$。

值得一提的是，巴比伦人的代数运算过程与我们今天所采用的运算

---

① Carl B. Boyer, *A History of Mathematics*, New York, Wiley, 1991, p.35.

② 参见［美］H. 伊夫斯：《数学史概论》，欧阳绛译，35 页，太原，山西人民出版社，1984。

过程有点相似，但巴比伦人的方法尽可能地简捷。例如，他们的除法采用的是被除数乘以除数的倒数的简单办法。再比如，他们求某数的平方根的方法和过程大致是这样的：假设这个数为a，他们首先选定a_1为$\sqrt{a}$的第一个近似值，然后再设b_1为其第二个近似值，b_1的选择方法是使其满足等式$b_1=\frac{a}{a_1}$。如果a_1太小，b_1则太大，反之亦然。再取a_1与b_1的平均值作为其可能的近似值，用a_2表示，即$a_2=\frac{1}{2}(a_1+b_1)$。鉴于a_2通常也大，下一个近似值$b_2=\frac{a}{a_2}$又太小，那么再取两者的平均值，用a_3表示，即$a_3=\frac{1}{2}(a_2+b_2)$。这样，a_3便是他们所要求的$\sqrt{a}$的值。耶鲁泥版文书集第7289号所载$\sqrt{2}$的计算采取的就是这种方法，其结果为1.414222，与正确值相比误差只有0.000008。

到古巴比伦时期，巴比伦人在代数方面的才能和智慧还表现在他们已能解一元一次、二元一次、一元二次甚至一元三次方程。由于当时世界上还不存在字母文字，巴比伦人自然地无法用字母来表示未知数。但他们有自己一套独特的方法来解决这一问题，他们通常使用"长""宽""面积"和"体积"等词语来表达所要求的数。为了更清楚地展示巴比伦人叙述方程问题和解方程的办法，我们根据楔形文字泥版所记录的方程问题各举一例阐述之。

第一，一元一次方程。

原题内容："我找到了一块石头，没有称其重量；我加上了七分之一，又加上了十一分之一。我称一下：一明那。这块石头原重多少？它重一明那八舍克勒二十二又二分之一'莱恩'。"[①]

如果我们按现代方法设石头原重量为x明那的话，该方程可表示为：

$$x+x\times\frac{1}{7}+\left(x+x\times\frac{1}{7}\right)\times\frac{1}{11}=1$$

① Georges Roux, *Ancient Iraq*, p.329.

第二，二元一次方程。

原题内容："四分之一宽加上长等于七只手；长加宽等于十只手。求长和宽分别是多长。"①

如果我们按现代方法设长和宽分别为x和y，该方程可表示为：

$$\begin{cases} x+\dfrac{1}{4}y=7 \\ x+y=10 \end{cases}$$

第三，一元二次方程。

原题内容：

> 我已加上了表面积和正方形的边长：45′
>
> 你应记上1作为一个单位
>
> 你应把它分为两半：30′
>
> 你应把30′和30′相乘：15′
>
> 你应把45′加上15′：1
>
> 这就是1的平方根。
>
> 你再从1里拿走30′：30′
>
> 这就是边长。②

为清楚起见，把题中的分值换算成六十进位制的分数，即45′表示$\dfrac{45}{60}=\dfrac{3}{4}$；30′表示$\dfrac{30}{60}=\dfrac{1}{2}$；15′表示$\dfrac{15}{60}=\dfrac{1}{4}$。这一运算过程可以陈述如下：

> 表面积加边长等于$\dfrac{3}{4}$，
>
> 把系数作为一个单位元素1，
>
> 系数的一半等于$\dfrac{1}{2}$，

① Carl B. Boyer, *A History of Mathematics*，p.37.

② H. W. F. Saggs, *The Greatness that was Babylon*，p.452.

$\dfrac{1}{2}$ 的平方等于 $\dfrac{1}{4}$ ，

$\dfrac{1}{4}$ 加上 $\dfrac{3}{4}$ 等于1，

1的平方根等于1，

1减 $\dfrac{1}{2}$ 等于 $\dfrac{1}{2}$ 。

如果把这一过程套入现代的数学运算模式，把边长设为未知数 x ，可表达为：

$$x^2+x=\dfrac{3}{4}$$
$$x^2+x+(\dfrac{1}{2})^2=\dfrac{3}{4}+\dfrac{1}{4}$$
$$(x+\dfrac{1}{2})^2=1$$
$$x+\dfrac{1}{2}=\sqrt{1}=1$$
$$x=1-\dfrac{1}{2}=\dfrac{1}{2}$$

这块泥版所载的一元二次方程的解题过程表明，巴比伦人已经懂得用把等式两边加等数的方法来进行移项。他们还懂得通过把等式两边乘等量使分数转化成整数。他们显然已知道 $a^2+2ab+b^2=(a+b)^2$ 这一公式，并把它灵活地应用于解二次方程。他们还知道 $(a-b)^2$ 加上 $4ab$ 就可得到 $(a+b)^2$ 。

第四，一元三次方程。

能解一元三次方程是巴比伦人比古埃及人在数学领域的又一高明之处。对于未知数前没有系数的三项式三次方程，其标准形式为 $x^3+x^2=a$ ，他们只需用他们自己发明的 n^3+n^2 的值表（ n 为从1至30的整数）就可解决。未知数前有系数的三项式三次方程的标准形式为 $ax^3+bx^2=c$ 。巴比伦人解这样的方程采用的是替换法，他们先把等式两边同时乘以 $\dfrac{a^2}{b^3}$ ，使方程转化成无系数的标准式，即 $(\dfrac{a}{b}x)^3+(\dfrac{a}{b}x)^2=\dfrac{ca^2}{b^3}$ ；然后再用一个未知数 y 代替 $\dfrac{a}{b}x$ ，便得 $y^3+y^2=\dfrac{ca^2}{b^3}$ 。由于 a 、 b 和 c 都是已知数，根据有关的数学用表， y 的值很容易便求出，通过 $y=\dfrac{a}{b}x$ ， x 的值也就随之确定了。例如，方程$144x^3+12x^2=21$，巴比伦人首先把等式两边同时乘12，便得（$12x$）^{3}+（$12x$）^{2}=252；然后再设$y=12x$，方程就变成$y^3+y^2=252$，$y=6$；最后把$y=6$代入$y=12x$中，便得$12x=6$，$x=\frac{1}{2}$。

巴比伦人能否把四项式三次方程即$ax^3+bx^2+cx=d$转化成他们的标准式，目前尚无材料证实。不过，根据他们解三次方程和二次方程的办法，他们应该能解个别三项式的更高次方程，比如$ax^4+bx^2=c$及$ax^8+bx^4=c$等，这对巴比伦人来说并非难题，因为他们很容易就能把它们简化成三次以下的标准式方程。

2. 几何学

许多年前的传统观点普遍认为，巴比伦人在代数方面的成就是古埃及人远不能比的，但他们在几何学方面却贡献甚微。随着大量考古学资料的不断发现，人们发现美索不达米亚不仅是代数学的诞生地，几何学在这里同样取得了令人惊异的成就。

巴比伦人已经认识到圆的一些特性。他们把圆周分为360等分。这种划分一直沿用至今，无疑是古代美索不达米亚人对几何学的主要贡献之一。关于巴比伦人把圆周分成360等分的原因，学者们有多种说法。但认为与时间有关的见解显然更有道理。德国著名数学史家莫里茨·康托尔[①]认为，早期的巴比伦人认为一年共有360天，在这段时间里太阳围绕地球转了一整圈，这便导致了圆之分割为360度，每一度代表一天中太阳所走过的距离。[②]对此，巴比伦数学的权威诺伊格鲍埃尔的解释更具系统性。他认为在苏美尔文化初期，曾有一种距离单位——巴比伦里，差不多等于现存英里的7倍。由于巴比伦里被用来测量较长的距离，很自然，它也成为一种时间单位，即走1巴比伦里所需的时间。后来，在公元前1000年，当巴比伦文学达到了保存天象系统记录的阶段时，巴比伦"时间—里"，就是用来测量时间长短的。因为发现一整天等于12个"时间—里"，并且

---

① 莫里茨·康托尔，德国数学家，海德堡大学教授（1863—1913年），著有《数学史教程》三卷。

② 参见［英］斯科特：《数学史》，侯德润、张兰译，21页，北京，商务印书馆，1981。

一整天等于天空转一周；所以，一个完整的圆周被分为12等分。但是，为了方便起见，把巴比伦里分为30等分。于是，便把完全的圆周分为（12）（30）=360等分。[1]

巴比伦人已经能计算圆的周长和面积。他们认为，圆的周长等于直径的3倍，面积等于圆周平方的1/12（或半径平方的3倍）。[2]这两种计算方法对于圆周率 π≈3来说，无疑都是正确的，这也许表明他们最初对圆周率 π 的值的计算只精确到3。但在1936年考古学家在距巴比伦城二三百英里的苏萨古都发现的古巴比伦泥版中，其中有一块要求证明 π 的近似值为 $3\frac{1}{8}$。这无疑说明，该时期巴比伦人已把对 π 的计算精确到3.125。巴比伦人还知道圆的内接和外切的概念；知道等于圆的半径的弦能够绕圆周截6次，因此圆可分成6个扇形，每个扇形的中心解为60°；知道用底和高相乘的方法求得直圆柱体的体积；但他们错误地认为圆锥或方棱锥的平头截体的体积是两底之和的一半与高的乘积。

巴比伦关于三角形和"三角学"方面的知识在古代世界中是非同寻常的。他们不仅掌握了计算直角三角形和等腰三角形（也许还有普通三角形）面积的方法，而且还知道两个相似直角三角形的对应边成比例、过等腰三角形顶点所做的底边的垂线平分底边以及内接于半圆的三角形为直角三角形等。在这方面他们最值得炫耀的发现是被后世数学家冠之以"毕达哥拉斯定理"的原理，即勾股定理，一个直角三角形两个直角边的平方和等于斜边的平方。对此，最直接的材料证据就是那块在巴比伦数学泥版中最著名的普林顿第322号泥版，即哥伦比亚大学普林顿收集馆的第322号藏品（No.322 in the Plimpton Collection at Columbia University）。该泥版属于古巴比伦时期（时间大约在公元前1900—前1600年）。（见图7-12）

从泥版的保存状况不难看出，普林顿第322号只是一大块泥版的一部分，该泥版左边遗失一大块，右边大约居中的位置有一个大体呈三角形的较深的坑。这块泥版的左边断裂处发现有现代胶水的痕迹。据此推测，它

① 参见［美］H. 伊夫斯：《数学史概论》，欧阳绛译，34页。

② Carl B. Boyer，*A History of Mathematics*，p.44.

图7-12 几何泥版／涉及一些体积的问题及答案／现存英国伦敦大英博物馆

在被挖掘出来时可能是完整的，后来断裂时人们曾用胶水修补，但有一块下落不明。

普林顿第322号泥版由四列15行数字组成。最后一列中从1至15的数字，显然是其他三列数学的行码。前三列数字指示的是直角三角形两条直角边与斜边关系的相关数值。如果左起第二列和第三列的数字分别代表直角三角形ABC的直角边a和斜边c，那么第一列的数字应为斜边c与另一条直角边b之比的平方，即$(c/b)^2$之值。因此，第一列数字实际上是角A正割值的平方简表，即$\sec^2 A$的数值表。如果这列数字每一行的第一个逗号用分号代替，根据六十进位制，这列数字的数值从上到下呈有规律的下降趋势。而且第一个数大体接近$\sec^2 45°$之值，最后一个数近似于$\sec^2 31°$之值，从第二到第十三个数则相当于角A从45°降到31°之间的sec²A的相应值。它显然不是偶然的排列，而是确定直角三角形三条边长的原则。现在人们通常把像3、4、5这样一组能作为一个直角三角形边长的正整数称为毕氏三数（Pythago rean triple），除了1以外没有其他公因子的毕氏三数，称为素毕氏三数。普林顿第322号泥版的数值表显示，巴比伦人早就知道素毕氏三数的一般参数表达式。该表以两个正则的六十进位制整数开始，我们把它称为p和q，$p > q$，因此构成了三个数，即p^2-q^2、$2pq$和p^2+q^2。因此，这三个整数很容易组成毕氏三数，其中最大数的平方是其他两数的平方和。因此，这些数可以用于直角三角形ABC的三个边，$a=p^2-q^2$、$b=2pq$和$c=p^2+q^2$。巴比伦人把p的值限制在60以内，q的值相应地限制为$1 < p/q < 1+\sqrt{2}$，对直角三角形来说，$a < b$，结果他们发现有38组p和q的数值可以满足这些条件，并用这些数值形成了38组相应的毕氏三数。普林顿泥版显然只保存下来前15组$(p^2+q^2)/2pq$的比值。例如，第一排数字是从$p=12$和$q=5$开始的，结果$a=119$、$b=120$、$c=169$；$c^2/b^2=28561/14400$，便是第一排的第一个数1，59，0，15。其他14排数字也具有同样的关系。
（表7-1）

表7-1 普林顿第322号泥版数值表

1, 59, 0, 15	1, 59	2, 49	1
1, 56, 56, 58, 14, 50, 6, 15	56, 7	1, 20, 25	2
1, 55, 7, 41, 15, 33, 45	1, 16, 41	1, 50, 49	3
1, 53, 10, 29, 32, 52, 16	3, 31, 47	5, 9, 1	4
1, 48, 54, 1, 40	1, 5	1, 37	5
1, 47, 6, 41, 40	5, 19	8, 1	6
1, 43, 11, 56, 28, 26, 40	38, 11	59, 1	7
1, 41, 33, 59, 3, 45	13, 19	20, 49	8
1, 38, 33, 36, 36	8, 1	12, 49	9
1, 59, 0, 15	1, 59	2, 49	1
1, 35, 10, 2, 28, 27, 24, 26, 40	1, 22, 41	2, 16, 1	10
1, 33, 45	45, 0	1, 15, 0	11

1，29，21，54，2，15	27，59	48，49	12
1，27，0，3，45	2，41	4，49	13
1，25，48，51，35，6，40	29，31	53，49	14
1，23，13，46，40	56	1，46	15

科学史学家埃莉诺·罗布森对普林顿第322号泥版给予了高度的评价，认为"它是世界上最著名的数学发明之一"[1]，"它也确实作为数学史上的里程碑而名载史册"[2]。

在古代美索不达米亚如同在古埃及一样，所有的圆都被认为是相似的。古代美索不达米亚人很可能懂得三角形相似的原理。巴格达博物馆的一块泥版上，载有一个直角三角形ABC，两条直角边a=60、b=45，斜边c=75。它又被分为4个小直角三角形ACD、CDE、DEF和EFB。这四个三角形的面积分别给出为8，6，5，11；2，24，3，19；3，56，9，36和5，53；53，39，50，24。书吏根据这些值计算出AD的长度为27。这显然利用的是"相似形"面积与边长关系的原理。CD和BD的长度分别计算为36和48，根据直角三角形BCD和DCE的相似原理，CE的长度被计算为21；36。由于泥版损毁，关于DE长度的计算未能保存下来。（见图7-13）

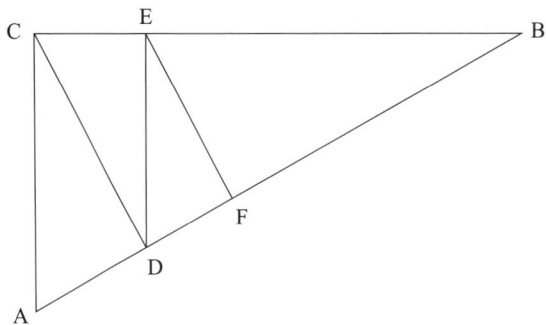

图7-13 巴格达博物馆藏泥版内容绘图

---

① Clifford A. Pickover，*The Math Book*，New York，Sterling Publishing Co.Inc.，2009，p.34.

② Clifford A. Pickover，*The Math Book*，p.34.

巴比伦人还能计算规则多边形的面积及其与边长的比率。四边形中的正方形和长方形自不必说，梯形的面积也能计算出来。在上面提到过的苏萨泥版中，有一块记载着正五边形的面积与边长平方之比为1；40，正六边形和正七边形面积与其边长平方之比分别为2；37，40和3；41。该泥版还给出了正六边形的周长与其外接圆周长之比为0；57，36。

3. 天文学

早在公元前2000年左右，古代美索不达米亚人就已经能区别恒星与行星了。现存有巴比伦第一王朝时期金星（伊什塔尔）的观察资料，还有公元前18—前17世纪详细的恒星记录。他们已经正确地认识了五颗行星，当然还错误地把太阳和月球也当作行星，每颗行星都被赋予了自己的名称。他们还确定了这些行星的运行轨道，并认识到其他五颗行星总是在太阳运行轨道周围运行。巴比伦人还绘制了星图，把天上的星体按方位划分为星座，共12站，每站又分为30°，这便是我们今天黄道带的由来。（见图7-14）公元前13世纪的一块界碑上已有黄道十二宫的图形。这些星座的名称一直沿用至今，如天蝎座、狮子座、巨蟹座、双子座和天秤座等。古

图7-14 星图 / 现存英国伦敦大英博物馆

代美索不达米亚已有关于带尾巴的彗星和流星，以及彩虹、地震和台风等方面的记录。

目前尚无材料证明，在公元前第3千纪时美索不达米亚人进行过系统的天文学观测。关于这类观察最早的记录来自巴比伦第一王朝的国王阿米萨杜卡统治时期。这些记录记载的是金星的升落，可能是出于预言之目的，也可能与确定和宗教节日有关的日历相关。在公元前第2千纪，金星在给定日期所处的位置就可以被推测出来。虽然从纯粹的天文学观点来看，这些观察并不具有特别重要的意义，但由于这个时间与太阴历的时间一致，巴比伦人关于金星的这些观察记录便成为古代年代学的一把钥匙。它不仅可以用来确定阿米萨杜卡的统治时间，还成为推断汉谟拉比统治时期的重要依据。

4. 医学

巴比伦人的医学虽然没有取得像数学和天文学那样辉煌的成就，但同样值得研究。这不仅因为其医学文献比较丰富、医学观念十分有趣，更重要的是，古代美索不达米亚人在医学的许多领域都是开山鼻祖。

早在公元前第3千纪，苏美尔人不仅掌握了大量药物，而且在临床医学上达到了从单味药到多味药的配合应用阶段，他们所留下的处方所含之药少则两三味，多则六七味。他们还进而制成了配剂，其医学水平已达到相当高的水平。到亚述帝国时期，医学更前进了一大步，该时期的医方不仅涉及十来味药，而且还标明剂量，说明亚述人的药物学已更上一层楼。

迄今所知世界上最早的医学文献，确切地说是医方，就出现在苏美尔。1940年，美国宾夕法尼亚大学博物馆珍藏部主任莱昂·列格莱因博士在大学博物馆《通报》上发表了一篇题为《尼普尔的古代药房》的文章，首次公布了一块尚不为世人所知的楔文泥版资料，并释读了原文的一小部分。由于文字和专业知识的限制，这块医学泥版的谜底一直未能揭开。直到1953年春，世界著名苏美尔学权威克莱默教授在一位当时刚刚取得自然科学史博士学位的化学家马丁·列维的帮助下，初步释读了泥版的全部内容。此后又经多次考释修订，1960年克莱默教授的同事、宾夕法尼亚大学博物馆的M. 西维尔完成了"最值得信任"的"定稿"。①这块泥版的大小为3英寸×6英寸，共计145行，包括15个医方。学者们断定，该泥版应属于公元前第3千纪末叶的乌尔第三王朝时期。泥版的前21行损坏严重，已无法辨认，自第22行起的医方正文从第4个医方开始。除了这块泥版以外，苏美尔时期还留下了一块医学泥版，不过要比这块小得多，且只载了一个医方。值得一提的是，这两块苏美尔医学泥版文书的内容已经引起了中国学者的重视。苏州大学董为奋、朱承思二位同志已将其内容介绍过来，并进行了初步的研究。②

　　除了苏美尔文献外，最古老的医学文献要数古巴比伦时期的一些医学残片。随后是主要来自博阿兹柯伊的加喜特时期的文献。亚述帝国时期保存了大量的医学文献，其中多数来自著名的亚述巴尼拔图书馆。大英博物馆所藏库云基克泥版集（Kuyunjik Collection），就有泥版25000块之多。纯粹的医学文献可以分为两类：一类记载的是症状，另一类则记载治疗众多疾病的药方。但这两类也不是截然分开的，在诊断书中也可发现药方，在药方中也往往包含诊断的内容。除此之外，还有一些非常有价值的非纯粹医学文献。这主要包括少量的医生之间的来往信件及诸如《汉谟拉比法典》之类的著名文献。

　　外科手术在古代美索不达米亚恐怕也是司空见惯之事，这从著名的《汉谟拉比法典》中便可略见一斑。法典从第215～223条对实行各种手术进行了规定，第224～225条则涉及的是兽医为牛和羊等实施手术。根据法典判断，巴比伦医生的外科手术远没有达到尽善尽美的程度。法典中所涉及的外科医疗事故可能时有发生。这与巴比伦人的解剖学水平是相称的。从现有的楔文诊断书中可以很清楚地看出，巴比伦人没有较发达的解剖学或生理学知识。他们不知道人体大部分器官的功能，只是把它们简单地视

---

① Miguel Civil, "Prescriptions Medicales Sumeriennes," *RA*, 1960（54），pp.57-72; S. N. Kramer, *The Sumerians: Their History, Culture, and Character*, pp.93-99; S. N. Kramer, *History Begins at Sumer*, pp.60-64.

② 参见董为奋、朱承思：《世界历史上最早的医学文献》，载《世界历史》，1988（3）。

为各种情感的源泉。巴比伦人解剖学方面的局限可能与宗教禁忌有关。巴比伦宗教禁止解剖尸体，但这种阻碍可以通过对动物解剖的细心观察得到部分的克服。然而我们还应该注意到，虽然巴比伦人对动物解剖学的一些特征进行了细微的观察，但也只局限于肝脏占卜的"伪科学"领域，还远谈不上科学的观察。这种方法使巴比伦的牧师无法获得患有重病的动物器官更丰富的经验，从而推及人体相应的患有病症的器官。阻碍解剖学发展缺的另一个比宗教禁忌更大的因素，是巴比伦人的医学观念，即他们认为疾病由魔鬼的控制。这种认识使巴比伦人倦于探究有关人体器官方面的知识。

一般认为，古代美索不达米亚人没有卫生学和预防学的概念，但有些材料似乎与这一看法相左。在这些材料中，第一是确凿的文字材料。例如，美索不达米亚北部的马里王国末代国王兹姆里-利姆（Zimri-Lim，在位时间为公元前1779—前1761年）在给其妻子什布图的一封家书中这样写道："我听说纳纳米女士病了，她跟宫里的人接触很多。她在她的房间里会见过许多女士。听着，要严格禁止任何人用她喝过的杯子，坐她坐过的椅子，睡她睡过的床。不许她再在她的房子里会见众多女士。那种病是有传染性的。"第二是实物证据。考古学家发现了许多石头建的厕所，并且还附带有石铺的大阴沟，可见巴比伦人已知道使用地下污水道了。第三是思想观念方面的证据。对巴比伦有关泥版的研究表明，巴比伦人认为一些小动物是带菌者，使人生病，因而视之为神怪。巴比伦的神学中也有一种象征，如认为瘟神状如昆虫。这说明他们可能已认识到昆虫可以传播传染病了。

此外，有必要对古代美索不达米亚的医学做一下简单的总结。这里我们援引罗克斯的比较中肯的评论，他写道："美索不达米亚的医学虽然还包裹在迷信之中，但已经有了某些实证科学的特征。它部分留给了古希腊人，与古埃及医学共同为公元前5世纪伟大的希波克拉底（Hippocrates，约公元前460—前375年），古希腊医学家，被誉为古代'医学之父'。……但在存在的两千年中，它只取得了很小的进步。美索不达米亚的医生像他们的天文学家一样，把他们的技术建筑在形而上学教义之上，因此没有有成效地寻求合理解释。他们能够回答许多'何时'与'何物'，但缺乏好奇心，没有兴趣问自己几声'如何'与'为何'。他们从未想创立理论，而是谦虚地——也许是明智地——搜集资料，为此不遗余力。说他们的成就往往超过古代东方其他有学问的人，那是十分公正的。"[1]

（三）美索不达米亚的艺术

1. 美索不达米亚的圆雕艺术

阿卡德王国的建立带来了艺术上的飞跃，丰富了苏美尔稚朴的造型语言。在尼尼微出土的铜制雕塑头像，可以作为这一方面的范例，这个头像被认为是阿卡德王朝奠基者萨尔贡大帝的头像。面部塑造简练而逼真，须发的装饰手法独特而有力，在苏美尔石雕的基础上前进了一步。

另一座阿卡德时期的妇女雕像把一位妇女从衣着到神态刻画得颇具感染力。这位妇女的头饰显得很特别，类似帽子的头饰拥有三重波纹的裙檐，加上毛质感很强、带有图案设计的披肩，使她的女性魅力更增添了几分。略显冷峻的表情，加上眼珠脱落留下的两个大眼孔，使人很难看清其内心的世界。（见图7-15）

图7-15 阿卡德时期的妇女雕像 / 石灰石 / 可能出自乌玛 / 现存法国巴黎卢浮宫博物馆

古地亚时期的雕塑特点是把苏美尔装饰风味与阿卡德王朝的粗犷风格有机地结合在一起。保存下来的一些古地亚雕像，制作技术十分高明，是用坚硬的花岗石雕凿的，表面精心打磨，石面显得光滑明亮。古地亚坐像是其中一件优秀作品。雕像上，古地亚正在沉静地思考着。他身穿单薄的长衫，袒露着左臂，衣衫下健壮的肌肉组织十分清晰，衣服的褶纹刻得很逼真。古地亚双手合胸，两眼直视，膝头上放着神庙的设计图纸。座椅上所铭刻的楔形文字，详细记述了当时神庙的修建过程。（见图7-16）

---

[1] Georges Roux，*Ancient Iraq*，p.337.

古地亚雕像中的一些头部雕像，尤其值得重视。在脸部处理上，显示出表达肖像特征的愿望。特别强调了凸出的颧骨、浓眉、四方的中央内凹的下颚。（见图7-17）

大约在古地亚统治时期与乌尔第三王朝统治时期的交合点上，创造出类似白大理石妇女头像这样卓越的作品，头像上的眼睛是用天青石镶成的。（见图7-18）从这件雕像上，明显地可以看出雕塑家对于优雅、对于造型的优美与柔和的表达的追求，同时，在眼睛与头发的处理上，也表现出现实主义倾向。

图7-17　拉伽什王古地亚石雕头像／约公元2120年／出自特罗，古代吉尔苏／现存法国巴黎卢浮宫博物馆

图7-16　拉伽什王古地亚石雕坐像／约公元前2150—前2100年／出自特罗，古代吉尔苏／现存美国纽约大都会艺术博物馆

图7-18　拉伽什王古地亚石雕头像／约公元前2150—前2100年／出自特罗，古代吉尔苏／现存美国纽约大都会艺术博物馆

古巴比伦时期遗留下来的雕塑很少。在马里发现的手持流水花瓶的女神雕像，从风格上看，基本是传统的处理方法，女神手持石瓶，瓶中流出象征丰收的液体，水纹和衣纹融为一体。（见图7-19）在苏萨山区发现的一尊黑色花岗岩质地的帝王头像，与汉谟拉比法典碑上的帝王形象十分相似：头戴宝冠，长髯编织成规则的纹样，眉毛和眼眶的造型保持着苏美尔–阿卡德时期的古老传统，两眉相连，形成呆板的半圆形。这个头像被假定为汉谟拉比的肖像。该肖像表情冷峻，神态刚毅，颇具帝王的气质。古巴比伦时期还留下了一个脸部和手部都镀了金的青铜小雕像，它表现了一个态度虔诚、神态动人的形象，雕像在跪着祈祷。也有学者认为他是汉谟拉比的雕像。（见图7-20）

图7-19　手持流水花瓶的女神雕像／公元前第2千纪早期／出自马里／现存叙利亚阿勒颇国家博物馆

图7-20　汉谟拉比青铜雕像／约公元前1750年／出自拉尔萨／现存法国巴黎卢浮宫博物馆

还有一个现象非常值得注意，那就是汉谟拉比虽然取得了比他之前的统治者都要大的丰功伟绩，但并没有像他之前的统治者，如纳拉姆辛和古地亚一样自称为神。这是非常有趣的事情。

2. 美索不达米亚的浮雕

乌尔第三王朝时期的浮雕，承袭了早期苏美尔的传统，用分层的方式来镌刻纪念性的画面。例如，乌尔纳木纪念碑就是当时杰出的浮雕作品。它的画面分层排列，题材各自独立：国王在月神南那面前洒圣水，月神和国王穿的衣服截然不同。

图7-21 古巴比伦时期的刻写《汉谟拉比法典》的石碑 / 公元前第2千纪初 / 出自苏萨 / 现存法国巴黎卢浮宫博物馆

保存下来的古巴比伦艺术作品，为数极少。从这些艺术作品看，巴比伦人并没有创造出新的东西，只不过在一定程度上接受了苏美尔—阿卡德人的传统。《汉谟拉比法典》刻在黑色的玄武岩石柱上，柱高2米多，上部为浮雕，下部为文字。浮雕刻画了汉谟拉比王肃立在太阳神沙马什面前接受法典。太阳神的威严与国王的谦恭形成有力的对比，整个场面充满了宗教的虔诚和严肃。在这幅雕像的画面中，虽然太阳神沙马什坐着而汉谟拉比站在他的对面，但是却显示出神在人间的代表——国王与神的平等地位，因为神并没有高高在上，汉谟拉比与太阳神沙马什平行相对，甚至连神态都显现出高度的一致性。（见图7-21）这时期还有另外一种赤陶浮雕，其中最完好的一件是绘有裸体女神以及支撑她的狮子和猫头鹰的镶板。

关于这位女神的身份，目前无法肯定，她被称为夜晚女王。有人认为她是莉莉图[①]（Lilitu），也有人认为她是伊什塔尔，还有人认为她是埃里什基伽尔[②]。女神表现出了力量与美的完美结合，力量体现在她将猛狮踩于脚下以及神鹰伺伏身旁的统治力，美则体现于女性的丰满与柔和的

---

① 《圣经》中的莉莉丝（Lilith）。

② Joan Aruz, Kim Benzel and Jean M.Evans, *Beyond Babylon：Art，Trade，and Diplomacy in the Second Millennium B. C.*, Metropolitan Museum of Art，2008，p.22.

外形。（见图7-22）

图7-22　古巴比伦时期的夜晚女神赤陶雕像 / 约公元
前1850—前1750年 / 可能出自巴比伦或乌尔 / 现存英
国伦敦大英博物馆

二、古王国时期和第一中间期的古埃及文化

随着国家的统一，经济的发展，古埃及的文化也得到了飞速的发展。

（一）文字的演变

由于象形文字复杂难写，第五王朝时，从象形文字中简化出了一种草
体字，即祭司体文字（hieratic）。"祭司体"或"僧侣体"一词来自希腊文
"hieratikos"，意为"祭司的"或"僧侣的"，因为希腊—罗马时期这种文
字只由祭司使用。祭司体文字主要写在纸草纸上，起初与象形文字十分相
像，公元前2000年起形成了自己的风格，外形上与象形文字差别很大，主
要用于一切非宗教的文书。公元前1000年后，祭司体文字也被用来在纸草
纸上书写宗教文献。

（二）学校和学校教育

古王国时期，古埃及已经有了学校这应当是肯定无疑的，贵族普塔赫舍普舍斯在自己的铭文中说，他是在宫廷中和王室子弟一起学习的。在古王国时期的神庙中也应当有附属学校。古埃及的神很多，神庙也很多，祭司的人数也是很多的。祭司不仅要进行祭祀，而且还要观测天文、行医等，所以必须掌握文字；神庙中有很多土地、劳动力和其他财产，是仅次于王室的大财主，需要有人进行管理，所以必须培养管理人才，也就是知识分子——书吏。古王国时期，古埃及已经有了一大批书吏。从第四王朝时期起，在古埃及文物中出现了很多的书吏像，在第四王朝的一个墓里还有一个书吏群像（圆雕），在第五王朝时期的一个墓里有书吏群像的浮雕。不过单个的书吏像似乎是从第五王朝时期起才有的。维尔杜伦认为，古埃及差不多与巴比伦同时产生了历史上最早的学校教育制度。不过这时候古埃及学校的具体情况我们却一无所知。

（三）古王国时期古埃及的图书馆

图7-23　书吏凯伊像／现存法国巴黎卢浮宫博物馆

古埃及在公元前第4千纪后期发明了文字。古埃及的文字，写在或刻在石头上、陶片上，但最多的是写在纸草纸上。这种纸可以卷成一卷一卷的，书吏在书写时将纸草卷打开，在上面书写。我们看到很多书吏像盘腿而坐，在双腿之间展开一卷纸草纸，似乎正在或准备书写。（见图7-23）

据一些学者说，古埃及在古王国时期已经出现了书吏和图书馆。不过，在当时，图书馆可能和档案馆很难区别开来。

（四）艺术

古王国时期，古埃及的艺术获得了飞跃式的发展，圆雕、浮雕和绘画都是如此。

1. 古王国时期的圆雕

　　古埃及的圆雕包括人的雕像、神的雕像和动物的雕像。古王国时期的人的雕像大多发现于墓里，因为古埃及人常常在自己的墓里放置自己或家庭成员的组雕。由于古埃及人的雕像多半是石头雕刻而成的（也有一些木雕），所以，保存下来的有很多。这些墓大多是王公贵族的墓，发掘出来的雕像，都有比较高的艺术水平。（见图7-24～图7-31）

图7-24　乔塞尔／现存开罗埃及博物馆

图7-25　胡夫像／现存开罗埃及博物馆

图7-26　国王哈夫拉像／现存开罗埃及博物馆

图7-27　哈夫拉金字塔前的狮身人面石像

图7-28　拉荷特普夫妇像

图7-29　提伊像／出自提伊墓

图7-30　塞尼布夫妇像／出自开罗埃及博物馆

图7-31　卡伯尔王子像／第五王朝时期／现存开罗埃及博物馆

2. 古王国时期的浮雕

　　现存的古王国时期的浮雕大多出自贵族们的马斯塔巴墓。马斯塔巴墓的墙需要装修装饰，这就为浮雕提供了大量的平台。这些浮雕大多反映了墓主人生前地产中的农业、手工业、畜牧业等方面的情况，或者是墓主人

希望在来世拥有的。这些浮雕对研究古王国时期的社会经济、风土人情等提供了丰富的资料。（见图7-32～图7-34）

图7-32 牧童与牛

图7-33 向土地主人交纳实物

图7-34 鹤群

3. 古王国时期的绘画

古王国时期的贵族墓里大多是用浮雕装饰，但也有个别的墓里有一些绘画。其中，最著名的是群雁图。群雁图是一幅彩色壁画，是麦杜门地方的诺菲尔马阿特的马斯塔巴墓墓壁上的一条边饰。该壁画画的是在生长着肥美的水草和野花的地上的六只大雁，其中左右各有一只大雁伸长脖子似在地上觅食，另外四只则在昂首漫游，非常浪漫、和谐，是一幅绝妙的风景画。大雁的羽毛画得非常精细。画家的技巧相当纯熟，体现了惊人的以线条结构为主的写实能力。壁画的色彩至今仍鲜艳如初。这幅画的画面均衡对称，成队的雁和单只的雁安排得有疏有密，相互对比，形成一种节奏。大雁的动作有仰有合，身上的羽毛雌雄可辨，虽然是以写实的手法刻画了禽鸟的主要特征，但却又明显地经过图案化的处理，既有平面装饰感，又不妨碍形态的生动性。构图别致，设色和谐动人，使整个画面富有诗意。（见图7-35）

图7-35　群雁图／现存开罗埃及博物馆

在诺菲尔马阿特的墓里还有另外一种风格的画，就是水墨画。这是在石灰石上铺设一层灰泥，然后在灰泥上面画的画。在同一座墓里有这样两种画法，说明当时古埃及的宫廷里聚集了很多的艺术家，而且都有很高的水平。（见图7-36、图7-37）

图7-36　捕鹅和农民犁地／现存开罗埃及博物馆

图7-37　猎豹／现存开罗埃及博物馆

另外，还有一幅反映古王国时期市场的画。该画表现的是人们携带着自己的产品来到市场上进行交换的情景，形象地表现了当时物物交换的场面。这对我们了解当时古埃及社会经济发展的状况提供了形象的资料。（见图7-38）

图7-38　古王国时期的市场

　　总体来说，古王国时期古埃及的雕刻、绘画等艺术创作已经达到了相当高的水平，这一时期在艺术上所确立的一系列创作法则和根据这些法则所创作的优秀作品，成了以后古埃及艺术绵延发展的基础和传统。

　　（五）史学

　　古埃及没有一本传世的历史著作，只有一些年代记。流传下来的最早的年代记应当是古王国第五王朝时期编制的一个年代记，即著名的帕勒摩石碑上的《上古埃及年代记》。石碑两面都雕刻有铭文，这些铭文分成若干列。正面第一列是前王朝时期国王的名字。从正面第二列起，每列分成长方形的年表，记载当年发生的事件，下端附以若干长度符号，记载的是当年尼罗河水位的记录。各个朝代国王的名字刻在每一列年表的上面，即上下两列之间。正面第二列起，记载了第一至第三王朝时期的事情，可能还有一部分第四王朝时期的事情，但因为石碑残破，所以无法证实。石碑的背面各列记载的内容为第四王朝末至第五王朝时期的事情，至国王涅菲里耳刻勒为止，由于石碑残破，可能下面还有三个国王的事迹没有保存下来。石碑上面的内容对研究古王国时期的历史具有非常重要的意义。（见图7-39）此后，古埃及还有过一些王表，如阿卑多斯王表、都灵王表等。

图7-39　帕勒摩石碑／现存意大利西西里
帕勒摩博物馆

（六）文学

早王朝时期的创世文学之后，到古王国时期出现了它的变种——金字塔铭文。顾名思义，金字塔铭文是雕刻在金字塔上面的。最早的金字塔铭文是在第五王朝时期的乌纳斯的金字塔里，那是咒语经文，主要出自赫里奥波利斯的僧侣之手。金字塔铭文内容广泛，包括神话传说、天文学、宗教仪式、魔术，还有地理和历史方面的内容。此后，其他几个国王的金字塔中也出现金字塔铭文。

最早的世俗文学应当是口头文学，但在文字出现以后的很长一段时期里，我们也没有见到用文字记载下来的口头文学。我们见到的这方面最早的文学作品是雕刻于古王国时期的一些贵族墓里的传记，如第四王朝时期的《梅腾自传》、第六王朝的《大臣乌尼传》以及稍晚的《胡夫荷尔传》等。

在古王国时期的文学中还有一类世俗文学，即教谕文学，如《王子哈尔德杰德夫的教谕》《对卡吉姆尼的教谕》《普塔荷特普的教谕》以及第一中间期的《对美利卡拉的教谕》等。

（七）科学

1. 数学

虽然没有古王国时期数学书籍传世，但这时古埃及人应当有了自己的数学。尼罗河每年泛滥后，需要重新划定田地的边界；征税需要计算收成；建筑马斯塔巴墓也需要进行计算；等等。《帕勒摩石碑》上的铭文多次提到清查人口、土地、黄金、牲畜，是需要数学知识的。古埃及流传下来的有关数学的文献有《莫斯科数学纸草》和《林德数学纸草》（或称《阿赫摩斯数学纸草》，因其作者为阿赫摩斯而得名），虽然是第二中间期的，但人们一般都认为其内容至少在古王国时期甚至以前就已经有了。古王国时期修建那么多的大型建筑，如果没有比较成熟的数学知识，是不可能的。古王国时期的一些维西尔都是建筑师，都应当懂得数学。例如，第三王朝的乔赛尔统治时期的维西尔伊蒙霍特普就是一个著名的建筑设计师，正是他为乔赛尔设计建筑了层级金字塔；第五王朝的维西尔森涅吉米布，他的官衔是"Chief Judige，vizier，and Chief Architect"。

2. 医学

古埃及的医学不仅发展得很早，而且有很高的成就。一直到波斯帝国时期，古埃及人的医学还是当时地中海地区最发达的，古埃及的医生也是非常受欢迎的，以致波斯国王都要请古埃及的医生给治病。

在古埃及神话中，与健康有关的神占有重要的地位。古埃及人认为，人的健康是归神掌管的，其中之一是托特神。传说，托特神治愈了遭蝎子蜇的荷鲁斯，并在荷鲁斯和塞特的战争中治愈了他们两人的创伤。在古埃及人的疾病中，眼炎是一种常见病，而托特神就擅长治疗眼病。另外，奥西里斯的妻子伊西斯也是一位医神：她治愈了太阳神拉神的病，她的话能"起死回生"。狮头女神舍克麦特也是一位医神，擅长治疗妇女病，大概算是妇科病的专家。但古埃及的医学起源于什么时候，我们没有确切的资料用以证明，不过，无论如何，到古王国时期，古埃及的医学一定达到了一个很高的高度。一方面，当时古埃及人制作木乃伊的风气发展了起来，而制作木乃伊的过程一定会使古埃及人加深对人体的了解；另一方面，伊蒙霍特普不仅是一个政治家，而且精通医学，所以后来他被尊为医神。据马斯伯乐说，古埃及流传下来的重要医学著作《埃柏斯纸草》就来自供奉伊蒙霍特普的一个神庙中。据说，乔赛尔国王也会治病，一座神庙的碑铭中也把他称为"医神"。第四王朝斯尼弗鲁统治时期的一块墓碑上铭刻了一个医师长和他的药箱。希罗多德说，古埃及的医生分科治病。古王国时期，古埃及已经有专治眼病和腹部病的医生。

古埃及留下的有关医学的文献有下列几种：《埃柏斯纸草》（其年代可能是公元前1553—前1550年）、《布鲁克斯纸草》（其年代可能是公元前1200年）、《史密斯纸草》（其年代可能早于《埃柏斯纸草》）和出自卡呼恩地方的医学纸草（其年代可能是公元前2000—前1800年）等，这些医学纸草中最早的虽然是中王国时期至新王国时期的，而不是古王国时期的，但学者认为，究其医学知识的来源而言，应当是古王国时期的。

3. 天文学

在天文学方面，古埃及天文学起源很早。在史前时期，为了农业生产的需要，特别是对尼罗河泛滥周期的掌握，人们已经开始对太阳、月亮和其他行星的运动进行观察。在古埃及统一国家形成之后，宗教在国家生活中占有重要地位，宗教节日的确立、宗教建筑的方向位置的测定都进一步推进了天文学的发展。

星象观察使古埃及人对太阳、月亮、金星、木星、土星、天狼星等星体的运动规律有了一定的了解。他们给星体命名，并把星体分成不同的星座。从神庙、墓室的天花板和棺盖上留存下来的星图可以看出，古埃及人已知晓一些著名的星座及其位置，例如，大熊星座、天鹅星座、牧夫星座、猎户星座、仙后星座、天蝎星座等。为了对天体进行观测，古埃及人发明了一种叫麦尔开特的仪器，其外形为一根木棒，带有缝隙和悬垂，可以帮助人们测定各种星体的位置。

古埃及人把宇宙看作一个长方形的盒子，盒底稍呈凹形，代表大地，古埃及位于大地的中心。盒子的顶由大地四周隆起的四座大山支撑着，星星是用链条悬挂在天上的灯。大地周围环绕着宇宙之河，尼罗河是其支流。太阳神每天乘船从宇宙之河驶过。

古埃及在天文学方面的最大成就，是在观测星象的基础上制定了历法——太阳历。古埃及人把一年分为12个月，每月30天，共360天，年末再加5天节日，所以，一年实际上是365天。他们把一年分为3季，每季4个月。第一季叫阿赫特季，是尼罗河泛滥的时期，所以又叫泛滥季；第二季叫佩雷特季，是播种和农作物生长的季节，所以又叫播种季，即冬季；之后的季节为夏季，叫夏牟，是收获的季节，所以这一季又称为收获季。这种历法是把尼罗河泛滥与天狼星在太阳之前升起这两件事情同时发生的那一头作为新年的开始，其间隔期即为$365\frac{1}{4}$日。但古埃及人只算365日，这样每4年就会比太阳年少1天，结果到公元前13世纪，几乎差了4个月。古埃及人在长期的观测和经验积累中认识到一个天狼星年应当是365.2507天。于是，公元前238年，托勒密三世颁布诏书，下令每4年增加1天，但未被古埃及人接受。后来儒略历采用了这种新历法。古埃及人除了上述历法外，同时也根据月缺月圆的变化规律制定了阴历。一年分为12个月，354.36天，比太阳历少10.88天。因此，每3年需加上1个月。这种历法主要用于确定宗教节日。但他们什么时候制定的这种历法，我们却不得而知。

（八）宗教

古王国时期，古埃及人在崇拜蛇神和鹰神荷鲁斯之外，对太阳神拉神的崇拜兴盛了起来，第五王朝的前三个国王都把自己说成是拉神的儿子，于是拉神成了全国崇拜的主神，国王赏赐给太阳神庙的土地及其他财富越来越多，与此有关的是在古王国时期出现了方尖碑，形似太阳的光芒。

（九）建筑

古王国时期的王宫建筑和民居也已经没有了，但神庙建筑还在。古埃及有两类神庙，一类是祭祀神的，另一类是祭祀国王的。古王国时期保留下来的是祭祀国王的祭庙。例如，乔赛尔层级金字塔旁就有一座祭庙和哈夫拉的金字塔前的一座祭庙保存下来。但这两座祭庙的性质似乎也不完全一样：乔赛尔的祭庙就在其层级金字塔旁，是真正的祭庙，而哈夫拉的祭庙被称为河谷神庙，只是用于暂时停放哈夫拉的遗体，在遗体放入金字塔以后，这座祭庙也就没有什么用处了。现在这些祭庙没有房顶，只有一

些方形的柱子立在那里，既没有神像，也没有国王的雕像供人参拜。（见图7-40）

图7-40　哈夫拉的河谷神庙和金字塔／基泽

第八章　黑暗时代与中间期

公元前1595年赫梯王国攻陷名城巴比伦后，美索不达米亚甚至古代近东的历史进入了"黑暗时代"。昔日从地中海沿岸到波斯湾的广大地区联系紧密、共享繁荣的城邦体系瓦解了，自公元前3000年以来的城市化发展处于最低的水平，社会处于动荡之中。由于缺乏强有力的中央政府，社会秩序、经济发展、行政管理和文化建设全面衰退。在美索不达米亚，灭亡古巴比伦王国的赫梯人并没有在巴比伦尼亚久留，很快返回了自己的国家，一个新的民族加喜特人乘虚而入夺取了统治权。在美索不达米亚的北部，胡里人成为这里的主人。加喜特人和胡里人从很早的时候起就已经出现在古代近东的历史舞台上了，"黑暗时代"为他们提供了走上政治舞台的机遇。

第一节　加喜特王朝的统治

一、政治状况——长久的空白期

在巴比伦第一王朝统治末期，居住在扎格罗斯山中部的加喜特人不断入侵，许多加喜特人在巴比伦尼亚定居下来，成为耕种土地的农民。不仅如此，加喜特人首领卡什提里亚什一世还在仅距巴比伦城200英里远的幼发拉底河畔的哈纳建立了据点。赫梯人灭亡古巴比伦王国后，加喜特人乘机占据巴比伦，建立加喜特王朝，亦称巴比伦第三王朝。国王布尔那布里亚什二世至卡什提里亚什四世在位期间（约公元前14世纪中期—前12世纪后半期）国势强盛，领土包括两河流域中南部及扎格罗斯山一带。在加喜特人统治时期，巴比伦、尼普尔和西帕尔等城市经济一度繁荣，出现了标志国王所授地产的"界碑"。公元前13世纪后半期，亚述人和埃兰人入侵。约公元前1157年，加喜特国王恩利尔纳丁阿基被埃兰人掳走，加喜特人的统治结束。巴比伦人建立了新王朝，这个新王朝在伊新，史称"伊新第二王朝"。

关于加喜特人的语言和民族归属问题，学界目前还尚不清楚。值得庆幸的是，他们的统治并未像古提人那样造成文明的破坏和文化的倒退。相反，他们逐渐接受了苏美尔人和巴比伦人的文化、宗教和语言，并且重修了庙宇。在加喜特人统治时期，巴比伦尼亚的文明与文化得到了继续发展。

二、库都鲁界碑与土地分封制

加喜特王朝统治时期出现了一种特殊的文物——库都鲁。这种文物记载或反映当时存在一种类似封建制的土地制度。

库都鲁在阿卡德语中的意思是"边界""界限"，在加喜特王朝时期被称作库都鲁的东西是一些小的石碑，这些小石碑是用来记载国王赠予土地和表明土地位置、界限等内容的，所以现代学者把它们称为"库都鲁界碑"。库都鲁界碑通常分上、下两部分，上半部分为艺术雕刻，内容是各种相关的神，往往代之以神的代表性符号，如太阳神沙马什的圆盘和月神辛的新月形标志等。这些神见证和保证了国王赠予王室成员和大臣土地的合法性和公正性。在界碑的下半部分，则刻写的是赠予铭文，包括受赠人姓名、土地的确切位置和数量，以及免税说明和证人姓名等。在铭文的最后还不忘刻上一些诅咒语，诅咒那些将胆敢"涂抹、更改和毁坏"界碑之徒。（见图8-1[①]）

库都鲁界碑具有很高的艺术价值，但

图8-1 记载南部巴比伦尼亚海国总督埃安那·舒姆·伊丁那赠予土地的库都鲁界碑／约公元前1125—前1100年／现存英国伦敦大英博物馆

---

① 碑文的最后对质疑这一赠予和毁坏界碑之人给予了诅咒。文字上方的符号代表着诸神。

历史学家更看中它的史料价值，它记载了加喜特统治时期巴比伦社会存在的一种土地制度——分封制。土地分封制在古巴比伦时期就很盛行，这在《汉谟拉比法典》中就有充分反映。汉谟拉比对为王室服务的高级行政官员、高级祭司、高级军官甚至普通士兵都赠予土地，在加喜特王朝时期这一制度显然得到了继承，加喜特王朝时期还有大量的土地由国王赠予给王室成员。所不同的是，第一，古巴比伦时期并没有库都鲁界碑这种独特的标志，它相当于地契，具有艺术和宗教文化价值。库都鲁的原件石碑通常放在神庙里，复制的与楔形文字泥版同样材质的黏土碑由受赠者留存。第二，加喜特王朝时期除了库都鲁界碑之外，并没有其他土地赠予或转让的文字资料留存下来。

三、巴比伦文学最后的繁荣

在塞姆人的阿卡德王朝衰落后，大量的文学作品才涌现出来。乌尔第三王朝即新苏美尔时期及随后的伊新—拉尔萨时期，是古代美索不达米亚文学的第一个繁荣期。这一时期的大量的文学作品被保存下来，但它们之中多数不是该时期的"原作"，而是巴比伦第一王朝时期的抄本，内容和体裁主要包括赞美诗、书信、法典片段和文学争论等。每部作品都刻有清楚的创作日期，也正是从巴比伦第一王朝的这些抄本中，大量传统的苏美尔文学才得以恢复。尼普尔是苏美尔书吏学校的中心，也是其文化中心。这里的学者成为苏美尔文学思想的保护者，在从古巴比伦时期尼普尔城发现的大量文献中，苏美尔文文书占有压倒优势的比例，这可能要归功于他们的努力。

古代美索不达米亚文学发展的第二个繁荣期，也是巴比伦文学的第一个繁荣期，无疑是古巴比伦时期，确切地说是巴比伦第一王朝时期。虽然巴比伦文学吸收了苏美尔文学的许多成就和思想，但"一些确实的材料表明，巴比伦文学兴起于苏美尔传统文化影响以外的地区"[①]。从迪亚拉河流域的哈尔马勒遗址出土的泥版文书，与在同时代尼普尔发现的泥版文书

---

① W. G. Lambert，*Babylonian Wisdom Literature*，p.9.

形成了鲜明的对照。在哈尔马勒出土的文学作品中，苏美尔语和巴比伦语的泥版大约占有同等的数量，此外还有许多同时用两种语言刻写的泥版。另外，还有一个现象值得注意，即古巴比伦文学明显地没有形成自己的中心。迪亚拉地区以自己的方言进行创作，马里和巴比伦城也是如此。在古亚述时期，到卡帕多西亚殖民的亚述商人则以古亚述方言记述文献。因此，巴比伦文学具有强烈和浓重的地方色彩和传统。巴比伦文学的起步应该说不算太晚，但遗憾的是关于其起源和早期发展情况，我们几乎一无所知。当巴比伦文学出现在我们面前时，其作品和思想都已显示出成熟性和经验性，可以肯定，在此之前它经历了较长的发展过程。巴比伦人的文学活动主要集中在两个方面：其一，不断地抄写古苏美尔文献，往往附有阿卡德文译文，同时不断编纂新的苏美尔文文献；其二，用巴比伦人自己的方言进行文学创作。

古代美索不达米亚文学的第三个繁荣期，也是巴比伦文学的第二个和最后一个繁荣期，是加喜特王朝时期。同样遗憾的是，关于这一时期的文学创作情况，我们所知甚少。加喜特人虽然也属于"蛮族"范畴，但他们并没有带来严重的破坏，也没有造成文化的中断。相反，这一时期的文学活动似乎具有较明显的"复古"倾向和维护传统的倾向。它们表现出了继承传统和发扬光大的双重性。在继承传统方面，加喜特人主要从事的是转写和编辑前人的文学作品。例如，保存在亚述巴尼拔图书馆的一份目录记载的便是一系列的文学作品，每部作品都被说成是依据某个特定城市的编辑者。在很多情况下，一部作品往往有许多"版本"，可能系出自不同城市的学者之手。在发扬光大方面，他们主要的做法是改写以往的作品。加喜特人倾向于生活在过去，但缺乏早先作品的激情和灵感。这一点甚至在语言方面也很明显。[1]这一时期的方言是中巴比伦语，是由古巴比伦语发展而来的，但一般在文学中不被采用。加喜特人创造了一个所谓"标准巴比伦语"，这种语言只用作文学创作和其他书面语言，而从来不作口语使用。奇特的是，这种所谓"标准巴比伦语"的一些发音特征在词法学上比

---

[1]　W. G. Lambert, *Babylonian Wisdom Literature*, p.14.

古巴比伦语还古老。不仅在语言上，而且在文体风格上也是如此。

在加喜特王朝时期以后，新创作的文学作品数量不是很多，而且除个别作品例外，其余几乎没有什么价值。

第二节　第一中间期的古埃及

第一中间期即统一的古王国时期和中王国时期之间的一个分裂混乱时期，包括第七至第十一王朝前期，历时100多年（约公元前2181—前2040年）。这是一个饥荒不断、分裂混乱、阶级矛盾十分尖锐的时代。

一、第一次贫民奴隶大起义和贝都因人的入侵

古王国末期，王权衰落，地方势力抬头。在第六王朝国王培比二世的长期统治（据说他活了100岁，从6岁就登基为王）之后，古王国时期的统一局面不复存在，君主专制的中央集权统治也崩溃了，古埃及重新分裂为前王朝时期小国林立的局面，各地贵族乘机扩大自己的实力，拥兵自立。每个诺马尔赫都感到自己不再是受别人统治的小国的统治者，而是一个独立的国王，自己城市的独立的统治者，并且几乎是神。他们往往把地方神的名字冠在自己的称号之中。据曼涅托王表记载，第七王朝的70个王只统治了70天（这些王可能是同时并立，而非互相承袭）。第八王朝统治时期有27个王，定都孟斐斯，共统治146年。

由于统一局面不复存在，灌溉系统也遭到破坏，国家对尼罗河的管理与控制也不复从前。原来的良田沃土，有的不能灌溉，有的积水排不出去，变成了沼泽地，以致芦苇丛生，耕地面积大幅度下降，经济处于崩溃状态。

《一个能言善辩的农夫》《聂菲尔涅胡预言》《祭司安虎同自己心灵的谈话》《对美利卡拉王的教训》等资料反映出这时的阶级矛盾十分尖锐。当时的古埃及可能发生过大规模的贫民奴隶起义。与此同时，西亚的游牧民族贝都因人侵入了古埃及。

二、底比斯的兴起

在小国林立的混乱局面中，逐渐地，位于中部埃及的赫拉克列奥波里强大了起来，统一了北部三角洲和中部埃及，直至提尼斯附近，建立了第九和第十两个王朝，称雄于一时。

赫拉克列奥波里位于尼罗河谷与三角洲交界处不远的地方，这里土地肥沃，离法雍湖不远，有较好的灌溉条件，是个粮仓。这里也是一处交通要道，不仅处于南北的交界点上，而且是与西部绿洲交通的重要枢纽，因而成为一个重要的商业贸易中心，其地位逐渐提高，并终于称霸于中部和北部埃及。在它的统治下有两个强大的诺姆——赫尔摩波里和喜乌特。

第九王朝的奠基人克赫提一世可能曾统一过整个古埃及，因为他的名字曾在第一瀑布附近的岩石上被发现。据曼涅托王表记载，第九王朝的第一个国王叫阿赫托伊，非常残暴。

他的继承者未能保持对全古埃及的统治，只统治了古埃及的中部和北部。为了维持他们的统治，第九、第十两个王朝的国王曾采取了若干措施。例如，发展经济；开发法雍湖附近地区；调整国内的经济关系；提出新的王权理论，以重新加强王权；并注意对外政策；等等。

但赫拉克勒奥波利没能重新统一古埃及，古埃及南部的底比斯逐渐兴起并强大起来。

底比斯位于古埃及南方。作为一个城市的名字，底比斯是希腊人的叫法。他们看到这里众多的巨大神庙的石门，犹如希腊的百门之城底比斯，因此便将卡尔纳克神庙和卢克索尔神庙所在地的这个古埃及城市也称为底比斯。

以底比斯为其首都的这个诺姆叫瓦斯特，或叫查麦特。在卡尔纳克地方，它最早的历史可上溯到第二王朝时期。它初期可能有三个城市，后来合并成为一个城市。其中，第一个是在尼罗河西岸，在阿蒙霍特普三世的王宫附近。那里出土了一些早期的墓和陶瓷破片。第二个在卢克索。第三个在卡尔纳克。其中，卡尔纳克可能是最古老的，第六王朝时期它逐渐重要起来。

底比斯的兴起可能和所处的重要地理位置有关：从红海经瓦迪-哈马马特到达尼罗河谷时，就到达底比斯，底比斯也可由此通向外海；向西可通往几个大绿洲；往南可去埃烈芳提那，到努比亚。所以，它四通八达，是个枢纽点。同时，这里有一片平原、土地肥沃、盛产粮食，是周围一带地区的粮食供给地，因而很快成了周围各诺姆联盟中的霸主，成为与赫拉克列奥波里争夺霸权的对手。

底比斯同赫拉克列奥波里进行的斗争，开始于底比斯的安特弗二世（Antef Ⅱ）和赫拉克列奥波里王朝的阿赫托伊统治时期。

第十一王朝初期，底比斯在扫除了赫拉克列奥波里的重要盟友提尼斯和喜乌特后，同赫拉克勒奥波利直接发生了冲突，到第十一王朝中期孟图霍特普二世时期取得最后的胜利，统一了古埃及。在孟图霍特普二世的一个铭文中说，他打败了努比亚人、亚细亚人、利比亚人，并且"把两块土地的首领捆绑了起来，夺得了南方和北方的土地、高地和两个地区，九弓和两块土地"。从这个铭文可以看出，孟图霍特普二世显然已推翻了第十王朝的赫拉克列奥波里，标志了同北方战争的结束。他控制了整个古埃及。因此，中王国时期是从孟图霍特普二世统治的中叶开始的，他被看作底比斯世袭的第一个伟大的国王。

第三节　中王国时期的古埃及

中王国时期包括曼涅托王表中的第十一王朝后期和第十二王朝时期（约公元前2040—前1786年）。

中王国时期是古埃及奴隶制社会发展史上的一个重要时期。随着国家的重新统一，古埃及开始越出尼罗河谷，向努比亚和西亚进行扩张。在内政上，新兴的奴隶主涅杰斯兴起并走上政治舞台，王权依靠这个阶层战胜了地方贵族的势力。在文化上，中王国时期被称为古埃及文化的古典时期：在文字上从象形文字中演化出了僧侣体文字，在文学上出现了一些著名的作品。

图8-2　孟图霍特普二世像／现存开罗埃及博物馆

一、中王国时期的对外征服

第十一王朝时，古埃及逐渐走向统一后，开始对外征伐。孟图霍特普二世统治时，古埃及就对南方的努比亚进行了征伐战争。孟图霍特普二世在阿苏安附近留有一个铭文可以为证。[①]（见图8-2）

第十二王朝时期，经济得到发展，向外扩张的规模扩大。第十二王朝的第一位国王阿美涅姆赫特一世的铭文中讲到了他对努比亚地区的征服。[②]他还曾同北方的贝都因人和其他亚细亚人作战，当时一个名叫涅苏蒙图的军官的铭文说道："我打败了亚洲的特罗格罗迪特人、沙漠的居民。我推翻了游牧者的要塞，就像他们从未存在过一样……"[③]

阿美涅姆赫特一世的继承者辛努塞尔特一世，继续了对外扩张的政策。他曾多次对南方用兵，最远处达到第二瀑布附近的瓦迪—哈尔发地区。一个高级军官在此留下一件文物。据该文物上的解释性铭文记载，至少占领了十个城市。[④]

同一时期的贝尼哈桑诺姆诺马尔赫阿美涅姆赫特（或称阿美尼）在其铭文中说，他曾参加过三次远征努比亚的战争。

阿美涅姆赫特二世执政时期，也曾对西奈和努比亚用兵。一个名叫西哈托尔的官吏在铭文中说："我迫使（努比亚）首领去淘金。我带来了孔雀石，我到达了尼格罗人的努比亚……我来到了赫（可能是舍姆涅赫），我去到了它的岛的周围，我带走了它的产品。"另一个名叫克亨特克赫特威

---

① 参见［美］布利斯特德：《古代埃及文献》第1卷，206~207页。
② 参见［美］布利斯特德：《古代埃及文献》第1卷，232页。
③ ［美］布利斯特德：《古代埃及文献》第1卷，228页。
④ ［美］布利斯特德：《古代埃及文献》第1卷，247~248页。

尔的官吏还曾领导过一次到蓬特的探险行动，时间是在阿美涅姆赫特二世统治的第28年。他留下了一个铭文。

辛努塞尔特三世在执政时期，曾四次用兵努比亚。他在第二瀑布地方修建了几个要塞，其废墟一直保存到现在。为了进一步征服努比亚，他修建了一条运河。该运河一直到新王国时期还在使用，并由图特摩斯一世和三世重新疏通清理过。辛努塞尔特三世在执政时期，还曾对北方的西亚进行过远征。这在一个名叫虎舍贝克的铭文中得到了反映。

从中王国时期的资料看，这时的对外征伐，除了掠夺土地、人口和其他财富外，远征的一个目的是掠夺被征服地区的矿产资源。特别是西奈的铜矿和努比亚的金矿。

在阿美涅姆赫特的铭文中说道："我航向南方，去为上、下埃及之王克赫拍尔卡勒（塞索斯特里斯一世）带来金矿……我带来我精炼的黄金；我为此而在宫中受到赞扬；国王之子为我向神祷告。"西哈托尔在铭文中也说："我迫使（努比亚人的）首领去淘金。"

二、中王国时期的社会经济状况

（一）古埃及同国外商业贸易联系的增加

中王国时期，古埃及同其周围地区的商业贸易联系也发展起来。古埃及是当时世界上生产力较发达的地区之一，它的产品、技术无疑会吸引周围地区各国；同时，它也需要其他地区的产品、技术和资源。

从考古发掘的资料来看，中王国时期古埃及同叙利亚、巴勒斯坦地区的商业贸易联系有所加强。在耶路撒冷的西北部一个名叫盖泽尔的古代城市的废墟中人们发掘出了古埃及的砂岩和花岗岩雕像，以及从古埃及运来的各种象牙制品和其他制品。而且，在这个城市的建筑中有古埃及风格的建筑，可能还有古埃及人的神庙。

在腓尼基的毕不勒斯城市废墟中也发现了许多属于中王国时期的制品：有刻着阿美涅姆赫特三世名字的铭文及刻着阿美涅姆赫特四世名字的黑曜石器皿。叙利亚古城中也发现有刻着阿美涅姆赫特二世女儿的狮身人面像。乌伽里特等地还发现有阿美涅姆赫特三世的狮身人面像的碎片，刻有城市长官、宰相、法官辛努塞尔特-昂赫名字的雕像群。

《辛努海的故事》讲到了古埃及同叙利亚之间活跃的商业联系。故事中说，辛努海在叙利亚的城市里可以听到有人讲古埃及话，看到有古埃及的商队。

贝尼哈桑墓中的壁画画有37个亚细亚人，他们属于阿姆部落。他们在其部落领袖伊布舍的率领下来到古埃及，可能是同古埃及建立商业联系。第十二王朝时期的羚羊诺姆的诺马尔赫克赫努姆荷特普友好地接待了他们，并将这一情景刻在了自己的墓中。

考古发掘的资料还证明，这时古埃及同巴比伦尼亚也建立起商业联系。1935年，在陶德神庙的废墟里曾发现四个铜箱，里面装的都是亚洲来的产品，特别是具有典型的美索不达米亚风格的产品：印章和护身符。据推测，这些物品应该是在阿美涅姆赫特二世时期运到古埃及的。

古埃及同克里特岛的联系至少在那时已经建立起来。在卡呼恩发现了来自克里特的典型的卡马瑞斯式陶器的碎片。在克里特也发现了属于这个时期的来自古埃及的产品。与此同时，同蓬特的商业贸易联系也建立起来：在第十一王朝时期，一个名叫赫努的官吏在铭文中说，古埃及曾装备了一支相当庞大的商业远征队去到蓬特。《船舶遇难记》这个故事也讲到古埃及的水手去了蓬特。

（二）社会经济的发展

中王国时期，国家重新统一，结束了分裂时期的无政府状态，水利灌溉系统得到修复、改善和扩充，对尼罗河水的观察范围扩大了；对法雍湖周围地区的改造无疑是这一时期农业方面的最大成就。这项工程早在第一中间期的赫拉克列奥波里王朝统治时期就已开始，但只是在中王国时期，特别是在第十二王朝时期才大规模地展开并完成。这项工程主要是修建一条从法雍湖到尼罗河的水渠，中间还修有一些水闸和堤坝，以调节尼罗河到法雍湖的水量。当尼罗河泛滥时，河水可流入法雍湖；而当枯水季节，尼罗河水又流出湖。这些水利设施还有一个作用，即疏干法雍湖周围的沼泽地带，使之变为肥田沃土。由于这里大片土地的开垦，人口便迅速增加起来，从而形成了一个新兴的工商业城市——卡呼恩。

在农具方面，出现了新式的犁。由于农业生产的发展，因此在第十二王朝时期，关于饥荒的记载明显减少了。在手工业方面，铜器和青铜器的使用更加广泛。在纺织业方面，使用了卧式织布机。当时还新兴起来一个手工业部门——玻璃制造业。由于商业贸易的发展，造船业也随之兴旺起来。中王国时期，古埃及和上等木材供应国——腓尼基的联系密切起来，腓尼基的毕不勒斯城简直变成了埃及化的城市。

从很早的时候起，古埃及的艺术手工业就发展了起来，古王国时期达到了一个高峰，如当时用黄金制作的贝壳形容器和用黄金制作的腰带。到中王国时期，艺术手工业得到了进一步的发展，如从项链发展来的项链加胸饰等就是证明。（见图8-3～图8-7）

图8-3　贝壳形容器

图8-4　黄金腰带／现存开罗埃及博物馆

图8-5　腰带／现存美国纽约大都会艺术博物馆

图8-6　腰带／现存开罗埃及博物馆

图8-7　项链和胸饰／现存开罗埃及博物馆

第八章　黑暗时代与中间期

307

农业和手工业的发展，国内环境的相对稳定（特别是在第十二王朝时期），使古埃及国内的商业贸易发展起来。在法雍湖附近新兴起来的城市卡呼恩是一个以手工业和商业为主的城市，也可以说是中王国时期手工业和商业发展的一个典型表现。这个城市遗址已被发掘，人们不仅可以看到这个城市遗址的平面图，还可以研究被保存下来的大量的商业文件。这对研究这个时期的商品货币关系、城市生活具有重要意义。

在社会经济的发展的基础上，一个中小奴隶主阶层——强有力的涅杰斯成为一支独立的政治力量，并走上了政治舞台。

三、涅杰斯的兴起

涅杰斯，象形文字拉丁文注音为"Nds"。英文中有的学者译为"穷人"，也有的学者译为"市民"，在伊提的铭文和赫普泽菲的契约中都是这么译的。其原意可能是"小人"，非门第高贵的人，非贵族的人的意思，是与大人、贵族、官吏（"sr"）等相对而言的。

涅杰斯作为居民中一个集团或阶层，在第一中间期里已显示出其重要性。他们是各诺姆和赫拉克列奥波里王朝、底比斯军队的主要来源，也是诺马尔赫和王权都十分倚重的力量。例如，喜乌特的诺马尔赫梯弗比说："我不反对涅杰斯，因为他们不是作为请求者而仇视我，并衷心地给我赠礼"，"我增强其地位，以便涅杰斯给我带来收入"。

随着奴隶主经济的发展，涅杰斯中的一些人不仅占有了奴隶和土地，而且走上了政治舞台，成了王权的重要支柱，在王权同地方势力的斗争中起了重要作用。

第十一王朝时期，一个名叫伊提的官吏在铭文中说："这就是我，靠自己的手腕而奏效的善良的涅杰斯。这就是我，底比斯的伟大栋梁，在亨特提受到尊敬的那个人。在困难的年代里，我养活了格伯陵：400人曾是我自己的……（而且），我没有引诱过别人的女儿，我没有侵占过别人的田地。我计有十群山羊，（同时）还有（看管）每群羊的人。我得到过（字面意义是作成过）两群公羊和一群驴。我得到过小牲畜（群）。我制作了一艘（长为）50（肘）的船，而另一艘（长为）30肘。在格伯陵得到了供养之后，我把上埃及大麦给予了艾尔蒙特和赫法特。底比斯航行到〔北方和（？）〕南方〔运粮食〕，〔而〕我无论如何也不允许格伯陵航行到南北方别的诺姆去〔运粮食〕。当他是个大人物的时候，我伴随着我的统治者；当他是个小人物的时候，我也伴随过我的统治者，〔并且〕没有由此发生过任何不好的事。我建造了装满一切好东西的房屋及田地……"①伊提作为底比斯的财政大臣，在这个铭文里不仅讲了自己的财富，也讲了他对国王的忠心和自己的政绩。

第十二王朝国王辛努塞尔特一世统治时期，喜乌特诺姆贵族赫普泽菲留下的十份契约中，讲到涅杰斯占有土地，并有农民替其耕种，向他们交租的事。

《聂菲尔涅胡预言》中的智者聂菲尔涅胡，是一个强有力的涅杰斯。铭文中说："这是个腕力很强的涅杰斯，手很巧的官吏，他是可敬的。他比他的同类人有更多的财富。他是个发号施令的人。"

从第一中间期到中王国时期，涅杰斯这个阶层中确实有些人富有了，甚至参与了政治，担任了重要的官职，占有了土地和奴隶。但是，随着奴隶主经济的发展，涅杰斯这个自由民阶层本身也在分化。早在第一中间期里，就出现了强有力的涅杰斯，即一部分富有了，从而政治实力增强；另一部分人则不那么富裕，甚至贫穷。中王国时期出现了贫穷的涅杰斯，他们不得不亲自耕种土地，有的甚至丧失了生产资料，靠施舍过活。

中王国时期，涅杰斯阶层，特别是强有力的涅杰斯，可能是王权的主要阶级支柱。在王权同以诺马尔赫为代表的地方贵族势力的斗争中，涅杰斯显然是站在王权一边的，这是他们的阶级利益决定的。在第二中间期里，涅杰斯成了贫民奴隶大起义打击的对象。

四、中王国时期的社会矛盾

第一中间期，各地诺马尔赫没有了束缚，为了扩大自己的势力或为了自身的生存，肆无忌惮地加强自己的实力，扩大地盘，加强军队，鲸吞

① 北京师范大学历史系世界古代史教研室编：《世界古代及中古史资料选集》，15~16页，北京，北京师范大学出版社，1999。

王室地产，使自己成为一个小国的国君。他们拥有自己的行政机关、自己的军队、自己的财产、自己的纪年（而不用全国统一的纪年）。其职务完全世袭，而不用国王的批准。他们的墓建筑在自己的诺姆里，而不像在古王国时期那样围在国王金字塔的周围。他们大谈自己对统治下的人民的恩惠，而不再谈国王给自己的恩惠。即使在赫拉克列奥波里王朝统治下的北方，像赫尔摩波里和喜乌特这样的诺姆，仍对赫拉克列奥波里王朝拥有相当大的独立性，其基础就是他们的实力。

第十一王朝的前期是底比斯及其同盟诸诺姆与赫拉克列奥波里王朝进行斗争的时期，底比斯需要各诺姆的支持，不可能去限制、削弱地方势力，也无力去做这件事。

当底比斯战胜赫拉克列奥波里之后，孟图霍特普二世曾加强了对中央的控制：三个底比斯人（大吉、贝比和伊庇）相继被任命为维西尔，一个出身于王族的人（名叫伊提朱）被指定为下埃及地方长官的职务。但是，孟图霍特普二世在地方上却很少作为。虽然与底比斯有不可调和矛盾的喜乌特的诺马尔赫不能再在其位，被强制着从该职位上搬开了，孟图霍特普二世派了一个王族成员（名叫麦利特提）去代替之，但却未敢去触动其他诺姆的诺马尔赫。中部埃及兔诺姆和羚羊诺姆的统治未受到多大干扰，其权力的世袭未曾中断就是证明。赫尔摩波里诺姆也是如此。原来与底比斯结盟的南方各诺姆就更未敢触动了，因为中王国时期的胜利也有他们的一份功劳。因此，以诺马尔赫为代表的旧地方贵族的势力仍然尾大不掉。

第十二王朝奠基人阿美涅姆赫特一世（他可能是第十一王朝的一位老臣）上台以后，对诺马尔赫的政策严厉了起来。他阻止了各诺姆之间连绵不断的争夺地盘的战争和破坏各诺姆边界的行为，严格地划定边界。他严令各诺马尔赫必须严格执行其职责，保证尼罗河水的分配，从而保证灌溉；保证国家要求的各项供应，以及船队和军队的征集。他巡视各地，整顿秩序，封疆划土，整顿赋税。他派克赫努姆荷特普一世去担任羚羊诺姆（上埃及第16诺姆）的诺马尔赫，并将其与相邻两个诺姆（兔诺姆和豺诺姆）的边界做了清楚的划分。开始时克赫努姆荷特普一世只是作为东部高地的麦涅特-胡夫的贵族，后来成了整个羚羊诺姆的长官，其长子阿美尼也执掌了该诺姆的诺马尔赫，次子纳克赫特则管理麦涅特-胡夫；其孙子克赫努姆荷特普二世继承了在麦涅特-胡夫的统治，并娶了第17诺姆的诺马尔赫之女为妻，生二子：一子名纳克赫特，继承了第17诺姆的诺马尔赫；另一子名克赫努姆荷特普三世，继承了麦涅特-胡夫的统治权。第15诺姆的诺马尔赫本可世袭，但后来他的权力受到了限制。但是，在阿美涅姆赫特一世统治时期，对贵族采取了两面性政策，即在打击、限制诺马尔赫的同时，他又恢复了一些诺姆统治者的古代的尊严和特权；恢复了一些"……诺姆的伟大统治者"的称号；在埃烈芳提那、喜乌特、科赛等地，任命了一些新的地方统治者的家族去取代第十一王朝时所镇压了的那些家族。在他的一个铭文中说："他成熟了，他驱走了罪恶（叛乱）。像奥吐姆本身一样登上了（王座），他修复了他在废墟中所发现的东西，使每个城市与其邻人分开，他促使每个城市都知道它的要塞朝向着它的（邻人的）城市；他再次竖起界石，（支持）上苍：他接收了文件中所记的他们的水，并按旧的文件确定了税收，出于他对正义的伟大的爱。"

阿美涅姆赫特一世的继承者继续了同以诺马尔赫为代表的地方贵族的斗争，直至辛努塞尔特三世时期才基本结束。这一斗争的结果是地方贵族遭到沉重打击，以致在以后，地方诺姆贵族再也没有能力单独与王权相抗衡，王权得到暂时的加强。此外，中王国时期还存在其他社会矛盾，特别是统治者和被统治者之间的矛盾。尽管中王国时期古埃及的社会经济有所发展，但《杜阿乌夫之子赫琪给其子柏比的教训》及其他资料却向我们展示了广大劳动者的艰难处境。

在新兴的卡呼恩城，城市西部是贫民区，房屋矮小拥挤；而东部的富人居住区，房屋面积超过贫民区的50倍，有的富人拥有70间房和走廊。富人区和贫民区之间有一道坚固的墙隔开，形象地反映了贫富之间的分化和对立。

在统治阶级内部，除了王权同地方贵族的矛盾斗争外，王室内部的矛盾也很尖锐。第十二王朝首都不在底比斯，而在三角洲和河谷交界地（靠近卡呼恩城）的一座要塞堡垒中，名叫"伊堡伊"。有一位国王在自己的寝宫遭袭击而死。

第十二王朝实行了国王生前确定共治者的制度，以便在国王发生不测时，保证统治不会中断。《辛努海的故事》讲到阿美涅姆赫特一世死时，辛努海正随王子辛努塞尔特一世远征叙利亚，听到消息后，怕国内大乱受到牵连，便从军中逃跑了。这表明统治阶级内部，王室内部轻轧之激烈与经常。在一些大臣的铭文中，往往把自己说成是国王的亲信，审讯反对国王的人或审讯心怀叵测的人，或镇压叛贼时得到信任的人。这也从另一个侧面说明了社会矛盾的尖锐性。

因此，中王国时期强盛的时间并不长，在第十二王朝后，统一的局面又一次遭到破坏，统一的王权也不复存在。古埃及进入了第二中间期。

第四节　第二中间期的古埃及

图8-8　索别克霍特普五世①像／现存德国柏林博物馆

第二中间期包括曼涅托王表中的第十三至十七王朝。第十三王朝苟延残喘于南方，第十四王朝则偏安于三角洲西部一隅。在此政局混乱之际，阶级矛盾十分尖锐，古埃及爆发了第二次贫民奴隶大起义。喜克索斯人也在此时大量涌入古埃及，在古埃及相继建立了第十五、十六王朝，统治了古埃及相当大一部分国土和西亚的北方、东方。底比斯第十七王朝的末代国王卡美斯领导古埃及人民掀起了反抗喜克索斯人占领和统治的斗争，取得了巨大的胜利。（见图8-8）

一、第二次贫民奴隶大起义

关于第二次贫民奴隶大起义的情况，反映在《伊浦味陈辞》中。这篇文献现藏于荷兰莱登博物馆（第344号纸草），发现于孟斐斯附近的萨卡拉墓地。

———————————

①　又译为索贝克霍特普五世。

《伊浦味陈辞》从多方面反映了这次起义的情况[1]：

第一，起义的规模很大，参加者有奴隶以及下层贫民。

第二，奴隶主的财产被起义者剥夺。

第三，在起义时期，统治阶级（王公贵族，涅杰斯，官吏，等等）皆被打倒。

第四，神权也遭到怀疑，人们对神的信仰也在动摇。

第五，奴隶主的政治统治遭到沉重打击："那保密议事室，它的文件被拿走而〔其中（？）〕的秘密被暴露"，"政府机关已被打开，而它们的清单已被夺去"，"书吏被杀，而他们的文件被夺去"，"地籍（？）书吏的文件被毁"，"议事室的法律被抛出；真的，在公共场所人们在它上面践踏，而贫民则把它们撕碎在街上……""贫民已达到九神的地位，而从前三十家的诉讼程序被泄露。""大议事室是人民大众常来的场所，而贫民来往于大宫之中。""国王已被废黜"，"国家已被少数不知法律的人们夺去王权"，"无边无际的国家的秘密已被泄露，而官府在刹那间已被摧毁"。

第六，在中王国时期上升为统治阶级、成为王权阶级支柱、许多人当了大官的奴隶主涅杰斯，在这次起义中成了被打击的对象："庶民（涅杰斯）来来去去在死亡之中。"

伊浦味这位"智者"显然是站在奴隶主的立场上叙述这一切的。因此，他对起义者进行咒骂，对起义期间发生的一切十分仇视，但又无可奈何。起义最后显然是被镇压下去了。

二、喜克索斯人对古埃及的入侵和统治

在第二中间期，喜克索斯人入侵并统治埃及的中部和北部地区。他们在古埃及建立了第十五和第十六两个王朝。有关喜克索斯人入侵并统治埃及的资料很少，关于喜克索斯人的情况还不是很清楚，许多问题还有争论。

---

[1] 以下所引《伊浦味陈辞》，见吉林师大、北京师大历史系编：《世界古代史史科选辑（上）》，23～36页，北京，北京师范大学出版社，1959。

（一）关于喜克索斯人起源的问题

曼涅托的记载没有说明这个问题，他只是说喜克索斯人是"种族不明的侵略者"，自"东方地区"。现代学者关于喜克索斯人是什么人，来自何处的问题，推论有很多，现在人们倾向于认为喜克索斯人起源于西亚的塞姆人部落，也掺杂进一些别的人种成分，如胡里特人的成分等。

（二）关于喜克索斯人入侵方式的问题

曼涅托说，喜克索斯人采用了大规模武装入侵的方式："图提迈乌斯。在他统治之时，我不知何种缘故，神的狂风打击了我们；而种族不明的侵略者自东方地区以必胜的信心突然推进到我们的国土。他们没有袭击而用主力轻易地侵占了它；打败了国土的统治者之后，他们残暴地烧毁了我们的城市，彻底毁灭了神庙，用残酷的手段对待所有的本地人，杀死一些人，并将其他人的妻子和孩子卖为奴隶。最后，他们指定了他们众人中的一个名叫萨里梯斯的人做了国王，他把孟斐斯作为中心，向上埃及和下埃及征收赋税，并且总是在最有利的地方派兵驻守。"[①]

但现在的多数学者认为，喜克索斯人并非采用大规模武装入侵的方式，而是采用了和平渗透的方式。他们指出，在中王国时期第十二王朝以后，古埃及的统一又瓦解了，因而无力抵御来自叙利亚、巴勒斯坦的游牧部落的渗透。这些游牧部落最初是为了寻找新的牧场而来到三角洲的，开始规模也不大。因为在古埃及可以得到早已来到这里的塞姆人的支持，他们的渗透变得十分容易。这个入侵是长期渗透到三角洲过程的结果。三角洲这个地方，水草丰美，是个好牧场。三角洲东部，在第二中间期初期的三角洲东部，古埃及人本身统治的软弱，使得渗透到这里的亚细亚人逐渐地扩大了自己的影响，并建立起自己的统治。

（三）喜克索斯人在古埃及的统治情况

喜克索斯人在古埃及的三角洲地区站稳脚跟后，便建立起自己的政权，后来又逐渐地将其统治扩大到古埃及中部，而且还统治了西亚的很大

---

① 作者自译，可参见马涅托，断片42；约瑟夫：《反阿匹安》，i. 14；林志纯主编：《世界上古史纲》上册，224页，天津，天津教育出版社，2007。

一部分地区。他们还联合了古埃及以南的努比亚地区的库什王国来共同压制古埃及人。底比斯的第十三王朝和后来的第十七王朝似乎都曾对喜克索斯人称臣纳贡，受喜克索斯人的气。《萨勒纸草Ⅰ》（*Sallier* Ⅰ，不列颠博物馆第10185号纸草）记载，当时阿波比（喜克索斯人的一个国王）在阿瓦利斯，"全国都臣服于他，向他纳贡"。该纸草还讲到，阿波比派了一位使臣前往底比斯，给在底比斯的第十七王朝国王舍克伦拉·塔阿带去了一个口信，要底比斯国王把位于底比斯城郊池塘中的河马杀死，因为据说这些河马的吵嚷声使远在三角洲的阿瓦利斯的喜克索斯人难于安眠。这位使者说："他（指喜克索斯国王）派我来办的这件事，必须办到！"底比斯的第十七王朝国王只得用好饭好菜招待这位使者，以求他能在喜克索斯国王面前美言几句。铭文说："南方城市的王（底比斯的第十七王朝国王）用肉、饼等好东西来款待阿波比的使者，而后，南方城市的王对他说：'告诉你的君主，关于你对他（底比斯王）所说的每一件事情，我都要做到，就这样告诉他吧。'"

据在伊斯塔博·安塔尔地方的一个哈特舍普苏特时代的神庙上的铭文（在驱逐喜克索斯人之后100年左右）说，喜克索斯人不信奉拉神；据《萨勒纸草Ⅰ》记载，在古埃及的喜克索斯人崇拜古埃及的塞特神，而不许崇拜古埃及的其他神。但实际上，喜克索斯人也崇拜拉神（太阳神），在他们的一些国王的名字中也有拉的名字，如阿乌舍拉、苏伦舍拉等，也有的国王称自己是"拉之子"。

统治古埃及的喜克索斯人最初可能利用了原来古埃及的一套行政机关和人员，如他们设有下埃及国王的司库和司库首长的官职。

喜克索斯人的首领原来称为赫卡·哈苏特，在喜克索斯人的蜣螂石雕刻上和杜林王表中都是这么称呼的。《辛努海的故事》就用赫卡·哈苏特称呼叙利亚巴勒斯坦的部落首领；贝尼·哈桑墓中对亚细亚部落首领也用的是赫卡·哈苏特。"赫卡·哈苏特"的意思是"外国的国王"。喜克索斯人在古埃及建立政权后，他们的国王也采用了古埃及人的叫法，被称为法老、"拉之子"，并且也像古埃及法老一样，将王名写入一椭圆形框子中。这既是为了适合古埃及人的习惯，也反映出他们吸收了古埃及的文化。

喜克索斯人的首都是在三角洲东部某地。喜克索斯人称之为阿瓦利斯。在喜克索斯人统治下的各地有可能有相对的独立性。

三、卡美斯领导的反对喜克索斯人的战争

卡美斯是第十七王朝最后一个国王，他的父亲是舍克伦拉·塔阿。据《萨勒纸草Ⅰ》记载，塔阿国王在送走阿波比国王的使者后，曾召集群臣商议如何应对喜克索斯国王的无理要求。他的大臣们都长时间地沉默不语，不知如何回答。后面的情况因纸草损坏而未保存下来。据推测，他可能和喜克索斯人进行了战争。依据是这个国王的木乃伊的头上有五个伤口，学者们据此猜测，这可能是在他同喜克索斯人进行战争时受的伤。

据《卡尔纳尔丰板》（*Carnarvon Tablet Ⅰ*，因此板的收藏者而得名）和涅西石碑（因刻写此石碑的书吏而得名），在国王卡美斯统治时期，底比斯也曾同喜克索斯人进行了战争。

但是，卡美斯显然并未完成赶走喜克索斯人的战争。他的弟弟，第十八王朝的建立者雅赫摩斯一世继续了这一战争，他占领了阿瓦利斯，其时间是在雅赫摩斯一世统治的第17年，并最终将喜克索斯人赶出了埃及。

第五节 美索不达米亚的
黑暗时代与中间期的文化

一、加喜特时期的巴比伦文化

宗教—哲理文学无论是在艺术性还是在思想性上都达到了较高的境界，在古代美索不达米亚文学史上占有极其重要的地位。其中，较著名的三篇作品为《咏受难的正直人的诗》《巴比伦的神正论》和《主人与奴隶的悲观谈话》。

（一）《咏受难的正直人的诗》

这部长篇宗教—哲理文学作品又称《我称赞智慧之神①》（*Ludlul Bel*

---

① 指马尔都克神。

Nēmeqi）①，最初可能由四块泥版组成，其中第一块泥版的开头与结尾部分已遗失，第二块保存完好，第三块保存下大部分。一般认为第四块泥版由许多来自亚述城的残片拼凑而成，但也有学者认为这些拼凑而成的残片不属于这部作品。②这部作品创作于加喜特时期。这从其内容也可以判断出来。这部作品讲的是一位贵族叙述自己如何遭遇各种苦难，所有的神都抛弃了他，最后如何被马尔都克神所救，恢复健康和财富。这部作品围绕着"苦难"展开，告诉人们无论遭到怎样的不公正对待，受害者唯一行之有效的办法是不停地称赞和美化神，反复地在它面前哭诉和哀求，直到它改变态度为止。这部作品由于其主题涉及的是世界宗教和文学史上著名的既古老又现实的所谓"苦难"问题，因此被一些学者称为最早的"约伯书"。诚然，《咏受难的正直人的诗》在规模、思想深度和艺术表现手法上都不能与《圣经》中的《约伯记》相提并论，但正如克莱默所中肯地指出的，"其重要的意义在于，它代表了人类关于人类苦难这一古老而现实问题的最早记录"③。

根据前三块泥版判断，《咏受难的正直人的诗》在结构上由下列几部分组成：

第一，简短的介绍或前言，可能是劝告人们要尊敬和称赞自己的神。遗憾的是，这部分内容未能保存下来。

第二，作者被诸神所抛弃。

第三，所有的朋友，上至国王下到奴隶，都起而反对他。

第四，所有的疾病都向他袭来。

第五，在三个梦中，他被许诺将获得解救。

第六，他摆脱了所有疾病，恢复了健康。

在叙述他遭到所有神遗弃时，这位受难者讲道：

① W. G. Lambert, *Babylonian Wisdom Literature*，p.21.

② *ANET*，pp.434-440，596-604；W. G. Lambert, *Babylonian Wisdom Literature*，pp.21-62.

③ S. N. Kramer, *History Begins at Sumer*，p.112.

> 我的神遗弃了我，消失得无影无踪，
> 我的女神离开了我，与我保持距离。
> 我身边慈善的天使离我远去，
> 我的保护神远走高飞，去追随他人。
> 我的力量散尽，我面色昏暗；
> 我失去了地位，我失去了保护。

在遭到所有神遗弃之后，这位可怜的受难者的周围之人也开始与他为敌：

> 对我的许多社会关系来说，我有如一位遁世者。
> …………
> 我的城市对我怒目，把我视为敌人。
> …………
> 我的朋友都变成了敌人，
> 我的伙伴都变成了坏蛋和恶魔。
> 我的同仁凶恶地告发我，
> 我的伙伴不停地磨刀霍霍。
> 我亲密的朋友把我带入绝境；
> 我的奴隶在集合中公然诅咒我。
> 我的房屋……乌合之众诽谤我。
> 熟人看见我时，都避我而行。
> 我的家庭也视我如外人。
> …………
> 没有一个人站在我一边，
> 我找不到一个帮助者。

在厄运有加、处境每况愈下的困苦之中，受难者开始向神祈祷，乞求神的帮助，结果却令他大失所望：

318

> 我呼唤我的神，但他并不转过脸来看我，
>
> 我祈求我的女神，可她连头都不肯抬。

这位受难者开始反思自己的行为，但并未发现自己有任何渎神行为。他不停地向神献祭，不停地向神祈祷，不断履行各种仪式，甚至经常教导人们尊敬神灵和国王。他甚至希望自己知道如何取悦神灵，知道如何才算冒犯了神灵。遗憾的是，他不知道自己该如何做，也不知道自己犯了什么错。因此，他陷入了极度的困惑之中：

> 有谁能知道上天诸神的意志？
>
> 有谁能理解地下诸神的心思？
>
> 人类从何而知神的态度？
>
> 昨天还生龙活虎，今天却要命丧黄泉。

他的悲惨命运并未就此停止，各种疾病纷纷向他袭来。他的耳眼头足和筋骨血脉无处不生疾。他已濒临死亡的边缘。即使是在这样的情况下，这位正直、诚实的受难者也还是显得那样的无助：

> 我的神并未向我伸出援助之手，
>
> 我的女神并未对我显露怜悯之情。

但这位正直、诚实之人并未因此气馁，他仍然不停地祈祷、哭诉和哀求，希望得到神的帮助。最后，他终于感动了马尔都克神，马尔都克神最终解救他出苦海。经过是这样的：这位受难者做了三个梦。在第一个梦中，出现了一位年轻貌美的男子，但泥版由此中断了。在第二个梦中，一位年轻男子以驱魔者的身份出现，按照神的指示，为这位受难者举行了诸多仪式。在第三个梦中，出现了一位妇人，她既像王后又像女神，许诺解救他。继她之后来了一位巫术祭司，此人乃一长须男子，手执马尔都克许诺富裕的牌板。因此，这位正直、诚实的受难者很快摆脱了各种疾病和不

幸。长期困扰他的恶魔被遣返回冥府，他恢复了健康和财富。因此，他来到马尔都克神庙，对马尔都克神大唱赞歌。

（二）《巴比伦的神正论》

第二部重要的宗教—哲理文学作品是所谓《巴比伦的神正论》（*The Babylonian Teodicy*）①。这是一部由27节组成的离合诗②，每节由11行构成。其中的19节全部或基本全部保存下来，其余的8节大部分遗失。每节都以同一音节开始，27个音节组成一个离合诗句：

> *a-na-ku sa-ag-gi-il-ki-*[*i-na-am-u*]*b-bi-ib ma-âš-ma-šu*
> *Ka-ri-bu ša i-li ú šar-cri*

这个句子的意思是：我，萨吉尔–吉纳姆–乌波碧波，巫术祭司，是神和国王的崇拜者。

这部作品的创作时间比《咏受难的正直人的诗》稍晚。它的主题似乎也是所谓"苦难"问题。它采用的是一位受难者与其朋友对话的形式，由受难者揭露社会中普遍存在的不公平现象，由其朋友竭力根据神建立宇宙秩序的公正观点来进行解释。例如：

> 受信者：我是一个遗腹子，我母亲在生我时死去，扔下我一个孤儿。
> 朋友：所有人都必有一死。
> 受难者：我体弱多病，生活窘迫。
> 朋友：神最终会奖励虔诚者。
> 受难者：有些人不虔诚，却很富有；我很虔诚，却不富有。
> 朋友：我们不理解神道。不虔诚者的富裕只是暂时的，最终会受到惩罚的。
> 受难者：根据我的观察，情况不是这样。

---

① *ANET*，pp.601-604；W. G. Lambert，*Babylonian Wisdom Literature*，pp.63-91.
② 数行诗句中的第一个词的首字母或最后一个词的尾字母或其他特定处的字母能组合成词或词组等的一种诗体。

朋友：怀疑神的决定就是亵渎神灵。（以下遗失）

受难者：像乞丐一样生活有许多好处，这样可以不对社会负有义务。

朋友：这是一种发疯的想法。

两人围绕神的赏罚与现实生活的许多实际情况不相符争辩不休，最后似乎也没能解决这一问题。但在结尾部分，两人在这一点上取得了一致，即神负责主持人间的公平与正义，如果人遭受了不公平，乃神使然。

（三）《主人与奴隶的悲观对话》

第三篇重要的宗教—哲理文学作品称为《主人与奴隶的悲观对话》或《悲观对话》。这部作品的创作时间可能较晚，有学者认为，根据文中提到的"铁剑"判断，它不应属于古巴比伦时期及加喜特时期的早期。[①]这部作品是楔形文字文学中较奇特的一部作品，具有较重要的实用价值。它采取主人与奴隶对话的形式，主人显然是一位富人，不断地向他的奴隶提出许多计划和打算，每次他的奴隶都立即表示赞同，以"是的，主人，是的"来回答，并进而指出这样做的好处。但当主人不断地放弃自己的想法和打算时，奴隶同样立即表示赞同，并阐明这些计划和想法的不利后果。但在这部诗篇的末尾，故事的情节却急转直下。当主人否定和放弃了一切打算和想法，悲观地对奴隶说："现在做什么好呢？"奴隶傲慢并不无嘲笑地说："砍断我的脖颈，砍断你的脖颈，把它们投到河里去——这样就好了。谁能高及苍穹？谁又能宽盖大地？"主人显然勃然大怒，恶狠狠地说："不，奴隶，我将先杀了你，把你先投入河中。"但奴隶在回答时却很意味深长："我的主人，我死后你还能指望再活三天？"[②]

对这部奇特作品的理解和评价，学者们历来有许多不同的看法。1954年以前，大多数学者认为它是一篇严肃的哲学论文。但后来以斯佩泽尔为代表的许多学者提出了新主张，认为它是一部讽刺或幽默作品。传统的观点忽略了这两种文学形式所具有的生动的现实主义特色。作品中对主奴关

---

① W. G. Lambert，*Babylonian Wisdom Literature*，p.141.

② *ANET*，p.438；W. G. Lambert，*Babylonian Wisdom Literature*，p.149.

图8-9　加喜特王朝国王美里施帕克的库都库界碑 / 公元前1186—前1172年 / 出自苏萨 / 现存法国巴黎卢浮宫博物馆

系的讽刺，为新观点提供了证据。这位奴隶不是只会说"是的"的工具，不是只会服从，他从一开始就在窃笑他的主人。他最后的一击，是其真实意志的表达。[①]

巴比伦文学的宗教特征在《咏受难的正直人的诗》《巴比伦的神正论》和《主人与奴隶的悲观对话》中，尤其是在前两者中得到了充分体现。这三部作品还具有较深刻的哲理性，体现了一种理性的思辨。它们可能代表着巴比伦人在思想和观念方面的变化。

此外，加喜特人给我们留下了一种非常独特的艺术形式，它就是通常被称为界碑的库都鲁。实际上，库都鲁是记载国王赠与土地的石碑，石碑上通常雕刻既美丽又有寓意的图画。如图8-9，国王手举至嘴前做虔诚祈祷的手势，将女儿引至娜娜亚女神面前。三个星宿神灵的符号：伊什塔尔之星、沙马什的太阳和辛神的新月出现在天空中。石碑的另一面完全被凿平，没留下任何信息。

二、中王国时期和第二中间期的古埃及文化

随着社会经济的发展，中王国时期古埃及的文化也有了很大的发展，同古王国时期相比有许多的特点。

在文字方面，这时已经主要是用僧侣体文字来书写了。

在教育方面，这时有了更多的学校，有更多的人到学校去接受教育。《杜阿乌夫之子赫琪给其子柏比的教训》中说到赫琪送他的儿子柏比到京城的书吏学校去与贵族子女一起学习，以便他的儿子有一个好的前程。这说明赫琪不是贵族。首都底比斯的学校应当是最著名的，所以赫琪才会送

---

① W. G. Lambert, *Babylonian Wisdom Literature*，p.139.

自己的儿子到底比斯去上学。人们在法雍绿洲发现了中王国末期的神庙档案馆，可能是早期图书馆。

在文学方面，古王国时期，文学作品可能大多与宗教有关，到中王国时期，开始世俗化，出现了散文故事。它以对现实生活的生动记述、丰富的想象和传奇的色彩而受到人们的喜爱。需要指出的是，古埃及的散文故事并非民间传说，而是由书吏或宫廷文官撰写的。

散文故事以中王国时期的作品成就较高，如《船舶遇难记》《辛努海的故事》《绝望者和自己心灵的谈话》《一个能言善辩的农民》等。

中王国时期还留下一个爱情故事。它讲到一个牧人下到池塘里去洗澡，遇到了一个仙女。这也许是古埃及最早的爱情故事。

中王国时期在教谕文学方面无论是在内容上还是形式上都比古王国时期有了较大的发展。我们见到的这个时期的教谕文学有《阿美涅姆赫特一世的教训》《杜阿乌夫之子赫琪给其子柏比的教训》《聂菲尔列胡预言》《伊浦味陈辞》等。

《阿美涅姆赫特一世的教训》的作者原来被认为是阿美涅姆赫特一世本人，但现在有学者认为是其子辛努塞尔特一世让自己的宫廷书吏创作的。教训的内容分为三个部分：第一部分为阿美涅姆赫特一世以自己的口吻向王位继承人传授统治的经验教训，告诫他要小心提防任何人；第二部分为阿美涅姆赫特一世夜间休息时被暗杀的经过；第三部分为阿美涅姆赫特一世炫耀其一生的辉煌业绩。

这几篇教谕作品对了解中王国时期的政治和社会状况提供了一定的帮助。

在艺术方面，中王国时期和第二中间期里，古埃及的艺术成就也是非常明显的。

中王国时期的雕像作品，从其造型、人体比例和线条来看，基本上是在努力恢复古王国时期的风格。有学者说，这个时候的写实倾向增长了，出现了不同的流派（如中部的阿卑多斯、阿西尤特，北部的法雍、孟斐斯和塔尼斯等）。南部比较倾向于写实，而北部更富于理想。古王国时期国王的雕像一般是在是死后才雕刻，放置在墓室内部，但从中王国时期开

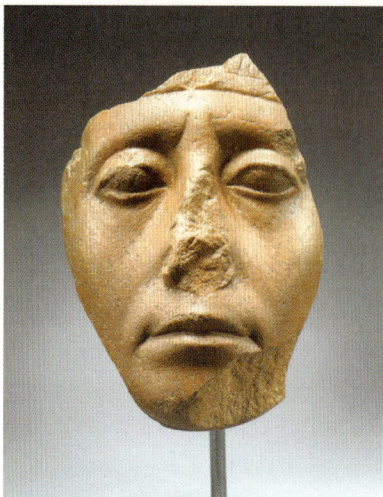

图8-10　辛努塞尔特三世头像（已残）/第十二王朝/现存美国纽约大都会艺术博物馆

始，国王的雕像在他们还活着的时候就开始制作了，而且这些雕像不仅放置在墓里，也放在祭庙外。这个时期古埃及中部各州的地方学派比较活跃。这些地方的诺马尔赫执行了相当独立的政策，重视在政治、经济和文化等各方面的发展。他们广聚人才，使他们的诺姆成为当时文化艺术的中心，其中，贝尼哈桑就是一个典型。

国王雕像的创作也有了一些新意。古王国时期的雕刻家把统治者表现得如同人间的神，而从中王国时期国王的雕像来看，统治者们是靠着自己的权威和强悍的个性，建立起他们的至高地位。这些个人的内心情感被雕刻家成功地刻画了出来，第十二王朝的辛努塞尔特三世头像是其中的一个典范。国王微皱的眉头和沉思的眼睛透露了他内心的忧虑，紧闭的嘴、微微向下拉动的面部肌肉则又表现了他自大、冷酷的性格和不可动摇的意志。（见图8-10）

除了这些严肃的作品之外，中王国时期还比较多地出现了一种令人感兴趣的雕刻形式——着色群像木雕，其内容主要是农民、士兵、工匠的群体活动场面。这种木雕随葬于贵族墓里，虽然制作粗糙，但很逼真，对日常生活的细节都给予了忠实的描述。通过这些木雕群像，我们可以对古埃及的日常生活状况得到形象的了解。（见图8-11、图8-12）

中王国时期浮雕艺术在画面构想、线条运用、题

图8-11　侍者/现存美国纽约大都会艺术博物馆

图8-12　士兵俑 / 现存开罗埃及博物馆

材选择以至细节处理方面都表现出对古王国的重复。但由于地方上一定程度的分权自立，所以中王国的浮雕多具有地方色彩，浮雕作品的水平也有很大的差别。

中王国时期的绘画作品也有所发展，出现了一些反映社会生活的作品，例如，出自上埃及格别陵地方的涅杰斯伊提墓里的所画的运输和储藏谷物，出自贝尼哈桑墓里的反映古埃及人和西亚的贝都因人交往的画，采摘水果的劳动者，以及军事训练图等。出自贝尼哈桑墓里的一幅纸草丛中的猫，表现了一种正蠢蠢欲动、虎视眈眈地盯住猎物的形象，色彩鲜艳，具有很高的艺术水平。（见图8-13～图8-16）

在建筑方面，中王国时期的王宫建筑依然没有实物存世，但在法雍附近发掘出了一座这个时期的

图8-13　贝都因人及其埃及陪伴者 / 现存意大利维也纳艺术史博物馆

图8-14　采摘水果图 / 现存英国伦敦大英博物馆

325

图8-15 军事训练图／出自贝尼哈桑墓

图8-16 跳舞的女孩们／现存英国牛津阿什莫林博物馆

城市建筑的遗址，即卡呼恩城市遗址，该城市分两个部分：一部分是劳动者居住的，其房屋非常拥挤，而另一部分是富人居住的，他们住在宽敞的房屋里。富人区和穷人区用一道墙隔开，形象地反映了贫富的尖锐对立。

希罗多德的著作中描写了这个时期的一座城市，他称之为迷宫。人们认为这是阿美涅姆赫特三世时期在法雍附近建筑的一座宫殿，说明当时城市建筑的水平是很高的，不过这座宫殿现在已经只剩下瓦砾和碎石。另外，在古埃及南方，有一座中王国时期的要塞遗址被发掘出来，该遗址在一定程度上也能够反映当时的建筑水平。[①]

中王国时期，国王的金字塔建筑和古王国时期有所不同。这时，金字塔已经不仅代表坟墓本身，而是一种装饰品，真正的坟墓是在洞穴里面。例如，第十一王朝的孟图霍特普二世的墓（位于新王国时期女王哈特舍普苏特的祭庙附近），就将祭庙、坟墓和金字塔结合起来，在金字塔下面的天然山崖的一个洞穴里面。

在宗教方面，中王国第十二王朝时期，古埃及人逐渐把首都底比斯的地方神阿蒙神提到了首位，成为国王的保护神，其形象为羊。卡尔纳克神庙前有两排羊头狮身作为甬道。后来，阿蒙神和拉神结合而为阿蒙—拉神。

---

① 参见苏联科学院编的《世界通史》一书。

在科学方面，中王国时期和第二中间期，古埃及人在科学方面的成就从两个方面可以看出，一个方面是数学，另一个方面是医学。数学方面有两份数学纸草保存了下来，一份是《林德数学纸草》，另一份是《莫斯科数学纸草》。它们都是公元前1700年左右的文献。此外，还有一些写于这个时代及稍后的一些纸草文书片断。《林德数学纸草》的开头有这样一句话："获知一切奥秘的指南。"这些数学纸草文献中包含了一些数学问题及其解答：《林德数学纸草》中有85道题及解答，《莫斯科数学纸草》中有25道题及其解答。人们认为，虽然数学纸草文献是喜克索斯人时期的，但就其所包含的数学知识而言，是古埃及人至少在公元前第4千纪中叶就已经掌握的了。古埃及人发明了一套自己的象形文字数字符号，他们用∣表示1，用∩表示10，用℮表示100，用𝓕表示1000，还有符号表示更大的数。他们采用10进位记数法，但却不知道位置制，因此，表示一个数需用相应的符号组合起来，如121，象形文字记作℮∩∩∣。在这种记数法的基础上，古埃及人的算术主要是通过加法来完成的。减法是划掉一些符号，乘法则化成叠加步骤来做。例如，计算11×12，古埃及人是这样算出来的：

1	11
2	22
3	44
8	88

每行由上一行取2倍得出，有了4×11=44和8×11=88，把44和88相加，就可得出这题的计算结果为132。

古埃及人也有表示分数的符号：◠，它通常写在整数的上面，如1/10，写为∩̂。他们能够进行分数运算，但算法十分复杂、冗长，因此限制了古埃及数学的进一步发展。古埃及人的数学知识和成就，主要是在算术、代数和几何方面。他们运用这些知识解决了实际生活中的许多问题，如税收、土地丈量、建筑、天文历法、计算酿造一定数量啤酒所需的谷物数量等。他们会解一次方程和简单的二次方程。他们计算出的 π 值为3.1605。他们会求立方体、柱体和其他圆形体的体积，会计算截头角锥体的体积。虽然没有文献证明他们会运用毕达哥拉斯定理，但他们实际上解决了这个问题。

古埃及的数学主要用于日常生活和宗教。例如，计算土地面积、地税、确定付给劳动者工资（古埃及基本上是实物工资，如面包、蔬菜、油、衣服等）、计算谷仓的容积、测定建筑工程中的各项数据等。古埃及人没有对数学进行理论上的归纳和演绎推理，他们的数学与真正意义上的数学还有一定的差异。

数学纸草中也记有代数和几何方面的问题及其解答。例如，《林德数学纸草》中的第31题："一个数，它的1/3，它的1/2，它的1/7及其全部，加进来共为33，求这个数。"这实际上相当于现在的一元一次方程。古埃及人只要用简单的算术就可以解出。他们也会求简单的一元二次方程。

古埃及人在解决面积、体积等几何问题时是用算术和代数的方法来解决的。纸草记载了计算圆形土地面积的方法：圆面积等于直径减去它的1/9，然后再平方。这相当于取 π 值为3.1605。古埃及人也有计算矩形、三角形、梯形面积的方法，但由于资料上语焉不详，人们对某些求法（例如三角形的面积计算）是否正确还表示怀疑。对于古埃及人是否懂得勾股弦定理，也有很多的争论。在体积计算方面，人们公认古埃及人对四棱台体积的计算公式是很先进的。例如，《莫斯科数学纸草》上有这样一个例子：四棱台的下底边长为4，上底边长为2，高为6，体积是 $4^2+2\times4+2^2$ 再乘6的1/3，计算结果为56。古埃及人是用文字来叙述计算方法、过程的，没有使用加号、乘号等运算符号，但对计算四棱台体的体积实际上已有正确的计算公式。他们可能还懂得计算半球的体积。

在医学方面，中王国时期和第二中间期，古埃及人也取得了很大的成就。彼特里在卡呼恩发现的医学纸草，属于第十二至第十三王朝时期，从残片内容看，是有关妇科的。

第三编　帝国时代

第九章 帝国时期古埃及的繁荣

第一节 古埃及帝国的形成及初期统治

古埃及是最早进入帝国时代的，其时间是在公元前第2千纪后期，即公元前1500—前1100年。古埃及帝国时期开始于新王国时期，新王国时期包括曼涅托王表中的第十八至第二十王朝。这个时期是古埃及历史上政治、经济、军事上最强盛的时期，也是文化最繁荣的时期。特别是第十八王朝的前期，经过一系列的对外征服战争，古埃及的版图极大地扩大了：其北部疆界达到小亚细亚与叙利亚交界的地方，到幼发拉底河的上游；南部疆界到尼罗河上的第四瀑布以外，远远地深入努比亚腹地，从而成为一个地跨西亚北非的奴隶制大帝国。这不仅在古埃及历史上，而且在公元前第2千纪后期的地中海世界和全世界也是空前的。它对当时地中海东部地区产生了强烈的影响。

一、新王国的形成

古埃及帝国的形成是第十八王朝初期的几位国王连续征战的结果，它经历了100年左右的时间。第十七王朝末代国王卡美斯及其兄弟雅赫摩斯一世领导古埃及人民赶走了喜克索斯人，雅赫摩斯一世（据说，雅赫摩斯的意思是"月亮出来了"）建立了第十八王朝，由此开始了新王国时期。（见图9-1）雅赫摩斯一世统治时期，为追击喜克索斯人，古埃及军队已经达

图9-1 雅赫摩斯一世头像／现存美国纽约大都会艺术博物馆

到了叙利亚。他还南侵努比亚，沿尼罗河上驶到北部努比亚的克亨色诺弗尔雅赫摩斯一世之子阿蒙霍特普一世继承了王位后，举行南征北战，开疆拓土。他的妹夫，雅赫摩斯一世的女婿图特摩斯一世是古埃及帝国的奠基人。他打败了西亚强国米丹尼王国，将古埃及的北部疆界推进到了北部叙利亚，到达幼发拉底河；南部疆界推进到了尼罗河上第三瀑布以外。图特摩斯一世之子图特摩斯二世虽然统治时间不长，但也曾南征北战。图特摩斯二世死后，他的一个妃子所生的儿子图特摩斯三世（Tuthmossis Ⅲ，约公元前1504—前1450年）继承了王位，王后哈特舍普苏特成为摄政王。（见图9-2、图9-3）哈特舍普苏特认为自己有继承王位的权利，所以她把图特

图9-2　图特摩斯三世坐像／现存意大利都灵埃及博物馆

图9-3　哈特舍普苏特坐像／现存美国纽约大都会艺术博物馆

摩斯三世派到阿蒙神庙去当祭司，自己当了女王。在她统治时期，虽也有过几次小规模的战事，但无所建树。只有她对南方的蓬特所进行的半是掠夺性远征，半是贸易的活动，被大肆渲染。哈特舍普苏特执政20年后图特摩斯三世恢复王位（哈特舍普苏特可能已经去世或她已到晚年），此时应是他即位的第21年。重新获得王权的图特摩斯三世，在国内极力抹去哈特舍普苏特的一切遗迹，包括她的名字；在国外，则进行了前所未有的大规模征服。

图特摩斯三世的《年代记》记载，他一生征战17次，在西亚，打败了以卡迭石为首的叙利亚联军，并经过20年左右的多次反复征战，巩固了在叙利亚的统治。在图特摩斯三世统治第33年，他再次打败了米丹尼王国，迫使其撤军至幼发拉底河以北。后来，米丹尼因面临赫梯威胁，不得不与古埃及讲和，从此，成为古埃及在西亚的盟友。古埃及对米丹尼的胜利，无疑震撼了整个西亚。所以，两河流域的亚述和巴比伦尼亚也纷纷与古埃及修好，巴比伦尼亚还将一位公主送给法老为妃。因此，图特摩斯三世统治时期形成了古埃及帝国。他的《年代记》对第一次同以卡迭石为首的叙利亚联军的战争做了较为详细的记载。其中，包括召开军事会议，商讨进军路线，叙述了图特摩斯三世如何力排众议，冒险穿越一条狭谷，突然出现在联军的美吉多城下，出其不意地打败了联军的情况，显示了他的雄才大略和古埃及的军事实力。图特摩斯三世还对努比亚进行了进一步的征服战争，把古埃及的南部疆界推进到尼罗河第四瀑布以外。（见图9-4）

图9-4 战车／第十八王朝时期／现存美国纽约大都
会艺术博物馆

大规模的对外战争给古埃及带来很大的影响：帝国的版图扩大了；大量的劳动力及财富流入古埃及（战争中的掠夺和战后的贡赋）；战争提高了国王的威信，加强了君主专制；古埃及成了地中海地区的一个霸国，对东部地中海产生了很大的影响。同时，战争也促进了国内的阶级分化。

二、帝国初期的统治

新王国时期，古埃及奴隶主阶级仍然采用君主专制的统治形式。第十八王朝初期的国王在两种性质的战争中为自己树立了威信：赶走喜克索斯人，使他成了民族英雄；对西亚和努比亚的胜利的侵略战争，使他成了奴隶主崇拜的偶像。因而，在第十八王朝初年，古埃及国王的威信大大提高，权力空前加强，他们的统治几乎得到了奴隶主各个阶层和集团的支持。

新王国时期的国王们一方面紧紧地将军队控制在手里，将其作为自己统治的主要物质力量；另一方面，又极力以神权作为自己统治的精神支柱，把每次战争的胜利都说成是神的保佑和指引。

在新王国时期，官吏已不完全像古王国时期仅仅或主要从王室家族、皇亲国戚中挑选，而主要是从整个奴隶主阶级中挑选。这反映了君主专制阶级基础的扩大，也表明了古埃及奴隶主阶级的逐渐成熟和壮大，更说明了君主专制真正成了整个奴隶主阶级的政权和统治形式，而不仅仅是一个家族的政权。

新王国时期，国王之下的最高官吏仍然是维西尔。为了适应管理和统治这空前庞大的帝国的需要，原来的一个维西尔，变成了两个。一个管理上埃及和努比亚地区，官邸设在底比斯；另一个管理下埃及，包括西亚属地，分界点在埃及中部的赫尔摩波里。一般来说，管理上埃及的维西尔权力较大，国王出征时，往往代行朝政，代替国王处理一切事务。这时之所以设置两个维西尔除了上述帝国庞大、政务繁多的原因之外，大概也还有国王企图削弱其权力有关。两个维西尔也可互相牵制。

从第十八王朝国王图特摩斯三世给维西尔列赫米拉的训令来看，维西尔的职责是多方面的，国家的各方面事务几乎都在他的管理范围之内（除了军事之外），其职责是管理行政、司法、经济、神庙。他管理神庙，因而往往兼任神庙最高祭司，特别是阿蒙神庙祭司。土地诉讼、分家析产、灌溉、遗嘱、农事、赋税等都在他的管辖范围之内。当时，管理各种具体事务的都有专门的官吏。新王国时期，古埃及的军队不仅由古埃及人组成，还有外国雇佣军，特别是名为沙尔丹的外国雇佣军（据说这是由于他们来自地中海的萨丁岛，故名）。军队分步兵和战车兵。战车兵是新王国时期的一个新兵种，具有较强的战斗力和机动能力。

在司法方面，维西尔仍是司法首脑，许多记载维西尔裁决的铭文保存了下来。列赫米拉的铭文说，在他面前摊开有40张法律皮卷。法庭仍分为世俗法庭和神庙法庭。神庙法庭审理的多为民事纠纷，刑事、财产等问题则由民事法庭审理裁决。总的来说，在第十八王朝前期，古埃及奴隶主的统治是牢固的。但是，矛盾在不断地酝酿和积累、激化，特别是统治阶级内部各不同阶层或集团之间的矛盾在逐渐激化，这导致第十八王朝晚期的埃赫那吞改革。对于被征服地区，古埃及人派总督去治理，并派兵（虽然每个地区派驻的军队不很多）去驻防；同时，还利用当地的王公们进行统治，古埃及人主要负责监督。古埃及人还将当地统治者的孩子带到古埃及，一方面，作为人质；另一方面，让他们在古埃及受教育，等他们长大后回去治理他们原来的地方，即让这些对古埃及人驯服的、已经埃及化的人去统治被征服。

在努比亚地区做总督的人往往被称作"库什的国王之子"（King's-son of kush）。维持这庞大帝国的经济来源有两个，一是向各征服地要贡赋，二是国内征收赋税。

第二节　帝国时期古埃及社会经济的繁荣

一、手工业和农业的发展

新王国时期古埃及的生产力获得重大发展。这时人们在冶炼金属时已经采用脚踏风箱来提高炉温了。从墓里的浮雕可以看到，已经出现一个人同时踩两只风箱的场景。脚踏风箱的使用，大大提高了炉温，对于需要更高炉温才能冶炼的青铜乃至铁器，这是十分必要的。制作铜制品的方法也有改进。以前基本上是采用锻造法；新王国时期使用了新的方式——铸造法，这要求更高的工艺水平。在新王国时期，青铜得到广泛应用，它不仅用以制作各种用具和武器，而且用以作为支付手段，但它不是唯一的支付手段。

新王国时期，建筑业仍是一项重要的手工业。这时建筑业方面最重要的成就是修建卡尔纳克神庙和卢克索神庙，虽然它们既不是从此时开始，也不是完全在此时建成，但主要的建筑多半是在这时进行的。新王国时期不仅在首都底比斯有许多大规模的建筑，而且还在埃赫那吞改革时，迅速建成了一个新的首都——阿马尔那；在第十九王朝的拉美西斯二世时，又在三角洲东部很快建造了一个新都——培尔－拉美西斯。这些新的首都不仅有王宫、官邸及一般的居民住宅，还有神庙建筑。这些建筑建造的时间都很短。这不仅说明了手工工匠的技术水平很高，更说明了手工业者（特别是建筑工人）的队伍大概也不小。

新王国时期，艺术手工业也有很大发展，有非常多的精美文物保存下来。在新王国时期已有比较发达的用亚麻和羊毛作原料的纺织业。从图特摩斯四世墓和图坦卡蒙墓中发现的一些亚麻制品残片，表明了当时纺织技术达到了很高的水平。新王国时期，纺织机械方面也有革新：垂直式织布机代替了过去的卧式织布机。这种垂直式织布机只需一人操作，不像卧式织布机需要两人操作。而且，垂直式织布机可织出卧式织布机所织不出来的较宽幅的布。

轮车的出现和使用使陆上运输也大为发展。虽然最初轮车只限于军用，但逐渐地，而且不可避免地会用于民用运输。这比肩挑及用牲口驮运要进步很多。在农业方面进步也很大，特别是供高地灌溉用的工具沙杜夫的使用，为高地的开垦创造了条件。

二、商品货币关系的发展

生产力的普遍的巨大增长，对外战争中大批财富流入古埃及，对外经济联系的加强和发展，使得新王国时期商品货币关系比过去有了更大的发展，这表现在许多方面：金属（包括金、银、铜、青铜等及其制品）作为支付手段的发展，借贷关系的发展，雇佣关系的发展，商品货币关系深入农村，加剧农村的阶级分化和土地转手，真正的商人的出现等。新王国时期，用金属作为流通手段的情况增多了。不过，这时还没有铸币。用银、铜和青铜作为交换媒介和价格尺度的情况比较多。

商品货币关系发展的另一表现是借贷关系的发展，借债要立字据，保证偿还，有证人签字。商品货币关系的发展必然侵蚀农村，加剧农村的阶级分化，其表现之一就是土地买卖的存在。侵蚀农村的另一表现则是债务奴隶制的存在。

商品货币关系的发展，也可能影响地租的形式，即可能出现货币形式的地租。一份资料中讲到一些涅木虎经营国王的土地，他们交的地租可能不是实物，尽管有这样的进步，但新王国时期商品货币关系的发展仍是很不充分的。例如，在当时物物交换的情况（这是商品交换最原始的形式）还很普遍，衣物、亚麻布、牛、谷物等仍可作为等价物，作为交换媒介存在；在经济生活中，自然经济仍占主导地位；商人虽已出现，但作为一个阶层，其人数很少。这是因为在古埃及经济中王室、神庙及官僚贵族奴隶主经济的自给自足成分过重、金属主要控制在各类奴隶主手中，不是作为流通手段，而是作为制作奢侈品的原料，给手工业者、官吏的报酬或薪金都是实物以及对外贸易控制在国家手中等有关。

三、奴隶制的繁荣

古埃及的奴隶制度，从前王朝时期的涅伽达文化 II 时期，到新王国时期的2000年里，经历了发生、发展的漫长过程。在新王国时期，古埃及奴隶制达到了繁荣阶段。

第十八王朝和第十九王朝大规模的长期的对外战争不仅扩大了古埃及的版图，而且奴隶的来源增多了；战争中掠夺的大量财富，为奴隶制经济的进一步发展提供了条件，而奴隶制经济的进一步发展，又反过来要求更多的奴隶；战争和奴隶制经济的发展，也促进了阶级分化的加剧，一个新的奴隶主阶层出现了，这就是涅木虎。

新王国时期古埃及奴隶制的繁荣表现在以下几个方面。

（一）奴隶人数的大量增加

虽然我们不可能知道新王国时期奴隶的总数量，甚至也不知道各类奴隶主占有奴隶的数量，即使是王室占有的数量也不知道。这是因为没有这方面的任何统计资料。但是，新王国时期奴隶数量大大增加，则是无疑的：新王国时期的许多资料中都谈到奴隶主拥有大量的奴隶。图特摩斯三世在一个铭文中说，他把男、女亚细亚人和男、女尼格罗人给了阿蒙神，还给了1578个叙利亚人。阿蒙霍特普三世在一个铭文中说，他在卡尔纳克建起一个纪念碑，用围墙将其围了起来，里面充满了奴隶（麦尔特），他们是来自所有被征服国家的首领们的孩子。他还说神庙的库房中充满了女奴隶，充满了他俘虏的所有被征服者的首领的孩子。第二十王朝时期的《哈里斯大纸草》（*Papyrus Harris*）中记载了拉美西斯三世（Ramses Ⅲ）给予各种神庙众多财产的情况，其中也包括劳动者107615人（但应注意，这份纸草保存不完整，大约只保存下来1/3。因此，实际给予神庙的，应比这个数字多得多），虽然这些劳动者不全是奴隶，但其中也确有许多是奴隶。

（二）奴隶来源的增多

奴隶的第一个来源是战争俘虏。

从当时留下来的铭文可以看到，那时的军队，从国王到士兵，是多么狂热地在战争中追逐俘虏。

《桡夫长雅赫摩斯传》中记载："血战在此城之南的埃及［方面］进行。我捕到一个俘虏——男俘"，"阿法里斯被占领了。我在那里又夺得战利品：一个男人和三个女人，共四头。陛下把他们给我为奴隶。沙鲁亨〔S'-r'-b'-n'〕围攻三年。我在那里又夺得战利品：两个妇人和一只手"。[1]在努比亚，"我在那里又夺得战利品：两个活男人和三只手"[2]。在镇压国内暴动时，"我由暴徒的船上捕获两个年青的兵士为俘虏。于是领到

---

① 吉林师大、北京师大历史系编：《世界古代史史料选辑（上）》，47页。
② 吉林师大、北京师大历史系编：《世界古代史史料选辑（上）》，47页。

五头［奴隶］和份地，凡耕地五斯塔特"①。在镇压另一次暴动时，"我领到三头［奴隶］和在我的城市的五斯塔特的耕地"②。在追随阿蒙霍特普一世远征努比亚时，"我捕获一个战俘，也交与陛下"，"我还捕获两个女奴为战利品"。③在追随图特摩斯一世远征叙利亚时，"我夺得一辆战车，它的一对战马，以及车上的人，作为战俘，他们被送给陛下"④。图特摩斯三世统治时期，一个名叫阿蒙涅姆赫布的人在叙利亚追随国王远征亚细亚时说："我带走三个人，作为活的俘虏"，"当陛下来到纳哈林时，我从那里的战斗中带走了三个人，我将他们作为活的俘虏置于陛下之前"。《阿蒙霍特普二世的亚细亚远征》记述了国王阿蒙霍特普二世在叙利亚战争中的情况，画出了以国王为首的古埃及奴隶主在战争中追逐俘虏的疯狂活动。

奴隶的第二个来源是家生奴隶，即女奴隶的子女。第二十王朝时期，一个名叫涅布涅菲尔的骑兵军官同其妻子，塞特神的女歌手勒涅菲尔有一个名叫狄纳哈托利的女奴，此女生有三个小孩（一男二女），均成为他们的奴隶。现藏意大利都灵埃及博物馆的第2021号纸草，其内容是一个结婚析产证书，也讲到奴隶及其孩子们。

奴隶的第三个来源是债务奴隶。古埃及有关债务奴隶的资料很少，只是从某些资料看，有些奴隶可能是债务奴隶。例如，中王国末期或第二中间期的《关于女奴森别特的报告》中讲到的森别特，原本还占有土地，很可能是因欠债而为奴的；第十八王朝时期的一份纸草（卢佛尔博物馆第3230号纸草）中记载的也似乎是债务奴隶。该纸草说，司库官塔伊将自己的一个小女奴转让给了别人，女奴的母亲对小女奴的保护人、可能是塔伊家的一个奴隶总管之类的人阿赫摩斯提出了抗议。她在给阿赫摩斯的信中说："当她在那儿同你在一起时，是你允许我的女儿被带走的。"阿赫摩斯也为此而向塔伊提出了这件事。从这个小女奴还有一位自由民的母亲的情况来判断，她也可能是因债务而沦为奴隶的。

① 吉林师大、北京师大历史系编：《世界古代史史料选辑（上）》，48页。
② 吉林师大、北京师大历史系编：《世界古代史史料选辑（上）》，48页。
③ 吉林师大、北京师大历史系编：《世界古代史史料选辑（上）》，48页。
④ 吉林师大、北京师大历史系编：《世界古代史史料选辑（上）》，49页。

（三）奴隶主群体的扩大

中小奴隶主涅木虎兴起并成为一个独立的阶层。

古王国时期，主要是王室、神庙和官僚贵族奴隶主拥有奴隶；中王国时期，兴起一个涅杰斯阶层；到新王国时期，又兴起一个涅木虎阶层。这反映了奴隶制经济的发展。新王国时期，随着奴隶的增多，越来越广泛的阶层拥有了奴隶，而不再限于王室、神庙和官僚贵族了。从新王国时期的资料来看，中等阶层的人，甚至牧人、商人、手工业者、士兵和看门人都可能拥有少量奴隶。在麦西档案中，牧人涅布麦西和麦西占有不止一个奴隶。涅布麦西还多次将自己的奴隶出租。《桡夫长雅赫摩斯传》中讲到这个新王国初期的老兵至少拥有19个奴隶。在《开罗石碑》中，凉鞋制造人、女市民也拥有奴隶。

据底比斯西部王陵的资料，第十九王朝后期，陵墓手工业者一个分队队长涅弗尔霍特普至少拥有5个奴隶（B；K），其中有的是家生奴；拉美西斯二世统治时期一个名叫曼涅弗尔的女市民将8个成年奴隶（hm）及他们的三个孩子转交给自己的儿子、雕刻家克恩；王陵书吏拉摩斯也拥有奴隶；第二十王朝拉美西斯十一世统治第19年，一个名叫荷尔的军队书吏拥有一名女奴。商人拥有奴隶。第十九王朝的一份纸草上，记载了一个名叫拉伊阿的商人把一个叙利亚籍奴隶卖给了一个名叫伊林涅菲尔的女市民。图特摩斯三世时一个名叫撒巴斯特提的"国王的理发师"，在战场上捉住了一个俘虏，名叫阿麦尼乌。后来，阿麦尼乌就成了理发师的奴隶。由于某种原因，这位理发师宣布将此奴隶释放。当然，当时占有奴隶最多的仍然是王室、神庙和贵族奴隶主集团。其他奴隶主也占有众多的奴隶，例如，底比斯西部的王陵机关手工业者集体拥有奴隶：第二十王朝拉美西斯十一世统治第29年时，一个军官在一封信中说到把在库什俘虏的5个俘虏作为奴隶送给王陵机关；上面说到的这位国王在位第19年时，书吏荷尔从父亲那里继承来的一个女奴被没收，转交给了王陵机关。

（四）奴隶在生产劳动中的作用增加

新王国时期，奴隶人数大量增加，他们多数都用于从事各类生产劳动（当然也有一些从事服务性劳动），从而增加了奴隶在生产劳动中的比重。图特摩斯三世在《征服的庆典和献纳》中写道，在他第一次远征亚细亚回来后，送给神庙的奴隶，是要他们为神庙制作王家的亚麻布；从事田间劳动，以便提供收成去充实神庙的仓廪。图特摩斯四世建立了收容叙利亚俘虏的村镇。这些俘虏显然也是充实手工业或农业生产的。哈皮之子阿蒙霍特普在自己的铭文中说，国王阿蒙霍特普二世曾给此人建立了一个礼拜堂，并且赠给他男、女奴隶，以便为他的基金开垦田地。这些奴隶显然都是从事生产劳动的（包括农业劳动和手工业劳动）。从这个时期的一些墓画中，我们也可看到奴隶从事劳动的情况。

（五）奴隶的术语

从资料中看至少下面这些人是奴隶：

1. hm

《维勒布尔纸草》中的奴隶属于此类。拉美西斯二世时期的女市民曼涅弗尔交给她儿子的8个成年奴隶及3个孩子也属此类。桡夫长雅赫摩斯的男、女奴隶也属此类。

2. B；K

上面讲到的第十九王朝后期底比斯王陵手工业者分队队长涅弗尔霍特普的5个奴隶就属此类，其中有的是家生奴隶；在萨勒特（Salt）纸草第124号（不列颠博物馆编号10055）中说："彭涅布把我父亲的5个B；K给了后来成了维西尔的普列姆赫布。"卢佛尔博物馆第3230号纸草中的奴隶也是B；K。

3. 麦尔特

哈特舍普苏特在从蓬特返回时所带的大量"物品"中，也包括被称为麦尔特的人，这显然是奴隶；图特摩斯三世的《征服的庆典和献纳》中，赠给阿蒙神庙奴隶以生产各种亚麻布的那些人也是麦尔特。在伊涅尼的铭文中所讲的"陛下给我'农民–农奴'（Peasant-serfs）"也是麦尔特；在阿蒙霍特普的建筑铭文中说，他在卡尔纳克建立了一个纪念物，里面充满了奴隶，这里的奴隶，也是麦尔特；等等。

（六）奴隶的社会地位及其反抗

奴隶制社会中的奴隶同封建社会中的农奴（农民）、资本主义社会中的无产者虽然同是被压迫、被剥削者，都是物质财产的生产者，但有一个本质的不同之处，即奴隶是主人的财产，而农民和无产者则不是。在奴隶制社会中，奴隶的情况虽然千差万别，从外表上看很不一样，但有一个本质的共同点，即他们都是奴隶主的财产。正是从这一点上，我们看到，古埃及的奴隶与希腊罗马的奴隶没有本质的不同。奴隶作为主人的财产可以随意买卖：上引第十九王朝的一份纸草中讲到，女市民伊林涅菲尔向商人拉伊阿购买了一个叙利亚籍女奴，名叫格门赫利门特提，是用实物（衣物、青铜器皿等）作价后给予拉伊阿作为女奴的身价的，共计值4德本1基特。

奴隶作为财产可以任意转让、继承。上面讲到的卢佛尔博物馆第3230号纸草上记载的第十八王朝时期一个名叫塔伊的司库官将自己的小女奴转让给别人；在布鲁克林博物馆第35.1446号纸草上就记载了一个奴隶主帕伊将自己的95个奴隶（尚保存80多个奴隶的名字）转让给自己的妻子的事；等等。

奴隶可被出租和雇佣。在这方面，麦西档案（第十八王朝阿蒙霍特普三世和四世时期）给我们提供了很好的例子。牧人麦西（在法雍湖地区）先后向好几个奴隶的主人租用奴隶。女奴的工钱不是给予女奴本人，而是给予了她的主人。奴隶只是作为其主人的财产而存在，租给别人使用。

奴隶主在分家析产时，将奴隶作为财产而分给奴隶主的家庭成员。保存在意大利都灵埃及博物馆的第2021号纸草上的铭文，就是第二十王朝时的一个奴隶主的析产证书。一个名叫澳门克哈乌的奴隶主，他的妻子可能死了，孩子同外祖父住在一起，他又同另一个妇女，名叫安洛克苏洛吉门的结了婚。这时，他将自己的一部分奴隶给了前妻的孩子们。此事经维西尔判决为合法。

奴隶也可能像奴隶主的财产一样被国家没收。上面讲到的拉美西斯十一世在位第19年，军队书吏荷尔从其劳动于王陵机关的父亲艾弗纳姆恩那里继承来一个女奴，但其父在死后被指控参与了掠夺陵墓的活动，因此判决没收这个女奴，将该女奴转交给王陵机关。

当然，奴隶的境况并不都是一样的。有的奴隶的情况可能由于种种原因稍好一些。例如，有的奴隶可能由于某种原因而被释放，获得自由。释放奴隶需经法庭的批准方为有效，并且要有公证人和证人参加。也有的奴隶被收为养子，并可继承家产。骑兵军官涅布涅菲尔将几名奴隶转让给自己的妻子勒涅菲尔，后来他们又宣布将几个奴隶收为养子，并将其中一个女奴嫁给勒涅菲尔的幼弟为妻，还声称，他们可平分家产。还有的奴隶，虽未脱去奴隶的身份，但已占有土地等财产，或已独立经营，独立租佃土地，有自己的家庭、自己的经济。例如，《开罗石碑》就记载了几个占有土地的奴隶。

又如，A. 伽丁内尔的《维勒布尔纸草》记载了若干个独立租佃土地的奴隶。从《维勒布尔纸草》的资料看，这些奴隶在以下四个方面同其他自由民（如女市民、牧人、沙尔丹及其仆人、低等祭司等）有相同之处：（1）同样独立地佃耕土地；（2）按同样的比率缴纳租税；（3）同样可以将自己佃耕的土地转交给自己的孩子，即世袭租佃（为此而需要何种手续则不得而知）；（4）同样有自己独立的家庭，有自己独立的经济，因为没有独立的家庭，就不会有自己的孩子，没有独立的经济就不可能佃耕土地，缴纳租税。

被释放的奴隶，被收为养子的奴隶，占有财产并可独立经营的奴隶的状况虽然比别的奴隶可能要好一些，但是，他们的处境大概也是很艰难的（至少其中的大多数会是这样的）。因此，在《开罗石碑》中，那些奴隶才会因为十分穷困而不得不将自己占有的土地拿去卖掉。《维勒布尔纸草》中记载的佃耕土地的奴隶，他们佃耕的土地很少，维持生计也必定十分艰难。所以，在新王国时期，奴隶也曾有过各种形式的反抗斗争。例如，有的奴隶偷盗奴隶主的财产。莱登博物馆藏的一份纸草记载，第十九王朝时期，一个女奴偷盗了引路人帕哈利的很多东西。逃亡是奴隶采用的最普遍的反抗形式。波隆第1086号纸草上的铭文说的是追踪孟斐斯的托特神庙的一个叙利亚籍奴隶纳卡狄的事。《阿纳斯塔西纸草》（Anastasi）讲到追捕两个逃亡奴隶的事。

第三节　新王国时期古埃及的土地关系

一、土地占有状况

就现有资料来看，新王国时期土地占有的总格局同古王国时期没有发生什么大的变化（至少就奴隶主阶级对土地占有的情况而言是如此），但在某些方面也出现了一些新的情况。国王占有的土地仍然很多，遍布全国各地。《维勒布尔纸草》和《哈里斯大纸草》中都记载了国王占有的大量土地的情况。为了管理王室地产而设立了专门的官职，从侧面说明了王室地产的规模。神庙占有的土地也很多。《哈里斯大纸草》中记载的第二十王朝拉美西斯三世国王赠送给各类神庙的土地数量惊人（共计1070419斯塔特）。在此后不久的拉美西斯五世统治时期编成的《维勒布尔纸草》中，所记录的大部分土地是属于各类神庙的（这份纸草就是一份土地丈量清册，丈量的土地在中部埃及）。

新王国时期，奴隶制经济发展和繁荣的一个重要表现和结果，是私有奴隶制经济的发展。土地关系方面则表现为私人占有形式的发展。从古王国时期的资料中，我们看到私人占有土地者基本上是官僚贵族奴隶主（例如，梅腾、伊比等）；新王国时期，虽然私人占有土地最多的仍是官僚贵族奴隶主，但是中下层居民占有土地的情况明显增加了。

《麦西档案》提到，王家牧人涅布麦西占有土地，并将其卖给大有角畜牧人麦西。因此，麦西也是占有土地的。他们不是什么官僚贵族，而是中下层，但占有土地。《开罗石碑》提到奴隶占有土地并将其卖给他们的主人。凉鞋制造人、女市民等可以买到土地，从而占有土地。他们都不是官僚贵族，而是普通居民。《屏洛之墓》描写国王雕像的祭田四周时说，其第三块地的"北边是牧人巴虎的地"，第四块土地的北边是一个名叫阿拉萨的人的土地。牧人巴虎不是官僚贵族，而是普通居民。阿拉萨显然也不是官僚贵族，至少铭文中没有提到他的官职。柏林博物馆藏的一份编号为第8523号的纸草，记载了第二十王朝时期一个名叫舍德苏洪苏的弓箭手长官，洪苏之家的书吏给他的佃户、一个努比亚农民帕涅别纳吉德的一封信，要收回此佃户租佃他家的地，后又允许他继续租佃的事情。这个舍德苏洪苏虽然也有职位，但大概算不上贵族。他占有土地，并用以出租。这些中下层居民占有的土地一般在数量上不会很多。例如，涅布麦西一次卖给麦西的土地才不过3斯塔特；《开罗石碑》中，奴隶出卖土地的数量也很少，一个卖11/4克赫特（Khet），即12.5斯塔特，一个卖17纳乌比阿，一个卖8纳乌比阿（按：1纳乌比阿的确切数量不清，但大概不会大于1斯塔特）。桡夫长雅赫摩斯久经沙场，多次得到赏赐才不过60斯塔特土地。但每个贵族占有的土地却要多得多，阿蒙霍特普三世的总管阿蒙霍特普占有土地达430阿鲁尔，其中国王赐地220阿鲁尔；哈皮之子阿蒙霍特普大概也占有许多土地，以致国王命令用奴隶去为其耕种祭田；国王埃耶赠给已失去名字的官吏154斯塔特等。

私人占有土地的来源，从这时的资料看，是继承、买卖、获赏等。

关于继承和遗赠土地的土地，如萨卡拉出土的属于第十九王朝拉美西斯二世时期的一个名叫麦西的人的墓墙上的铭文记载，麦西的祖先涅斯因功而得到第十八王朝的开国君主雅赫摩斯的赐地（其数字不详）。这块土地经过世代相传承袭下来，直到麦西的世代。在麦西的父亲赫维时期，这块土地作为遗产而在赫维及其兄弟姊妹间瓜分了。但在赫维死后，他的妻子即麦西的母亲涅布涅菲尔特前去耕种自己那一份土地时，别人（可能是麦西的叔伯们）却不让她耕种，以致引起一场诉讼，麦西的母亲将此事告到了维西尔处。

关于土地买卖，有以下几种情况。

上面讲到的《麦西档案》中的王家牧人涅布麦西将一块土地卖给大有角畜牧人麦西，铭文说："今天，涅布麦西又向牧人麦西请求，致辞如下：'请给我一只乳牛，作为3斯塔特耕地的买价。'于是，麦西给了他一只乳牛，值银1/2德本……"这个铭文就是一份契约，有时间，有人物，有土地数量及代价，还有证人。不像梅腾墓铭文中那样是一笔糊涂账。自然，仅凭这份契约本身很难肯定地说，这块土地是涅布麦西的私有地，还是他作为王家牧人而给的份地。但从契约看，似乎这种买卖是十分自由的，没有去征求国家机关的许可，就像涅布麦西将自己的奴隶租给麦西一样，因而很像是出卖自己的私有土地。在契约中，买卖双方都未申明土地是第三者所有，这在一般情况下似乎只能认为，土地原来就是卖者的，而不是给我的或别的什么所有者的。如果是这样的话，那么，这种买卖应当说是所有权的转让，卖者出卖的是所有权，买者得到的也是所有权。《开罗石碑》中所反映的土地买卖，即奴隶出卖土地的现象，似乎可以说是一种特殊形式的土地买卖关系。众所周知，在一般情况下，奴隶不占有生产资料，不拥有财产权，奴隶的人身不属于他自己，而属于他的主人，他自己就是他主人的财产。但在新王国时期却出现了不仅占有土地，而且可以将其出卖的奴隶。这种土地是不是奴隶的私有财产呢？这种土地买卖是不是所有权的转让呢？我们没有这些奴隶所占有的土地的来源的任何资料，因而无法说出其享有的确实权利。但我们至少可以肯定两点：（1）奴隶主不是他所购买的土地的所有者，因为如果他是土地的所有者，他又花钱再去买一次，就不合情理了；（2）奴隶对他所出卖的土地的权利比使用权大，因为他们可以自由地去处置它，甚至可以较自由地卖掉它。

上述有关土地买卖的资料说明，商品货币关系已发展得很深入了，它对土地所有制关系产生了很大的影响。

当然，当时这种多层次或多种形式的所有制都是奴隶制的所有制关系。就奴隶主内部而言，每个层次或每一种形式都表明了他们对土地的所有权，都可将其所有的土地遗嘱、转让、买卖，并都以此剥削劳动者从而获得剩余产品。国家或国王不是全部土地的所有者，无论是名义上还是实际上都不是，这在新王国时期尤其如此。也不是全部土地都归私人所有，神庙也没有控制全部土地。应当说，这几个层次或形式是互为补充，互相渗透的，国家的和国王的土地可能改换成私人的和神庙的，而私人的和神庙的土地也可以在一定条件下变成国家的和国王的。国家的土地打上了奴隶制的烙印，而私人的和神庙的土地也在某种程度上打上了君主专制的烙印。

至于各类奴隶制所占生产资料的比重，因无确凿的统计资料而无法说出准确的观点。但国家、国王和神庙占有的土地非常多，且控制得十分牢固，不易进入流通领域，不易成为私人所有的生产资料（虽然不是完全不可能）。

二、新王国时期奴隶主土地经营的主要方式——佃租

新王国时期，奴隶主的土地采用的是何种经营方式？是集中的还是分散的经营方式？从古王国时期以来在经营方式上有哪些变化？

从苏联科学院编的《世界通史》所引用的资料以及其他资料来看，奴隶主经济中，特别是王室经济中，仍然存在集中经营的形式。例如，《世界通史》写道："第十九王朝末期一个青年书吏写给指导人（管理人）的一封报告信中叙述了国王田地上的劳动情况。大麦成熟季节的一天中午，书吏派出做工的人去收集麦穗，只有拿前一天收集的麦穗来交差的人才准许离开。书吏每天给每个收麦人发放口粮，每月发放涂身油料。书记特别报告了运送大麦到打谷场的驴只数字。"这是典型的集中经营的例子。从一些当时的图画中也可看到集中劳动的情况。但是，新王国时期分散经营的方式，即租佃经营的方式开始发展了。无论是王室、神庙还是私有的都是如此。《维勒布尔纸草》中记载的王室和神庙在中部埃及的若干土地，采用的完全是租佃的方式。《剑桥非洲史》或《古代埃及社会史》中，引用了赫尔克书中的一个表，统计了《维勒布尔纸草》中记载的各类租佃者租佃土地的情况。

表9-1　《维勒布尔纸草》中各类租佃者租佃土地情况

小块地的规模 （按阿鲁尔计）	祭司 （%）	女市民 （%）	士兵 （%）	马厩首长 （%）	牧人 （%）
2	2.91	2.63			
3	16.5	23.16	93.22	2.89	
5	62.14	59.47	5.08	92.13	80.67
10	17.48	10.53	16.9	3.94	13.45
20	0.97	4.21		1.05	5.88

表9-1大概未包括《维勒布尔纸草》中记载的全部租佃者，如还有奴隶、养蜂人、农民等在表中都未反映出来。

从《维勒布尔纸草》的资料看，土地租佃大致有以下四种情况。

第一，一般自由民租佃土地。他们有的是完全没有土地或其他生产资料，有的是生产资料太少，不足以维持生计，只有租佃一部分土地。表9-1中基本上都属于这种情况。他们租佃的土地都不多，从2阿鲁尔到20阿鲁尔不等。

第二，一些富有者、奴隶主租佃土地。他们不仅是为了养家糊口，但不会是由自己耕种。因为他们租种的土地很多，不可能由自己去耕种，可能是由奴隶耕种，或再转租出去，从中剥削。

第三，雇佣兵沙尔丹及其仆人租佃土地。《维勒布尔纸草》中记载了许多沙尔丹租种土地。例如，表9-1中统计，沙尔丹租佃了土地（王室和神庙的土地），少者3阿鲁尔，多者10阿鲁尔。

第四，奴隶租佃土地，独立经营，这在《维勒布尔纸草》中也有反映（见前文中所引的例子）。

三、新王国时期土地租佃者的状况

耕种各类奴隶主土地的农民的状况是很复杂的，有各式各样的人，这在《维勒布尔纸草》中可以看出来。我们这里不准备讲那些富有的佃耕者的情况，因为我们除了从《维勒布尔纸草》中知道有这类人存在之外，没有别的资料提及他们。我们主要讲一讲大多数小佃租者的情况。外国学者根据《维勒布尔纸草》的资料，推算新王国时期农民缴纳的租税约占收成的1/2；也有的估计不超过1/7。还有的学者根据波隆第1086号纸草指出，一个农民一年要缴纳200袋谷物。

新王国时期的租税大概是很重的。一个农民若缴不起租税，其命运是很悲惨的。据《兰辛克纸草》记载，逼迫缴纳租税的情况可见一斑。纸草记载："书吏靠近堤岸，登记收获，后面跟着手持棍棒的看门人和手拿树枝的黑人。书吏对农民说：'给谷子。'而他没有。他被打倒，被捆起来扔进了河渠。他头朝下沉没下去。他的妻子被捆着躺在他面前，孩子也遭连累，他的邻居都跑了，因为他们没有谷子。"有的农民租佃的土地被无端收回。柏林博物馆藏的第8532号纸草（第二十王朝时期）的一封信记载，一个名叫帕涅别纳吉德的努比亚农民，租种了弓箭手长官、家之书吏洪苏舍德洪苏的土地。此人突然给这个努比亚农民一封信，要他交回土地。不过后来由于洪苏舍德洪苏的妻子干预，这位弓箭手长官又给这位努比亚农民一封信，让他继续耕种。这说明，租佃者的地位是很不牢固的，即使缴纳很重的租税，也不能保证自己的租佃权。

据另一份资料记载，一个替国王养马的马夫，得到30阿鲁尔土地作为服役份地后，却收到突然让他交回这些服役份地的命令，连一点理由都不讲："为饲养法老的马匹，给了我30阿鲁尔土地，它在我的支配之下。而现在，你看，从我手中把土地夺走了，而将其转交给了上、下埃及之王乌舍尔马阿特拉哈特宾拉之殿堂的涅查姆之家的长官，在阿蒙之家。还说："当此信达于你手，你即赶快安排交回这30阿鲁尔土地给马厩长官阿蒙涅姆阿伊阿乌。阿蒙莱米别特之子……快，现在就赶快。'"有的税吏横行霸道。例如，埃烈芳提那发现的一份纸草记载，麦利昂致税收机关长官明马阿特拉赫在信中抱怨说，税吏帕塔乌耶门迪阿蒙来到麦利昂处，要他缴纳由涅木虎耕种的国王的土地税100哈尔谷物。而这麦利昂说，他并未耕种这块土地。但在税吏的逼迫下，他只好带了自己的农具、牲畜去耕种那块土地，然后将收成的40哈尔谷物交给了税吏，从而无端地加重了麦利昂的负担。有的税吏往往任意加重税额和横征暴敛。例如，第十九王朝末期谢提二世时期的一份资料记载，有一个税吏在自夸对统治者的忠心时说，他在征税时大大地增加了税收额。例如，应征谷物为70000哈尔，却实收140000哈尔；应收一种好酒4632单位，却收30000单位。

因此，农民的状况是很困苦的。有的农民没有土地，要向奴隶主租佃土地，还要向奴隶主租用农具、种子、牲畜等，因此需要给奴隶主更多的报酬。再加上新王国时期战争频繁，兵役、劳役负担也很重，处境十分艰难。从《维勒布尔纸草》中，我们能够知道神庙和王室土地可以世袭租佃。例如，《维勒布尔纸草》第218节中有这样的记载："78.5，别舍洪苏，他已死，（土地）在他儿子手中，·5，没被发现。"《维勒布尔纸草》第228节中有这样的记载："81.45，丈量给拉伊阿，祭司，他已死，（土地）在（他）孩子手中·5没被发现。"

至于这种世袭租佃需要什么手续，则不得而知。在王室土地的租佃和经营者中，有一个特殊的种类，这就是涅木虎，或称为王室土地的涅木虎。上面提到的第十九王朝的一份纸草所记载，涅布涅菲尔及其妻子勒涅菲尔将他们的女奴及女奴的子女收为继子时，称他们做了法老土地的涅木虎。耕种法老土地的涅木虎可能有世袭租佃权，而且身份也似乎可以世袭。他们要向法老的宝库缴纳租税，甚至可能是缴纳黄金。上面提到的在埃烈芳提那发现的麦利昂致税收机关长官明马阿特纳拉赫的信中就讲到被涅木虎撂荒的土地要缴纳100哈尔谷物的黄金（也许是把缴纳的谷物折合成黄金）。

第四节　埃赫那吞改革

一、改革的背景

古埃及新王国第十八王朝的前期，是一个生气勃勃的时期。这时的古埃及统治者，不仅赶走了统治古埃及长达一个半世纪之久的喜克索斯人，而且还进行了长达一个世纪之久的对外战争，征服了广大地区，掠夺无数的土地、奴隶及其他财富。古埃及成了当时地中海世界首屈一指的奴隶制帝国，给当时的近东世界产生了强烈的影响。但是，在帝国走向其强盛的顶点之时，帝国内部的矛盾也在酝酿和发展，直至发生阿蒙霍特普四世的改革——历史上著名的埃赫那吞改革，把矛盾推向了顶点。

在埃赫那吞改革前，除了存在奴隶主阶级及其国家同广大劳动群众（包括奴隶、农民和手工业者）的矛盾之外，在统治阶级内部也逐渐酝酿着尖锐的矛盾。这包括王权同神庙祭司之间的矛盾、当时世俗奴隶主（包括军事行政奴隶主和涅木虎中小奴隶主）同神庙祭司奴隶主之间也有尖锐的矛盾。众所周知，在第十八王朝中期，图特摩斯三世和摄政王哈特舍普苏特之间发生过争夺王位的尖锐斗争。这场斗争使阿蒙神庙势力从中获得了好处：不仅从经济上多了许多捐赠，增强了经济实力，还增强了自身对王权的影响力。但王权并不甘心受制于神庙祭司的势力。阿蒙霍特普三世在位时，就发生过阿蒙霍特普三世同贵族之间的一场冲突。起因是阿蒙霍特普三世违反传统，没有娶一位王族妇女或贵族妇女为王后，而是娶了一位出身平民的女儿提伊为王后。这引起了贵族的不满和非难，但阿蒙霍特普三世没有退缩，并对此事大肆宣扬。

阿蒙霍特普三世显然已严重地感觉到了神庙祭司的威胁。因此，他用一个非阿蒙祭司的拉莫斯担任维西尔一职，取代了普塔赫摩斯的维西尔职位。阿蒙神庙祭司大概还曾企图用自己的方式来挤掉阿蒙霍特普四世，不让他继承王位。这就不得不使继承了王位的阿蒙霍特普四世对阿蒙神庙祭司怀恨在心，从而把这一矛盾公开化了。阿蒙神庙祭司集团势力的强大及其对王权的威胁，不仅引起了法老对阿蒙神庙祭司集团的疑虑，并防范其政治野心，力图摆脱他们在政治上的影响，而且还引起了法老对阿蒙神作为国家主神的疑虑和反感。因而，早在埃赫那吞改革之前的一些法老，就开始了崇拜阿吞神。例如，在图特摩斯四世留下的一个圣甲虫形文物上，有一个赞颂阿吞神的铭文："当孟-克赫普鲁-勒从他的王宫中出来时，带着自己贡物的纳哈林的王子们前去拜见他。他们倾听他犹如努特神之子（一样的声音），他犹如苏神的继承者之子一样，手持一弓。如果他奋起战斗，有阿吞神在他前面，他就毁灭山岳，踏平外邦，侵入纳哈林和卡洛伊，以便带来像永远属于阿吞神统治（？）的臣民那样的外邦居民。"这个铭文可能是纪念该法老的一次远征叙利亚的胜利的。它说明，在图特摩斯四世统治时期就已崇拜阿吞神了。虽然阿吞神还未成为主神，但在这里，指引国王取得战争胜利的不是阿蒙神，甚至也不是战神，而是阿吞神。国王取得战利品和俘虏后也不像通常所作的那样献给阿蒙神，而是献给阿吞神，这是值得注意的。在阿蒙霍特普三世统治时期，有关阿吞崇拜的事实就更多了：他曾在底比斯修建了一个阿吞神庙；他曾为王后提伊修建了一个供游乐的湖，并曾同王后一起乘坐一艘"阿吞的闪光"号游艇泛舟湖上；他的一个卫兵队也用阿吞神的名字来命名；等等。（见图9-5）

阿吞神是一个古老的神，至少在古王国时期就受到崇拜，但却未成为全国崇拜的主神。阿吞神的标志是一个太阳圆盘。它在第十八王朝中后期重新被崇拜，并为国王所重视，有着明显的政治意义，显然反映了国王对阿蒙神及其祭司集团的不满，具有动摇阿蒙神地位的作用，是王权同阿

图9-5　阿蒙霍特普三世的门农像 / 现存底比斯西部

蒙神庙祭司之间矛盾的反映。这是关于世俗奴隶主（包括军政官吏和涅木虎）同神庙祭司奴隶主之间的矛盾。第十八王朝前期胜利的对外战争，古埃及帝国的建立，是靠军队南征北战的结果，战争也锻炼出一支强大的军队；庞大的古埃及帝国是由行政官吏来管理和统治的，有一支人数众多、经验丰富的官吏队伍。第十八王朝的法老们需要这两支队伍。这两支队伍也都为巩固奴隶主统治，巩固法老的君主专制统治立下了汗马功劳，因而得到了法老很多的赏赐。但第十八王朝的法老们又将战场上取得的一切胜利归之于神的保佑，特别是归之于阿蒙神的保佑。法老们需要神庙这根精神支柱，因而不惜给予丰厚的赠与，从而大大加强了阿蒙神庙及其祭司集团的政治经济实力，而且这种实力逐渐地大大超过了世俗的军事行政奴隶主。厚此薄彼，这就不能不引起矛盾。尤其当祭司们不以神庙职务为业，而要插手世俗政权，干预政治，甚至兼任包括维西尔在内的高级行政职务，大有挤掉世俗奴隶主之势时，更不能不引起世俗奴隶主对神庙祭司奴隶主的嫉恨。因而，这些军政官吏必然支持法老同阿蒙神庙祭司集团进行斗争，以削弱其实力和影响。

在新王国的世俗奴隶主中，除了军事行政奴隶主以外，还有一个起自下层自由民的中小奴隶主阶层——涅木虎。涅木虎这个词最初见之于中王国时期，属于涅木虎的人最初多半是孤儿、寡妇、鳏夫、贫穷的或类似于此的人们。不过开始时涅木虎这类人还不具有什么社会意义。到新王国时期，涅木虎开始具有了与贵族相对立的一种社会地位。他们可能经营王室土地，成为法老土地的涅木虎，还在国王的军队中服务，或为国王提供其他服务。他们中的一些人拥有奴隶，成为奴隶主，有的人也可能有一定的官职。他们是王权的重要阶级支柱。涅木虎逐渐成为一个中小奴隶主阶层，主要是新王国时期奴隶制经济发展的结果。他们在政治上、经济上的发展都碰到强大的贵族势力（以阿蒙神庙祭司为代表）的阻拦。因此，他们要在政治上、经济上获得更大的、更充分的发展，必须同贵族势力进行斗争，而这光靠他们自己的力量是不行的，他们必须依靠王权。因此，神庙势力的增强和猖獗不仅与王权的利益发生冲突，而且与涅木虎的利益相冲突。所以，在王权同以阿蒙神庙祭司为代表的旧贵族进行斗争时，涅木虎是站在王权一边的。

二、改革的内容

阿蒙霍特普四世即位之始就着手进行改革了。不过，最初他并不是提出用阿吞神来取代阿蒙神，而是提出用太阳神拉–哈拉克赫提（Re-Harakhti）来对抗阿蒙神的崇拜，并自称是拉神的祭司长，在底比斯给拉神建造神庙。（见图9-6、图9-7）阿蒙霍特普四世的措施显然引起了阿蒙神庙祭司以及其他一些神庙祭司的反对（或者说这些神庙祭司对阿蒙霍特普四世早已怀有偏见）。因此，阿蒙霍特普四世于在位的第6年，采取了断然的措施：宣布只崇拜唯一的神——阿吞神，而不允许崇拜阿蒙神和其他

图9-6 埃赫那吞像

图9-7　崇拜阿吞神

一切地方神；为阿吞神建造新的神庙，没收阿蒙神庙和其他一切神庙的财产，将其转交给阿吞神庙；国王的名字由阿蒙霍特普四世改名为埃赫那吞，意为"阿吞的光辉"；为了摆脱底比斯阿蒙神祭司的控制和影响，决定将首都从底比斯迁往埃及中部尼罗河东岸的泰尔埃勒–阿马尔那（Tell el-Amarna），给新的首都取名为埃赫塔吞，意为"阿吞的视界"（Horizon of Aten）；一些出身下层的人被提拔起来当了高级的、中低级的官吏，如大臣麻伊的铭文说："我——按父母双方来说都是涅木虎，君主玉成了我，他使我成为……而（先前）我是一个没有财产的人。他使我得到（很多的）人，他提拔我的兄弟们，他使所有我的人们关心我，当我成为一村之长时，他下命令，使我兼任大臣之（职）和'王友'，而（先前）我曾（要过）面包。"在阿马尔那发掘出的好几个人的铭文都讲到他们出身涅木虎（而且都是官吏），说明这些人是改革的受益者，当然也是支持改革的。

在新首都大兴土木，修建王宫、官邸、神庙等。为此，可能将底比斯的手工业工匠都调了去（从考古发掘可知，底比斯西部墓地手工业者的住地的生活在这个时期曾有中断）；铲除一切建筑物上的阿蒙字样（包括他父亲的名字在内都不能幸免），不给阿蒙神崇拜留下一点点痕迹。

20世纪20年代以后对埃赫塔吞的发掘表明，这里除了王宫以外，还有国家机关的建筑物、国家文书库建筑和书吏学校（"生活之家"）的建筑物。还有一些中等阶层的住宅、手工业者的住宅、贫民的住宅等。埃赫那吞和他的家属（除母后提伊以外）、他的大臣、显贵们、阿吞神的祭司们都迁到了新的首都。（见图9-8）

图9-8　埃赫塔吞城市遗址

三、改革的性质

从改革的背景中可以看出，改革是奴隶主阶级各集团或阶层之间的权力和财产再分配的斗争。王权要巩固自己的权威，新兴的奴隶主、军事行政奴隶主要扩大自己的政治经济实力，他们的矛头一致集中到神庙祭司奴隶主（以阿蒙神庙祭司奴隶主为代表，包括地方神庙祭司）的身上。埃赫那吞改革是在宗教外衣掩盖下进行的，从内容看似乎是纯宗教性的。实际上，这是一场政治斗争，是王权、世俗奴隶主同神庙祭司集团之间权力和财产再分配的斗争。只是由于神庙祭司势力成了一切旧势力的堡垒，成了同王权相抗衡的主要力量，因而这场斗争披上宗教的外衣，打出了宗教改革的旗帜。

四、改革期间的斗争

埃赫那吞改革的措施一项又一项，十分激烈而彻底。埃赫那吞改革在初期大概得到了一切与阿蒙神庙祭司有矛盾的阶级、阶层和集团，以及支持王权的人们（世俗官吏、军队、涅木虎等）的支持；也遭到了阿蒙神庙祭司、地方神庙祭司和支持他们的地方贵族们，以及依附于他们的一些人（一些农民、手工业者和商人）的激烈反对。斗争异常尖锐而激烈。反对改革的阿蒙神庙祭司中的一些人可能在国内待不下去了，因而跑到了

图9-9 涅菲尔提提胸像/现存德国柏林博物馆

国外，跑到被古埃及征服的叙利亚一带去，鼓动当地居民起来反对古埃及统治，因此，曾发生过埃赫那吞派人到那里去让他们交出这些祭司的事。反对改革的人甚至曾组织过暗杀埃赫那吞的活动，但凶手在行凶之前就被抓获了。在警察总监玛虎墓里的绘画中得到了反映，我们在这里看到，玛虎怎样把一些重要的国事犯——一个古埃及人和两个外国人——押解到维西尔和其他高级官吏那里去。维西尔因阴谋被揭发和主要教唆者被捕而感到欢喜，就赞颂阿吞神和国王。玛虎以揭发了这次阴谋而自豪，所以把这件事画在自己的墓壁上。这反映了改革期间斗争的激烈性。反对改革的势力十分强大。大约在埃赫那吞执政的第12年，即进行改革的第6年，原本住在底比斯的提伊到埃赫塔吞，以劝说埃赫那吞放弃改革。由于提伊的干预，埃赫那吞产生了动摇，大概是他同意了放弃改革。于是，发生了一系列变故：埃赫那吞的长女婿，共治者施门-克赫卡勒（Semen-Khekare）被派往底比斯，可能是去实施同阿蒙神庙祭司及其支持者的和解措施的。他一直待在那里，直至死去；埃赫那吞同王后涅菲尔提提之间也产生了裂痕。（见图9-9）她可能因坚持改革而失宠了，只好和她的支持者一起搬出了王宫，迁至城北的另一个王宫中去了。后来，埃赫那吞同自己的第四个女儿结了婚，这显然是同涅菲尔提提发生矛盾的结果。

五、改革的结局

埃赫那吞在位约17年后死去，他的共治者施门-克赫卡勒在他之后4年也死了（死于底比斯，他是去同祭司们和解的，或者是作为人质而住在了底比斯的。人们认为他可能是被迫害致死的）。自此声势浩大的改革停止了。埃赫那吞的第三个女儿安克赫森普阿吞（Ankhesenpaten）的丈夫图坦阿吞（Tutankhaten）继承了王位。他也没能继续改革，而是放弃了改革：不再崇拜阿吞神，而是恢复了对阿蒙神的崇拜、首都又迁回到底比斯；发还了被没收的阿蒙神庙的财产，国王改名为图坦卡蒙。（见图9-10）但是，图坦卡蒙上台执政时才不过9岁，他死时也只有18岁，不可能对如此重大的问题做出独立的判断和决断。这一切变化的发生，一方面是在阿蒙祭司及反对改革的势力压迫下做出的，另一方面是由辅佐他的人们中倾向于恢复改革前状态的人做出的。这说明反对改革的人势力十分强大，以致即使这个改革是由国王提出和进行的也不能进行到底。

图9-10　图坦卡蒙人形棺

　　图坦卡蒙当了9年的国王，他死后，埃赫那吞时期的旧臣埃耶（Eye）即位为国王。（见图9-11）不过他统治仅4年就死了。继埃耶之后登上王位的是埃赫那吞时期的军队总司令霍连姆赫布（Horemeb）。在埃赫那吞改革期间，他未随国王去阿马尔那新都，而是在其司令部的所在地——孟斐斯，这虽有其职务上的理由——防止被征服地的反叛，但更重要的原因可能是他不太支持改革。所以，他即位后，便更加彻底地放弃改革，恢

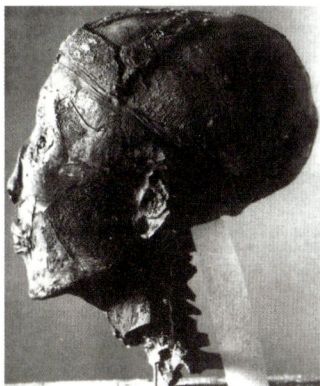

图9-11　图坦卡蒙木乃伊（局部）

复旧秩序。他将阿马尔那的阿吞神庙拆了，移平坟墓，用这些建筑的石头去修建新的神庙，埃赫那吞的尸体也下落不明。而且，霍连姆赫布还自称继承的是阿蒙霍特普三世的王位，从而将埃赫那吞及其三个继承者从王位世袭表中排除了出去，将那一段历史勾掉了（以后，在第十九王朝时编的王表中也是这么做的），埃赫那吞成了"埃赫塔吞的罪人"。

　　埃赫那吞改革失败了，阿蒙神庙祭司及其支持者取得了完全的胜利，

六、改革失败的原因和改革的意义

改革之所以失败，首先是改革的敌人太强大了，这些人包括阿蒙神庙祭司、其他神庙祭司、地方贵族（包括许多诺马尔赫），以及其他依附于神庙的一些人。阿蒙神成了全国崇拜的主神已有几百年的时间，在精神上统治了古埃及，其影响是很大、很深的，一旦这一切被否定，必定会导致人们在感情上难以割舍；改革进行得十分激烈而迅速，人们对旧的信仰未完全抛弃，而对新的也未完全熟悉。因此，一旦倡导改革的国王去世，改革的主要推动力消失了，改革也就进行不下去了。

其次，改革派内部的分裂，削弱了改革的力量。分裂的原因是多方面的：阿蒙神庙祭司的压力，使一部分人动摇，离开改革。例如，王室家族内部的分裂，提伊王后对改革的态度对改革无疑影响很大；相当一部分的军事行政奴隶主放弃了改革（其放弃原因是：改革期间停止了对外战争，因而掠夺不到新的土地、奴隶及财富，得不到战利品）；埃赫那吞对属地的不闻不问，丧失了许多属地，也不能不引起奴隶主的不满。

再次，改革所依靠的阶级基础——新兴的中小奴隶主涅木虎，力量十分软弱。他们不仅人数少，且经济实力、政治思想上的影响力和号召力也远不如祭司奴隶主。这是古埃及私有奴隶制经济基础发展不充分的反映。

最后，人民群众的不理解和不热情，可能是改革失败的重要原因。因为，改革没能给广大人民群众带来什么实际好处，相反，在很短的时期内，新建起一个都城，可想而知给人民群众带来了沉重的负担。再加上改革的许多措施来得太突然，广大群众对旧的信仰习惯了，而对新的却不甚理解。改革是自上而下进行的，既未发动群众，也不是为了群众，只是加重了他们的负担，这样的改革当然不可能得到群众的支持。因此，埃赫那吞改革以失败告终。改革之都阿马尔那被抛弃，逐渐荒芜，成了一片废墟，直至近代。

但是，埃赫那吞改革是古埃及历史上一个重要的事件。埃赫那吞作为一个政治家，他所领导的改革在同阿蒙神庙祭司的斗争问题上，客观上反映了时代的潮流。改革沉重打击了旧的神庙势力及其支持者，在文学艺术方面，尤其是在思想意识形态方面具有启蒙的作用，改革在文学艺术领域里带来了一股清新的气息，这时创作的许多雕刻、绘画和诗歌，较为接近现实。

第十章　古埃及文明的衰落

第一节　古埃及同赫梯的争霸

公元前第2千纪后期发生的以叙利亚、巴勒斯坦为舞台的古埃及同赫梯之间的争霸战争，是早期大国争霸战争中的一个重要事件。这次争霸延续了一个多世纪。

一、争霸的原因和过程

（一）争霸的原因

古埃及同赫梯的争霸，是由这两个霸国的奴隶制本质所引起的。奴隶制的发展需要不断得到新土地，不断补充新的劳动力，以保证奴隶制生产持续不断的发展；而不断增殖自己的财富，扩大自己的剥削范围和统治地区，也包括奴隶主在内的一切剥削阶级的共同特性。当时，古埃及同赫梯都正处在奴隶制发展的鼎盛时期，必然要不断地向外扩张，当这两个强国在对外扩张中碰到一起而又互不相让时，战争就不可避免了。

公元前第2千纪后期，古埃及同赫梯角逐的焦点是西亚的叙利亚和巴勒斯坦。这个地区是一个古老的文明中心。它北与富有木材、矿产的小亚细亚相连；东与另一古老文明中心两河流域相接，经两河流域与伊朗高原、中亚草原相通；西临地中海，有许多优良港口，与地中海各地的海上交往十分方便，商业贸易十分活跃；南与古老的埃及相通。因此，这里是一个重要的商道，具有十分重要的战略意义。谁占有了这个地区，就意味着占有了重要的商业通道和战略要地。更不用说这里拥有丰富的资源。但是，这里的文明起源虽然很早，却一直未形成一个强大而统一的国家。因而，这个地区自然地就成了其他大国掠夺的对象、争夺的对象、宰割的对象。

此外，古埃及同赫梯发生战争，还与古埃及要保护自己的盟友米丹尼有关。米丹尼战败，必然会使赫梯危及古埃及在西亚的利益，削弱古埃及在西亚的实力和地位。古埃及在征服叙利亚、巴勒斯坦的过程中掠夺了大量财富，在征服后每年又得到被征服地区的大量贡赋。所以，当赫梯兴起，染指叙利亚一带时，古埃及是必然要争，绝不会轻易放弃的。赫梯虽然直至公元前第2千纪前期才进入阶级社会，形成国家，但发展很快，公元前16世纪初，竟然南下灭了古巴比伦王国；公元前16世纪后期，经过铁列平改革，国内形势更趋稳定，公元前15—前13世纪时达到强盛时期。国王苏庇鲁里乌马什（Shupiluliumash）统治时期，赫梯同米丹尼进行了两次战争，打败了米丹尼，将米丹尼的势力从北部叙利亚挤了出去，将北叙利亚的若干地区置于自己的控制之下，兵锋直抵阿勒坡（属古埃及控制地区）。乌伽里特和阿穆路也同赫梯结成了同盟。于是，赫梯成了北部叙利亚的霸主，并同古埃及直接相对。

（二）争霸的过程

古埃及同赫梯的争霸战争延续了一个多世纪。最初，古埃及第十八王朝末期的埃赫那吞改革前后，古埃及忙于国内政治斗争，无暇顾及其叙利亚属地，所以处于守势、被动状态。于是，赫梯乘虚而入，逐步蚕食了古埃及在北部叙利亚的属地，一些古埃及的叙利亚属地也纷纷摆脱古埃及人的控制而独立或依附于赫梯。为此，古埃及驻叙利亚的一些官吏曾写信给埃赫那吞，希望他派兵救援；一些仍忠于古埃及的亚细亚属地的王公贵族，也多次请求法老派兵保护其领地，以免受赫梯及其支持者的欺凌。但埃赫那吞对此不感兴趣，甚至还指责他们干扰了他的改革。在此情况下，古埃及在叙利亚的属地陷于一片混乱。图坦卡蒙统治时期，虽然古埃及曾派兵去西亚，力图恢复失去的地盘，但是，由于内部斗争，因而不可能有多大的成就。

图坦卡蒙死后，他的寡后、埃赫那吞的三公主安克赫森普阿吞曾私自向赫梯王提出，要他派一个王子到古埃及来同她结婚，并答应让此王子做法老。赫梯国王苏庇鲁里乌马什几经犹豫后，才决定将自己的一个王子送到古埃及去。但这位王子到古埃及后尚未见到王后便被反对这门婚事的古埃及人杀了，从而引起了赫梯同古埃及人之间的一场战争，结果古埃及惨败。当时，由于古埃及士兵得的传染病也传染给了赫梯人，战争才得以停止。

此后，霍连姆赫布时期，古埃及内部稳定了下来，对外战争又重新开始。（见图10-1）他对赫梯发动的战争取得了一些胜利，夺得了一些战利品和俘虏，在卡尔纳克神庙第十一个塔门上的一个名表中有Kheta（赫梯）；在一个表现霍连姆赫布领着俘虏到阿蒙神、穆特神和洪苏神面前的雕刻中，俘虏的服装及其相貌表明是亚细亚人。但他的胜利显然微不足道，很可能只是同赫梯的

图10-1 霍连姆赫布像/现存纽约大都会艺术博物馆

支持者的战争，因而并未给赫梯带来什么损伤。霍连姆赫布之后的拉美西斯一世统治的时间很短（只有两年），且年纪较大。记载在他名下的亚细亚战争，实际上可能是他的共治者和继承者谢提一世（Seti Ⅰ）进行的。谢提一世自命不凡，自称为再生者，即复兴的创造者。据保存下来的有关资料，他可能进行了四次亚细亚远征。其中，前三次显然都不是直接同赫梯交锋，而是扫除横亘在古埃及和赫梯中间的一些支持赫梯的北部巴勒斯坦和南部叙利亚的一些小国。他的第四次亚细亚远征才是直接与赫梯交锋的。第四次亚细亚远征争夺的主要是在卡迭石以北的地区。显然谢提一世取得了胜利，不仅带回了赫梯战俘，而且占领了卡特纳和图尼普等地。谢提一世在卡尔纳克神庙中的铭文说道："杀死亚细亚人，打倒赫梯人，杀死它们的首领。"《卡尔纳克雕刻》中提到的谢提一世占领的地方（仅就西亚而言）有：刻赫塔（赫梯）、纳哈林、阿拉萨、阿科、西姆拉、柏赫尔、伯沙纳尔、克哈麦赫姆、耶洛阿姆、乌拉扎、卡麦德、图勒、奥苏、伯萨纳特、卡勒米姆，还有其他一些地方。

从这些资料可以看出，在谢提一世统治时期，古埃及在同赫梯的战争

361

图10-2　拉美西斯二世和哈托尔女神／现存意大利都灵埃及博物馆

中总的来说是胜利的，基本上阻止了赫梯进攻的态势，夺回了被赫梯人占领的一些亚细亚属地，稳住了在西亚的阵脚。第十九王朝的拉美西斯二世和赫梯的穆瓦塔鲁（Muwatallis）统治时期，古埃及和赫梯进行了决定性的战争。拉美西斯二世把对赫梯的战争摆在十分重要的位置上，他将首都从底比斯迁到了三角洲东部的培尔-拉美西斯，还组建了四个军团：阿蒙军团、拉军团、普塔赫军团和苏特克赫军团。此外，还有沙尔丹雇佣军等，约有3万人。赫梯国王穆瓦塔鲁也将赫梯的首都从哈图什城迁到了小亚细亚南部的哈里斯河以南的达塔什城，靠近叙利亚战场。拉美西斯二世在其执政第四年所进行的一次预备性远征，占领了腓尼基沿岸，并到达贝鲁特。（见图10-2）

　　古埃及同赫梯争霸战争的高潮是在拉美西斯二世在位第5年到来的，地点在叙利亚的卡迭石。拉美西斯二世在位第5年的4月末，当叙利亚雨季过去时，拉美西斯二世从三角洲的要塞城市萨鲁出发，是经水路还是陆路进军的，我们还不清楚。但是，后面一段路是沿前一年远征时已控制的水路，沿腓尼基海岸行进的。当时，赫梯人把2万人的军队隐蔽在卡迭石城城东，准备将古埃及人引诱至卡迭石城后，发动突然袭击，加以歼灭。当拉美西斯二世率军到达萨布吐纳（Shabtuna）时，捉住了两名贝都因人，此二人乃赫梯人的细作。他们告诉拉美西斯二世，附近并无赫梯人，赫梯人远在阿勒坡地区；还说叙利亚人都准备投靠古埃及；等等。拉美西斯二世听信了他们的情报，因此，率领阿蒙军团，孤军深入卡迭石城的西边，其他几个军团则离阿蒙军团很远：拉军团尚在由萨布吐纳前往卡迭石的途中，普塔赫军团和苏特克赫军团则还未到达萨布吐纳。直至此时，拉美西斯二世对赫梯人的位置、军力及计划还一无所知，也不知道自己处于极端的危险之中。

在卡迭石西北扎营之后，拉美西斯二世再度审问被捉的两个细作，得知了严阵以待的2万赫梯军队就在附近时，他急忙命随同进军的一个维西尔去催促后面的军队赶快前来与他会合。但为时已晚。赫梯军队见古埃及人中计，便迅速用几倍于阿蒙军团的战车兵将拉美西斯二世及其阿蒙军团包围起来，进行攻击。阿蒙军团被赫梯军队打得狼狈不堪，拉美西斯二世也险些被捉。赫梯人还派遣战车兵截击了古埃及的后续部队，将正在行军途中，还什么也不知道的拉军团打得七零八落。拉美西斯二世得救有两个原因：一是由于赫梯军队尚不知拉美西斯二世也在阿蒙军团，因而没有集中精力去攻击拉美西斯二世，而是贪心地忙于抢劫被打败的阿蒙军团的财物，从而使拉美西斯二世免于被擒；二是古埃及的援军——普塔赫军团及被打散的拉军团的一部分士兵及时赶到。于是，古埃及人重整旗鼓，打败了赫梯的战车兵，化险为夷，取得了这场战役的胜利。但是，古埃及的两个军团也差不多被消灭了。（见图10-3）

图10-3　卡迭石之战

卡迭石战役的结束，实际上标志着拉美西斯二世这次远征的结束，也标志着古埃及与赫梯之间在叙利亚、巴勒斯坦争霸战争的基本结束。赫梯在这次战役中也是损失惨重，其战车兵几乎全军覆灭，再加上其他一些因素，因而也无力将战争再继续下去了。

二、古埃及与赫梯的和约

（一）和约的内容

在拉美西斯二世在位第21年，赫梯国王哈吐什里（Hattusilis或Khatasar）向古埃及提出了缔结和约的要求，并派出使者向拉美西斯二世递交了一份铸在银板之上的和约草案。拉美西斯二世同意了这一提议，并在赫梯人提出的和约草案的基础上拟定了古埃及的和约草案，送给赫梯国王。和约缔结了，从而结束了两国长达一个多世纪的战争状态。

这个和约除了说明性的内容外，还包括一个序言和九个条文，即：（1）永久和平的确立；（2）互不侵犯的条约；（3）赫梯国王执行先前条约的义务；（4）法老拉美西斯二世执行现今条约的义务；（5）军事互助的相互义务；（6）赫梯国家不接纳古埃及亡命者的义务；（7）古埃及不接纳赫梯的亡命者的义务；（8）神对违约者的威胁和对守约者的加恩诺言；（9）亡命者的引渡等。

（二）和约的性质

和约的内容表明，它是两个奴隶制国家既争夺又勾结的结果，是两个奴隶制霸国掠夺本质的反应。

首先，这是两个奴隶制霸国瓜分势力范围，并企图保持其在叙利亚、巴勒斯坦所占有的属地的和约。其次，这个和约是两个奴隶制霸国为巩固其国内政治统治的一种政治勾结。这从和约中有关互不接纳对方的亡命者和引渡亡命者的条文可以看出。最后，这个和约也是个军事同盟条约。双方保证互相进行军事援助，以抵御第三国的进犯。

拉美西斯二世将这个和约的签订看作自己的胜利，这不无理由，因为：第一，是赫梯人首先提出要缔结和约的；第二，赫梯国王哈吐什里不惜将自己的公主嫁给拉美西斯二世为后，借以巩固这个同盟；第三，赫梯国家内忧外患不绝，显然需要古埃及的援助或需要与古埃及保持和平状态。许多现代的研究者认为，实际上对于古埃及来说，同样需要和平，需要结束同赫梯的争霸战争。这是因为，从第十八王朝后期起古埃及国内激烈的阶级斗争，特别是统治阶级内部的斗争，严重地削弱了古埃及的政治、经济和军事实力；第十九王朝初年，几个法老的努力也未能使古埃及恢复到第十八王朝初期那样一种状况，它已没有了锐气；且年年征战、奴隶制经济的发展，使阶级分化加剧，农民破产者日多，兵源减少，雇佣兵越来越重要。所以，古埃及的国力也已不允许将战争继续进行下去；长久的争霸战争并未给埃及带来多少实际好处；没占领多少新领土；而要打败赫梯，当时古埃及还没有那么大的力量。拉美西斯二世显然也是了解这样一种形势的。因此，当赫梯人提出签订和约，并带来具体条款后，拉美西斯二世便欣然同意了。

第二节　帝国的衰落

第十九王朝后期和第二十王朝时期，古埃及国内和国外的矛盾均极尖锐，发生了一系列重大事件，终于导致帝国的衰落。

一、"海上民族"的入侵

（一）麦尔涅普塔赫统治时期和"海上民族"的战争

公元前13世纪末至12世纪初，"海上民族"横扫地中海东部。古埃及第十九王朝晚期麦尔涅普塔赫统治时期和第二十王朝初拉美西斯三世统治时期，古埃及也遭到利比亚人和"海上民族"的两次入侵。（见图10-4）

在麦尔涅普塔赫统治的第5年，"海上民族"第一次侵袭古埃及。古埃及人同"海上民族"的斗争，实际上是同利

图10-4　麦尔涅普塔赫像／现存开罗埃及博物馆

比亚人、地中海的岛民和部分小亚细亚人之间的斗争。"海上民族"中，可能还有以色列人，因为，在麦尔涅普塔赫的纪念战胜"海上民族"的胜利而立的石碑上的铭文中，提到了"以色列人"。麦尔涅普塔赫在位时，古埃及人同"海上民族"的战争是在埃及三角洲西部边界处的派来拉进行的。当时，利比亚国王麦利耶和古埃及法老麦尔涅普塔赫也亲临前线，来到派来拉。

在这次战争中，利比亚人及其同盟者"海上民族"遭到大败。据《大卡尔纳克铭文》，古埃及人共俘虏9376人（其中利比亚人6359人，非利比亚人3017人），杀死9300人。

（二）拉美西斯三世统治时期和"海上民族"的战争

第二十王朝拉美西斯三世统治的第5年和第8年，"海上民族"再次侵袭古埃及。这次参加侵袭古埃及的"海上民族"，其成分包括帕列舍特（腓力斯丁人，Paleset）、泽克尔（Theker）、舍克列什（Shekelesh）、登尼恩（Denyen）和维舍什（Weshesh）。"海上民族"这次对古埃及以及其西亚属地的入侵，既来自海上，也来自陆上。陆上的进攻可能在海上进攻之前。在三角洲东部地区，战斗很激烈，古埃及军队杀死"海上民族"12535人，俘虏至少1000人。这次拉美西斯三世虽然也阻挡了"海上民族"的入侵，使古埃及幸免于难，但古埃及也受到沉重打击，其实力受到严重削弱。而且"海上民族"的一支帕列舍特人还在古埃及的西亚属地巴勒斯坦南部沿海地区定居了下来，他们建立了五个城市国家（City-State）。此外，一些利比亚人也在古埃及定居，在后期埃及时期建立了利比亚人的王朝。

二、帝国晚期的阶级矛盾

帝国晚期，劳动者和统治阶级的矛盾不仅表现在第十九王朝末期发生的伊尔苏奴隶起义这件事情上，还表现在第二十王朝时期首都底比斯西部墓地手工业者的罢工这件事情上。

（一）"伊尔苏"奴隶起义

关于伊尔苏奴隶起义，主要记载在第二十王朝时的《哈里斯大纸草》

中。据该纸草记载，这次起义是由叙利亚籍奴隶伊尔苏领导的："随后到来的某一时期是一些空虚的年代，这时……一个叙利亚人在他们之中自立为王。他把整个埃及大地变成他的附属物。人们参加他的队伍为的是抢掠别人的财产。他们对待神也像对待普通人一样，对神庙不做任何供奉。"

从这个铭文来看：（1）伊尔苏起义爆发于第十九王朝末叶一个混乱的年代里，当时经济上崩溃、政治上统一瓦解，王权衰落，阶级矛盾十分尖锐；（2）伊尔苏起义的规模不小，起义者曾剥夺了奴隶主的财产，也不再供奉神明，即不仅反对世俗奴隶主的统治，也冲击了神权；（3）伊尔苏起义导致了第十九王朝的灭亡和第二十王朝的诞生，起义者把整个国家"变成了自己的附属物"，第二十王朝是在镇压伊尔苏起义的基础上建立起来的；（4）为了巩固自己的政权，新王朝（第二十王朝）的统治者更加紧密地投靠了祭司奴隶主。

（二）底比斯墓地手工业者的罢工斗争

关于底比斯墓地手工业者罢工的情况，反映在墓地手工业者的日志中。

新王国时期，在首都底比斯附近的尼罗河西岸，有一个国王谷和王后谷，新王国时期的国王和王后的陵墓位于这两个山谷之中，它们大多是凿于山岩之中。为替国王和王后修坟造墓（也为一些达官贵人们修坟造墓），一些造墓工人在王陵附近定居，形成了一个造墓工人的村落。该村落形成于第十八王朝的图特摩斯一世时期，到第二十王朝时开始衰落，第二十一王朝时则完全不复存在。陵墓工人分为"左队"和"右队"。每队有自己的队长、书吏。每队的成员相应地住在村子里的左边和右边。这些手工业者的职业世袭，甚至队长、书吏等职务也是世袭的。他们除为国王、王后等修造坟墓外，也为私人劳动，如制作棺材、绘画，并因此获得报酬。但是，他们是由国家供养的，按时分发给他们口粮，包括粮食、油、蔬菜、衣服、工具等。（见图10-5）

在第二十王朝拉美西斯三世及其以后，由于不能按时发放口粮，经常拖欠口粮，有时还拖延很长时间，因而曾不止一次地发生手工业者的抗议活动。例如，拉美西斯三世统治第29年的阿赫特季第2月21日的日志上记载，一个月过去20天了，还没有给他们口粮。所以，他们罢工，集合起来前往阿蒙之家中的霍连姆赫布神庙。当局不得不给了他们46哈尔波尔巴小麦（在阿赫特季第2月23日给予的）。此后，这些手工业者为了获得报酬而不得不一再地采取罢工手段。有学者认为，这时之所以发生经常拖欠手工业者口粮的情况，可能是由于管理粮库的官员们贪污引起的，因为粮库中根本没有粮食。

图10-5　手工业者村遗址局部／现存古都底比斯西部

墓地手工业者的罢工抗议活动，以拉美西斯三世统治第29年的一次最为激烈。在这一年的阿赫特季第2月10日和随后的几天里，手工业者们的罢工抗议队伍通过了王陵的几道围墙，聚集到了图特摩斯三世神庙的后墙下，围住了祭司和官吏。后来，他们又进入了拉美西斯二世的神庙。当局企图把他们骗回去，可罢工者说："我们是被饥渴赶到这里来的，我们没有衣服，没有油膏，没有鱼，没有蔬菜。"罢工者要求当局解决食品问题，并指斥当局做了恶事。罢工者从单纯要求解决拖欠食品的性质发展成略为带有政治的色彩。罢工活动一直到解决了他们的要求才结束。

三、王权同神权的矛盾

埃赫那吞改革失败后，阿蒙神庙势力迅速恢复，祭司们以胜利者自居，气焰十分嚣张。至少从第十九王朝前期起，底比斯的阿蒙神庙高级祭司的职位便开始世袭：拉美西斯二世时的阿蒙神庙高级祭司别克涅克洪苏将自己的职位传给了儿子罗麦，罗麦又将职位传给了自己的儿子罗伊（生活于麦尔涅普塔赫时代），罗伊也将职位传给了自己的儿子别克涅克洪苏（与自己的曾祖父同名）。这样一来，这个职位至少在这个家族中相传了四代，将近100年之久。阿蒙神庙高级祭司职务世袭的结果是：不仅加强了这一家族在阿蒙神庙中的地位，也加强了这一家族在社会中的地位。

阿蒙神庙势力的迅速恢复和增强虽然是埃赫那吞改革失败后的一些法老支持的结果，但一些法老似乎对阿蒙神庙势力（其中心在底比斯）也是敬而远之。例如，图坦卡蒙虽然恢复了对阿蒙神的崇拜，放弃了改革，将首都迁回了底比斯，并给予阿蒙神庙许多恩惠，但他却不住在底比斯，而是住到了北方的孟斐斯。彻底恢复阿蒙神庙势力的第十九王朝的创建者霍连姆赫布，在被拥立为法老之后，一方面保护支持过改革的涅木虎；另一方面也不住在底比斯，而是去了北方。谢提一世也是长期住在孟斐斯。拉美西斯二世则干脆放弃了底比斯，而在三角洲东部营建了一个新都培尔-拉美西斯。这虽是为同赫梯进行战争的需要，大概也与远离阿蒙神庙势力有关。

到麦尔涅普塔赫统治时期，王权同阿蒙神庙祭司集团的矛盾显然再度尖锐化了，因此，他主要不是崇拜阿蒙神，而是崇拜普塔赫神和拉神。但是，麦尔涅普塔赫同阿蒙神庙势力的斗争显然又以失败而告终。因此，在动乱后建立的第二十王朝的统治者们，从拉美西斯三世起，就完全投靠了阿蒙神庙势力，把大批的土地、劳动力及其他财富送给神庙，尤其是阿蒙神庙。（见表10-1[①]）

表10-1　神庙产业表

各项	底比斯	希利奥波里	孟斐斯	诸小神庙	共计
人民（包括奴隶和农民）	86486[①]	12364[②]	3079	5686[③]	107615[④]
大小牲畜	421362	45544	10047	13433	490386

①　此表系布利斯特德据《哈里斯大纸草》资料作成，所用数字都经过核算（改正了原纸草统计数字的错误）。参见［美］布利斯特德：《古代埃及文献》第4卷，97页。

第十章　古埃及文明的衰落

各项	底比斯	希利奥波里	孟斐斯	诸小神庙	共计
园圃与树林	433	64	5	11	513⑤
田地	$864168\frac{1}{4}$ 斯塔特	$160084\frac{1}{4}$ 斯塔特	10154 斯塔特	36012 斯塔特	1070419⑥ 斯塔特
船舶	83	3	2		88
手工作坊	46	$5\frac{1}{2}$（原文如此）	无	2	$53\frac{1}{2}$（原文如此）
埃及城镇	56	103	1		160
叙利亚和库什⑦城镇	9				9
城镇总数	65	103	1		169

注：①此项原纸草总计无误。

②此项原纸草总计作12963。

③此项原纸草总计作5811。

④此项原纸草总计作113433。

⑤此项原纸草总计作514。

⑥此项原纸草总计作1071780。

⑦库什，即埃塞俄比亚。

而且，阿蒙神庙势力这一次的胜利看来是彻底的，一劳永逸的，以致第二十王朝末，阿蒙神庙的高级祭司赫里荷尔竟然取王权而代之，从而结束了第二十王朝，也结束了新王国时期。

第三节　新王国时期古埃及的文化

新王国时期是古埃及在政治、经济上的繁荣时期，也是文化上的繁荣时期。

一、学校教育

据威尔·杜兰说，考古学家发掘出了新王国时期第十九王朝的拉美西斯二世时期的一座学校遗址，也就是说，在新王国时期，学校的存在是有实物为证的。而且，考古学家还在学校遗址发现了许多贝壳，贝壳上面所刻的文字为教师讲课的内容。据说古埃及教学的主要方式是听写或默写课本。低年级的学生做练习时用的是陶片和石灰石板。教学的内容多是涉及商业、伦理道德的内容。高年级的学生做练习时可以用纸草。学校的纪律非常严格，并且原则很简单。有一句话是："孩子有背，背挨打……孩子的耳朵，长在背上。"有一个学生写信给他从前的老师说："您以前打我的背，您的教导进了我的耳朵。"这说明当时的教育中体罚是很普遍的。一个成功的书吏，是经过刻苦的学习，甚至是挨过很多打才成长起来的。①

二、文学与艺术

古埃及最早的诗歌可能是金字塔铭文中的祈祷文，这些祈祷文是以对仗与重叠的形式的诗写成的。古埃及人爱用重叠手法，通过重叠手法强化主旋律，突出主题。有时每一行以同一词开始，有时整行重复等。古埃及最初的文学（包括诗歌）大多与宗教有关，到新王国时期虽然也有一些诗歌与宗教有关，但更多的是世俗化的，特别是其中的爱情诗。有几首赞美神和国王的颂歌，如《阿吞颂》《尼罗河颂》《图特摩斯三世凯旋颂》以及歌颂拉美西斯二世对赫梯战争胜利的诗歌等都很著名。另外，有三首以劳动者的口吻写出的歌谣，出自埃尔·开布地方的帕赫里墓。它们是《庄稼人的歌谣》《打谷人的歌谣》和《搬谷人的歌谣》。这些歌谣语言朴实，既充满生活气息，又反映了阶级社会中的不合理形象：劳动者终日劳作，而劳动果实却被富人所占有。

古埃及的爱情诗不少，它们主要保存在《切斯特·比提纸草Ⅰ》（*Papyrus Chester Beatty Ⅰ*）、《哈里斯500纸草》（*Papyrus Harris 500*）、《都灵纸草片断》（*A Turin Papyrus Fragment*）和《开罗博物馆的陶片片断》（*A Fragment Cario Museum Vase*）上。这些爱情诗都是以第一人称的形式写出的，具有很强的感染力。

《乌奴阿蒙游记》是古埃及又一篇著名的散文故事，写于第二十王朝末期，乌奴阿蒙作为阿蒙神的使臣，前往古埃及往日的附属国，一路上备受欺凌讥讽，连生命安全都不能保证。这个故事反映了新王国末期，古埃

---

① 参见［美］维尔·杜伦：《东方的文明》上，李一平等译，198~199页，西宁，青海人民出版社，1998。

第十章 古埃及文明的衰落

371

及大势已去，阿蒙神崇拜也已衰落的历史状况。

《两兄弟的故事》以阿努比斯神和巴塔神为主角。这个故事赞扬了诚实、勤劳、友爱等美德，谴责了欺骗恶行，但不公正地把妇女描写为罪恶之源。

新王国时期是古埃及艺术的繁荣时期，不仅数量多，而且艺术水平也达到了一个新的高度，所以这个时期创作的艺术品的质量也很高。（见图10-6～图10-15）

新王国时期的圆雕数量很多，特别是大型圆雕很多，而且质量很高。许多欧美的博物馆收藏了新王国时期的不少国王雕像。此外，还有不少的神像。（见图10-16～图10-19）

图10-6　哈特舍普苏特头像／现存开罗埃及博物馆

图10-7　哈特舍普苏特的狮身人面像／现存美国纽约大都会艺术博物馆

图10-8　图特摩斯三世的妾的项圈／现存美国纽约大都会艺术博物馆

图10-9　王冠／现存美国纽约大都会艺术博物馆

图10-10 梅纳墓里的壁画

图10-11 哭丧妇／出自拉莫斯墓

图10-12　三个乐手／出自纳赫特墓

图10-13　涅菲尔塔利二世在下棋

图10-14　涅菲尔塔利二世像

图10-15　舞女／现存意大利都灵埃及博物馆

图10-16　拉美西斯二世童
年像／现存开罗埃及博物馆

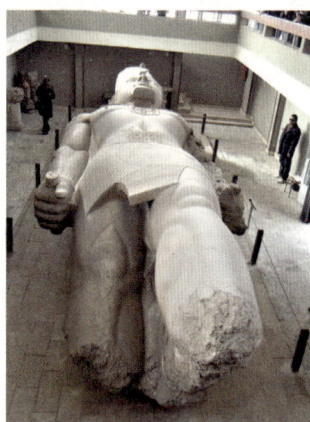

图10-17　拉美西斯二世像／现
存孟斐斯博物馆

图10-18 拉美西斯
二世的方尖碑

图10-19 印章/现存开罗埃及
博物馆

三、图书馆

　　新王国时期，古埃及的图书馆建设有了大的发展，虽然它们中的某些还可能与档案馆难以区别，但当时已经有了真正的图书馆是无可置疑的。例如，开罗东北的赫里奥波利斯的太阳神庙的废墟上发现了档案馆，其时间是公元前1800年；在古埃及，不仅王宫和神庙有档案馆，而且有些权贵也拥有私人档案馆，在底比斯就曾经发现收藏有几十卷纸草的一个家族文书库。

　　我们知道的一个非常著名的档案馆或图书馆是新王国第十八王朝时期的阿马尔那的档案馆或图书馆。它是一个农夫在1887年耕地时偶然发现的。他发现的是一些楔形文字泥版，当时人们并不认识泥版上面的文字，后来，这些泥版辗转到了英国，被楔形文字专家认出，原来上面的文字是公元前第2千纪后期，古埃及第十八王朝时期国王阿蒙霍特普三世和四世时期的一些西亚的小国国王或王公写给法老的书信，是一些外交文件。这些楔形文字泥版文书现在汇集成为四大本的阿马尔那书信，成为研究那时近东地区外交关系的重要资料。但这是不是一个图书馆呢？很有可能是，据说这些泥版文书上面还有阿蒙霍特普三世的藏书章，说明这是阿蒙霍特普三世收藏的。另外，档案馆里不可能有各类参考书，据说在阿马尔那却发现了古埃及官吏学习两河流域的阿卡德文时使用的参考书。上述两点说明它具有图书馆的特征，而不是档案馆的特征。

据戴奥多罗斯的《历史丛集》记载，新王国第十九王朝的著名国王拉美西斯二世时期在首都底比斯建造了一座图书馆。该书第一卷就提到这个图书馆，他说，这个图书馆的入口处有一块石碑，石碑上面雕刻有"拯救灵魂之处"等字样。西部拉美西斯二世在底比斯建造了一座著名的神庙，那就是拉美捷姆神庙，可惜的是，考古学家虽然在底比斯进行过发掘，但并没有找到这块石碑，也没有找到这个图书馆的废墟。但是，人们认为，这个图书馆是存在的，因为，1849年考古人员在拉美西斯二世的陵墓附近进行发掘时，发现了两个图书馆员的墓，这两个人是父子。

据杨威理的《西方图书馆史》记载，在古埃及的菲莱岛上有一座伊西斯的神庙，考古学家认为，这里是收藏纸草卷的地方；在菲莱岛的北面有一个埃德富，那里有一座大型神庙，神庙里的第一间大厅中有一个小屋就是图书馆，在这间小屋的墙上雕刻了37本书的书名，它可以说是古代罕见的藏书目录，而据考证，古埃及是有过这些书的。

四、医学

古埃及最著名的医学文献都是出自新王国时期，它们是《埃柏斯医学纸草》《布鲁克斯医学纸草》《史密斯医学纸草》以及一些医学纸草残片。《埃柏斯纸草》是一本医学文集，它的著作年代在公元前1553—前1550年，属新王国第十八王朝时期，因埃柏斯于1873年在卢克索发现而得名，该纸草长20米，现藏莱比锡大学博物馆。《布鲁克斯医学纸草》约著于公元前1200年，属于新王国第二十王朝时期，现藏柏林博物馆。这些医学文献汇集了希利奥波利斯神庙墙上的医学铭文，这个神庙在当时曾经是一个大型的疗养院。古埃及的医学带有浓厚的巫术成分。尽管如此，古埃及医学仍然取得了很高的成就，并对欧洲和阿拉伯地区的医学发展产生了明显而久远的影响。

五、建筑

新王国时期，曾经有过一些大型的王宫建筑，如阿蒙霍特普三世的王宫建筑，埃赫那吞在阿马尔那修建的王宫建筑，但这些都没有了。新王国时期的民居也没有保存下来，但在底比斯西部有一个工人村的遗址保存了下来。

现存的古埃及神庙主要有两大类：专门祭祀神的神庙和以祭祀亡灵为主的神庙。前者如新王国时期保存下来的以祭祀阿蒙神一家三口的神庙，如现存在卢克索地方的卡尔纳克神庙和卢克索神庙。不过，这两座大型的神庙中还包括了若干个新王国时期的国王修建的神庙，如图特摩斯三世、哈特舍普苏特、埃赫那吞等人都在其中修建过一些神庙。后者如哈特舍普苏特在巴哈利地方的葬祭庙以及拉美西斯二世在阿布·辛贝尔的祭庙等。

古埃及最大的神庙（至少在古埃及保存下来的古代神庙中，它是最大的），也是古代世界现存最大的神庙，现存埃及南部的卢克索，在尼罗河东岸。在古埃及，这里是以法老为代表的国家奉祀阿蒙神的最高圣堂。卡尔纳克阿蒙神庙的修建从中王国时期开始，一直到托勒密十一世为止，时间长达2000年。几乎每个国王都对卡尔纳克神庙进行扩建装修，并力图超过前人，因此神庙布局复杂，建筑风格也不尽相同。此外，法老们还在神庙的墙壁上雕刻重大历史事件、战役场景和国王名字等历史资料，因此卡尔纳克神庙也是新王国时期历史文献的最大宝藏。神庙北墙长530米，西墙长700米，南墙长170米。该神庙群主要由祭祀阿蒙神、其妻子穆特女神和其子洪苏神的三个神庙建筑群组成。此外，还有战神蒙图的神庙。在2号塔门和3号塔门之间的圆柱大厅，是该神庙中最引人注目的建筑。该大厅长84米、宽54米，共有圆柱134根，分成14行，每根圆柱的直径3.5米，其中有12根圆柱稍高，柱头呈开花状。神庙前面有排列着狮身羊头石像的甬道。（见图10-20）埃及学的奠基人商波良写道："我最后来到了一个地方，似乎是一座宫殿，又似乎是一座城池。这就是卡尔纳克。我看到了埃及法老最壮观的建筑，凡人所能想象、所能建造的美，都集中在这里了。

古代与现代，没有哪个民族能像埃及人一样想象得出这样雄伟、这样巨大、这样壮丽的建筑。埃及人，似乎像是高达30米的巨人。"[1]在此神庙前面，有一条甬道，甬道两边各有一排狮身羊头像。

图10-20　卡尔纳克神庙（局部）

卢克索神庙也是古埃及留存下来的一座大型神庙。它是一个长方形的建筑群，以前只是几个小庙，阿蒙霍特普像三世时开始对其进行扩建。该神庙前面有一条狮身人面像的甬道，绵延近3千米，一直与卡尔纳克神庙相连（现在只能看到一部分）。神庙门前原来有6尊雕像（2尊坐像、4尊立像），2座方尖碑。现在有2座雕像和1座方尖碑被运到巴黎，方尖碑就立在巴黎协和广场上。神庙长约190米、宽约55米，主要部分是第十八和第十九两个王朝时期建成的。该神庙最雄伟的部分是有圆柱的大柱廊（每根圆柱高20米）和圆柱大厅。该神庙共有圆柱151根，柱子线条优美，柱头形状宛若绽开的纸草花。神庙的墙上雕刻有反映阿蒙神祭祀中的场面。卢克索神庙规模没有卡尔纳克神庙大，但以华美取胜。尤其值得注意的是，这两个神庙的墙上和圆柱上刻满了历史铭文，是研究埃及历史的重要资料来源。（见图10-21）

第二类神庙是国王个人的祭祀神庙，最著名的要数哈特舍普苏特在巴哈利的那座祭庙和拉美西斯二世的阿布·辛贝尔神庙了。哈特舍普苏特的祭祀神庙，由其宠臣森穆特设计（不过，这座祭庙也被图特摩斯三世毁坏得很厉害。在19世纪中叶发现它时，这座神庙已经是一片废墟。我们今天

----

[1]　[美]维尔·杜伦：《东方的文明》上，李一平等译，168页。

看到的模样，是经过波兰和英国的一个联合考察队从1961年起到现在进行大规模重建的结果，而且重建的只是神庙的核心部分，狮身人面像大道和塔式门楼都已不复存在）。祭庙由三层平台组成，造型十分别致。每层平台都由柱廊支撑。在祭庙的中轴线上一条坡道把三层平台连接起来。最上面一层平台是从岩壁凿出的列柱大厅，再往里，是一间小的阿蒙神殿，神殿两侧是哈特舍普苏特的父亲图特摩斯一世的礼拜堂。据说这座祭庙是以金银砖铺地，用青铜镶嵌门扉，加上数百个雕像放置其中，其富丽堂皇和不凡的气势可见一斑。（见图10-22）有学者认为，这些雕刻集中体现了雕刻艺术的新倾向，代表了当时的新风格。这座祭庙的雕像一般都高5～6

图10-21　卢克索神庙（局部）

图10-22　哈特舍普苏特的祭庙

米，为了远看的效果，所以雕像的形象概括、艺术手法洗练。灵堂内部祭台上的雕像，按传统习俗应该同死者面貌酷似，因此当然会由最著名的雕刻家来雕刻。正面祭台上的5座女王像雕刻得特别细致。中央主像用大理石制作，其他4座的脸部、手部皆敷以玫瑰红的颜色并涂漆。可惜的是，这座祭庙的建筑部分被破坏得非常厉害，其中的大量装饰性雕刻也被图特摩斯三世毁坏了许多。

新王国时期的另一座祭庙是拉美西斯二世在阿布·辛贝尔建造的，地点在努比亚地区的尼罗河第一瀑布以南280千米处的河岸边上。这是一座石窟式的神庙建筑。神庙正面是悬崖绝壁上开凿出来的塔门，塔门宽36米、高30多米，4座高大的拉美西斯二世坐像矗立在塔门之上，每座像高20米，在他的像的双腿之间和旁边还有一些小的雕像，那是他的王后和子女们的雕像。因此，人们认为这座神庙不是给神建造的，而是给拉美西斯二世及其家庭建造的。可惜的是，其中一座拉美西斯二世的雕像已残。该神庙的门很狭窄，走进狭窄的正门是一个厅堂，厅堂由8根9米高的石柱支撑，相对地立着8个奥西里斯神像柱。神庙的墙上刻满了浮雕，主要内容是关于拉美西斯二世的战功的，里面是由4根石柱支撑的小厅和多柱厅。20世纪50年代，在修建阿斯旺水坝时，为了保护此神庙，使其不致被水淹，这座神庙被整体搬迁到比该神庙高60多米的地方重建起来。我们现在看到的阿布·辛贝尔神庙就是迁移到新址后的。（见图10-23）

图10-23　拉美西斯二世的阿布·辛贝尔祭庙

第四节 后王朝时期与古埃及帝国的终结

一、利比亚舍易斯时期

利比亚舍易斯时期包括第二十一至第二十六王朝。第二十一王朝（约公元前1085—前945年）建都于北方的塔尼斯城，南方底比斯实际是独立的，古埃及陷于分裂局面。利比亚雇佣兵在新王国晚期逐渐占有重要地位，第二十一王朝时，他们势力更加强大。后来，利比亚雇佣兵领袖在北方的塔尼斯和布巴斯提斯建立了第二十二王朝（约公元前945—前730年）和第二十三王朝（约公元前817？—前730年），底比斯仍然在南方保持独立地位。第二十三王朝后期，北方舍易斯城的统治者特夫纳赫特（也是利比亚人）自立为王，并逐渐向南扩展势力，而南方的努比亚人也进入古埃及，向北扩展。特夫纳赫特在北方建立第二十四王朝（约公元前730—前715年）。努比亚人在南方建立第二十五王朝（约公元前730—前656年）。第二十五王朝晚期，亚述侵入古埃及，与努比亚人反复争夺孟斐斯、底比斯。特夫纳赫特的后裔、舍易斯的普萨姆提克建立第二十六王朝（公元前664—前525年），再度统一古埃及。

在利比亚舍易斯时期，古埃及的生产力又有了新的发展，铁器普遍使用，古埃及进入铁器时代。这时，制造金属器皿、制陶、纺织等手工业都很发达，国内和国外贸易十分活跃，城市也有增加。据希罗多德说，第二十六王朝时，古埃及"有人居住的市邑有2万座"。这可能有些夸大。但说明当时古埃及经济的发达。为了发展商业，当时古埃及的统治者还鼓励希腊商人移居古埃及，给这些移居者以土地。法老尼科还曾开凿尼罗河与红海之间的运河（到波斯统治时期才完成），派遣一支以腓尼基人为海员的舰队绕航到非洲。这些措施都反映了当时商业发展的要求。随着商品货币关系的发展，再加上经常分裂、混乱、王朝战争，这个时期古埃及的阶级分化十分剧烈，不仅大批小土地所有者，而且一些中等阶层都纷纷卖掉土地，被大土地所有者、大奴隶主所兼并。例如，据第二十三王朝时期的《阿蒙关于地产转让的指示》记载，底比斯阿蒙神庙的最高祭司伊乌列契，把自己的领地转让给自己的儿子哈恩努阿塞特。这个材料说，伊乌列契从15个人那里，16次用白银购得土地556斯塔特，此外还有3个奴隶和其他男、女32人。从这个材料可以看出，出卖土地少者只有1斯塔特，多者达236斯塔特。具体情况有如表10-2：

表10-2　伊乌列契土地买卖情况

姓名	职业	土地数（斯塔特）	姓名	职业	土地数（斯塔特）
涅苏洪苏	祭司	236	伊阿虎宾	盾牌手	10
捷木提乌芳赫	青年	71	肯麦楚华尔	青年	1
雅赫麦斯	青年	69	捷霍利乌芳赫	青年	5
别那蒙	盾牌手	30	帕阿阿	青年	15
塔舍利吞尼阿赫	市民	10	涅西洪苏	市民	10
列木尼普弗	青年	37	捷洪苏	青年	2
恰威乌	桡夫	3	涅西	青年	7
霍尔	青年	45	捷木提乌芳赫	青年	5

阶级分化的另一个表现是债务奴隶制大大发展起来，到第二十四王朝时期，形势达到十分严重的地步，于是出现了波克霍利斯的改革。

据戴奥多罗斯记载，波克霍利斯改革的主要内容是关于债务问题的：（1）禁止本利之和超过本金双倍，即利息不得超过本金。（2）债权人只能索取债务人的财产作为抵偿，而不能占取债务人的人身，因为财产属于个人，而公民人身属于国家，国家需要他们服役。"他认为，一个为祖国出征的士兵竟因负债而被债主强行拘押，私人之贪欲竟危及全体之安全，那是荒谬的。"但在当时的条件下，这个改革显然不会有多大效果，也不可能认真地得到贯彻执行。

公元前525年，古埃及被东方兴起的波斯帝国所灭。

二、波斯帝国统治下的古埃及

公元前530年，波斯帝国第二个国王冈比西斯二世继承了王位，公元前525年，他远征古埃及。波斯帝国是西亚的伊朗高原较晚兴起的一个国家。它与古埃及之间也相距很远，中间隔着两河流域、叙利亚和巴勒斯坦，以及整个阿拉伯半岛。经过其开国之君居鲁士20多年的征战，波斯人占领了整个西亚，以及中亚的广大地区。这样一来，在古埃及与波斯帝国之间就没有缓冲的地带了。在波斯人征服的地区中，叙利亚和巴勒斯坦一直被古埃及人认为是自己的势力范围；而吕底亚和新巴比伦王国又是古埃及的盟友。波斯人占领这些地区，不仅使古埃及陷于完全的孤立状态，而且也使古埃及人感受到了强大的、几乎包括了整个世界的波斯人入侵的威胁。

波斯人之所以对古埃及感兴趣，要入侵古埃及，一方面是因为古埃及是个有着悠久文化的、富饶的国家，这使波斯人垂涎三尺。另一方面，古埃及又是一个正在走下坡路的国家，波斯人大概觉得它是完全有可能被征服的。而且，在公元前第1千纪前期，古埃及遭到利比亚人、埃塞俄比亚人、亚述人的入侵。古埃及还曾败在新巴比伦王国手下，说明那时实际上已远不如从前。

公元前525年，冈比西斯二世远征古埃及，取得了胜利，并宣布成为埃及之王。后来，大流士上台当上了波斯帝国的国王。古埃及被降为波斯帝国的一个行省。直到公元前332年，马其顿亚历山大远征，占领古埃及。

三、希腊人统治下的古埃及

亚历山大东侵，灭了波斯帝国，建立起一个庞大的亚历山大帝国，包括原来的希腊、西亚、古埃及、南亚次大陆西北部等地。公元前323年，亚历山大去世，其部将托勒密、安条克、塞琉古等人展开了争夺统治权的斗争。经过20多年混战，大帝国被瓜分了，托勒密统治了古埃及（其盛时包括古埃及本土、地中海里的一些岛屿、小亚细亚的一些地方、叙利亚、巴勒斯坦的一些地方），史称"托勒密埃及"。

亚历山大和托勒密王朝诸王宣布保护古埃及的神庙和宗教信仰。古埃及神庙的祭司们，也就感激涕零地宣布他们是神在地上的化身。希腊的统治者们也想极力把古埃及上层奴隶主贵族拉到自己一边，因此，也极力笼络他们。例如，原埃及法老涅克坦尼布的一个曾孙，被任命为希腊人军队中的军事首长。但是，托勒密王朝所依靠的主要是希腊—马其顿的殖民者。他们不仅控制了整个国家的中央政权，而且控制了各个州的政权，州长、各州的财政官也都是由希腊人担任，各地还有由希腊人组成的驻防军。希腊人一般都住在城市里，特别是集中在三个自治市里：亚历山大里亚、诺克拉第斯和托勒迈伊。亚历山大里亚是由亚历山大建立起来的，后来成了托勒密埃及的首都，在希腊人和后来的罗马人统治时期，这里成了地中海地区商业、文化的中心，拥有当时世界上第一流的图书馆，许多著名的学者（如欧几里得、阿基米德等人）都来此研究学问，许多科学（如数学、力学、地理学、天文学、解剖学、生理学等）都获得很大的发展。因此，恩格斯曾提及精确的自然研究只是在亚历山大里亚时期的希腊人那里才开始。

在托勒密王朝时期，全埃及的土地被认为属于国王。（见图10-24）但是，土地的实际占有情况分为两大类：一类是"王田"，即直接由王室支配的土地；另一类是"赐田"，包括授予神庙的田地、授予文武官员作俸禄的田地、授予希腊人城市的田地和授予军事移民的田地。"赐田"的最高所有权仍属国王。当然，还有私有土地，土地买卖也是一种合法现象。例如，公元前107年的一份纸草文书说到，有三个波斯籍妇女把她们的 $3\frac{1}{2}$ 阿鲁尔土地卖给另一家波斯兄弟四人，地价是铜9塔兰特，兄弟四人平均分摊。文书说明了土地的邻界，还说明了买卖双方人物的身体特征。

图10-24　罗塞塔石碑／现藏英国伦敦大英博物馆

土地的耕种者主要是"王田农民"（劳伊）。他们耕种王室土地，也可耕种神庙土地或其他土地。他们租地，一般都订有契约。佃耕土地的租税是很重的，每阿鲁尔土地要交4～6阿尔塔巴（1阿尔塔巴合39.3升）谷物，此外，还有许多苛捐杂税，如给神庙的捐款、保卫王室谷仓的捐税、丈量土地税，以及其他一些捐税。王田农民负担很重的一项支出是，向政府借贷种子，需要付给政府50%的利息。王田农民构成居民的主要部分，他们有人身自由，是自由民，但无论是政治上还是生产上都受到严格的监督。这种"王田农民"中孕育了封建生产关系的萌芽。

在托勒密王朝时期，奴隶制是很盛行的。奴隶被应用在农业上、手工业上。国王的金矿中使用大批奴隶（主要来自罪犯和战俘），他们在十分恶劣的条件下从事极其沉重的劳动。奴隶买卖通常都有契约，例如，公元前259年的一份纸草文书中记载，一个名叫尼康诺尔的人把一个7岁左右的巴比伦女孩以7德拉克马的价格卖给了名叫芝诺的人。文书写明了立约的时间，还写明了证人的姓名。公元前198—前197年的一项法令还规定了奴隶买卖的税收标准。可见当时奴隶主对奴隶的所有权是合法的并受法律保护的。

奴隶主阶级的残酷剥削和压迫，使劳动者既无法再生产，也无法生活下去。许多人因欠租、欠税而被卖为奴隶。因此，农民、手工业者大批逃亡，耕地荒芜，织机无人织，油坊的榨油工具无人使用。据《泰布塔尼斯纸草》记载，公元前118年在克尔凯伊奥西里斯地方的$2424\frac{19}{32}$阿鲁尔王室土地中，播种的仅仅$1139\frac{1}{4}$阿鲁尔，不及一半，而在这未耕种的土地中，只有$83\frac{3}{4}$阿鲁尔是不适于耕地的土地。这使得托勒密埃及的经济从公元前2世纪便开始走下坡路了。

在托勒密王朝时期，古埃及人民曾经多次发动起义。公元前206年，底比斯、利科坡里、孟斐斯等地都爆发了起义。起义长达20年，托勒密五世（公元前210—前180年，公元前205年正式即位，前五年与其父托勒密四世共治）用了很大力量才镇压了起义。约公元前165年，狄奥尼修斯（又名佩托萨拉庇斯）曾企图利用国王同兄弟间的矛盾夺取政权，未成，继而组织起约4000士兵暴动，又被国王击败，"狄奥尼修斯被迫赤身渡河，退入内地（或作退入'埃及人中间'），力图在那里煽动群众暴动。

由于他是一个活动家，在埃及人中又得人心，他很快就招募到许多愿意参加他的事业的人"①。这次起义后来被镇压了。公元前88—前86年，又发生了以底比斯为中心的人民大起义。这次起义被镇压后，底比斯城就被严重地破坏了。

托勒密王朝时期，不仅人民反抗斗争频繁发生，而且在托勒密王室内部、托勒密王朝统治者与塞琉古帝国统治者之间的矛盾和战争也有很多。托勒密王朝时期的古埃及在长期的内外复杂斗争中日益削弱，最后于公元前30年为罗马所灭。

四、罗马人统治时期的古埃及

公元前30年，统治罗马的屋大维吞并了古埃及。由于古埃及的富庶，屋大维成为元首（公元前27年建立罗马帝国）之后，便把古埃及划为他的私人领地，而不是像其他被征服地区那样划为罗马的一个行省。古埃及的全部收入都归元首私人，全部土地都属元首所有，元首派总督行使一切大权。公元395年，罗马帝国分裂为东、西罗马帝国，古埃及成为东罗马帝国（拜占庭帝国）的一部分。

在罗马帝国统治时期的古埃及，罗马人、希腊—马其顿人是享有特权的人，他们被免除各种税收。与他们对立的是非特权的古埃及人，必须缴纳人头税。按罗马政府规定，每14年进行一次户籍调查（包括身份和财产），年满14岁的人，都必须由父母申报登记，开始缴纳人头税。因此，在罗马统治下的古埃及，不仅有奴隶和奴隶主的对立，而且有非特权的古埃及居民同享有特权的罗马人、希腊—马其顿人的对立。

罗马统治的时期，由于托勒密王朝末期的混乱状态有所缓解，古埃及的生产曾一度有所发展。不过这种情况为时不长，因为罗马的剥削甚至比托勒密时期还重。据统计，罗马人加于古埃及人民身上的实物税达50种，货币税竟达450种以上。古埃及成为罗马帝国的主要粮食供应基地之一。

在罗马帝国时期，古埃及仍然存在奴隶制，不过它已在衰落的过程

---

① 狄奥多拉，XXXXI，15a。

中。农村中仍有奴隶，但为数大概不多，据估计，奴隶少的地方只占人口1%～2%，稍多的地方占7%。手工业中奴隶较多，尤其是纺织业中有较多的奴隶。奴隶或在主人家劳动，或被主人出租到其他作坊中去劳动，或独自经营并将收入的一部分上交主人。据推测，奴隶人口一般来说不超过自由民人口的10%。如同在罗马帝国其他地区一样，释放奴隶的情况在古埃及也是屡见不鲜的。但是，罗马帝国的政权起着维护奴隶制的作用。在古埃及，奴隶出席法庭作证，照例仍然要被鞭打一遍；国家仍然赋予奴隶主对奴隶实行体罚之权。罗马的法律还限制释放奴隶，公元2世纪的一份法律纸草文书中规定："被释放者年逾三十，则为合法之释放"，"年不及三十、得长官之释放令而获释者，视同年逾三十而获释者"。当然，这种限制看来不可能长远有效。例如，公元3世纪的一件纸草文书中说到，一个名叫奥里略·息奥多尔的人遗嘱规定，在他死后，他所买的13岁的女奴达梅德连同她的全部"比库里"（奴隶所占有的财富），即获释放。释放奴隶的增多，说明奴隶制生产关系已经过时；限制释放奴隶，说明旧的上层建筑在起着阻碍旧生产关系没落的作用。

在罗马统治古埃及的初期，屋大维及其继承者，将托勒密王室的土地继承了下来，使之成了元首的财产。整个古埃及的土地，在名义上也归元首所有。但是，古埃及的土地私有制逐渐发展起来，这种私有土地的来源如下：（1）原来军事移民的份地变成了世袭的地产，这在托勒密统治末期就已开始，到罗马时期持有这种土地的人连兵役的义务都没有了；（2）罗马政府将没收的土地加以拍卖，从而使之变成私有的土地；（3）有的荒地被出价招募人来开垦，这也逐渐变成私有土地；（4）强制代耕或派耕土地，也逐渐变成私有土地。

公元1世纪中叶开始，由于罗马剥削的沉重，古埃及农民（劳伊）又开始大批逃亡，使得土地荒芜，国库收入锐减。例如，据帝国时期的一份纸草文献中记载：有一个村的"大部分人都不见了，因为从前村里有85人，而现在他们的数量减少到只剩10人，他们（10人）中有8人也离开了，并且，他们应付出9年的金额……"为了保证国库收入，罗马政府一方面采用逮捕逃亡者家属的办法，胁迫逃亡者返回自己的居住地，让其耕种土地；另一方面还采取了强制代耕，甚至派耕的方法，使尽可能多的土地得到耕种。这样，虽然土地暂时有人耕种了，也暂时地保证了国库的收入，但官吏趁机滥用权力、为非作歹、坑害人民、敲诈勒索，给未逃亡的农民带来极大的灾难。这种代耕或派耕的王田，久而久之就变成了私田，并为大土地所有者所兼并。无力承担代耕或派耕义务以及其他苛捐杂税和劳役义务的农民，往往寻求大土地所有者的"庇护"，于是像在罗马帝国其他地区一样，庇护制在公元3世纪以后盛行起来。为了能得到"庇护"，农民不得不把他们的土地交给大土地所有者，甚至人身也要依附于大土地所有者。这种大土地所有者的势力越来越大，形同一些独立王国，他们有自己的军队、警察、监狱等管理机构。已经势衰力竭的罗马政府，对此也毫无办法。这些大土地所有者，逐渐向封建主转化。

此外，强制公职的实行，也促进了庇护制的发展。当时罗马政府强制公务员担负某种公共义务，甚至担负其职务范围内的费用，或包下所辖范围内的税收，由于纳税人逃亡而征不上来的税都要由他们补足。这使中等阶层的人不胜负担，叫苦不迭，纷纷破产。在公元3世纪危机以后，罗马帝国为了增加国库收入，就更加扩大实行这种强制公职法。这使许多不堪负担的中等阶层居民，也向大土地所有者寻求庇护。

古埃及劳动人民反抗罗马统治者压迫和剥削的斗争，主要方式是逃亡和武装起义。逃亡是经常的斗争形式，又往往是起义的准备阶段。更为积极的斗争是武装起义。从公元2世纪末（罗马皇帝马可·奥勒留统治时期）即已开始的布科里起义，时起时伏地延续到公元5世纪末，特别是在公元3世纪时，曾给了罗马统治者以沉重打击。布科里起义爆发于尼罗河三角洲一带，这里河汊港湾很多，纸草灌木丛生，便于起义者隐藏自身踪迹和打击罗马统治者。参加起义者都是反抗奴隶主和罗马政府压迫与剥削的逃亡农民、奴隶。起义者不仅曾多次打败过罗马军团的镇压，而且曾进攻亚历山大里亚，袭击罗马和拜占庭的驻军和行政机关。布科里起义打击了罗马奴隶主在古埃及的统治，是推动罗马帝国由奴隶制向封建制转化的一支重要力量。

公元274年，在亚历山大里亚还曾爆发城市工商业主的起义，即费尔姆起义。费尔姆本是一个经营纸草贸易的大商人和手工场主，非常富有。由于罗马帝国的政策妨碍了亚历山大里亚的商人和手工场主的利益，费尔姆领导了起义。后来起义失败，费尔姆被捕，受尽酷刑后被处死。亚历山大里亚城受到了严重摧残，城墙被拆除，部分土地也被夺。

上述这些起义，虽然都失败了，但古埃及人民的斗争打击了罗马的统治，为奴隶制的灭亡、封建制的诞生起了催化作用。

公元7世纪，阿拉伯帝国兴起，古埃及成为阿拉伯帝国的一部分。古埃及的居民融入阿拉伯人之中，古埃及的文字被人遗忘，直到19世纪，才又被释读出来。

第五节　希腊罗马人统治时期古埃及的文化

一、史学

公元前3世纪有一个名叫曼涅托的古埃及祭司（未统治古埃及的希腊人）写了一本古埃及史，但没有流传下来，现在我们见到的只有从他的书中摘录出来的一个辑录本，实际上就是一个年代记。

二、亚历山大图书馆

亚历山大图书馆开始筹建是在托勒密一世时期，当时一个名叫德米特利乌斯的人，向托勒密一世建议在亚历山大里亚建造一所图书馆和博物馆，托勒密一世接受了他的建议。公元前290年，著名的亚历山大图书馆建成。托勒密二世在位期间，又在亚历山大里亚城的西南地区建立了这个图书馆的分馆。

亚历山大图书馆藏书非常丰富。它的藏书以希腊的书为主，但因为亚历山大里亚的学者们有一种非常自由的学术风气，只要是学术著作，不管是哪个国家的都会收藏，所以也有不少其他外国的文献入藏。

亚历山大图书馆藏书有多少册？说法不一，有10万册、20万册、50万册、70万册等说法。藏书的来源有：亚里士多德的部分藏书可能捐献给了亚历山大里亚图书馆；此外还有购买的，托勒密王朝国王经常派专人到各

国用高价收购图书，只要在亚历山大里亚城出现好书，就有这个图书馆的人前去抢购。（见图10-25）

图10-25　现在的亚历山大里亚图书馆外貌

亚历山大图书馆的功能有藏书、培养学生和科学研究。关于科学研究主要有校勘、医学和哲学。亚历山大里亚图书馆的历任馆长都是当时的学者、大学问家。例如，埃拉托斯特尼，是公元前3世纪杰出的学者之一。

公元前48年罗马独裁者凯撒在追击庞培时，到了古埃及，有70万册书在凯撒的第一次亚历山大里亚战争中被烧毁。公元391年，萨拉贝姆分馆也被毁。

古代亚历山大图书馆的魅力在于它催生了一场至今仍无与伦比的科学运动。在1000多年的时间里，古代亚历山大图书馆的学术成果对中世纪伊斯兰教和基督教世界的学者，以及欧洲文艺复兴时期伟大的人文主义者来说，犹如一盏指路明灯。或许可以说，在亚历山大图书馆建成之前，知识在很大程度上是区域性的，但在亚历山大里亚建成人类历史上第一座世界性图书馆之后，知识也就随之成为世界性的了。

第十一章　亚述帝国的统一与霸权

同地理环境、自然资源和气候差异相对应的是，古代美索不达米亚的南北文明，即巴比伦（包括苏美尔和阿卡德）与亚述文明，在文明发展的进程和特征方面也表现出了相应的差异性。南部的苏美尔人创造了美索不达米亚最早的文明，而北部的亚述人迈进文明的门槛以及创建自己独立王朝的时间都要晚得多，因此美索不达米亚文明在时间上表现出了南北发展不平衡的特点。

第一节　亚述帝国的兴衰

一、亚述的兴起

亚述王朝的名称源于其都城亚述城的名字。[①]美索不达米亚北部的亚述地区最早称为苏巴尔图（Subartu），其文化至少可以追溯到哈拉夫文化时期。哈拉夫文化曾经是美索不达米亚早期文化的中心之一，甚至可能是发源地，后来被另一种形式的文化——欧贝德文化所代替。由于欧贝德文化发源于南部，说明欧贝德人可能征服过北部地区，并将其文化由此向整个美索不达米亚传播开来。苏美尔文明最终传播到北部亚述地区，可能是其在南部巴比伦尼亚地区兴起以后几个世纪的事情。亚述城具有重要的战略地位，控制着由苏美尔或阿卡德沿底格里斯河河谷向上进入库尔迪斯坦或上加兹雅赫（Upper Jaziah）的要道。亚述城建在一座小山上，两面有水域作为防护屏障，一面是著名的底格里斯河，另一面则是一条运河，整

---

① 在古代文献中，亚述王国、亚述城市和亚述的主神、国家和城市的保护神都是同一个名字。为避免名称混乱，西方学者通常用拉丁化的名称"Assyria"称呼亚述国家，把亚述城称为"Assur"，把城市和国家的主神称为"Ashur"。本书则统一把亚述国家称为亚述，把其城市称为亚述城，把亚述国家和亚述城的主神称为阿淑尔。

个城市筑有坚强的堡垒。亚述城创建的具体时间很难考证。考古学家在亚述城发掘出了一座早王朝时期的神庙，所以至少在早王朝时期，亚述城就已经建立了。根据在霍尔萨巴德（Khorsabad）出土的《亚述王表》（*The Assyrian King List*）记载，在前萨尔贡时期（公元前2370年以前），亚述存在过17位王，似乎都是游牧民族的酋长，因为他们被具体地描述为"居住在帐篷里的人"。[①]这也说明他们实际上并没有过上真正的城市生活，甚至可能没有真正地统治过亚述城。从早期亚述国王的名字——例如，图地亚（Tudia）、乌什皮亚（Ushpia）、苏里里（Sulili）或吉吉亚（Kikia）等——来看，这些名字既不是塞姆语的名字也不是苏美尔语的，它们显然属于另外的民族，可能是胡里人。

在阿卡德的萨尔贡大帝统治时期，亚述成为阿卡德帝国的一部分。到乌尔第三王朝时期，它自然又成为新苏美尔帝国的一部分。乌尔第三王朝的灭亡为亚述和其他苏美尔城邦的自由与独立提供了机会和可能性。在此后的历史时期里，我们拥有大量的关于亚述与小亚细亚商业贸易的资料，这些原始资料包括3000余份泥版文书，构成一个丰富的档案。它们集中出自古代的卡尼什城（Kanesh）[②]，时间为公元前1950—前1800年。卡尼什城是亚述商人在小亚细亚建立的一个商业殖民地。也有学者提出卡尼什城实际上已经处于亚述的军事控制之下，但稀少的资料不能为此提供有力的证据。大量资料显示，卡尼什城只是亚述商人在小亚细亚建立的商业殖民地，拥有自己的自治组织和法律制度，应该属于在当地国王保护下的外国领土。在公元前第2千纪和前第1千纪的古代世界，外国商业殖民机构受到特殊保护和享有特殊利益是很普遍的事情。

在乌尔第三王朝灭亡以后蓬勃开展起来的与小亚细亚的商业贸易，使亚述的财富得到了快速的积累，其国力迅速攀升。公元前2000年左右，普祖尔–阿淑尔一世（Puzur-Ashur Ⅰ）登上了亚述王位，开创了新的亚述王

---

①　Georges Roux, *Ancient Iraq*, p.187; H.W.F.Saggs, *The Greatness that was Babylon*, p.83.

②　今天的库尔特佩（Kultepe），位于小亚细亚东部的核心地区。

族谱系，因此他的名字如同萨尔贡和纳拉姆辛一样，是真正的阿卡德语名字。目前所知这一时期亚述较有名的统治者是伊鲁舒玛（Ilushuma）。他率军成功地攻入了底格里斯河以东的巴比伦尼亚地区，攫取了靠近埃兰边界的德尔城（Der），该城位于穿过伊朗的一条商路的西端。伊鲁舒玛还穿过底格里斯河干涉乌尔和尼普尔两城的事务。他还努力保护美索不达米亚南部的重要港口乌尔城，以抵御贝都因人的入侵浪潮。伊鲁舒玛死后，他的儿子伊里舒姆一世（Erishum Ⅰ，公元前20世纪末19世纪初）和孙子萨尔贡一世（Sargon Ⅰ，约公元前1860年继位）使早期亚述享有了最荣耀的时刻。伊鲁舒玛和伊里舒姆一世父子留下了一些铭文，记载了他们在亚述城为阿淑尔主神、阿达德神和女神伊什塔尔修建神庙的事迹。

在伊里舒姆一世和萨尔贡一世之后，早期亚述短暂的繁荣和强势随着形势的变化而告结束，即赫梯人从东北部进入了安那托利亚，小亚细亚固有的政治组织在民族迁徙浪潮的冲击下，陷入了混乱状态，亚述与卡尼什的联系被切断。从此，亚述进入了衰落期。

二、沙马什阿达德的短暂统一

《亚述王表》中曾提到一位纳拉姆辛王，可能就是埃什努那那位同名国王，由此可判断，亚述曾经处于埃什努那的短暂统治之下。但埃什努那对亚述的短暂统治很快被更强有力的阿摩利人统治者所取代。一位很有实力的阿摩利人酋长沙马什–阿达德一世（Shamshi-Adad I，约公元前1809—前1776年）掌握了亚述的统治权，随后他利用马里宫廷政变之机，控制了强大、富有的马里王国。亚述的势力范围从底格里斯河到扎格罗斯山脉，向西则一直延伸至地中海。沙马什–阿达德一世把亚述城作为自己的宗教中心，他本人则居住在北部喀布尔河上游地区的舒巴特恩利尔（Shubat-Enlil）。

沙马什–阿达德一世去世（在汉谟拉比统治的第17年）后，马里摆脱了亚述的统治。这个时期整个美索不达米亚出现了南北诸邦群雄割据的局面，其中以汉谟拉比统治下的巴比伦最为强大。汉谟拉比逐渐积聚实力，辅以有效的外交策略，先后击败了宿敌埃兰，吞并了拉尔萨，推翻了埃什努那的独立统治，最后一举攻陷了强大的马里，使巴比伦王国达到极盛。在汉谟拉比征服的过程中，亚述虽然没有能力阻止巴比伦的雄心，却也始终没有被兼并，一直保持着独立的王朝。汉谟拉比死后，他的子孙们没有能够维持住他所创造的辉煌，巴比伦第一王朝逐渐走向衰落，并最终于公元前1595年被赫梯帝国所灭。赫梯人并没有在巴比伦尼亚停留，攻陷巴比伦城的穆尔西里斯一世受本国宫廷政变的影响很快返回了国家，把整个巴比伦尼亚留给了对这片土地觊觎很久、长期居住在扎格罗斯山区的加喜特人。加喜特人虽然没有能够再造巴比伦人的辉煌，却也将对这一地区的统治维持了几个世纪之久。

与此同时，亚述和赫梯以南近东的其他地区则处于胡里人越来越强的影响之下。胡里人是在公元前第3千纪的下半叶，在阿卡德时期以前从高加索（Caucasia）地区进入亚述北部山区的。阿卡德时期的两篇铭文（一篇是用阿卡德语写的，另一篇是用胡里语写的）表明，当时胡里人的王国就已经存在了，其中心在亚述以西喀布尔地区的乌尔吉什（Urkish）城。在乌尔第三王朝时期，胡里人继续南下，到公元前第2千纪初，他们已经影响到更加广泛的地区，包括亚述在卡帕多西亚的殖民地、亚述以东的努济和阿拉普哈（Arrapkha）等地，叙利亚的卡塔那（Qatna）、阿拉拉赫（Alalah）和乌加里特等城市，以及一度繁荣和强大的马里王国等。赫梯王穆尔西里斯一世在进军巴比伦的途中就曾在幼发拉底河上游，胡里人势力范围的边缘地带遭遇到胡里人的攻击。穆尔西里斯一世被刺身亡以及随之而起的宫廷内乱，严重地损伤了赫梯帝国的元气，以胡里人为核心的另一个重要王国米坦尼乘机兴起。据目前史料所知，公元前1500年左右，古代近东历史舞台上出现了米坦尼王国的第一位国王——帕拉塔尔那（Parattarna）。帕拉塔尔那统治下的米坦尼王国实力很强大，与古埃及和赫梯并世而立。米坦尼的国王们并没有采用胡里语的名字，而使用的是印欧语的名字。他们的很多习俗也具有印度—雅利安（Indo-Aryan）的特征，而实际上胡里人早期的很多国王也都采用雅利安的名字。米坦尼王国在古代近东的历史上扮演过非常重要的角色，鼎盛时期势力范围从凡湖到幼发拉底河中游，从扎格罗斯山脉到叙利亚海滨。此时，南部的加喜特王朝还依然保持着巴比伦尼亚的统一，而北部的亚述则只能臣服于强大的米坦尼王国。

三、米坦尼王国的衰落与亚述的中兴

强大的米坦尼王国与古埃及保持着非常密切的关系，这从阿马尔那文书中得到了充分的反映。尽管法老图特摩斯三世对亚洲的征服战争曾触及米坦尼王国的势力范围之边缘，米坦尼的著名统治者索萨塔尔（Saussatar）仍然与图特摩斯三世保持有密切的外交往来。索萨塔尔的继承者阿尔塔塔玛（Artatama）更是把自己的女儿嫁给了法老图特摩斯四世，两国建立了更加紧密的姻亲和联盟关系。他们各自的后继者阿蒙诺斐斯三世（Amenophis Ⅲ，在位时间为公元前1405—前1367年）和舒特塔尔那二世（Shuttarna Ⅱ，公元前1390年结束其统治）在继承王位的同时，也继承了两国之间的这种姻亲和联盟关系。在这些国王统治时期，亚述始终处于米坦尼王国的控制之下，埃及法老就曾经要求米坦尼国王把亚述尼尼微的伊什塔尔女神像送到埃及王宫，尼尼微的伊什塔尔女神像在当时的国际上享有很高的声誉。

公元前1390年舒特塔尔那二世死后，米坦尼王国立即陷入了内外交困之中。他的子孙们为了王位继承问题，展开了内战，严重地消耗了米坦尼的国力，把米坦尼王国弄得支离破碎。与此同时，外部环境也发生了不利于米坦尼的变化。首先，公元前1375年，一度沉寂的赫梯王国出现了一位强有力的统治者舒皮鲁留玛（Shuppiluliuma）。他不甘于他的先辈们把对北叙利亚地区的控制权拱手让与胡里人，也不甘于米坦尼王国对赫梯的劫掠，乘米坦尼国内发生王位战争的内乱之机，发动了战争。其次，埃赫那吞统治下的古埃及因为埃赫那吞施行的宗教改革而爆发了宗教战争，根本顾不上其盟友米坦尼的境遇。

米坦尼王国衰落的直接受益者便是亚述，亚述乘机恢复了自己在国际上的独立地位。这时统治巴比伦尼亚的加喜特王朝一直保持着与古埃及的独立外交关系，企图取代米坦尼的地位而成为亚述的宗主国，但未能获得成功。亚述国王阿淑尔–乌巴里特一世（Ashur-uballit Ⅰ，在位时间为公元

前1365—前1330年）向当时世界上最强大的国家古埃及派出了自己独立的大使，得到了古埃及的接纳。这标志着亚述在国际舞台上再度崛起，亚述具有了重要的国际地位。阿淑尔-乌巴里特一世还把自己的女儿嫁入巴比伦宫廷，建立了与统治南部巴比伦尼亚的加喜特王朝的姻亲和联盟关系。这种联姻与联盟关系维持的时间很短，阿淑尔-乌巴里特一世去世后，恩利尔-尼拉里（Enlil-nirâri，在位时间为公元前1329—前1320年）继位，亚述与巴比伦之间的战争爆发。战争使巴比伦的实力被严重的削弱，以至于它无力阻止埃兰人的劫掠活动，埃兰人甚至可能进入巴比伦城进行劫掠。

米坦尼王国一落千丈，其最后三王的统治徒有其名，版图所剩无几，仅以哈尼加尔巴特（Hanigalbat）的名称为人所知。在阿达德-尼拉里一世（Adad-irâri I，在位时间为公元前1307—前1275年）统治下，亚述击败了沙特图阿拉一世（Shattuara I），使其向阿达德-尼拉里一世臣服。沙尔马纳赛尔一世（Shalmaneser I，在位时间为公元前1274—前1245年）最终打败了米坦尼的最后一位国王沙图阿拉二世（Shattuara II），把哈尼加尔巴特王国变为亚述的一个行省。值得一提的是，沙尔马纳赛尔一世征服哈尼加尔巴特王国后，流放了超过14000名俘虏，开创了后来在亚述帝国广泛施行的流放政策。沙尔马纳赛尔一世不仅稳固了亚述的西部边境，他还为维护北部边境的安全采取了军事行动，至少他曾一时击败过乌拉尔图。这时的乌拉尔图可能只是一些部落酋长的联盟，或者是由当地一些王公组成的公国，还不是统一的王国。它在公元前8世纪的时候，发展成为亚述的主要竞争对手。沙尔马纳赛尔一世的另一项重要功绩，是建立了后来成为亚述另一座都城的卡尔胡（Kalhu）[①]。

沙尔马纳赛尔一世之后，其继任者吐库尔提-尼努尔塔一世（Tukulti-Ninurta I，在位时间为公元前1244—前1208年）虽然循其传统取得了一些业绩，但亚述还是经历了短暂的低谷期。吐库尔提-尼努尔塔一世

---

① 《圣经·旧约》中的加拉（Calah），现在的尼姆鲁德（Nimrud）。亚述王阿淑尔-那西尔帕二世统治时期（Ashur-nasirpal II，在位时间为公元前883—前859年），卡尔胡城被建成亚述的另一个首都。

对西部和北部的征战，以及对凡湖东南部地区的征战都伴随着大规模的人口流放。他最值得称道的业绩是征服了巴比伦国王卡什提里亚什四世（Kashtiliash Ⅳ，在位时间为公元前1242—前1235年），把巴比伦尼亚第一次纳入亚述的统治之下。亚述人为此创作了一部歌颂吐库尔提-尼努尔塔一世业绩的史诗——《吐库尔提-尼努尔塔史诗》。吐库尔提-尼努尔塔一世还把巴比伦城的主神马尔杜克的雕像运到了亚述城。他在征服巴比伦尼亚的同时，自身却被巴比伦文化所征服。从此，亚述人中间出现了信奉巴比伦宗教和信奉亚述人自己祖先宗教的两派，这一点影响了亚述的统一目的。在亚述城，不仅建立了祭拜巴比伦主神马尔杜克的宗教仪式，就连亚述人的名字当中也加入了"马尔杜克"的元素，更有甚者，其他巴比伦诸神也受到了亚述人的广泛欢迎。

中期亚述的勃兴在阿淑尔-瑞什-伊什一世（Ashur-reshi-ishi Ⅰ，在位时间为公元前1133—1116年）之子提格拉特-帕拉沙尔一世（Tiglath-pileser Ⅰ，在位时间为公元前1115—前1077年）统治时期，达到了高峰。提格拉特-帕拉沙尔一世开创了亚述国王大肆杀戮的"恐怖"政策的先河。他一登上王位，就面临着一支来自北方的民族穆什库人（Mushku）①南下的威胁。这支穆什库人有2万人，他们侵入了亚述的库穆赫省（Kummuh）。提格拉特-帕拉沙尔一世表现出了超强的能力。他迅速向西北进军，在图尔—阿伯丁（Tur-Abdin）决定性地击败了入侵的穆什库人。紧接着，他马不停蹄地挥师向东，穿过了库穆赫省，去对付为北部入侵者提供援助的当地叛乱分子。他还向北越过幼发拉底河的源头，收服吐库尔提-尼努尔塔一世死后亚述失去的那伊里地区（Nairi），迫使他们每年向亚述纳贡。通过几年的征战，提格拉特-帕拉沙尔一世扩大并巩固了亚述对其北部、西北部和东北部地区的控制，并进入小亚细亚，其成就超过了先辈。之后，他转向西到达叙利亚海滨，他在那里通过与腓尼基人的贸易，获得了木材和其他利益。古波拉（Gubla）、西顿（Sidon）和阿尔瓦德（Arwad）等腓尼基城市很快向提格拉特-帕拉沙尔一世敬献贡品，就连法老也向提格拉特-

---

① 《圣经·旧约》中称为"Meshech"。

帕拉沙尔一世敬献了一条活着的鳄鱼作为礼物。

四、亚述帝国辉煌

公元前第1千纪，铁器在亚述被广泛使用，亚述进入铁器时代。铁器的广泛流行，不仅为多山的亚述提供其开发所需要的先进的生产工具，更为军事征伐提供了锐利的武器。这一时期国际形势也发生了有利于亚述的变化，古埃及新王国的衰亡、赫梯王国的瓦解和阿拉米人势力的削弱为亚述的重新崛起创造了良好的外部环境。公元前10世纪末，亚述开始复兴，进入其历史的第三个时期，也是其最辉煌的时期——新亚述时期，或称亚述帝国时期（公元前10世纪末—前612年）。

亚述的复兴始于阿淑尔–丹二世（Ashur-Dan Ⅱ，在位时间为公元前934—前912年）和阿达德–尼拉里二世（Adad-nirâri Ⅱ，在位时间为公元前911—前891年）。阿淑尔–丹二世是小有名气的提格拉特–帕拉沙尔二世（Tiglath-pileser Ⅱ，在位时间为公元前967—前935年）之子，一份铭文中记载了他是如何在亚述城重建了"工匠之门"（Craftsmen's Gate）。这座被毁坏的"工匠之门"是伟大的提格拉特–帕拉沙尔一世修建的。由于这座门是亚述城通往西部交通的门户，所以它的修缮也意味着亚述西部商路的改善。然而在阿淑尔–丹二世之子阿达德–尼拉里二世统治时期，亚述的经济才开始真正恢复，对外扩张才又重新开始，亚述又踏上了强国之路。按照亚述一贯的战略，他首先把兵锋指向了下扎布河（Zab River）以南地区，攫取了具有重要战略地位的阿拉普哈城——该城作为重要的军事驻防城，始终是亚述控制其东部边境以外山区的钥匙——还吞并了更南地区的一些城镇。

为了保护亚述东部和南部边境的安全，阿达德–尼拉里二世把注意力转向了底格里斯河以西诸省份，这些地区仍然掌控在阿拉米人部落及其同盟者手中。他出兵的举动迫使阿拉米人部落屈服于自己的统治，并正式向亚述纳贡。与此同时，他还夺回了位于幼发拉底河中游的许多城镇，迫使更北一点儿的尼斯宾地区（Nisibin）——亚述人称为哈尼加尔巴特，该地区聚集着许多阿拉米人的小王国，这些阿拉米人被称为泰曼尼特人

（Temanites）——向亚述称臣。阿达德–尼拉里二世在经过其统治伊始与巴比伦的战争之后，最终采取和平手段来解决，他与巴比伦王签署了和平条约，该条约文献史称《两国平行史》（*The Synchronous History*）。之所以取名"平行史"，是因为作为和平解决争端的基石，条约同时从两国的角度，按编年顺序，记载了两国以往历史上的边界纠纷。所以，该条约也成为阿达德–尼拉里二世之前珍贵的编年史资料。顺便提一句，阿达德–尼拉里二世还创立了另一种编年史记载的方法，即《名年官表》（*Limmu*）。

阿达德–尼拉里二世统治时期，各地的贡品从四面八方涌入亚述，包括战车、战马、粮食、金器、牛羊，以及酒和食物等。日益增长的物质财富为亚述的经济发展做出了重要贡献。正如阿达德–尼拉里二世自己所说：

> 我在我的所有土地上修建起用于行政管理的建筑物；我在我的所有土地上修建起运河灌溉系统；我比以往任何时候都积满了粮仓……我增加了众多马匹的数量……[1]

在此后60余年的时间里，亚述的国王们都在为维护和巩固阿达德–尼拉里二世所取得的成果而努力，这远不是一件容易的事情。阿达德–尼拉里二世的儿子和继承者吐库尔提–尼努尔塔二世（Tukulti-Ninurta Ⅱ，在位时间为公元前890—前884年）在其统治的前四年都忙于对凡湖西南那伊里地区的征战，并最终迫使那伊里国王低头，接受臣属亚述的地位，并发誓向亚述提供装备轻骑兵所需要的马匹，这是亚述军队第一次引进骑兵。

吐库尔提–尼努尔塔二世之子阿淑尔–那西尔帕二世同样是一位伟大的国王，他首先向东部山区开战，并把亚述的威权扩大到以前亚述未曾征服过的山民，把苏莱曼尼亚（Sulaimania）山谷的扎姆阿（Zamua）纳入亚述臣属国范围。亚述西北部的喀什阿里（Kashiari）山区有一个曾经属于亚述但长期拒绝承认亚述中央政府的地区，阿淑尔–那西尔帕二世一

---

① H. W. F. Saggs，*The Greatness that was Babylon*，p.106.

图11-1 阿淑尔-那西尔帕二世雕像 / 约公元前883—前859年 / 出自尼姆鲁德 / 现存英国伦敦大英博物馆

举占领之，并创立了一个以土什罕①（Tushkhan）为中心的新行政区，还把亚述的移民安置在这里。当时，亚述的西部出现了另一个强大的阿拉米人国家——比特阿迪尼（Bit-Adini），其都城在提尔巴尔斯普（Til-Barsip）②。在阿淑尔-那西尔帕二世统治初期，比特阿迪尼国煽动喀布尔河和幼发拉底河上游臣属于亚述的诸王国的反抗情绪，甚至在苏鲁城（Suru）扶植了自己的傀儡王。对此，阿淑尔-那西尔帕二世毫不容忍，迅疾出兵，迫使阿拉米人臣服，俘虏了谋反者，并对其施以叉死、活剥皮和长期面壁囚禁的酷刑。同时，阿拉米人诸国大量的财富从其神庙和宫殿中涌入亚述，其中除了牛羊和金银等常规物品之外，还包括青铜器、铁器、铅制物品、宝石、药膏、羊毛和亚麻等纺织品、雪松、其他种类的香木，等等。阿淑尔-那西尔帕二世的严厉措施使这一地区保持了五年的安定，此后在巴比伦和比特阿迪尼国的直接和幕后支持下，虽先后爆发过反叛，但都被一一镇压。阿淑尔-那西尔帕二世对这一地区的征服为亚述打开了通向叙利亚海岸的通道，亚述军队随即取道卡尔凯美什（Carchemish）和奥伦特斯（Orontes），未遇任何抵抗就到达了地中海，途中收到沿岸城市国家——南部远至推罗（Tyre）——的进贡。在阿淑尔-那西尔帕二世剩余的15年统治时间里，亚述帝国鲜有征伐，人民享受着太平、稳定的生活。（见图11-1）

在国内政策方面，阿淑尔-那西尔帕二世最主要的成就是在卡尔胡城建设了自己新的首都，并在公元前879年举行了定都开城仪式。庆祝宴会

---

① 今天的卡尔克赫（Karkh）。

② 位于卡尔凯美什以南，今天的泰尔阿赫马尔（Tell Ahmar）。

更是盛况空前，有70000人参加宴会，包括男女工人、政府官员以及前来道贺的臣属国代表等，庆祝活动持续了10天。阿淑尔–那西尔帕二世把在历次战役中俘获和流放的居民，大量地安置在新都城定居；在新都城所在的地区大修水利灌溉工程；大肆修建和装饰神庙；把各国敬献的珍奇动植物集中起来，建成花园、植物园和动物园。（见图11-2①）

阿淑尔–那西尔帕二世的儿子和继承者沙尔马纳赛尔三世（Shalmaneser Ⅲ，在位时间为公元前858—前824年）巩固和继续了其父创造的业绩。在其统治的第1年，他就未受阻碍地到达了地中海岸。他把向其父纳贡的阿拉米人国家比特阿迪尼纳入自己直接统治之下，使其成为亚述的一个行省。这样，亚述便直接控制了沿幼发拉底河上游通往西里西亚和小亚细亚的重要商路，从而对叙利亚地区富裕而强大的商贸国家形成了严重的威胁。这些国家以大马士革（Damascus）的阿达德–伊德里②（Adad-Idri）为首，组成了反亚述联盟。亚述军队使这些叙利亚人遭受了毁灭性的打击，歼灭联军14000余人。

图11-2　卡尔胡城概貌图

---

① 当19世纪考古学家在挖掘巴比伦和亚述的古代城市之时，人们不断充满好奇地想象这些伟大城市昔日的风采。这是一幅艺术家刻画出的约公元前880年亚述都城之一的卡尔胡城的概貌。卡尔胡城位于底格里斯河东岸，其遗址就是今天的尼姆鲁德。

② 《圣经》中称便哈达（Ben-hadad）。

亚述帝国的真正缔造者^①是提格拉特–帕拉沙尔三世（Tiglath-pileser，在位时间为公元前744—前727年）。他不仅是伟大的军事家，还是伟大的谋略家和治国者，把周围强敌环视的亚述帝国从低谷中带到了巅峰的时刻。他不仅宣扬了亚述的军威，扩大了帝国的领土，还实施军事和行政改革，巩固了帝国的统治，从而奠定了亚述帝国文化繁荣的基础。

提格拉特–帕拉沙尔三世是充满智慧和讲究方法的军事家。首先，他安抚南部近邻。提格拉特–帕拉沙尔三世依以往惯例，走遍了从西帕尔到乌鲁克的苏美尔和阿卡德诸多神圣的城市，向神庙敬献了"纯洁的牺牲"。其次，他远征叙利亚，更确切地说，是进攻新赫梯和阿拉米人王公的联盟，公元前741年击败了领头的阿尔帕德（Arpad）王国。次年，提格拉特–帕拉沙尔三世把西北叙利亚可能还有腓尼基并入亚述帝国。

公元前737—前736年，亚述人在东部发动了一系列战役。在将扎格罗斯山脉中部的大部分地区都纳入亚述的疆界之后，提格拉特–帕拉沙尔三世发动了穿越伊朗高原的远征，深入强大的米底人（Medes）占据的土地的核心区，远至比克尼丘（Bikni）和"盐漠"，抵达今德黑兰的西南部，此前从来没有任何一支亚述军队到达过这里。

公元前734年，提格拉特–帕拉沙尔三世转回到了地中海岸，因为推罗和西顿出现了不安定的因素，这源自亚述限制向菲力斯丁（Philistia）和古埃及出口木材。亚述军队的平叛取得了胜利，他们使反叛之人"恐惧地爬行"。但对于亚述而言，这里的事情远没有就此了结，还有更糟糕的情况发生：阿斯科隆（Ascalon）和加扎（Gaza）的菲力斯丁统治者组织起了反亚述联盟，参加国包括所有巴勒斯坦的王国和跨约旦尼亚（Trans-Jordania）王国。提格拉特–帕拉沙尔三世亲自粉碎了叛乱，阿斯科隆王被杀，加扎王"像鸟一样逃往埃及"，阿蒙（Amon）、伊顿（Edom）、莫阿布（Moab）、犹大（Judah），以及另一位阿拉伯女王沙马施（Shamshi）都向亚述纳贡。两年以后，犹大王亚哈斯（Ahaz）面对大马士革和以色列的重压，向亚述求救。提格拉特–帕拉沙尔三世占领了

---

① Georges Roux, *Ancient Iraq*, p.305.

大马士革，吞并了以色列一半的土地，在撒玛利亚（Samaria）立何细亚（Hoshea）为王。（见图11-3）

图11-3　提格拉特-帕拉沙尔三世半身雕像／约公元前728年／出自尼姆鲁德／现存英国伦敦大英博物馆

提格拉特-帕拉沙尔三世的行政改革展示了其不凡的治国才能，他的行政改革措施在公元前738年后逐步实施。改革的宗旨是加强王室的权威，削弱大地主的势力。在亚述本土，旧有的地区被划分成更多、更小的单位。在亚述本土以外亚述国王们征服的地区，尽可能或在适当的时候剥夺当地统治者的权力，将其改组成行省。每一个行省被当作亚述的一个区来对待，交给一位"区长"或总督来管理，直接听命于国王。对于那些没有纳入帝国版图的地区和人民，则留给他们自治政府的余地，但该自治政府必须处于一位监督的监管之下。

提格拉特-帕拉沙尔三世还在宫廷和行省之间建立起高效的信息传递系统，信使分一般信使和特快信使两种，他们不停地奔跑于宫廷和行省之间，双方向地传递着报告、书信和命令。有些情况下，国王还拥有自己的私人代表。

提格拉特-帕拉沙尔三世的另一项改革就是实行比以往任何时期都更大规模的流放政策。主要做法是把整个城市和整个地区的人口迁往遥远的地区，而他们留下的空城和地区则迁来其他"国家"和地区的人口。例如，公元前742和公元前741年，有30000名叙利亚人从哈马（Hama）地区被迁往扎格罗斯山区，18000名阿拉米人从底格里斯河左岸被迁往北叙利亚；另一次涉及南部美索不达米亚人口的迁徙，则影响了不下于154000人。提格拉特-帕拉沙尔三世的后继者们继续了他的流放政策。（见图11-4）

提格拉特-帕拉沙尔三世死后，其子沙尔马纳赛尔五世（Shalmaneser

图11-4　亚述浮雕：胜利后的战利品和移民迁往亚述 / 约公元前728年 / 出自尼姆鲁德 / 现存英国伦敦大英博物馆

Ⅴ，在位时间为公元前726—前722年）的统治非常短暂。他曾经镇压以色列傀儡王何细亚的反叛，围攻撒玛利亚达三年之久。沙尔马纳赛尔五世的后继者是萨尔贡二世（Sargon Ⅱ，在位时间为公元前721—前705年）。他像阿卡德的萨尔贡大帝一样，自称"沙鲁金"（Sharru-kin）。在萨尔贡二世登基亚述王位之前，近东的国际舞台上发生了两个重要的变化，即古埃及开始干预巴勒斯坦的事务以及埃兰干涉巴比伦尼亚的事务。这两个变化对未来长达一个世纪之久的亚述战略和外交走势，都产生了重要影响。埃及人和埃兰人采取行动是因为亚述帝国的统治严重地限制了它们各自的发展，影响了它们各自在相关地区的利益。具体说来，亚述人征服和吞并腓尼基，而腓尼基是埃及的主要臣国之一；亚述人占领伊朗高原则切断了通往埃兰的唯一商路。因此，古埃及人和埃兰人加入了乌拉尔图人反亚述的阵营中。由于亚述帝国正处于巅峰时期，而古埃及人和埃兰人无力与亚述展开正面冲突，它们只得采取迂回的策略，即在亚述的附属国中培育和煽动反亚述的情绪。萨尔贡二世统治的重要内容就是镇压臣属国和行省的反叛。

　　到公元前710年年初，萨尔贡二世在四面八方取得了全面的胜利。整个叙利亚—巴勒斯坦（犹大除外）和扎格罗斯山脉的大部分地区都牢牢地掌握在亚述人手中；米底人已俯首称臣；乌拉尔图正遍体鳞伤；古埃及人保持着友善的关系；埃兰人和弗里吉亚人（Phrygians）虽仍然充满敌意，但也能和平相处。对于巴比伦，萨尔贡二世发动了他统治期间的第二次征伐，巴比伦抵抗了两年之后，最终未能摆脱失败的命运，其国王很狼狈地逃到埃兰避难。萨尔贡二世的军队挺进巴比伦城，像提格拉特–帕拉沙尔三世一样，"握住了马尔杜克神之手"。萨尔贡二世的胜利威震四方：弗里吉亚人主动示好，建立友谊；底尔蒙王"风闻了亚述的伟业后，向他敬献了礼物"；伊亚特那那（Iatnana，塞浦路斯）的7个王，"其遥远的住所位于需要7天旅行才能到达的海上日落处"，送来了礼物，并宣誓效忠于亚述伟大的君主。到萨尔贡二世统治末期，亚述帝国的疆域似乎比以往任何时期都更庞大，其实力似乎比以往任何时期都更强大。

作为战争领袖，萨尔贡二世很喜欢居住在亚述帝国的军事首都卡尔胡。他在这里不仅修复和装饰了其先辈留下的旧宫殿，还在附近为自己修建了新宫殿。公元前717年，"萨尔贡堡"①（Dur-Sharrukin）奠基，整个城堡设计成方形，城墙上有7个防御城门，修建和装饰用了10年时间。宫殿建在16米高的平台之上，有200多间房屋和30多个庭院，还有神殿和塔庙等附属建筑。萨尔贡二世在一份铭文中这样写道："对于我，萨尔贡，居住在这座宫殿之人，愿他（阿淑尔神）保佑我万寿无疆，身体健康，心情愉快，灵魂明亮。"然而阿淑尔神并没有满足萨尔贡二世的祈祷，在其城堡杜尔–沙鲁金（Dur-Sharrukin）正式落成一年以后，即公元前705年，他就在征伐塔巴尔（Tabal）的战争中身亡。他的后继者们还是更爱尼尼微。（见图11–5）

图11–5　萨尔贡二世头像／约公元前710—前705年／出自霍尔萨巴德／现存意大利都灵伊基济奥博物馆

萨尔贡的后代们不间断地统治亚述帝国达一个世纪之久（公元前704—前605年），把亚述帝国的疆域推向更极限，把亚

---

①　位于尼尼微东北24千米，靠近现在的村庄霍尔萨巴德。

述文明推向更高峰。辛那赫里布①如其名字所昭示的，他并不是萨尔贡二世的长子。萨尔贡选他接替王位的原因根据目前的材料我们无法探知。辛那赫里布的征服和对亚述疆域的扩展，又取得了前所未有的成就。

萨尔贡二世去世的消息一传出，地中海地区和巴比伦尼亚就发生了一连串的反叛。在腓尼基和巴勒斯坦，在古埃及人的策反下，西顿、阿斯科隆、犹大和伊科戎断绝了与尼尼微的联系。公元前701年，辛那赫里布发兵镇压。西顿王逃往塞浦路斯，阿斯科隆王被掳回亚述，古埃及军队赶往驰援伊科戎遭到失败，辛那赫里布在当地把亲亚述的人员扶上了王位。然后，辛那赫里布兵锋直指犹大，攻取了壁垒森严的拉吉城（Lachish），随后派兵包围了圣城耶路撒冷。（见图11-6）关于此事件，《圣经·旧约》

图11-6 辛那赫里布攻占拉吉城巨型浮雕的片段／描绘他战胜后，接收俘虏和其他财物的盛况／约公元前700—前692年／出自尼尼微／现存英国伦敦大英博物馆

---

① 其名字原文（Sin-ahhe-eriba）的意思是"月神辛补偿了兄长们（之死）"。

中有记载。犹大国在支付巨额赔款，外加公主、宫女和乐师之后，与亚述人媾和。据说，辛那赫里布曾二次进兵巴勒斯坦，还计划侵入古埃及。

辛那赫里布对巴比伦的镇压非常残酷。（见图11-7）公元前690年夏，亚述军队采取了围城的策略，使巴比伦城陷入了灾难之中，根据文献记载：

图11-7　未完成的辛那赫里布头像／公元前8世纪／出自尼尼微／现存英国伦敦大英博物馆

　　巴比伦城遭到了严密的封锁和围困，灾荒、饥饿，短缺……2卡大麦可以卖到1舍客勒银子。所有的城门都被严密封锁，没有一个人能够出得去……由于没人掩埋，尸骨堆满了巴比伦城的各个广场。[①]

15个月过后，巴比伦城终于落入辛那赫里布的军队手里。短暂获得王位的巴比伦国王逃出巴比伦，但很快被捉了回来，并被处死。巴比伦这座梦幻般的圣城、"天地之间的结合点"，惨遭辛那赫里布的破坏。据辛那赫里布自己说：

　　像飓风掠过，我攻占了巴比伦城。我推翻它，有如狂风暴雨……它的居民，年长的、年幼的，我都不放过。我把他们的尸体堆满街道……整座城市和房屋，从根基到屋顶，我任意蹂躏，任意毁坏，还用大火焚烧之……
　　为的是在将来即便是神庙的土地也会被人遗忘。我用水冲毁巴比伦城，把它变成牧场。[②]

[①]　H. W. F. Saggs，*The Might that was Assyria*，p.103.

[②]　Georges Roux，*Ancient Iraq*，pp.322-323.

第十一章　亚述帝国的统一与霸权

图11-8 埃塞尔哈顿头像 / 约公元前681—前669年 / 出自尼尼微 / 现存英国伦敦大英博物馆

在毁坏圣城巴比伦8年后，辛那赫里布在尼尼微被刺杀身亡。据说他被杀时正在神庙里做祈祷，谋杀他的是他的两个儿子（《圣经·列王纪》下19：37）。关于辛那赫里布之死的另一个版本具有神话色彩，说他是被保护神殿的有翼神牛顶撞而死。

辛那赫里布被谋杀后，其子埃塞尔哈东（Esarhaddon[①]，在位时间为公元前680—前669年）继位。埃塞尔哈东即位后的第一件事就是替其父赎罪，重建巴比伦城，而且这项工作贯穿其整个统治期。在他统治时期，巴比伦尼亚没有发生大的动荡。（见图11-8）

公元前677年，腓尼基城市西顿之王阿伯迪-米尔库提（Abdi-Milkuti）反叛，结果遭到失败被俘，并被处死。西顿城"被撕成碎片，抛入大海之中"，其居民被流放到亚述，其领土被划归给竞争对手推罗城。这些措施为埃塞尔哈东赢得了地中海地区的安定，一时之间，整个地中海地区咸来朝贡，包括推罗、犹大、伊顿、莫阿布、加扎、阿斯科隆、伊科戎、毕布洛斯、阿蒙、阿什多德，以及"位于大海之中的亚德那那"等。而对埃塞尔哈东的严峻挑战则来自北部和东部边界。在埃塞尔哈东统治之初，一支游牧民族西徐亚人[②]（Scythians）从南俄罗斯穿过高加索，进入小亚细亚、亚美尼亚和伊朗，与早先已经迁移到这里的西米连人（Cimmerians）汇聚在一起，形成了对亚述帝国的威胁。公元前679年，他们突破陶鲁斯山，对亚述在塔巴尔的驻防形成了直接的威胁，造成了臣服于亚述的西里西亚地方统治者的骚乱。埃塞尔哈东立即

---

① 其名字的原形"Ashur-aha-iddin"的意思是"阿淑尔神带给他一个兄弟"。

② 又译作斯基泰人，亚述语称伊什库扎伊（Ishkuzai），生活在伊朗北部和安那托利亚。

挥兵而至，一举平定骚乱。西米连人和西徐亚人抢劫了弗里吉亚王国（the Kingdom of Phrygia），并于3年后在乌拉尔图人的帮助下推翻了弗里吉亚王国。埃塞尔哈东在看到西米连人和西徐亚人转移了进攻目标后，不失时机地与西米连人缔结了和平条约；把亚述公主嫁给西徐亚人首领巴尔塔图阿（Bartatua）。此外，他还抵御了乌拉尔图人威胁不大的进攻，安抚了伊朗高原的米底人，平定了中部扎格罗斯山区等。

在安定了四方尤其是稳住了北部和东部长达2000千米的边界线后，埃塞尔哈东开始了其更为宏伟的计划——征服古埃及。在阿拉伯人的帮助下，埃塞尔哈东征服古埃及的军事行动，其困难减少了很多。对古埃及的进攻始于公元前675年，一份铭文记载了公元前671年的最终胜利。文献记载了亚述军队如何克服沙漠缺水的困难，依靠阿拉伯人提供的骆驼作为运输工具，成功进入古埃及的情况。一进入古埃及，埃塞尔哈东就大败法老塔尔卡（Tarqa）的军队，然后包围了古埃及的首都孟斐斯①，并最终攻克之。埃塞尔哈东的胜利使得下埃及大大小小的王公们纷纷赶来，表示愿意臣服于亚述的威权统治。亚述的官员们被任命在古埃及当地的公国任职，埃塞尔哈东自己宣称为上、下埃及和埃塞俄比亚之王。但亚述对古埃及的统治更多地具有象征意义而缺乏实际效果，亚述主力军队一撤，法老塔尔卡立即重新夺回了首都孟菲斯。公元前669年，埃塞尔哈东发动了又一次对古埃及的远征，但因病死于途中。

根据埃塞尔哈东生前的安排，他死后，其子亚述巴尼拔（Ashurbanipal②，在位时间为公元前668—前627年）继承了亚述王位，另一子沙马什–舒姆–乌金（Shamash-shum-ukin）则获得了巴比伦的王位，并享有在巴比伦尼亚王国内的绝对权威。亚述巴尼拔继续其父未竟的事业，派遣司令官（Turtanu）远征古埃及，以期镇压和平定叛乱。亚述军队与古埃及法老的军队在孟斐斯以南的平原上遭遇，亚述军队获得胜利，并重新占领了孟斐斯。亚述巴尼拔下令，组成由亚述人、腓尼基人、叙利亚人、

---

① 位于现在开罗以南20英里处。

② 其名字的原形（Ashur-ban-apli）的意思是"阿淑尔神是该子的创造者"。

第十一章 亚述帝国的统一与霸权

409

塞浦路斯人以及在尼罗河三角洲地区征募的古埃及士兵构成的庞大军队，继续向古埃及底比斯进军。但远征军被迫中途停止前进的脚步，因为他们惊悉下埃及的王公们正密谋造反。亚述军队回师镇压了密谋中的反叛，处死了一些密谋者，另一些密谋者包括著名的塞伊斯（Sais）王尼科被送往尼尼微。鉴于远征给身后留下的"空虚"，又考虑到亚述与古埃及之间2000余千米的距离，以及语言、习惯和宗教不同，官员和军队不足等因素带来的统治困难，亚述巴尼拔迅即调整了对古埃及的策略。他把塞伊斯王尼科派回古埃及统治，委任尼科的儿子以重要的行政职位，并给予其必要的军事支持。公元前664年，在流放中死去的法老塔尔卡的儿子塔努塔蒙（Tanutamun）进入了底比斯，并沿尼罗河航行至孟斐斯，尼科战败身亡。就在此

图11-9 亚述巴尼拔雕像／约公元前668—前631年／出自波尔西帕／现存英国伦敦大英博物馆

时，亚述庞大的军队正驻守在孟斐斯以南的某个地方，他们闻讯后开始向底比斯进军。亚述军队攻入了底比斯这座伟大而美丽的古都，像洪水暴风般对其进行破坏、摧毁，大肆洗劫，抢走不计其数的战利品，包括两座高大的方尖碑，每座方尖碑重达38吨。古埃及的这座大都市陷入了万劫不复的灾难之中。（见图11-9）

此后，亚述巴尼拔又镇压了腓尼基人的反叛。公元前665—前655年，亚述巴尼拔的主要精力放在了北部和东部边境。公元前639年，亚述人取得了对埃兰人的最终胜利。埃兰首都苏萨以及整个领土惨遭蹂躏，大量的财富被抢夺，苏萨的塔庙被摧毁，神殿被践踏，神像被掳走。亚述人对埃兰人意欲赶尽杀绝，他们追逐战败的埃兰人直至坟墓里；他们把埃兰具有象征意义地从地图上抹掉。

攻陷苏萨后，亚述巴尼拔为自己举行了凯旋庆典。在尼尼微奢华的宫

殿前，整个世界都匍匐在他的脚下。三位埃兰国王和一位阿拉伯国王被拴在他的战车上；骄傲的推罗和阿尔瓦德商人、脖子笔直的犹太人和焦躁不安的阿拉米人——臣服；塔巴尔和西里西亚统治者把他们的女儿送到亚述王宫；帮助萨米提库斯的吕底亚被焚烧，其王吉吉斯（Gyges）丧命；尼尼微充满了来自孟斐斯、底比斯、苏萨以及其他数不胜数城市的战利品；亚述这个伟大的名字，受到广泛的尊重，威震四方，从爱琴海绿色的海岸，到阿拉伯燃烧的沙漠。其边界从尼罗河到死海，从阿拉拉特山到陶鲁斯山谷，从里海到扎格罗斯山脉。亚述帝国达到顶峰。

五、亚述帝国的灭亡

亚述帝国是依靠强大的军事力量建立起来的，一旦军事失利，帝国便面临瓦解。亚述历代统治者都相信亚述的军队是战无不胜的，因此一味地征战。然而当亚述人最终把大片土地踏在脚下，而成为世界主人的时候，他们自己的实力也已经消耗殆尽了。所以，当扎格罗斯山后面的米底人和在波斯湾附近聚集力量的迦勒底人的袭击形成南北夹攻之势时，这个已被战争耗尽力量的泥足巨人，没有展开任何有力的抵抗便倒下了。公元前614年，千年古都亚述城沦陷；公元前612年，有"狮穴"之称的尼尼微最终被踏平。公元前605年，当米底人和迦勒底人的联军最终攻克亚述军队所坚守的最后一个据点——卡尔赫米什时，这个经过几个世纪的征服建立起来的大帝国便走完了自己的全部历程。

第二节　亚述帝国的政治制度和统治政策

亚述人创造了人类历史上的一个壮举，第一次建立了横跨亚非两个大陆的庞大帝国，实现了在实践中把美索不达米亚人的大一统思想前所未有的最大化。面对幅员辽阔的帝国，面对各种不同的民族，面对各种不同的语言，面对各种不同的宗教信仰和风俗习惯，亚述帝国的统治者们需要高超的治国才能和睿智的管理手段。

一、军国主义传统的形成

亚述是一个军国主义的社会。亚述的政府是一个军政府，军队构成了亚述政治和社会的基本结构。

亚述帝国的政治制度和统治政策带有明显的军国主义色彩。所有的成年男子都要应召入伍，所有的国家官职都为军队和军事需要而设立，虽然它们也有非军事的任务。国王处于这个结构的顶端，他的职责主要是为了阿淑尔神和国家的利益发动、指挥战争。亚述社会存在着这样一种观念，即国王每年都应该率领军队打仗，其统治的每一年都应该以一次重要的战役来命名，但实际上并不能做到。在国王之下，是庞大的官僚队伍，高级官员最初都出自亚述的名门望族，但后来情况发生了变化，被征服地区的贵族也可以被委以重任，甚至还出现了宦官位高权重的情况。

二、提格拉特-帕拉沙尔三世的改革与帝国结构的创立

公元前8世纪的上半叶，亚述帝国开始走下坡路，失去了对外征战的能力。在帝国内部，地方官员逐步攫取了皇家的一些权力，各行省的总督甚至拥有很强的独立性，虽然他们仍然听命于国王。亚述帝国内部的反叛也时有发生，其在周围地区的影响逐渐减弱。虚弱的形势需要强有力的国王，而这样的国王也应运而生了。

提格拉特-帕拉沙尔三世和他的第二位继承人萨尔贡二世担负起了重振亚述雄风的重任。他们对外每年都向周边地区征战，把周边地区并入亚述帝国的版图；对内则采取一系列措施，重塑亚述的统治秩序。第一，削弱地方官员的权力。两位国王为了防止地方总督的势力过于庞大，撤销了原来庞大的旧行省，代之以较小的行省划分。这样，行省由原来的20个增加到了25个。第二，与此相配套，他们把最重要的军事和行政岗位或单位，也由大化小，从而使权力趋于分散。例如，把原来由一个人担任的总指挥官（Turtanu）一职，交由两人担任，一个任"左军"，另一个任"右军"。第三，他们通常任命宦官担任高级政府职位，以防止职位的世袭。因此，亚述的土地重新恢复了秩序，地方官员的权力受到了限制，王权增强了控制能力。第四，提格拉特-帕拉沙尔三世进行了军事改革，废除了

公民兵制，建立了常备军制度。在公民兵制度下，亚述国王每年从亚述公民中招募军队，闲时军队就解散，第二年再招募新兵。而提格拉特–帕拉沙尔三世建立的常备军是职业军队，需进行长时间的统一训练和统一管理。常备军的核心是骑兵和战车兵，他们构成亚述职业军队的核心战斗力，其兵源来自亚述人；基本战斗力量是步兵，从被征服地区的人中征募。提格拉特–帕拉沙尔三世建立常备军或职业军队是为了满足亚述帝国对外征服的需要。从此亚述帝国又开始了不间断征战，并且采取征战到跨越边境很远地区的对外扩张政策。第五，提格拉特–帕拉沙尔三世还创新了对被征服地区的管理方法和统治政策。以往的亚述统治者们对被征服地区只是强迫他们向亚述国王纳贡，仍然保有独立的国家地位。提格拉特–帕拉沙尔三世取消被征服地区的独立国家地位，把它们并入亚述帝国，成为亚述帝国的一个行省。

三、对被征服地区的统治政策

亚述帝国对被征服地区的管理办法和统治政策有三种不同的形式，或者说经历了三个不同的阶段。第一种形式是把被征服地区作为臣属国。亚述帝国允许其保持国家的独立地位，但在政治上要服从于亚述帝国，在经济上每年向亚述帝国纳贡，统治者保持着独立的统治地位。第二种形式是傀儡国。傀儡国在政治和经济地位上都与臣属国一样，但统治者的地位发生了变化，傀儡国的统治者是由亚述帝国的国王任命，以便其对亚述帝国更加忠心。人选也来自当地人。这个人通常与亚述有着很深的渊源，甚至从小就在亚述的宫廷里长大。第三种形式是行省制。亚述帝国把被征服地区纳入自己的行政版图，成为亚述帝国的一个行省。其统治者成为行省总督，直接听命于亚述国王。这三种形式的统治政策和管理方法，实际上代表着三个发展阶段，体现着亚述帝国对被征服地区的管理和统治越来越严，越来越强硬的态度。这也是亚述帝国应对被征服地区经常性反叛的回应。

应该指出的是，亚述帝国的行省制度不是僵硬的，而是有弹性的，其指导方针就是怎样有利于亚述帝国的整体利益。也就是说，是把被征服地区纳入行省还是作为臣属国对待，还取决于亚述帝国的整体战略和外交方面的考虑。例如，提格拉特-帕拉沙尔三世的行省范围就到地中海沿岸为止，而对于菲力斯丁人的城市仍然让它们保有独立的地位。

第三节　亚述帝国的行政与意识形态管理

亚述人所创立的庞大帝国需要大规模、运转良好的管理体系。随着行省制度的膨胀，原有的地域或区域概念发生了巨大的变化，除了行省之外，还有臣属国和傀儡国，可以说，整个近东地区都处于亚述帝国的控制之下。总体说来，亚述帝国的管理结构呈金字塔形，国王处于金字塔的顶端，广大的人民群众处于金字塔的底部，处于中间的是帝国的各种官员，他们是连接国王与人民大众的中间纽带。

一、帝国的行政管理

亚述的官员头衔有很多，级别最高的包括军事领袖（Turnanu）、宰相（Ummanu）和司库或财政官（Sha Muhhim Ekallim）。此外，还有其他一些低级别的官员。虽然官员们拥有不同的称呼，但实际上，在亚述帝国他们的职权范围远没有那么界限分明。亚述帝国官僚体系的重要特点之一，就是官员们只有级别的区分而较少职责范围的区分。具体说来，一名官员的职位可能同时兼具行政职能、军事职能和宗教职能，一名军事指挥官可能同时也是行省的总督。国王持杯人（Rab Shaqe）的地位略微有些特殊，主要负责外交事务。在官员职责不那么明确，更没有法律文件加以界定的情况下，在亚述国王与其官员的关系中，忠诚是最重要的。国王往往信任那些值得信任或自己认为更可靠的官员，而这些官员也以自己对国王的忠诚加以回报。例如，国王通过书信的方式要求某个官员缴纳赋税，就好像这仅仅是他们两个人私人之间的事情一样。同样，国王要免除某个官员的赋税，就像这是国王对他的特别恩惠一样。这样的制度需要维持一支书吏队伍，以保持国王与官员们之间沟通畅通。在尼尼微和卡尔胡发现了大量的书信，大约有2300封，这可能只是国王与官员通信的一小部分。所有官职都不是世袭的，不可以传给其子孙，其任命与撤职全凭国王的好恶。亚述国王们还任命了很多宦官担任重要职务，其目的就是保证在他们死后或退休之后官职不世袭。作为对大臣们的奖励，亚述国王通常赠送他们大量的土地。这些土地的所有权归国王，大臣们享有使用权。

亚述帝国的中央管理体制在行省的管理体系中也得到了复制或贯彻。每一个行省的最高行政长官称为总督，他在行省的官邸与亚述国王在首都的王宫相类似。行省总督在亚述帝国的管理体系中，既是最高行政长官，又是最高军事统帅，还是国王最为倚重的持杯人，等等。行省必须为帝国创造资源，提供劳动力和兵源等。行省有时还必须为帝国生产某种物品，如在菲力斯丁地区组织生产橄榄油以便提高供应量等。行省的管理当局是其人民与帝国获取联系的唯一渠道。同样，位于亚述中心区的城市，如亚述城和卡尔胡等，由最高行政长官市长（Hazzanu）执掌，他们的职责是代表那些不直接依赖于宫廷的人们。一些大一点儿的城市通常安排不止一名市长，可能是为了防止他们的权力过大。

二、移民政策成为基本的统治术

为了加强对被征服地区的统治，亚述统治者采取了把当地居民大规模迁徙的政策，尤其是自公元前8世纪以后更是如此。据估计，在亚述帝国统治的3个世纪里，迁移的人口达450万人之多。这项政策对亚述帝国来说，是使其获益颇丰的统治术和卓有成效的战略管理手段。第一，大量人口从被征服地区迁移出去，大大降低了他们反抗的可能性。第二，大量人口被迁到其他地区会引起被移民地区居民本能的敌视，两者的矛盾一方面可以减少他们联合起来谋反的概率，另一方面加重了移民对亚述中央政府的依赖程度，因为他们到达陌生环境需要政府帮助解决很多困难，尤其是在新环境并不友好的情况下。第三，被迁移的人口为亚述帝国提供了很多专业性人才，如熟练的手工业者，他们成为亚述宫殿和神庙建筑、金属冶炼和造船等方面的能手。腓尼基人甚至还为亚述帝国造船和提供海军人才。第四，大量的移民为亚述帝国带来了充足的劳动力。第五，大量的移民成为亚述帝国不断涌现的新城市的居民和建设者。第六，大量的移民从游牧民族转化为定居的农民，为亚述以农业为根基的社会奠定了更深厚的基础。同时，大量的人口依附在土地之上，增加了社会的稳定性。

亚述帝国大规模的人口迁徙政策造成了整个近东范围的人口交流和民族交融，不仅带来了人口结构和人种结构的新变化，还带来了社会结构的新变化。

三、帝国的意识形态管理

亚述帝国在意识形态领域的工作，主要为帝国的统一制造思想舆论，以及采取必要的措施将思想统一进一步落实到实践和行动上，根本宗旨是为亚述帝国的统治和统一打下良好的思想基础。

首先是忠诚和效忠思想。对亚述国王忠诚的思想传播到所有亚述人民和臣属的统治者中间。有时在接受一项皇家政策或决定时，全体人民要在神面前举行宣誓效忠仪式，或者至少国王们要宣布，所有人都进行了宣誓。例如，埃塞尔哈东在宣布他的小儿子亚述巴尼拔作为他的王位继承人之时，就曾经让亚述人民举行过宣誓。据亚述巴尼拔自己说："埃塞尔哈东召集从一个海岸到另一个海岸的大大小小的亚述人民，让他们在神面前宣誓效忠，一致同意在全亚述保护我的储君地位和未来的王权。"[1]如果有人反对新国王，将打破自己的誓言，必然会遭到神的惩罚。臣属国也同样要对亚述国王进行宣誓效忠，臣属国对亚述国王本人拥有特殊的责任和义务，如在战争时提供军队等，逃避这些责任意味着对由神主持的誓约的践踏和破坏。

其次是秩序和正义思想。亚述的统治者们在全帝国进行宣传，亚述国王是阿淑尔神在人间的代表，是秩序的象征。凡是亚述国王所控制的地区，那里就充满着和平、安定和正义；凡是他控制不到的地区，那里便陷入一片混乱之中。所以外国的都是敌对的，所有外国人都类似非人类的动物。亚述国王的职责就是为整个世界带来秩序，所以他的军事征伐和扩张是符合神意，是正当的、是符合正义之道的。因此，所有亚述人都深信，军事征伐是符合正义的，是对所有亚述人都有好处的。

---

[1] Marc Van de Mieroop, *A History of the Ancient Near East*，p.259.

亚述帝国的统治者们通过各种手段在全帝国内宣传这些思想，反映出他们对意识形态或思想工作的重视。通过皇家铭文进行宣传，是通常的手段，他们甚至把石碑立到了边远的古埃及。然而，这种手段对当时大多数不识字的人民来说，是根本不会起作用的，因为他们无法读懂石碑上的内容。因此，亚述国王发明了更为直观，可能也更有效果的方式，即举行庆祝战争胜利的盛大游行，在游行当中进行宣传。他们还在城市当中大声朗读记载战争的作品。更有甚者，在新的城市进行建设时，就事先把这些宣传思想纳入设计中，在城墙和城门上安排带有安全和秩序思想的内容，让居民和来访者学习。另外，一般人很难有机会进入亚述王宫，但外国的使节和访客却经常有机会进出，因此王宫的墙壁上有作为装饰的浮雕或壁画，这些浮雕或壁画把亚述国王描绘成整个世界的主人，强化对外国人的教化作用。

第四节　亚述帝国的文化

古代美索不达米亚人不仅在思想文化的各个方面为人类创造了宝贵的精神财富，在科学和技术领域，更向世人展示了其非凡的智慧。他们在数学、天文学、化工技术、医学和地理学等方面所取得的卓越成就。他们对科学精神的探索便足以令世人瞠目。这些成就不仅极大地促进了古代世界其他各民族科学精神和技术的发展，而且还在许多方面直接或间接地被现代科学技术所吸收，成为现代科学的基石和不可分割的组成部分。

一、科技

（一）天文学

巴比伦人知道星体运行的周期。例如，他们认识到月球每过223个朔望（18年又11日）又回到它原来相对于太阳的地位，金星每8年回到原有的位置，其他行星如水星、土星、火星和木星则分别为46、59、79和83年。因此，他们能够计算一次日食、月食和另一次日食、月食之间的时间，并以此预测日食和月食的出现。大约在公元前700年，巴比伦尼亚出现了向宫廷汇报的系统的天文学报告。虽然这些报告的实际意义最初肯定与占星预告有关，没有表现出对天文学现象的数学处理方法，甚至不能区分天文学现象与气象学现象，但它们仍表明，巴比伦人这时已经认识到，在一般情况下日食发生在新月时期（月末），月食发生在满月时（月中）。[①]古希腊著名的天文学家托勒密[②]就曾指出，在纳波那萨尔[③]（Nabonassar，在位时间为公元前747—前734年）统治时期，就存在了关于月食的全部名单。[④]

太阴历贯穿着古代美索不达米亚的历史，这与古埃及人不同。古埃及人虽然也有阴历，但主要使用太阳历。早在苏美尔时代，美索不达米亚的居民就已根据月亮的盈亏制定了太阴历。他们把一年划分为12个月，每月以太阳落山新月出现的那天傍晚算起，至新月再现止，这期间称为一个太阴月。一年中有6个月为30天，另6个月为29天。这样，一年12个太阴月加起来共354天，比太阳年少了11天，每9年要短整整一个季节。美索不达米亚人已懂得用置闰月的办法来补足比太阳年所差之天。最初，他们置闰仅凭经验来确定，有时一年一闰，有时一年两闰，在乌尔第三王朝时期甚至还出现过一年三闰的情况。但一般情况下，以每三年设一个闰月较为合适。在汉谟拉比统治时期，置闰由国王临时下命令来规定。后来逐渐有了固定的周期。公元前8世纪的天文学家注意到，235个太阴月正好构成19个太阳年。这样，按照他们的意见，巴比伦国王纳波那萨尔于公元前747年颁布命令，每19年置闰7个月。这19年中置闰之年分别为第一年、第三年、第六年、第九年、第十一年、第十四年以及第十七年。第一年的闰月往往置于年中，其他年则置于年终。在公元前388—前367年，"纳波那萨尔历"被标准化了。巴比伦最伟大的天文学家基丁努（基底纳斯）从公元前

---

① O. Neugebauer, *The Exact Science in Antiquity*, p.97; H. W. F. Saggs, *The Greatness that was Babylon*, p.457.

② 托勒密，公元2世纪亚历山大里亚的希腊天文学家、数学家和地理学家。其太阳和行星围绕地球转的学说直到16—17世纪才被哥白尼的日心说取代。其代表作为《地理学》。

③ 纳波那萨尔，巴比伦国王，臣属于亚述。其统治时期被认为开创了巴比伦天文学的新时代。

④ O. Neugebauer, *The Exact Science in Antiquity*, p.93.

375年开始实践，他提出了太阳年的精确时间，误差只有4分32.65秒。他所计算的太阳离开交点的运行值，其错误实际上比近代天文学家奥波尔兹[1]于1887年发表的计算值的错误还小。

根据美索不达米亚的太阴历，日落新月初现为一月之始，但巴比伦尼亚的天空并非总是碧空万里，阴云、尘土和沙石风暴有时会使月亮隐没不见。那么，权威的天文学家是如何断定一个月开始，又如何能够算出任何一个月开始的精确日期和时间？也就是说，决定太阳循环与月亮运行的法则是什么？诺伊格鲍埃尔对此进行了详细的解释与阐述。他认为，决定太阳降落后新月出现的因素主要有三个，即离日度、黄道与地平线不同的倾斜度和月球的纬度。[2]这三个变量显然都为巴比伦人所熟悉，他们已能够计算日月和行星运行的速度。学者们甚至认为，"巴比伦人用来计算月球运行的方法是古代科学最辉煌的成就之一，可以与希帕库斯[3]和托勒密相媲美"[4]。

黄道十二宫图最早出现于公元前419年的一个文献上，但用星座的名字命名黄道符号的做法肯定要早。一昼夜按黄道十二宫分为12个单位，称为"丹那"；1丹那又分为30个更小的单位，称为"乌斯"，1乌斯相当于现在的4分钟。巴比伦人根据月相的变化，把1个月分为4周，每周7天，这与他们眼中的7个行星相对应，每个星神主管一天。具体分工为：太阳神沙马什主管星期日，月神辛主管星期一，火星神涅尔伽主管星期二，水星神纳布主管星期三，木星神马尔都克主管星期四，金星神伊什塔尔主管星期五，土星神尼努尔塔主管星期六。这便是我们今天每周7天的星期制度的来历。"星期"的意思就是星的日期。

---

① T. 奥波尔兹（Theodor Oppolzer，1841—1886年），奥地利天文学家。其著作Canon der Finsternisse（1887年）给出了从公元前1207年至公元2163年的月食和日食全表。

② O. Neugebauer, *The Exact Science in Antiquity*，pp.102-115.

③ 希帕库斯（Hipparchus，约公元前190—前125年），古希腊天文学家，被称为西方天文学之父。其主要贡献为编制了一份记载850多颗（一说1025颗）星宿的方位和亮度的星座图表等。

④ H. W. F. Saggs, *The Greatness that was Babylon*，pp.458-459；O. Neugebauer, *The Exact Science in Antiquity*，pp.116-123.

美索不达米亚天文学家取得的惊人成就主要应归功于以下两点：其一是他们始终不断的细致观察；其二是美索不达米亚高度发达的数学水平。这时他们还不具备任何完善的仪器。他们的仪器除前面提到的日晷指时针和漏壶外，还有马球（一种记录悬在半球上的一个小球投景的仪器）。巴比伦人可能拥有简陋的观测仪器，但无论是文献记载还是考古材料都肯定地表明，当时还没有望远镜之类的东西，虽然发现有石英或水晶的镜头。

（二）医学

亚述帝国统治时期，美索不达米亚人的医学达到了更高的水平。他们已掌握了很多医学术语，能正确地赋予一些疾病以适当的名称，并对其症状进行恰如其分的描述。现有的楔文医学文献中，已提到了各种发烧、发热病、肺痨、鼠疫和头痛病等；还记载有各种眼疾、耳病、风湿、肿瘤、脓肿、黄疸症、膀胱结石、心脏病、皮肤病、男性疾病、妇科疾病、儿科疾病以及各种性病。古代美索不达米亚的医生甚至还能鉴别各种精神病。

美索不达米亚的医生不仅能对各种疾病及其症状给予描述，还能对病情发展及结果进行预测，或许可以称为预后。

除了这些根据症状而做出的理性预测外，美索不达米亚还存在一种带有宗教和巫术色彩的预后，这与他们对病因的认识也同样带有宗教性和巫术性是一致的。例如，有文献记载：如果驱魔者（一种"医生"）看见黑猪或黑狗，病人将死亡；如果他看见白猪，病人将会活下来；如果他看见许多猪不停地翘尾巴，对病人来说，病魔将不会再缠绕他；如果乌鸦在一个人面前哀叫，他将经历悲伤之事；如果乌鸦在一个人的背后哀叫，他的敌人将遭受悲哀之事①；如果一条蛇落在病人的床头，他将很快康复。

由于美索不达米亚人认为疾病源于恶魔或神等超自然力，他们相应的治疗办法很自然地也就具有迷信和巫术的特性。有一种巫医被称为阿什普（Ašipu），他们专靠巫术或施展所谓魔法来治病（降妖除魔）。还有一种医生被称为阿苏（Asu），他们主要靠药物和器械为病人治病。在这两种医生之间，阿苏的作用可能比阿什普更大一些，因为文献中经常有当

---

① 中国风俗习惯中也有一种说法，认为乌鸦哀叫乃不祥之兆。

阿什普驱魔无效时便请阿苏以药物治疗的记载。以药物治疗或称理性疗法（Rational Treatment）乍看起来似乎与美索不达米亚人对病因的理解相冲突，但仔细地分析有关文献材料后，便可以发现，原来他们用药物治疗也是取其驱魔降妖之功效，因此也具有巫术色彩。药材均来自大自然，均属于自然物，古代民族崇信和敬畏自然力的观念是无需认证的。这种药物治疗的巫术色彩表现在以下几个方面。

第一，阿苏在进行药物治疗的过程中，有时也同时口念咒语，或者兼用其他"魔法"作为辅助。例如，一位病人患有肠胃气胀的病痛，阿苏让他喝药以减轻病痛的同时，还伴随以咒语。又如，一位阿苏在给国王治病的过程中，在用绷带缠住患处的同时，还把一个驱邪的护身符挂在国王的脖颈上。[①]

第二，人们相信自然药物可以起到驱邪降魔的作用，可以抗拒邪恶的超自然的神力。例如，一位高级阿苏在致国王的一封介绍他所使用的药的信中这样写道："我送给国王陛下的药有两种，它们各不相同……我主国王可能会问：'它们有何功效？'它们有很好的驱魔作用，或者对妇女生育有好处。"又如，一份材料这样记载："如果一个魔鬼之手仍坚持不放，以至于阿什普无能驱赶之，你（阿苏）应将八种药混合在一起以便将它赶走。"[②]

第三，有些治疗的性质本身只具有象征意义，似乎没有直接的实际作用。例如，在治疗男人阴茎疾病时，采用的是一种叫"母驴生殖器"的东西。这种东西实际上是一种海贝壳，其之所以得此奇特的名字，无疑源于其形状和大小。用法是将它碾碎放入青铜管中，然后吹进阴茎中去；或者用啤酒冲泡后喝下。很难说这种疗法会对病症产生直接影响，但其反映出的以类似女性生殖器或类似物治疗男性生殖器的魔术思想是显而易见的。

需要指出的是，美索不达米亚医生采用的药物疗法，虽然还没有完全脱离宗教迷信和巫术思想，但其中所包含的科学性是不容否认的。如同人

①　H. W. F. Saggs，*The Might that was Assyria*，p.228.

②　H. W. F. Saggs，*The Might that was Assyria*，p.228.

类早期的许多其他科学都隐藏在宗教迷信和巫术的背后一样，美索不达米亚的医学也不例外。但这并不妨碍我们正确评估美索不达米亚医学的科学性和进步性，宗教迷信和巫术只是一种外在的形式，其医学内部所包含的丰富的医药和治疗知识才是本质的体现。

美索不达米亚医生所使用的药物的种类和数量是相当可观的。这反映出他们已经能识别出多种药物的药性及功能，已掌握相当丰富的药物学知识。即使仅仅从驱魔的角度考虑也不得不承认这一事实，因为他们无疑懂得用何种药来驱何种魔。他们的药材均由大自然的植物、动物和矿物质组成。仅在保存不完整的苏美尔第十五医方中，植物类就有梨、松树、李树、百里香、没药、芥、枞树、枞脂、无花果、灯芯草、柳树和"海"树等28种；动物类包括鳖甲、水蛇、怀孕母牛的毛和蝙蝠屎4种；矿物质有河泥、原油、泥沥青、盐等沉淀物5种；加上被毁的药名，三类药物总计多达40余种。其他材料中所记载的常用药还包括藕、橄榄、月桂、桃金娘、鸡尾兰、大蒜、罂粟籽、椰枣、香芦秆、大麦壳和阿魏（一种伞形科植物）等多种植物，蜂蜜、牛奶、蜥蜴和蝎子等动物及其产品，明矾、铜、铁和硫黄等矿物质。属于公元前2200年左右的一份医学材料提到了一种水蛇皮，可能表明水蛇也被用作药材。

从药剂类型上看，除注射液外，一切可行的药剂都有。例如，内服酊剂、外敷膏剂、外擦洗剂、混合剂、吸剂、熏蒸消毒剂、滴注剂、泥腌剂、灌肠剂和栓剂等。值得一提的是，他们已经懂得安全用药常识，在药瓶上贴上必要的标签，标明用法与用量及有关注意事项即医嘱等。美索不达米亚的医生既是制药巧匠，又是用药高手。他们所采用的治疗方法和手段也呈现出多样化。结合文献材料概括如下。

第一，混合剂内服法。一份文献记载："如果某人胃热，不能饮食，应取柽柳属植物籽，与蜂蜜和凝乳混合，服下后即可康复。"

第二，外部擦洗法。苏美尔第十二医方："将鳖甲、抽芽的（？）纳加植物（Naga）、盐（和）芥研末筛细，合揉成团；用优质啤酒（和）热水洗（患处）；将它（整个药团）用力涂擦（患处）；涂擦后，用植物油涂擦，（再）撒上（？）枞树末。"

第三，泥腌疗法。亚述的一个治疗"肺狭窄"的处方，虽然有些复杂但很合理："取……1只羊的部分肾、夸椰枣、15基萨尔枞树脂、15基萨尔松脂、15基萨尔月桂树叶、13基萨尔香树脂、10基萨尔白松香脂、7基萨尔芥末、2基萨尔斑螯粉……把上述药和脂肪以及椰枣一起用研钵研碎，倒进小羚羊皮里，包起来在痛处适当地放3天。在这期间病人须喝甜啤酒，吃滚热的饭，待在温暖的地方。在第四天取下泥腌剂……"

第四，灌肠疗法。亚述帝国时期（公元前612年以前）一份治疗胃病的处方为："为驱胃热，还可将……香芦秆……（名字失）、阿魏（一种植物）、椰枣、松脂混合后研成碎末，用啤酒浸泡，用炉加热，取出，过滤，冷却。然后加入大麦壳（？），最后再倒入玫瑰香水。把它倒入肛门后，即可康复。"

第五，气熏和滴注法。一份文献记载："如果某人患病，你应将阿勒颇松脂、波斯树脂和姜黄脂置于火中，以此熏病人的鼻孔；口中含满油，使之流入鼻孔，尔后将康复。"

第六，吸入法。一份治疗肺病的处方这样写道："把一些植物或蔬菜配料备好，在油、啤酒和凝乳中浸泡，然后——你将准备一些……陶壶，用麦团封好边缘，把备料放在火上煮沸，在其中插入一根芦苇管，让病人吸水蒸气使之进入肺脏，他将康复。"在另一份不知治疗何病的处方中所指示的方法为，用多种植物把药物配制好后，病人应口含药物，使之紧贴鼻孔内壁，然后用鼻吸，如此将康复。

此外，还有一些较特殊的药物疗法。例如，如果某人患咳病，应将安息香（一种植物）在啤酒、蜂蜜和精油中搅拌均匀，然后让病人空腹用舌头摄取，并用啤酒和蜂蜜蒸热后让他服下。再用翎毛捅他，使他呕吐。之后，他应再吃蜂蜜和凝乳的混合剂，喝甜葡萄酒，后可康复。

除药物疗法外，美索不达米亚人还经常使用器械疗法、体操疗法和按摩法等。

（三）化学与化工

1. 蒸馏与萃取

迄今所知最早的蒸馏器发现于美索不达米亚东北部的高拉丘，时间大约在公元前3500年。人们在高拉丘还发现有萃取设备。苏美尔—巴比伦人蒸馏技术的文字材料证据见于一组描述香水制作过程的阿卡德文泥版中，该泥版约属于公元前1200年。其中之一如下：

> 当第十三次把（配料）倒（在一起）时，你把油取走，把煮壶擦干净。你把水烧热，把哈里乌壶（Hariu）擦净，把水倒入其中，然后倒入两杯香脂聚合物。如此保存一天。到晚上，把它移入浅碗中，再加3卡香脂。如此保存一晚上，到凌晨时把煮壶擦净，把已经在浅碗中浸泡一晚上的香料置于狄卡鲁壶中。在壶底点着火，香料变热。你把油倒入，稍动，盖好，你不要把（植物的）原料移开，也不要把炭取走。火渐旺，油煮出气泡。你要不停地用手帕擦拭狄卡鲁壶（Diqaru）的内部。稍动，盖好。如此在壶中保存4天。第5天的早晨，你点着火，但不要太烈。①

在这个材料中我们看到的是制取香水的第十三道工序，把原料混合在一起。它揭示出提取蒸馏物或蒸馏液的方法中应不断用布擦拭置于煮壶中的接收器具。

古代美索不达米亚的化学家已经懂得萃取或升华技术，对此目前也拥有语言学方面的证据。在公元前第3千纪，苏美尔人已经能够把较重的锌化物与易挥发的氧化物区分开来。有学者研究证实，在公元前第1千纪的上半期，萃取或升华过程肯定在美索不达米亚实践了。亚述语用"IM·KAL"来表示"煤烟"或"油烟"，用"isikku"来表示"升华"或"净化"。巴比伦人可能已经懂得如何从鸟粪之类的火中获取氨草胶，因为与此相关的是，发现了水银及从朱砂中提取红色。

2. 鞣皮制革法

人类最古老的技术之一就是用兽皮制作衣服和其他遮挡用具。在公元

---

① Martin Levey, *Chemistry and Chemical Technology in Ancient Mesopotamia*, New York, Elsevier Publications, 1959, p.37.

前第3千纪，乌尔城已经拥有繁荣的"纺织工业"，但皮革在苏美尔仍有广泛的用途。士兵往往配备有皮制的刀鞘和箭囊等。皮革还用于牛具和驴车之上，以及其他多种目的。从材料中还可以发现，牛皮和羊皮经常用作贡奉物品。

"鞣皮工"或"制革工"在苏美尔语称为"LúAŠGAB"，在阿卡德语中则称为"awīlaškappû"。"AŠGAB"的楔形符号源于一个带有皮管的皮包的图画：皮包是用来装水或酒的，皮管是用来喝水或喝酒的。皮革工在城中有自己的城区，可能系同一行业之人一起工作的习惯所致。皮革工又可分为许多工种，这显然标志着手工业的分工较细。值得注意的是，也有奴隶学习鞣皮和制革这门手艺。在乌尔第三王朝时期，皮革工厂是8种标准的作坊之一。在此后长期的历史发展中，皮革的用途越来越广，几乎涉及古代生活的各个方面。例如，它可以用来制作包、囊、袋，也可以用来制作衣服和鞋，还可以用来制作鼓蒙子，甚至用来制作小船或皮筏。

古代美索不达米亚皮革工所使用原料的丰富程度及对每种皮革的精细划分，足以令现代人吃惊。他们把绵羊皮先分为剪毛皮和未剪毛皮，然后进而分为公羊皮、羊羔皮和胖尾羊皮等；牛皮则包括公牛皮、阉割公牛皮和母牛皮等，此外还有水牛皮；山羊皮又有壮山羊皮和小山羊皮之别。这表明他们对各种不同动物之皮的特性已很熟悉，已知道何种皮最适合于做什么。例如，他们认为绵羊皮最适合于制作衣服。除了这些较常用的动物皮之外，现存的楔文词汇表还提到了下列诸皮：野猪皮、斑猪皮、野猫皮、野驴皮、猞猁皮、獴皮、羊鱼皮、巨角塔尔羊皮、鹿皮、鲨鱼皮、袋狼皮、猫皮、兔皮、幼犬皮、盘羊皮、象皮、骆驼皮、狼皮、狮子皮、狗皮、虎皮、豹皮、野牛皮、跳鼠皮、地鼠皮及仓鼠皮等。

皮革的制作也相当精细。首先要经过简单处理、浸泡、去毛及软化等过程，随后进入实际的鞣制环节。最古老的两种鞣制方法是明矾鞣制法和加油鞣制法。另外，还有一种方法在现存的近东地区仍然采用，那就是把原皮缝成口袋或包，把里面装入鞣制剂，然后再把口袋或包放入鞣缸或鞣桶中。常用的鞣料或鞣制剂除了明矾和油外，还有一些植物，如棓子果、没药、橡树和漆树叶等。其中以明矾用途最广，不仅可以用作鞣料，还可用于染布和制药业。一般说来，明矾来自古埃及和一个叫卡沙普（Ka-šap-pu）的国家。这几种鞣料有时单独用，有时几种合在一起用，有时还配以其他配料。

古代美索不达米亚人通常还把他们的皮革染色。在古苏美尔时期就有黑皮和白皮的存在。一块亚述泥版上曾提到5张染成红色的山羊皮和1张染成黑色的绵羊皮。从远古时期起，红色便是古埃及和美索不达米亚的染皮颜色，此外还有绿色、紫色、黄色和橙色等。美索不达米亚人还使用一种与颜料有关的胶。早在三四千年前的一块苏美尔泥版上，便记载着一种用于装饰皮革的胶，称为"ŠE·GIN"。它是用碎皮制成。这种胶通常与颜料混合在一起用于皮革上，以便将皮革粘贴在家具、门、战车及其他装饰物上。

3. 蜡的制作及其应用

考古学家在发掘尼姆鲁德的过程中，发现了大量的木板，上面涂有一层薄蜂蜡。这些木板的时间大约属于公元前715年。这比古希腊人最早对蜡的记载要早两个世纪。著名亚述学家奥本海姆在其著作《新巴比伦时期的物质文化》中，介绍了一份记载制蜡方法的材料。它的译文如下："我……使用蜜蜂来采集蜜，在我之前无人懂得和使用这种方法，我把（它们）安置在G城的花园里，以便于它们可以在那里采集蜂蜜和蜂蜡；我甚至知道（如何用）把蜂蜜和蜂蜡（混合体）加热的办法，使二者分离，并且就连（我的）园丁也知道（这一点）。"还有一种蜡是用芝麻做的。蜡在古代美索不达米亚有多种用途。它可以用于医疗，例如，把它与植物脂和公羊肾脂混合在一起，再放入其他单一物质就可以治疗眼疾。它还可以用作铜的保护层，以防止铜与其他元素接触时发生氧化反应。例如，一份有关纳布神殿建筑的材料中出现有"我已在铜上放了蜡"的语句。蜡在工业中的另一种用途是用作木料或木质器具的保护剂或防腐剂，可能还起着很好的光洁作用。蜡还有一种非工业用途，即有时为魔术目的而制作蜡像。

4. 明矾、石膏、盐和苏打

矿物质在古代的化学技术中占有非常重要的地位，它们是工业过程中重要的原料。在古代美索不达米亚的化学技术中，明矾、石膏、盐和苏打的应用尤为突出。

明矾是古代美索不达米亚人获得的少数纯化合物之一，许多日常化学物质都不太纯净，其中往往含有杂质。纯明矾是白色或无色的。古代美索不达米亚的明矾来源有两个，其一是当地产的，其二是进口的。进口的明矾主要来自古埃及、赫梯和一个叫卡沙普的地方。明矾在古代近东可能有比较丰富的产量，通常有专门存放它的仓库。在一封中期亚述书信中，一个人这样写道："打开明矾仓库，取出一塔连特明矾。"在文献中出现的明矾有白明矾、黑明矾、明矾和阳性红明矾等很多种，每一种在化学技术中所起的作用也不尽相同。明矾的应用范围非常广泛，主要用于鞣制皮革、制作染料、制造玻璃、制作洗涤用剂和配制药材等方面。

石膏是另一种比较重要的矿物质。由于石膏有白色发光的外表，它不仅被用来制作大大小小的雕像，而且还被用来制作各种物品的外表。在医学药方中，石膏通常与其他药材混合来治疗某种疾病。石膏还是美索不达米亚建筑学家的重要原料，往往被用于建筑物及墙壁的装饰。新巴比伦王国的末代国王纳波尼德（Nabonidus，在位时间为公元前555—前539年）曾"使用石膏和沥青"让他的宫殿金碧辉煌。石膏还可用于皮革的装饰上。石膏最重要的作用，尤其是在晚期巴比伦时代，是充当一种类型的灰浆或胶泥。其他用于此目的的还有生石灰、沥青和黏土等。

盐不仅是日常生活的必需品，而且还是一种特殊且实用的化学用品。一般的盐就其性质而言是一种岩盐，一种无色的水晶体。不纯的盐往往呈黄色、褐色或蓝色。盐水则来自海中或诸如死海之类的湖中。在古代美索不达米亚的文献中，盐有许多种形式，如"盐块"（kirban ta-ab-ti）、"晶盐"（id-ri tâbti）、"石盐"（aban ta-ab-ti）和"盐水"（me tâbti）等。在古代近东，盐是很常见的物品，比较容易获得。在找不到纯盐的情况下，美索不达米亚人也有许多制盐的方法。他们可以从一种含盐的混合物中提取盐。这种混合物很容易从河水中获得，可能是一种泥土的风化物。文献还提到两种制盐的原料，一种是植物盐，另一种是盐石。一份有趣的词汇表依次列有炉缸、灰和植物盐，这可能揭示出美索不达米亚人的另一种制盐方法，即从植物中提取盐。①据此推断，他们可能还知道从含盐的矿石中提取盐的方法。

盐作为一种化学用品在古代美索不达米亚应用比较广泛。首先，它是调制药物的重要配料，包括内服药和外用药。这一点我们在有关医学的章节里已有材料证明。其次，它还是一种重要的保存剂或防腐剂。美索不达米亚炎热的气候使肉类和肉制品很容易腐烂、变质，当时的人已知道盐的防腐作用。在公元前第1千纪的一封书信中这样写道："请在送给你的肉里放上盐。"用盐保存的物品还包括羊肉、鱼和人的尸体等。亚述帝国的著名国王亚述巴尼拔曾做过这样的指示："把这位纳布贝尔舒马特（Nabu-bel-Shumate）的躯体与他的携盾侍从的头颅一起放在盐中。"②盐作为一种化学品的最重要的用途是在化工过程中充当制剂，其中较突出的是用于鞣制皮革、制造玻璃及洗涤剂中。例如，人们可以通过盐与一种硅石和水蒸气的化学作用，来制造一种绿色的易熔的硅酸盐玻璃。

苏打是古代美索不达米亚又一重要的化学原料。它主要是从一些植物中获得，这些植物在非洁净的空气中燃烧产生一种灰，灰中含有丰富的碳酸钠和一定数量的碳酸钾及含有杂质的盐。通常使用的是乌胡鲁和"带角的"乌胡鲁植物（uhulu）。③苏打的应用也同样比较广泛。在公元前第1千纪的一块泥版上记载的乌胡鲁植物籽，可能是一种辛辣的调味品，与芝麻油、盐和芥末并列在一起作为一种实物工资。苏打是一种辅助的染料，通常与明矾和盐等物质一道被用于染色。苏打最重要的用途是制作肥皂。当然这种肥皂不是我们现代意义上的肥皂。早在苏美尔时代，这种肥皂就已经存在了。在纳波尼达统治时期，一个典型的配方是这样的："12卡乌胡鲁（灰状），6卡柏树（油），6卡芝麻（可能系籽）。供侍女洗涤宝石。"

---

① Martin Levey, *Chemistry and Chemical Technology in Ancient Mesopotamia*, p.170.

② Martin Levey, *Chemistry and Chemical Technology in Ancient Mesopotamia*, p.171.

③ A. L. Oppenheim, *Glass and Glassmaking in Ancient Mesopotamia*, New York, Corning Museum of Glass, 1970, p.74.

乌胡鲁的植物灰本身也具有洗涤效果。一份苏美尔时期的巫术文献有这样的记载:"我用水洗澡,用苏打洁身。"最后,苏打还大量地应用于医学。例如,它与明矾和其他物质合在一起可以用来清洁口腔;"带角的"乌胡鲁植物灰可以治疗眼疾和胃病;等等。

从以上介绍中可以看出,明矾、石膏、盐和苏打在古代美索不达米亚的化工技术中占有比较突出的地位。但由于有关苏美尔文和阿卡德文的技术术语尚有许多不明之处,学者们的研究还局限于过程本身。随着文献的不断丰富,语言障碍的逐渐克服,完全可以期待着这一领域新天地的开辟。

5. 玻璃和玻璃制造

古代美索不达米亚的"玻璃文献"有相当一部分来自著名的亚述巴尼拔图书馆,其他分散的材料,数量也相当可观。其中,公元前第2千纪中期的一些经济文献和私人、官方书信记载有关于彩色玻璃的内容。现在的苏美尔语和阿卡德语的词汇表中,包括许多有关玻璃和玻璃制造方面的名词和术语。

从很早的历史时期起,玻璃在古代美索不达米亚就有广泛的用途。玻璃器皿在日常生活中占有较重要的地位,玻璃珠、玻璃盘、玻璃板、玻璃镶嵌物和玻璃制作的圆筒印章等使用的频率较高。玻璃器皿和玻璃砖在古代美索不达米亚的玻璃制造业中占有突出的地位,对技术知识的要求更高,大约在公元前2千纪中期以后才出现。其中,彩色玻璃砖通常用于重要建筑物、门廊和居室内部的装饰。亚述国王提格拉特–帕拉沙尔一世在描述他自己在尼尼微修建的宫殿时说,宫殿的墙壁是用玻璃砖装饰而成的。其色彩可谓五颜六色,有蓝色、红色、黄色和白色等。位于宫殿大门一侧的高塔是由曜石色的玻璃砖制作的,上面刻有椰枣树的图案。另一位亚述国王阿淑尔–那西尔帕二世在描述他在卡尔胡城新建宫殿的装饰时说:"我采用了炼制的绿色玻璃砖。"亚述最著名的征服者辛那赫里布在一份铭文中把他宫殿的主要建筑特征说成是用曜石和天青石颜色的玻璃砖进行装饰。亚述帝国的最后一位统治者,以其修建著名的图书馆而闻名的亚述巴尼拔对其用蓝色和红色玻璃砖修建的新教堂感到非常骄傲和自豪。

新巴比伦王国时期的国王们也均采用玻璃砖来装饰其宫殿和神庙建筑。著名的尼布甲尼撒二世（Nebuchadrezzar Ⅱ，在位时间为公元前604—前562年）不止一次地谈到其著名的埃萨吉拉（Esagila）庙塔的蓝色玻璃砖。玻璃砖光彩夺目的表面似乎是晚期巴比伦庙塔的重要特色之一。彩色玻璃及玻璃制品不是宫中的专利，富人和达官贵人也同样可以享受。在乌尔第三王朝时期（公元前21世纪末）一位家境殷实的高官的一份家族财产清单中，在一些青铜制品和银子之后列出的是一种叫安扎胡的玻璃，重量为55舍克勒，随后是铜和石制器具及衣服等。①这显然表明玻璃在当时尚属贵重物品，通常与其他稀有珍贵物品并列被提及。

美索不达米亚的玻璃制作也是一门较复杂的技术。保存下来的有关文字材料应该说不算太少，但由于语言方面的障碍，现在对他们采用的原料和配料还有许多不明之处。这不是文献本身的问题，而是现代学者对语言文字及相关专业知识的理解问题。这一点与古代美索不达米亚人留下的其他方面的化学材料不同。虽然如此，从材料中仍可明显地看出，制造玻璃的主要原料有两种：一种是叫伊玛纳库（Immanakku，也作Amnakku）的矿物质，另一种是叫乌胡尔图或阿胡苏的植物，通常采用的是其烧燃后的灰。关于这两种原料的性质现在还不清楚。这两种物质在大多数情况下合起来使用，但有两种不同的方法：第一种是两种物质都取大剂量来生产一种现代玻璃术语称为玻璃料的东西；第二种是两者只作为助剂或配料，各取少量加入原生玻璃碎末之中，用于各种制作目的。文献中还经常出现一种神秘的物质，称为"白色植物"。它经常出现于医学文献中，美索不达米亚的玻璃制造家使用它的方法与碱相同。此外，在玻璃制造过程中还使用一些配料，包括各种颜色添加剂和起透明作用的物质等。

玻璃的制作方法和过程很有意思。在真正的制作过程开始之前，还要有一个必要的准备过程，这个准备工作具有较浓厚的宗教迷信特色。仅从下面这则材料中就可略见一斑：

---

① A. L. Oppenheim，*Glass and Glassmaking in Ancient Mesopotamia*，pp.16-19.

当你想要搭窑准备制作玻璃时，你首先要挑选一个好的月份，在该月里择一吉日，然后你才可以建起窑基。一旦你全部完工（建窑），你应该在那里安置些库图（Kūtu）像，不许外人或陌生人进入（窑中），不许不洁之人在众像前面通过。你应定期地在它们（库图像）面前奉献奠酒。在你计划往窑中投放"金属"①的那一天，你应当向库图像奉献一只羊，在香炉中放入杜松香（你应倒蜜酒和液态黄油），然后你才可以在窑底升起火，把"金属"置于窑中。

你允许其接近窑的必须是（在宗教仪礼上）洁净之人，只有这样的人才被允许接近窑。

在窑里作为燃料的木材必须是粗的去皮杨树，没有节疤的原木，把它们用皮条捆绑在一起。它们必须是在阿布月（Abu，六月或八月）砍伐的。只有这样的木料才能在窑中使用。②

这则材料所揭示的具有宗教仪式性质的准备活动绝不是个别现象，制作每一批玻璃之前这种准备活动都必不可少。选择良辰吉日和祈求神灵保佑是美索不达米亚人的习俗，但这种库布神的性质从目前的材料中还看不出来，其作用似乎只是驱邪的。需要指出的是，虽然这些神可能在某些方面与火的使用技术有关，但它们与玻璃制作本身的过程并无直接关系。这种具有宗教巫术性质的准备活动可能在某种程度上反映出，美索不达米亚人意识到他们自己在玻璃制作和颜色调配等技术和专业知识方面，还具有一定的局限性。

准备活动之后，便进入实际的制作过程，在烧制过程中所采用的方法和运用的技术都是现实的，其中并未夹杂着宗教和巫术因素。关于具体的操作过程，我们借助两块泥版上的文献材料来阐述：

如果你想制作扎金杜鲁（Zagindurû）彩色玻璃，你应分别把10

---

① 即制作玻璃用的矿物质，美索不达米亚人把它当作金属。
② A. L. Oppenheim，*Glass and Glassmaking in Ancient Mesopotamia*，pp.32-33.

明那伊玛纳库石、15明那纳加①植物灰（和）1明那"白色植物"磨研成碎末。把它们混合在一起。你把（它们）放入一个有4个孔的冷窑室中，把它们安置在（4个）孔的中间。你要保持住一种高质量的无烟火，一直烧到"金属"（熔化的玻璃）变成熔块。你把它取出，使之冷却，再把它研磨成碎末。你把（粉末）收集在一个洁净的达波图（Dabtu）平底锅中。把（它）放进一个冷窑室中。你要保持一种高质的无烟火，一直烧到它（"金属"）发金黄色的光。你把它倒在一个火窑烧出的砖上，这就是祖库（Zukǔ）——玻璃。

你把10明那"耗时的"铜化物放置在一个洁净的达波图平底锅中。你把（它）放入一个热窑室中，关上窑门。你要保持一种高质的无烟火，直到铜化物发红光。你把10明那祖库玻璃研磨成碎末。你打开窑门，把（磨碎的玻璃）投到铜化物中（再次关上窑门）。一旦祖库玻璃与铜化物混合在一起（铜化物沉淀在"金属"的下面），你用耙子搅动几次，直至在（耙子的）末端看见有一些（液体玻璃状的）点滴。当该"金属"变成成熟（红）葡萄的颜色时，你要再烧煮（一段时间）。（然后）你把它（"金属"）倒在一块火窑烧出的砖上。这就是特尔西图（Tersitu）的制作。

你应把10明那特尔西图玻璃、10明那布苏（Busu）玻璃、必要数量的纳加植物灰、2/3明那"白物质"和1明那洁净的安扎胡玻璃集中在一个新的达波图平底锅中。你把（它）放入一个带有4个火孔的窑中，放在一个架子上。［达波图平底锅的锅底不要接触窑的（底部）］你要保持一种高质的无烟火［让火苗从4个火孔中蹿出来］。一旦你的混合物熔化，你就让（它）冷却下来。你把它从窑中取出，研磨成碎末。［你把（粉末）收集在一个洁净的达波图平底锅中］你把它放入一个冷窑室中。你要保持住一种优质无烟火，不断燃烧，不到"金属"发红光，你不要关窑门。［在它变红后］，你关上窑门，

---

① 纳加（NAGA），即阿卡德文的乌胡尔图或阿胡苏植物，纳加是苏美尔文的称呼。

（用耙子朝着你自己的方向）搅动一次，直到它变黄（热）。在它变黄（热）后，你会发现（在耙子的末端形成）一些液滴。如果"金属"是均匀的（没有水泡），你（在窑内）把它倒在一个新达波图平底锅上，在冷却的窑中便形成了扎金杜鲁彩色玻璃。（下面的文字被毁无法辨认。）①

这份文献所载制作扎金杜鲁彩色玻璃的过程，明显地分为三个阶段或三个步骤。这一过程要经过反复加热、熔化和冷却，还要适时加入配料和颜色添加剂。第一步首先生成祖库玻璃，它经过了两次在两种不同的窑中加热；第二步引进了颜色添加剂和铜化物，它们与祖库玻璃混合生成了叫特尔西图的蓝色玻璃；第三步又经过两次加热，把特尔西图玻璃制成一种颜色和结构与宝石相同的玻璃，即文献开头意欲制作的托金杜鲁玻璃。这一步骤中，促成特尔西图玻璃最终变成扎金杜鲁玻璃的两种配料是布苏和安扎胡玻璃，这是两种原生玻璃，其中布苏可能是用安扎胡制作的。在这三个阶段中，火的使用技术自始至终至关重要，这一点与火在其他化工领域的作用相同。窑内温度最好的指示器无疑是熔化物的颜色，美索不达米亚的工匠建立起了三种颜色阶段，即"发红光""发绿光"或"发黄光"及"发金黄光"，用它们来指示窑内所达到的最高温度。除此之外，他们还根据熔化物的黏度来判断窑内的温度，即根据达到一定温度时在搅拌器末端会形成玻璃液滴这一有趣的现象来判断。

根据美国著名亚述学家奥本海姆的研究，古代美索不达米亚的玻璃制造史明显地分为两个发展阶段。在早期阶段，主要使用原生玻璃，现存的词汇表中有许多这方面的术语。在后期发展阶段，主要是用更先进的技术来制作模仿宝石的玻璃。这两个历史时期的分界线大致在公元前第2千纪中期，因为从这一时期起楔形文字玻璃文献主要记载模仿宝石的彩色玻璃。

---

① A. L. Oppenheim，*Glass and Glassmaking in Ancient Mesopotamia*，pp.34-35.

二、著名的亚述巴尼拔图书馆

由于古代美索不达米亚人的文字是刻在泥版之上的，因此他们的书实际上是泥版文书，最早的图书馆就是存放和收藏泥版的所在。根据目前的考古发掘成果，古代美索不达米亚的图书馆包括三种类型，即神庙图书馆、王室图书馆或国家图书馆及私人图书馆。最早的神庙图书馆之一发现于苏美尔人的宗教圣地和中心尼普尔城，时间大约在公元前第3千纪的初期。其他较重要的神庙图书馆还包括英国著名考古学家伍利在乌尔发掘出的一座神庙图书馆，时间也在公元前3000年前后。王室或国家图书馆无疑占有重要的地位，古巴比伦时期著名的汉谟拉比国王就拥有许多国家图书馆或档案馆，遍及每座重要的城市。亚述帝国的国王们更是热衷于图书馆事业。在亚述帝国时期，私人藏书也成为一种时尚，私人图书馆也十分普遍。

亚述帝国的国王们几乎个个都是能征善战、攻城拔寨的好手，但他们不仅以"赫赫战功"闻名于世，还注意保护和发展文化。其中，最著名的要数亚述帝国末代国王亚述巴尼拔。亚述巴尼拔不仅使亚述帝国的疆域或版图达到极限，还是个博学多才的国王，为保护和发展文化做出了贡献。他少时曾就读于书吏学校，不仅学会了书写技术，还研究了许多宗教文学作品。（见图11-10）在他统治期间，他在古都尼尼微修建了著名的亚述巴尼拔图书馆，这座图书馆被认为是真正的"古代图书馆"。亚述巴尼拔尊崇文化，爱书几达入迷。他在全国各地遍派信使、书吏或官员专门搜集图书，凡发现尼尼微所缺的泥版，无论如何都要弄到，大有搜尽天下书之气魄。尤其是对文明发达程度较高的苏美尔和阿卡德地区更为重视，信使、书吏或官员在这里往往能搜寻到古老的铭文。亚述巴尼拔在一封信中这样写道：

国王致沙杜努（Shadunu）：我很好；祝你快乐。你接到这封信后，立即带上这三个人（泥版上刻有三个人的名字）和波尔西帕城的那些有学问的人，找出所有的泥版，所有收藏在他们住所和埃兹达（Ezida）神庙的泥版。

图11-10 亚述国王亚述巴尼拔的个人自传 / 公元前668—前627年 /
现存英国伦敦大英博物馆

亚述巴尼拔随后列出了他特别想要的书的名单，然后指示道：

> 找出那些放在你的档案馆里而亚述没有的有价值的泥版，送给
> 我。我给官员们与管理人员们写了信……没人胆敢扣下一块泥版，不
> 交给你；如果你见到任何一块泥版或仪式板，我没有提到，而你认为
> 对我的宫廷有用，就找出来，送给我。[①]

各地的泥版一送到亚述，就被很好地依原样保存起来，有的泥版则用
当时流行的楔形小字整齐地抄录下来。

亚述的书吏有时还把文献部分或全部地进行改写，以适应时尚。在抄
录泥版的过程中，书吏们还常常在原文毁坏的地方留下空白，加上自己的

① Edward Chiera，*They Wrote on Clay*，p.174.

注释，或在边上写道"我不懂"或"原缺"的字样。

亚述巴尼拔图书馆的藏书多数都刻有国王的名字，有的注明是亚述巴尼拔本人亲自"修订的"，有的则注明是由他收集来的。泥版文书上往往还刻有"宇宙之王、亚述之王亚述巴尼拔之宫"等文字。内容涉及科学和宗教等诸多方面。这里的科学主要指数学和天文学——古代迦勒底人的两大发达学科，给我们留下了许多最基本的概念和实践。占星学不仅被迦勒底人，而且还被后来其他民族视为真正的科学；此外，还有地理学方面的手册，实际上只是当时所知的大海、高山、河流、国家和城市的名录；最后，还有动植物学、医学和化学等方面的文献。历史著作很稀少，而且局限于一些大墙壁和其他物品上的铭文。语法、字典和学校教材占据突出的地位。这可能是因为在图书馆建立时，这些书中所使用的语言除了祭司和那些从事学术研究之人仍在使用外，不仅不再说，甚至已被遗忘几个世纪之久，所以必须以这种方式教人。（见图11-11、图11-12）除这些科学文献外，还有王室敕令、贡品名单、将军和总督的报告和私法文书等。私法文书多为经双方签字、有证人和盖了章的买卖文书，包括买卖土地、房屋、奴隶及其他财产等，以及贷款和抵押等各类契约。最引人注目的私法文书是一份被称为"辛那赫里布的意愿"的文献。根据这份文献，亚述著名国王辛那赫里布把一批极具价值的财产委托给那波（Nebo）神庙的祭司，让他们为他宠爱的儿子保存。但他死后，其子是否得到了这笔遗产则不得而知。

从亚述巴尼拔图书馆的藏书来看，亚述人已懂得对各类图书进行分类和编目。其实早在苏美尔时期，美索不达米亚人已经开始把图书进行分类了。美国著名亚述学家克莱默教授发表了一份古代苏美尔人的"书单"，并把它称为世界上最早的图书分类目录。[①]书吏在这块小泥版上，对62部文学作品进行了分类。亚述的书吏通常采用把不同种类的文书放于不同位置的方法来进行区分，如行政和商业文献通常存放在瓷罐或篮子里，而其他图书则放在架子上等。亚述书吏还在每块泥版上附上题签，注明该泥版所载的内容。此外，泥版形状的不同也可表示出所载内容的不同。

---

① S. N. Kramer, *History Begins at Sumer*, pp.251-254.

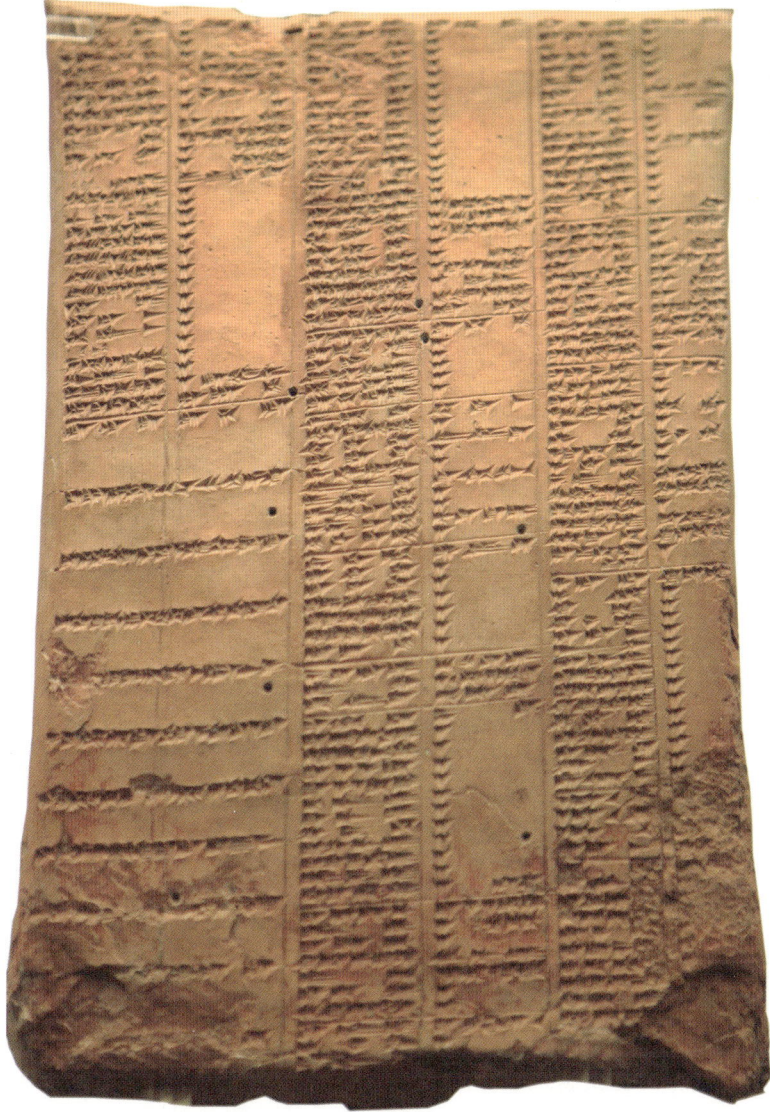

图11-11　世界上第一部同义词词典／现存英国伦敦大英博物馆

图11-12　世界上最早的外国人名译名词典／现存英国伦敦大英博物馆

　　古代美索不达米亚的图书馆，尤其是亚述巴尼拔图书馆，为保存和保护人类最早的文化遗产做出了极大的贡献，如果没有它们的存在，人类的文化和文明史很可能出现断层。这些图书馆的重见天日奠定了亚述学的基础，使我们今天能够在文化上寻找诸多根源。最后，我们用法国著名学者、亚述学家约希姆·麦南的评价来做总结。他写道：

　　当我们研究这些记载在一种水火都无法毁坏的材料上的文献时，我们很容易理解三四千年前的书写人怎样相信他们的历史文献可以流传未来……在有关于其过去生活的文字记录流传下来的所有民族中，没有人比亚述人和迦勒底人的文献更耐久。它们的数量已相当可观，而且还会伴随着新发现而与日俱增，其前景不可限量；但我们现已能对所掌握的材料进行评估。仅尼尼微图书馆的泥版数量就逾万件……如果与其他民族流传下来的材料相比，我们很容易相信，亚述—迦勒底文明史是迄今所知最早的古代民族史。它对我们具有强大的吸引力，因为我们知道，犹太人的生活是尼尼微和巴比伦历史的混合。①

三、亚述艺术

（一）亚述浮雕

亚述艺术最出名的是浮雕，"浮雕是亚述最伟大的、最原创的艺术成就。事实上，亚述艺术史主要是浮雕艺术的历史"②。它常常具有一种真正的美，表现了亚述人所取得的最伟大的独创的成就。亚述浮雕较少有宗教色彩，其主题通常是国王，具有很强的现实性。浮雕多为表现国王在阅兵、在休息、在接受贡品、在率军打仗、在打猎散心以及在宫廷生活等情景，但几乎从未见到在履行祭司职能。妖怪、半神和英雄也有刻画，神却明显没有（除岩雕上外）或简化为符号了，如插在祭坛上的一杆矛或天空中的一个带翅圆盘。一般说来，亚述雕刻家似乎是历史上最早进行"人化"艺术尝试的一批人，他们要去掉艺术身上从史前继承下来的巫术或宗教含义。亚述浮雕用极为写实的手法表现了战争和狩猎等惊心动魄的紧张场面，充满着激烈、紧张的气氛。

描绘亚述帝国战争情景的浮雕，留存下来的作品很多。有表现安营扎寨情景的，有表现军队行军过程的，有表现国王身先士卒之英勇的，有描绘战斗具体惨烈细节的，有描绘战败的敌人臣服场景的，有描绘战后庆功场面的，等等。例如，一幅作品表现的是国王亚述巴尼拔率领士兵攻打一个城堡的场面：沙场上战车急驰，尸横遍野，一派悲壮景象。亚述巴尼拔王身先士卒，站在战车上，正向敌军射箭，士兵们凶猛地冲向敌阵。城堡中的敌军还在抵抗，正用密集的弓箭射向亚述军队。国王身旁一匹驾车的辕马已经受伤倒下，但国王仍镇定自若地指挥作战。整幅浮雕采用散点透

---

① Zénaïde A. Ragozin, *Chaldea from the Earliest Times to the Rise of Assyria*, London, 1900, pp.105-106.

② ［美］富兰克弗特：《古代东方的艺术与建筑》，郝海迪、袁指挥译，124～125页，上海，上海三联书店，2011。

图11-13　亚述浮雕：攻打城池／约公元前865—前860年／出自尼姆鲁德。现存英国伦敦大英博物馆

图11-14　亚述骑兵征战浮雕／背后的秃鹫正在衔食敌人的肠子／约公元前728年／出自尼姆鲁德／现存英国伦敦大英博物馆

视手法，构图宏阔，各种道具、衣饰和建筑物都刻画得十分精细。浮雕上还刻有文字，记载着这场战争的历史背景。（见图11-13、图11-14）

刻画狩猎情景的浮雕是亚述浮雕的杰作。这类浮雕不仅保存下来的作品很多，而且这些作品详细地记述了国王或宫廷狩猎的程式和仪式，揭示出了亚述人文化内涵的很多深层的东西，如狩猎队伍的庞大、出行前的准备和仪式、对捕获猎物的祭酒仪式以及凯旋仪式等。在艺术层面上，对猎狮的刻画最具有感染力。有的表现狮子的勇猛和不屈不挠与人搏斗的场景，有的表现受伤狮子悲鸣与哀号的场景，有的表现狮子垂死之时的无奈与驯服，等等。当然，描绘亚述国王们的英勇与智慧始终是亚述狩猎浮雕的主题，国王狩猎时所展现出的优雅与从容更衬托其力量和不可战胜的气质。《抬着击毙的狮子的猎人们》《垂死的狮子》和《负伤的牝狮》等是亚述浮雕中的代表作。（见图11-15、图11-16）

图11-15　亚述浮雕：亚述巴尼拔猎狮图／约公元前645—前635年／出自尼尼微／现存英国伦敦大英博物馆

图11-16　亚述浮雕：狩猎归来／约公元前645—前635年／出自尼尼微／现存英国伦敦大英博物馆

其中，《负伤的牝狮》描绘一只勇猛的浑身充满了活力的母狮，因身中数箭而发出哀鸣，后半部身子已瘫倒在地，可是健壮的前爪仍在挣扎着想从地上站起。母狮昂头怒吼，显示生命垂危之际的狂怒与嘶鸣，形象极为悲壮。（见图11-17）在描写猛兽受难的场面上，亚述美术家充分表现出现实主义特色。"雕刻家可能还具有对受伤狮子的同情，这种人道主义观点值得赞扬。实际上，我们还可以想象，雕刻家很聪明地指出了残忍的国王与其高贵的牺牲品之间的强烈对照。但我们也不应该忘记，这些雕刻作品的观众把国

图11-17　亚述浮雕：负伤的牝狮／约公元前645—前635年／出自尼尼微／现存英国伦敦大英博物馆

图11-18　亚述浮雕：敬献贡物的人们 / 约公元前865—前860年 / 出自尼姆鲁德 / 现存英国伦敦大英博物馆

王视为贵族的楷模，而把狮子视为残酷的敌人，它们就该得到痛苦的甚至愚蠢的死亡。"[1]

　　描绘亚述宫廷生活的浮雕成为另一重要的主题，其中八方朝贡的场景是亚述君王们要极力渲染的，目的是对来亚述王宫拜访的外国君臣们起到宣化的作用。有三幅《祭献贡物的人们》浮雕是这类作品的佳作。一幅是阿淑尔-那西尔帕二世时代的作品，描绘的是叙利亚人和腓尼基人向亚述国王纳贡的情景。（见图11-18）另两幅则是萨尔贡二世宫殿里的装饰物。浮雕中长须老人手捧羊羔和植物，身穿羊毛长袍，长袍边缘绣着精致的花边。从浮雕作品不难发现，亚述君王们很喜欢异域的珍稀动植物，尤其是阿淑尔-那西尔帕二世和萨尔贡二世，他们都喜欢用这些动植物装饰自己所钟爱都城的花园。

　　《战后的庆功》浮雕表现的是亚述巴尼拔国王战胜埃兰国后，在御花园举行庆功的场面。在棕榈树林中的凉亭里，亚述巴尼拔倚躺在卧榻上，跟坐在他面前的王后正举杯欢饮。他俩衣着华贵，身上佩有各种金银珠宝，埃兰国王的脑袋挂在树上。王后身后的乐师们正演奏音乐。这幅浮雕不仅把亚述王获胜后的得意神态表现得淋漓尽致，而且也是少有的表现亚述妇女形象的作品之一。在亚述的所有浮雕作品中，只出现过辛那赫里布王后与亚述巴尼拔王后的形象，此外再也找不到其他妇女形象了。（见图11-19）

---

[1]　Julian Reade, *Assurian Sculpture*, London, British Museum Press, 2011, p.73.

图11-19　亚述浮雕：亚述国王亚述巴尼拔与王后战后的庆功场面 / 公元前668—前631年 / 出自尼尼微 / 现存英国伦敦大英博物馆

（二）象牙雕刻

直到现在，象牙都是十分珍贵的材料，象牙制品和象牙艺术品都是难得的珍品。这种情况不仅在美索不达米亚，在整个古代近东地区更是如此。古代近东地区虽然不盛产大象，但在公元前第1千纪中叶以前，人们在这一地区还可以猎捕到大象，而此后大象便在古代近东地区绝迹。古代近东地区的象牙主要依靠对外贸易从外地进口，我们知道早在公元前2000年，乌尔的商人就开始从印度进口象牙。

在古代近东地区，象牙制作工艺比较发达的地区是叙利亚和腓尼基，叙利亚和腓尼基的精美象牙艺术品通过贸易传播到近东甚至更远的地方。美索不达米亚拥有发达的对外贸易网络，又具有与这两个地区近邻的区域优势，所以叙利亚和腓尼基的象牙制品很容易流通到美索不达米亚。在美索不达米亚各城市，由于拥有象牙的来源，所以自然也会出现专门制作象牙艺术品的作坊。在亚述帝国时期，象牙制品更是受到欢迎，亚述人可以通过战争获取象牙艺术品类的战利品，臣属国也不会吝啬把自己国家的象牙制品敬献给亚述君王，当然属于亚述人自己的象牙制品和艺术品也肯定流行。

由于腓尼基等地成为象牙及其艺术品的重要来源地，所以古代美索不达米亚的象牙艺术品无论是在内容方面还是在艺术风格方面都打上了很深的非洲烙印。

图11-20　象牙雕刻：母狮与非洲男子／公元前9—前8世纪／出自尼姆鲁德／现存英国伦敦大英博物馆

考古学家在尼姆鲁德就发现了属于公元前9—前8世纪的一个巨大的窖藏，里面藏有许多象牙制品。类似的象牙制品在哈拉夫丘、亚述城以及霍尔萨巴德也有发现。在尼姆鲁德一口深达70英尺的井底出土了一件非常特别的象牙制品，上面雕刻的图案描绘了一名年轻的男子正在遭受一只母狮捕杀的场景。根据这名男子的面部特征来判断，他可能是埃塞俄比亚人或努比亚人。（见图11-20）

从这件象牙雕刻板中可以看到，这名非洲男子坐在地上，身体略微向后倾倒，双臂支撑在地上，母狮站立在其身体的上方，下颌靠近男子的脖子。令人称奇的是，这本应该是一幅人狮大战图，却不见挣扎、厮打的场面，甚至没有母狮狰狞的面容，也不见男子恐惧、痛苦的神情。母狮只是用一只爪子搂着男子的脖颈，另一只爪子自然地落在地上，男子安静且顺服。这更像是一幅情侣亲热的画面。男子的头发用黄金装饰，其下身的衣服也同样是黄金短裤，预示着其高贵的出身。画面背景以盛开的鲜花和纸莎草作为衬托，鲜花和青草镶嵌在天青石和光玉髓中，闪着金光。

象牙制品可分为日常生活用品和纯装饰艺术品两类。在日常生活用品方面，由于象牙材料在美索不达米亚的稀缺性，少数情况下用作整个用具或器皿的主要材料，多数情况下用于制作附件或配件，起装饰或美化作用。例如，象牙被用于制作手持镜子的手柄，用于制作苍蝇拂的拂手，用于制作奢侈的化妆盒，用于装饰王室马匹的缰绳，等等。当然，象牙的主要装饰功能是用于家具的制作，主要是用于在家具上雕刻各种各样美丽的图案甚至浅浮雕，家具上的图画或图案还可以用颜料涂上颜色。如果把这些图案配以次贵重石料镶嵌在家具上，它们就会显得更加栩栩如生。

如图11-21，这件象牙雕刻艺术品是一个大步行走的斯芬克斯像。它出自亚述的一座都城卡尔胡，即沙尔马那塞尔堡，属于新亚述时期。这座斯芬克斯像与其他许多象牙雕刻艺术品一样，具有明显的腓尼基风格。

在纯装饰性艺术品方面，它们所反映的主题无疑就是美索不达米亚人日常生活和宫廷生活，如人与动物、人物肖像、动物肖像、盛宴与享乐场景、国王与朝臣肖像、臣属国进献贡品等。例如，亚述帝国时期的一件象牙雕刻的男子头像，明显地具有腓尼基风格，进一步表明亚述的象牙雕刻艺术深受腓尼基和叙利亚等地区的影响。（见图11-22）另外，在大英博物馆、巴黎卢浮宫和纽约大都会艺术博物馆保存下来了具有很大相似性的女性雕像，其主题可以命名为"窗户里的女人"的雕像，非常引人注目。在大英博物馆、卢浮宫博物馆和纽约大都会艺术博物馆就至少有六座这样的象牙雕像，反映出这一主题的普遍性，也反映出这一主题的现实性。其中一座被誉为"尼姆鲁德的蒙娜丽莎"，雕像中一名妇女在窗户里面似乎是想透过窗户洞悉外面的世界。有学者认为"窗户里的女人"可能是妓女，如果这个判断不错的话，她们就是世界上最早的"橱窗女郎"。这说明妓女在当时非常常见，与古代美索不达米亚社会高度发达的商品经济和商业文明也是相吻合的。（见图11-23）

另一座象牙雕刻妇女全身像更引人注

图11-21　奔走的斯芬克斯／公元前900—公元前612年／出自尼姆鲁德／现存英国伦敦大英博物馆

图11-22　男子头像／公元前9—前8世纪／出自尼姆鲁德／现存美国纽约大都会艺术博物馆

目。她出自亚述帝国时期的乌拉尔图。从该妇女所佩戴的精致王冠判断，她可能是乌拉尔图的女王或王后。女王或王后手捧胸部，直视前方。（见图11-24）

图11-23　亚述帝国时期的象牙镂刻妇女雕像／公元前8世纪／出自尼姆鲁德／现存美国纽约大都会艺术博物馆

图11-24　象牙妇女雕像／公元前8—前7世纪／出自乌拉尔图／现存英国伦敦大英博物馆

　　动物像是美索不达米亚艺术中最受欢迎的题材和形式，贯穿于整个美索不达米亚文明史的全过程，出现于陶艺、石刻和金属艺术等各种形式中。象牙雕刻也是其中最重要的艺术表现形式。

　　在亚述宫殿特别是尼姆鲁德发现了许多象牙雕刻作品，其中不乏动物雕刻的佳作。值得一提的是，这些象牙雕刻都不是纯粹的艺术品，而是镶嵌在家具上的配饰，可见亚述国王们是多么钟爱象牙制品。这些象牙制品大部分出自叙利亚和腓尼基艺术家之手，来自公元前8世纪的阿尔斯兰·塔什（Arslan Tash），那里有亚述帝国在行省建造的宫殿，在紧邻宫殿的建筑内也发现了一批类似的象牙雕刻制品。

第十二章　巴比伦文明最后的辉煌
——新巴比伦王国

新巴比伦王国是巴比伦文明最后的辉煌，新巴比伦王国在尼布甲尼撒二世臻于极盛，尼布甲尼撒二世把巴比伦带到了世界的巅峰。巴比伦城成为首屈一指的国际大都市，成为近东贸易中心。空中花园成为古代世界七大奇观之一。

第一节　新巴比伦时期的经济

两河流域一向是社会经济十分发达的地区，农业、手工业和商业贸易有很好的基础，过境贸易也很活跃，现在又加上尼布甲尼撒二世牢固地控制了叙利亚、巴勒斯坦地区，使两河流域同地中海的联系通行无阻，更加促进了它商业贸易的发展。对于新巴比伦时期的经济繁盛及其在世界上所享有的地位，现代史学家有过这样的描绘："数不清的商队，从世界各地把货品运进巴比伦市场。巴比伦盛时，其商务奄有世界之半。"[①]

一、经济体制和经济结构

新巴比伦时期存在着三种主要经济形式，即神庙经济、王室经济或国有经济和私人经济。神庙经济占据重要地位，乌鲁克城的艾安那神庙的资料显示，神庙拥有大量的地产，它们把部分地产出租给佃农；它们在美索不达米亚境内和境外开展贸易活动；它们成为几乎独立于中央政府之外的社会和经济单位。神庙众多的经济活动由自己的行政管理者沙塔姆掌管，督察官和书吏头领辅其左右。神庙经济体中充斥着大量的人口，包括各行各业的名人和手工艺人；还有大量的自由民和奴隶负责耕种土地和收割、

---

① 　[美]威尔·杜兰：《东方的遗产》，129页。

第十二章　巴比伦文明最后的辉煌——新巴比伦王国

挖掘和维护运河、放牧牛羊，以及储藏和运输货物等。还有一种特殊的人群，他们被称为"舍尔库"，字面上是意思为"神圣献身者"。他们有男有女，来自社会的各个阶层，被永久地奉献给神庙。他们在神庙里从事各种各样的工作，不收取任何报酬，只是由神庙供给生活资料，或者说由神庙供养。神庙强制性地收取大量的农产品、贸易利润、地租和房租、税、贡品和牺牲，这些构成神庙的重要收入来源。

神庙经济在新巴比伦时期东山再起。在此之前，神庙经济总体来说是在王室经济或国有经济和私人经济的勃兴中呈式微之势。但在阿拉米人入侵所带来的"黑暗时期"，巴比伦经济的发展轨迹发生了变化。战争和动荡使大量的农民和手工业者不得不委身于神庙，这里是避风和安全的港湾，于是神庙就又变成了南部美索不达米亚的社会、经济和文化中心。在亚述统治时期，巴比伦尼亚的财富集中在少数"圣城"中，亚述国王们依赖神庙维持巴比伦尼亚在政治上的稳定。那波帕拉沙尔和尼布甲尼撒出于对既定传统的信仰，对神庙给予了极大的尊重。那波尼达在其统治期间，曾经试图更紧密地控制神庙经济。公元前553年，他任命了两位皇家特别高级官员，掌管乌鲁克的埃安那神庙的经济活动，保证皇家从中获取正常的收益。

二、国有和私人工商业的发展

新巴比伦时期，巴比伦、尼普尔、乌鲁克、西帕尔、波尔西帕等城市都是十分发达的手工业和商业中心。它们在国家经济生活中起了重要作用，并因而在政治生活中也有重要影响。它们享有免税特权，有自己的自治组织。这时候的铭文提到了多种手工业部门，如制革、服装、糕点、烤面包、纺织、建筑等。在商业贸易中，作为商品的除了手工业产品外，还有农产品（粮食、蔬菜、枣椰子等）。盐在古代美索不达米亚可能始终很便宜。在新巴比伦王国的尼布甲尼撒二世统治时期，1塔连特盐价值1舍克勒银。盐通常由一种专门的盐商进行经销，他们往往采用旅行销售的办法，他们的工具是"盐袋"。专门的盐商在自己家中一般都有储存盐的地窖以及一种特殊的盐盒和芥末盒。芥末通常与盐混合充当一种辛辣的调味品。

这个时期商业贸易的发达，除了表现在城市生活的活跃外，还表现在大商家的出现。在新巴比伦王国时期活动的有一个著名的大商家，就是埃吉贝商家。该商家虽然在亚述帝国时期就已存在，但只是在新巴比伦王国时期才活跃起来。考古学家发掘出该家族的活动档案有1000多块泥版，现存于世界各地的博物馆中。从该家族的档案可知，该家族的业务包括银钱借贷、商业活动、土地、房屋的买卖、租赁、奴隶的买卖和出租等。其商品经营的品种包括枣椰子、谷物、金属、金银项链、宝石、啤酒等。他们不仅自己直接经营各种业务，而且还由奴隶代理人去经营。埃吉贝商家的几个奴隶代理人的若干档案也保存了下来。从档案材料可知，该家族经济活动的范围很广：巴比伦、基什、乌鲁克、西帕尔，甚至延伸到了国外。在波斯人征服了巴比伦尼亚之后，该家族的经营活动的触角伸展到了伊朗高原。

三、奴隶制的繁荣

新巴比伦王国时期，南部两河流域的奴隶制达到了自己的繁荣时期。这时候的奴隶人数大量增加，王室和神庙都拥有成百的奴隶。一些私人也有几十个、上百个奴隶。例如，埃吉贝商家在一次分配遗产时，就有100多个奴隶被分配。该商家拥有的奴隶最多时曾达200个以上。

奴隶的来源有战俘、债务、家生、购买等。关于战俘奴隶，《圣经·旧约》中说："凡脱离刀剑的，迦勒底王都掳到巴比伦去，做他和他的孩子的仆婢，直到波斯国兴起来。"

关于债务奴隶，有铭文记载，尼布甲尼撒二世时，一个名叫希拉的女人欠了纳布-姆金-吉尔的钱，希拉便将自己的女儿利穆特-南纳带去抵债。利穆特-南纳住在债主家，给养由希拉本人供给。如果她女儿逃跑了，那么希拉要给债主银子。

关于家生奴隶，有铭文记载，尼布甲尼撒二世统治时期，一个名叫埃布纳的奴隶主将自己的奴隶萨纳赫及其3岁的女儿沙-南纳-巴尼卖给了阿卡德城的一个祭司沙马什-丹努，价钱是0.5明那又3舍克勒银子。

关于购买来的奴隶，有铭文记载，女奴隶白利利吐将自己的奴隶巴祖祖以0.5明那又5舍克勒银子卖给了埃吉贝的后代。

关于将自己孩子卖为奴隶，有铭文记载，在那波尼德统治的第15年（公元前549年），一个名叫巴那特-伊丁的人，由于饥荒，丈夫死了，于是她把自己的两个年幼的孩子烙上奴隶的印记，送到乌鲁克的一个神庙当了奴隶，而且是终生的。

此时，奴隶被用于从事农业、手工业、商业贸易、家务等各种劳动，还用以作为妓女。

新巴比伦王国时期，在更广泛的范围内实行了亚述帝国时期让奴隶独立经营的剥削方式，即不仅让奴隶独立租种土地，还允许他们经商、开办手工作坊、放高利贷、开办钱庄等。关于奴隶独立租种土地的事实，一份资料说，一个名叫伊丁-马尔都克的人的奴隶阿拉德-贝尔，租种了埃吉达-吐库尔苏之子阿拉德-纳的土地，年租金是9库尔枣椰子。

有的奴隶成了手工作坊主，如一个名叫纳布-列姆-苏昆的奴隶，是一个生产帽子的手工作坊主。

有的奴隶放高利贷，成为债主。例如，埃吉贝商家的一个奴隶代理人纳布-乌提尔，借给一个名叫纳布埃列什1明那又15舍克勒银子，作为抵押品而给予纳布-乌提尔的是一块土地。他还借给另一个名叫乌里姆-巴乌的奴隶1舍克勒银子。

关于奴隶经商的例子，例如，贝尔苏纳的奴隶艾萨吉利伊，一次就向一个自由民购买了1200捆葱。显然，这不会是他自己食用，而是拿去卖的。

有的奴隶在独立经营时积累了一定的财富，并用自己积累的财富购买奴隶，从而成了奴隶主。例如，希利姆-贝尔的奴隶纳布-列姆苏昆用5/6明那银子购买了属于纳布-艾提尔的奴隶纳布-努-萨里姆，在此奴隶手上烙有苏姆-乌初尔之子沙马什-伊布尼的名字。

有的奴隶成了自己主人的业务代理人，如上面提到的埃吉贝商家，先后有几个著名的奴隶代理人：纳布-乌提尔、涅尔伽尔-利初阿、达维恩-贝尔-乌初尔等。他们在为自己的主人经营各种业务的同时，往往也利用自己积累的财产经营商业、高利贷业务，赚取利润。例如，纳布-艾提尔是埃吉贝商家的后代伊提–马尔都克–巴拉吐活动初期的奴隶代理人，埃吉贝商家档案中的不少文件都提到他。

尽管新巴比伦王国时期有的奴隶可独立经营，并获得了一定的财富，甚至也占有了奴隶，或雇佣奴隶和自由民劳动，但这些奴隶就其地位而言，仍然是其主人的财产。独立经营的奴隶在与其他人发生经济联系时，只能用自己的财产去抵押，而不能用自己的人身去抵押，因为他的人身不属于他自己，而是属于他的主人。这些独立经营的奴隶，除向他的主人缴纳地租或利润以外，还要缴纳人身租。一个奴隶一年的人身租为12舍克勒左右的银子，相当于一个雇工一年的工资。这种人身租是奴隶主对奴隶拥有所有权的经济表现。人身租往往以债务的形式在契约中表现出来，即写明奴隶欠其主人多少舍克勒银子，必须偿还。独立经营的奴隶所积累的财产，其最终所有权也仍然在其主人手，主人可将其收归己有。即使一些富有了的奴隶代理人，主人在分家析产时，也会将他们作为财产分掉，或作为财产转让给他人。例如，达雅恩–贝尔–乌初尔，原是伊提–马尔都克–巴拉吐的岳父伊丁–马尔都克的奴隶，后来伊丁–马尔都克将其作为自己女儿的嫁资转让给了伊提–马尔都克–巴拉吐。公元前508年，当伊提–马尔都克–巴拉吐分配财产时，达雅恩–贝尔–乌初尔及其家庭又作为主人的财产转让给了别人。

新巴比伦王国时期，奴隶作为主人的财产，可以买卖、转让、继承、出租和抵押。奴隶身上烙有作为奴隶的标志或其主人名字的印记。有的奴隶甚至烙有两个印记，即当奴隶被出卖、转让时，他身上除原有主人烙的印记外，又要烙上新主人的印记。

第二节　巴比伦城

一、城市规划

美索不达米亚文明没有像古埃及文明那样，给我们留下了诸如金字塔和卢克索的神庙那样辉煌的建筑，留下的只是一个个在阿拉伯语中称为"泰尔"的土堆。所以，要想从这些土堆遗迹中探寻美索不达米亚城市的城市设计，无异于自讨苦吃。但正如美国哥伦比亚大学古代近东史专家米艾鲁普所说："关于古代美索不达米亚城市规划的资料在数量上非常有限，但它们提供了非常有用的信息。"[①]仅有一些巴比伦城市的简易地图保存了下来，其中保存最好的一份是尼普尔城的规划图，可能绘制于公元前1300年左右。这幅地图集中绘制了城墙、城门、幼发拉底河的河道、运河以及神庙等，其精确度已经被在其遗址上进行的考古发掘所证实。

在苏美尔语和阿卡德语中，农村和城市都称"uru"（阿卡德语为"âlu"），这一词本义是指用太阳晒干的泥砖建成的任何一个长久的定居点，有时还指聚集在一起的简陋的小屋。

城市一般都有城墙，但这并不是绝对的。城市大都建在水道附近。在一些城市的城墙外，常常建有一个特殊类型的神坛，称为"新年的圣坛"（bīt akītu）。在早期，一个城市是围绕神庙逐渐发展起来的。

乌尔第三王朝的都城乌尔城约建于公元前2100—前2000年，城市平面为不规则形，有城墙与城壕，有两个港口通往水面。城市面积为88公顷，人口约为34000人。城中，由厚墙围抱的宫殿、神庙以及贵族的府第高踞西北高地，墙外是普通平民和奴隶的居住地，分野明显。乌尔城中的塔庙是两河流域文化幸存的最古老的建筑遗迹之一，也是保存最完好的观象台之一。这宫殿、神庙、观象台三位一体组成的建筑群，还分布着各种税收和司法等衙署、商业设施、作坊、仓库等，构成了城市公共中心。宫殿是四合院，由若干院落组成，房间多为狭长形，但布局较乱。庙宇平面较规整，一般是四方形平面，由厚实的土坯墙包围起来。城市中除中央土台外，还保留有大量耕地，有几处零星的居民点散居在耕地中。城中房屋密集排列，街宽仅3米左右，这有利于阻挡暴晒的烈日，避免瘴气侵袭和防洪。

亚述都城尼尼微建在一个高约25米的山坡上，呈不规则长方形，占地

---

① Mac Van de Mieroop，*The Ancient Mesopotamian City*，USA，Oxford University Press，1999，p.63.

近7.5英亩[①]。城墙全长12千米，东、西、南、北4段分别为5、4.2、0.8、2千米。城墙分内外两圈，外墙带有雉堞，较矮，间有城塔；内墙为土坯高墙。城墙外有壕沟。城门总计有15个，各门均有一对石兽保护。沙马什门为一外凸的城堡，前有三道城壕。城中安与阿达德神庙有一对相同的塔庙。庙宇的前面还有一个用很厚的墙封闭起来的院子。城内有辛那赫里布的西南宫和亚述巴尼拔的北宫。

尼尼微城东北的杜尔-沙鲁金城由亚述国王萨尔贡二世建于公元前721—前705年。城市近正方形，面积约289公顷。四个城角朝着东西南北的正方位。城墙高约20米，上有雉堞和可供四驾战车奔驰的大坡道，墙厚达50米，设7个带碉楼的城门，防御性极强。宫殿位于城市西北角，与塔庙及一组神庙建在一个高18米、边长300米的方形土台上。城中主要街道铺着大鹅卵石。城南有一个"王室军火库"。

巴比伦，阿卡德语意为"神之门"。巴比伦城在古巴比伦王国第一王朝汉谟拉比统治时期已发展成为两河流域最大的一座城市，并成为祭祀巴比伦主神马尔都克的中心。新巴比伦王国那波帕拉沙尔和尼布甲尼撒二世时，巴比伦城的规划与建设达到高潮，成为古代世界最伟大的城市。19世纪末的德国考古学家在它的遗址上历经10年才完成这处遗址的发掘工作。通过发掘，考古学家几乎揭开了这座以四方形规划建成的城市的全貌。巴比伦城周长11英里，幼发拉底河从城中穿过。它有3道城墙，其中最外面的那一道是外围长城，是为防御米底人入侵而修建的。在这道长城的里面，是两道砖砌城墙。这两道城墙略呈方形，高23米，厚8.7米，都由太阳砖建成，并隔一定距离用凸起的壁柱加固。外墙脚下是一条宽20~80米的护城河。这座城有9个城门，分别由门外通向城市的保护神命名，其中伊什塔尔门最为壮观。伊什塔尔门分前后两道门，每道门有4个望楼，望楼与望楼之间有拱形过道相衔接。在大门墙上装饰着蓝色的琉璃砖，上面分布着横向排列的黄色、褐色、黑色琉璃砖组成的动物浮雕，如牛、狮子，还有幻想出来的长着蛇头鹿身兽爪的神化动物。墙垣上部是琉璃砖构成的

---

① 1英亩约等于0.404公顷。

饰带和整排的雉堞。（见图12-1）幼发拉底河把整个城区分成两部分，河西为新城，河东为旧城，由架在河上的一座由5根石礅支撑着的大桥连通着。旧城是整个城区的主要部分。王宫位于旧城西北角，这里由东至西并列着5个彼此以拱门相通的宽阔庭院，为厚实的墙垣所环绕。进入正殿庭院的墙垣，用五彩琉璃砖砌成，琉璃砖的色彩主要是深蓝、浅蓝、白色、黄色、黑色。就在这组建筑群的东北部，有一座非常引人注目的披着花木盛装的小"山"，这就是神奇的"空中花园"。"空中花园"实际上就是建筑在梯形高台上的花园，它建于公元前6世纪，毁于公元前3世纪。在这里，考古学家们发现了和幼发拉底河相衔接的水池、喷泉以及运河系统的遗迹。马尔都克神庙和第一座王宫相去不远。著名的古代塔庙巴比伦巴别通天塔和神庙并列。有一条"圣路"贯通旧城南北，这是新年时马尔都克神像经过的"游行大街"，这条道路是城市主要的结构轴心，它的宽度约为7.5米。在这条道路上铺砌着有红色角砾岩镶嵌的石灰石石板。

图12-1　重建的巴比伦著名的伊什塔尔神门／伊什塔尔神门建于公元前6世纪，这是现代的复制品／现存德国柏林前亚博物馆

二、城墙设计

美索不达米亚的城市是用城墙界定的。城墙最初是作为防护栏存在的，是为了抵御一年一度的洪水泛滥，保护城市居民所居住的房屋和神庙

中供奉神灵的神龛免遭洪水的侵袭，在南部的城市尤其如此。后来随着城市之间争夺资源的日趋激烈和战争的频仍，抵御外敌入侵便成为城墙的主要功能和作用。

巴比伦城有双重城墙，城墙墙体里填充的是碎石。仅外城墙的厚度就达20～25英尺，在绵延11英里的城墙上，每隔65英尺就建有一座防护塔，使得每座塔上的弓箭手在塔上的火力范围可以相互接应。（见图12-2）此外，重要的城市如巴比伦城，要么在城墙的四周挖凿护城河，要么建在河岸，利用自然河流作为天然的屏障。巴比伦城可能有9个城门，但考古学家目前只挖掘出一个城门，即著名的伊什塔尔神门，现存于德国柏林的博物馆里。

图12-2　复建的巴比伦城墙／现存德国柏林佩加蒙博物馆

三、塔庙

美索不达米亚人并没有为我们留下像金字塔那样堪称世界奇迹的建筑遗产，与他们的城市建筑受到区域建筑材料的限制有很大的关系。美索不达米亚的南部是一片两河的冲积平原，严重缺乏建筑用的石料和木材，在这片土壤里，"根本就连一块鹅卵石都找不到"[1]。只有北部的亚述地区还能采挖到少量石料，这些少量石料还不够用于建筑亚述宏伟的宫殿和神庙等重大工程。

美索不达米亚城邦遗留下来的塔庙已知的共有30座左右，建筑年代为公元前3000—前500年。公元前2200—前2100年在乌尔兴建的塔庙，由

---

① ［美］斯蒂芬·伯特曼：《探索美索不达米亚文明》，秋叶译，292页。

3个大型塔楼组成，象征水神、天神和地神。塔楼一个比一个高，有不同颜色，下面的是黑色，中间是红色，上面是白色。塔庙的基座呈长方形，长65米，宽43米，高13米；第二层长38米，高5.7米，宽26米；第三层高度为2.9米。整个建筑高达21米。在塔庙里一般是没有内部空间的，或者内部空间压缩到最低限度，压缩到一个小房间。塔的中央有一阶梯直达第三层台基。整个建筑以土砖砌筑，表面饰以烧砖，并用沥青勾缝。外墙向内倾斜80度，并有呈弧状弯曲的辅助墙柱。人们在有"神宅"的上部屋顶庭院里，进行祭祀，那里也用作占星术士的观象台。美索不达米亚的各大城市，多半至少有一座塔庙，供奉族人崇拜的神祇。有证据表明，亚述城至少有3座塔庙。（见图12-3）

图12-3 现代学者根据考古学资料所做的巴比伦城复原图／伊什塔尔神门和游行大道庄严、壮观

巴比伦巴别通天塔（巴别塔）是塔庙中最壮观的一座。它坐落在尼布甲尼撒二世繁华国都巴比伦城内的幼发拉底河畔。尼布甲尼撒二世说他在巴比伦城"用鲜蓝色釉烧制的砖"建造一座塔庙，现今一般认为那就是《圣经》所说的没有建成的巴别通天塔。据记载，在那波帕拉沙尔时就着手重建被亚述毁掉的塔庙。他宣称："取自山上海上的金银珠宝，大量镶在塔里……各种油料、香料混合在砖块中……我身为王者，喜欢运送盛砖的篮子，把篮子送到塔基去。我在马尔都克神前鞠躬，脱下皇袍，解下国王的徽章，把砖和泥顶在头上运送。我叫心爱的长子尼布甲尼撒帮助运泥，又亲自携来酒、油两种祭品……"尼布甲尼撒所写的铭文记载了建筑工程持续进行的情况："……那波帕拉沙尔……已把塔基建好，并建到约45米高，但还未建塔顶。我着手做这件工作。我亲手把从黎巴嫩茂盛的森林运来的雪松木斩开，用作建筑材料。又把围墙、那些大门建造得辉煌壮丽，像白昼那样炫目，还亲自把各门装上。"尼布甲尼撒死后25年，巴比伦成为波斯的一个省。大约在公元前478年之后，这座塔庙被弃置。不过，在公元前460年，希腊史学家希罗多德游览巴比伦城时，依然对巴别通天塔赞赏不已。他记述说：

> 在这个圣域的中央，有一个造得非常坚固，长宽各有一斯塔迪昂的塔，塔上又有第二个塔，第二个塔上面又有第三个塔，这样一直到第八个塔。人们必须从外面循着像螺旋线那样地绕过各塔的扶梯走到塔顶的地方去。在一个人走到半途的时候，他可以看到休息的地方，这里设有座位，而到塔顶上去的人们就可以在这里坐一会儿休息一下。在最后的一重塔上，有一座巨大的圣堂，圣堂内部有一张巨大的、铺设得十分富丽的卧床，卧床旁边还有一张黄金的桌子。①

---

① ［古希腊］希罗多德：《希罗多德历史 希腊波斯战争史》上册，王以铸译，106页，北京，商务印书馆，2011。

四、王宫建筑

正如神庙和塔庙最早出现在埃利都城一样，美索不达米亚最早的宫殿建筑也出现在埃利都，其时间可以追溯到公元前第3千纪早期。苏美尔早王朝后期开始，随着王权的发展，王宫建筑逐渐成为都城内主要而且是最壮丽的建筑物。实际上，"王宫"一词在苏美尔语里的意思就是"大房子"。如果说神庙以其楼层不拘而赫赫有名，塔庙以其高入云端而引人注目的话，那么宫殿便以其规模宏大而威慑四方。

（一）宫殿的设计与格局

美索不达米亚王宫建筑的历史，其设计与格局，也经历了一个发展的过程。早王朝时期，基什的宫殿建筑群是由两座建筑物构成，中间由狭窄的胡同相隔。较大的那座由门楼出入。周围有双重围墙。以后宫殿的设计都由两个庭院组成，在两个庭院之间由一个谒见室来连接。谒见室非常大，面积是庭院的两倍，室里设有供国王使用的宝座。外庭院用来处理公共事务，而内庭院则用来举办私人活动。外庭院的四周可以用作办公室、作坊和储藏室等，内庭院的四周则用来作王室家族的居住场所。后来，美索不达米亚的王宫宫殿还引进了一种叙利亚式的圆柱门廊，它在阿卡德语里被称作"bit hilani"。古巴比伦时期的宫殿，设有谒见室、国王的起居室、妃妾的起居室、中庭、仓库、厨房、浴室、书吏训练学校等。宫殿的内墙壁都用图画和浅浮雕式绘画来进行装饰，图画或浮雕的内容题材通常都是涉及君王狩猎和战争的场面，一方面表现君王本人的英勇善战，另一方面给外来的访客尤其是其他国家的君臣以震慑作用。

（二）新巴比伦王宫

美索不达米亚王宫建筑给人留下最为深刻印象的，要数新巴比伦王国的著名国王尼布甲尼撒二世的宫殿。他的宫殿修建在巴比伦，尼布甲尼撒二世非常得意地把自己的宫殿夸赞为"人类的奇迹，大地的中心，充满阳光的居所，陛下的寝宫"[①]。这座宫殿至少拥有五座庭院和一间面积达

---

① Stephen Bertman, *Handbook to Life in Ancient Mesopotamia*, New York, Oxford University Press, 2003, p.199.

55英尺×140英尺的谒见室。从谒见室四周的琉璃砖墙上我们可以看到，群狮张着大嘴，紧张地盯着正思考下一步军事行动的国王。

新巴比伦王国的尼布甲尼撒二世为自己的宫殿建设可谓煞费苦心，居然别出心裁地把一种水泵装置应用其中。为了提高供水速度，他在他那座著名宫殿的基底部位安装了一种链条式水泵，将一连串的水桶系在一条长长的金属链条上，当下面的水桶装满水时，上面的水桶已经将水倒空了。

第三节　巴比伦的新年庆典

巴比伦最重要的节日为春日举行的新年盛大庆典。活动会接连举办上好几天。这个节日意在强调重建宇宙秩序、生命复苏以及决定人类来年的命运。节日间最重要的活动，就是在新年元旦举行的"神圣婚礼"：由国王扮演杜木兹，再由一位高级女祭司扮演爱神伊南娜，去重演传说所述的杜木兹与伊南娜女神的那个大婚典礼。

到了公元前1000年时，巴比伦城的新年庆祝除了神圣婚礼之外，又加上了一个在苏美尔节庆中较不为人所知的阿基图节的若干活动，从而增添了若干此前未有的做法及念咒之类仪式。学者们相信，巴比伦人曾以哑剧形式表演了创世史诗《埃努玛·埃立什》中所描绘的发生在"混乱"和"秩序"两种势力之间的战斗。"混乱"统治着巴比伦的大街小巷，一直持续到马尔都克获释。尔后，马尔都克率领一支象征着神祇势力的队伍，向提亚马特及其邪恶势力发起攻击。马尔都克在模拟的战斗中击败提亚马特及其反叛势力，建起宇宙秩序后，巴比伦人便扛着他的画像，穿街走巷地举行游行，庆祝胜利。以这样一种具有巫术意味的方法，人们渴望能影响那些左右人类命运的神祇，说服他们带来一个地腴物丰、吉星高照的新年。

公元前3世纪的一本祭司课本，记载了若干巴比伦新年的典礼仪式。新年节庆最初4天所做的，主要是下列这些仪式：高级祭司的祝祷；歌唱创世史诗《埃努玛·埃立什》，赞颂马尔都克为百神之王，并且用泥塑出2个披红袍、手持蛇蝎以代表凶神恶煞的偶像，再在第6天将它们砍掉首级，投入熊熊大火之中。

巴比伦新年的第5天，在例行祝祷献祭之外，还有一个清扫的仪式，在神庙中遍洒圣水，遍涂圣油，并将一对羊斩首，即以正在流血的羊身压置庙墙，表示吸尽残秽，然后再将此赎罪之羊投入河中。然后要竖起一张金光闪耀的"天幕"，等待马尔都克之子纳布光临。这时，国王在节庆中首次露面，进入了神庙，参加祭祀大典。仪典的用意在于使国王了解即使是国王，也仍是诸神的仆役，国王的职责仅在于代替神来到人间而已。仪式过程包括：首先，由高级祭司取走国王的权杖、佩剑等王位象征，将之全部放在马尔都克神像之前；其次，由高级祭司去拉扯国王的双耳，迫令他向神膜拜，同时向神说明他对巴比伦的百姓是毫无亏待的；最后，高级祭司将王位象征奉还国王，再打他两个耳光，国王这时要表现得热泪盈眶，表示马尔都克对他已是降恩垂爱了。到了晚上，国王参加一项献牛大祭。

到了第6、第7天，巴比伦各城市的保护神像，即由陆路或水路恭送到巴比伦城来。

第8天，国王即"恭携马尔都克之手"向来谒的诸神隆重介绍，而马尔都克的这一诸神共主之尊，也由护从着诸神来的各地祭司向天下庄严昭告。然后，便是一场盛大的巡行。由坐在一辆镶嵌珠宝的豪华马车上的马尔都克领先，来朝众神也都通通在巴比伦国王的前导之下，相率联结成辉煌的队伍，自马尔都克神的神庙出发，沿着张灯结彩的圣路，从伊什塔尔门出城到达幼发拉底河畔的阿基图神殿。在此停留3日，再返回巴比伦城的马尔都克神庙埃撒吉拉，举行一项仪式，即为今后一年内国王及其国家的命运进行占卜。

除新年外，还有一些较重要的宗教节日，例如，每个月的新月节、第7日、第15日和第28日。最后一个节日是当看不见月亮而认为它死了的时候。这些节日显然具有丧葬仪式的性质。

第四节　新巴比伦文化

一、天文学

与数学相比较而言，古代美索不达米亚的天文学发展较晚。后来在公元前第1千纪后半期被苏美尔人的继承者巴比伦人发展成为最高科学成就之一的天文学，在苏美尔时代几乎没有任何痕迹。[①]苏美尔人把一年分为两个季节，即夏季（Emesh）和冬季（Enten）。夏季始于2—3月，而冬季则始于9—10月。新年则可能在4—5月。月份是严格的太阴月，始于新月初现的那个晚上，每月29天或30天。每月的名称通常源于农事活动或祭神的节日，各城市之间并不统一。考虑到太阴年与太阳年长短不一，苏美尔人已懂得有规律地设置闰月。每天从日落开始，包括两个时辰（Bêru）；夜晚被分成三更，每更4个小时。苏美尔人采用漏壶（一种用水滴计时的钟）计时，其形状有点像圆筒或棱柱，他们可能还知道日晷指时针。

一般认为，占星术是天文学的基础，天文学起源于占星术，美索不达米亚的天文学似乎也不例外。（见图12-4）但美索不达米亚人的占星术与现代意义上的占星学不同，现代意义上的占星学认为，人从降生那一刻起，其命运就与天体的位置有关，因此它主要预测个人的命运。这种占星学在美索不达米亚出现较晚，大约在公元前第1千纪的下半叶。在此之前美索不达米亚流行的是"'天罚'占星术"，其目的是根据天体运行或自

图12-4　小型星图／现存英国伦敦大英博物馆

---

① S. N. Kramer, *The Sumerians：Their History，Culture，and Character*, pp.90-91.

然现象来预告国家的前途、命运，诸如丰收、灾害及战争与和平等。有一批水平较高的占星术士定期向国王报告，陈述他们所观察到的天文现象，并把它们与国家大事联系起来进行解释。例如，亚述帝国时期占星术士致国王的报告中，有以下几例：

> 当在阿亚尔月（约当5月）打雷时，谷物和蔬菜将歉收；当在沙巴特月（约当2月）打雷时，将发生蝗患；当在沙巴特月打雷时，将有冰雹。
>
> 当月亮周围有光环，狮子座位于其中时，在这一年里，妇女将生男孩。
>
> 今天晚上，月亮周围有光环，木星和天蝎座位于其中，当月亮周围有光环，木星和天蝎座位于其中时，阿卡德王将遭围困。[①]

巴比伦人的这些预言固然很有意思，但人们可能会对他们的预言结论是如何得出的更感兴趣。只要对占星术士的众多报告略作分析便不难看出，他们的结论基本来自两种途径。一种是对自然事物观察的结果。例如，"2月打雷将有冰雹"的预言可能便是长期观察后所积累的经验，是一种经验认识，因此这种预言多半是准确的。但对"2月打雷将有蝗灾"之类的预言来说，可能纯系两种观察结果凑到一起的巧合，两者没有必然的内在联系。大多数预言的结论是通过另一种方法，即象征手法获得的。比如上述"月亮周围有光环，木星……位于其中时，阿卡德王将被围困"的结论是依这样的逻辑获得的：木星是马尔都克神的行星，马尔都克是巴比伦城的主神，巴比伦城是巴比伦尼亚的都城，巴比伦尼亚在占星学用语中称阿卡德。在阿卡德语中，"光环"一词还可用作"圈围住牲畜"之意。因此，木星见于月亮光环之中意味着巴比伦的主要力量处于包围之中，巴比伦尼亚的国王处于被围困状态。[②]

---

① H. W. F. Saggs, *The Might that was Assyria*，pp.220-221.

② H. W. F. Saggs, *The Might that was Assyria*，p.222.

对于占星预言是在何时和怎样发展起来的，目前的材料还无法给出清晰的脉络。现存最早的文献属于一个大系列的一部分，其中最重要的一篇名称取自第一句，为"Enuma Anu Enlil"。这一系列材料由70块泥版组成，包括7000多个预言。这些材料的时间跨度大约为7个世纪，最晚的可能在公元前1000年左右。

除了有关金星偕日升落的记录以外，美索不达米亚现存最古老的天文学文献是星盘。这些星盘用泥版制成，上面刻有3个同心圆，被12条辐线等分。这样便把3个同心圆分成了36个部分，每个部位有一个星座的名字和一些数字。虽然这些星盘的绘制目的我们不甚清楚，但它们显然构成了一幅天文图，可能与黄道十二宫图的起源有关。属于公元前700年左右的文献材料表明，这时期已经形成了一些最基本的天文学概念，它们已基本从神话中脱离出来。

著名学者奥托·诺伊格鲍埃尔认为，数学在天文学中得到了广泛的应用，使天文学的精确性在古代达到无与伦比的程度。巴比伦天文学因此被他冠以"数学天文学"的名称。对于巴比伦天文学何时发展至系统的数学理论，诺伊格鲍埃尔认为这很难说，不过他猜测最早不早于公元前500年。其理由是，直到公元前480年，巴比伦人仍随意地设置闰月。[1]

二、地理学

虽然古代美索不达米亚人在地理学方面给我们留下的财富远没有天文学那么丰富，但商业的发达尤其是长距离的对外贸易的发达，以及战争的频繁，尤其是以亚述帝国为代表的跨国家和跨地区远征，需要他们掌握一定的地理学知识，他们的经商和战争实践也证明了他们一定不缺乏有关这方面的知识。

在地理学领域，地图是最基本也是最重要的手段和工具，也是反映人类认知水平和表现能力的重要标志。遗憾的是，美索不达米亚人给我们留下来的地图少之又少；幸运的是，它们提供了极具价值的珍惜信息。仅有

---

[1] O. Neugebauer, *The Exact Science in Antiquity*, p.97.

一些巴比伦城市的简易地图保存了下来，其中保存最好的一份是尼普尔城的规划图，可能绘制于公元前1300年左右。这幅地图集中绘制了城墙、城门、幼发拉底河的河道、运河以及神庙等，其精确度已经被在其遗址上进行的考古发掘所证实。

留下来的最珍贵的地图是新巴比伦时期的一幅世界地图，学者们这样评价它的价值："在古代美索不达米亚，只有少数铭文其影响能够超越楔形文字研究和亚述学研究的范围，但这幅巴比伦人的世界地图却无可争议地位列其中。"[①]这幅巴比伦人的世界地图，绘制的年代应该在公元前6世纪，是19世纪的英国考古学家霍尔木兹·拉萨姆在西帕尔城挖掘出土的。拉萨姆是奥斯滕·亨利·莱亚德的助手。他还在尼尼微发掘出了记载《创世神话》和《大洪水》的泥版，以及亚述巴尼拔宫殿的猎狮浮雕。这幅地图虽然出自西帕尔，但显然是对以前地图的复制品，因为地图本身以及相关的文字叙述，涉及的都是巴比伦，所以原始的地图应该在巴比伦。如图12-5，地图是绘制在一块泥版上的，整个地图占据泥版一面的2/3部分，余下的1/3部分刻写了楔形文字，内容涉及的是神话故事。泥版的另一面刻写的楔形文字铭文，记述的都是与地图本身密切相关的事情。

在这幅世界地图上，巴比伦无论就其大小还是位置而言，

图12-5 巴比伦人的世界地图 / 公元前6世纪 / 出自西帕尔城 / 现存英国伦敦大英博物馆

---

① I. L. Finkel and M. J. Seymour，Edited，*Babylon*：*Myth and Reality*，London，The British Museum Press，2008，p.17.

都居于中心地位，居于地理和宇宙的中心。地图的范围涉及巴比伦人未知世界的很远地方，其中包括很多地名和神话故事。这幅地图的最显著特征是它的宽阔的两层圆环，两个圆环的中间地带被标"盐海"（Marratu），表明巴比伦人已经知道，在他们栖居的世界周围是流动的海洋。在内侧的圆环边界里，是美索不达米亚的核心地区，其重要的地名和主要地貌特征被用条框、小圆圈、小椭圆或曲线标识出来。在地图中，幼发拉底河从北向南流淌，穿过一条宽阔的横条框，横条框里面标注着巴比伦。在巴比伦的横条框的正中央，有一个圆点，它代表的可能是经新巴比伦的国王们不断重修的一座塔庙——著名的埃特美南基（Etemenanki）塔庙。[①]在巴比伦的北方是一片山区，是幼发拉底河的发源地。地图上没有底格里斯河的位置。沿幼发拉底河而下，在南部的空旷地带，被标以"沼泽和水道"，幼发拉底河从这里流向波斯湾。在地图的东、西部分，排列着一些小圆圈，在其中的3个圆圈里面，只有圆点而没有名字；两个只能辨别出是城市；剩下的2个可以确切地知道是"德尔"和苏萨。乌拉尔图和亚述位于幼发拉底河以东，地图中没有标明乌拉尔图的地理属性，亚述被用圆圈标为"城市"。西部是加喜特人的部落区哈班（Habban），再往南一点的地区是"比特·亚金"（Bit Yakin）。在大圆环即盐海的外围，有8个三角形区域，称为"纳古"（Nagu），在巴比伦语里面意思为"地区"或"行省"。其中有5个三角形全部或部分保存了下来，在保存下来的5个三角形中，有4个上面刻有楔形文字，以"地区"标识，其中一个行省区里标有"长城，两者间隔6里格，在那里看不见太阳"的字样。这里的"长城"，可能是文学作品中提到的阿卡德的萨尔贡大帝修建的长城。

构成这幅世界地图的泥版，是由一位来自波尔西帕的书吏刻写的。他是该城一位德高望重的书吏埃亚贝尔伊利（Ea-bel-ili）的后代。

三、宗教

美索不达米亚宗教的发展可以分为3个阶段。

[①] I. L. Finkel and M. J. Seymour, Edited, *Babylon*：*Myth and Reality*, p.17.

第一阶段为早期的自然崇拜。

公元前4000年或更早时期，它的基础是对自然力和自然现象的崇拜。许多神的形象是非人类的奇特的现象，它们主要是那些对基本的经济活动（农业、牧业）直接有关的大自然异己力量。崇拜这些自然异己力量的主要目的在于祈求丰收。这一阶段，宗教大体上仍属于原始社会末期的部落宗教的范畴，神的形象似乎是被崇拜物的形态的神话的理想化的造型变体，例如，雷的力量变成了一只展翅翱翔、喉咙如狮、口吐惊雷的鸟。

第二阶段为神向人的形象和性情转变。

大致是在公元前第4千纪到公元前第2千纪。宗教神灵的形象有了明显的变化，神的形象以人的外形为主，它们具有人的所有的属性，包括人的弱点和情欲。很早的时候，人的形态就变成了想象力量的可能方式，它经常伴随着更早的非人的特征——诸如光线穿透太阳神的肩膀，或枝权从植物神人格化的躯体中长出。随着时间的推移，人的形态在宗教思想中越来越占统治地位，因此在自然力和自然现象之间便出现了区别。自然力被赋予人的形态，而自然现象则变成一个被自然力占有并受其支配的对象，例如，山麓女神胡尔萨格变成"山麓女主人"宁胡尔萨格。更为重要的演变是，神及神的世界，被赋予人间世界的模式，神被看作大土地所有者贵族，国家的上层阶级，受人间居民的孝顺、服侍，众神享有永生不死的特权。

第三阶段为人上升为神。

公元前第2千纪以后，宗教从形式到内容都有许多变化。苏美尔人的神多数被代以新的神，巴比伦人、亚述人的民族性、地方性的神扩大了自己的神圣地位和神圣权力，神对世界和社会人事的干预大大加强了。神在公开活动中变得更像国家之神，它们与国家的政治愿望一致，因此，它们与自然的联系变得微不足道，它们支配宇宙的责任日趋消亡；国都之神，马尔都克和阿淑尔，成为诸神之首，居于统治地位。同时，随着王权的加强，国王的神化加强，国王被视为神的骄子、传谕者、奉神命安邦治国者。见诸浮雕的诸王形象，往往恭立于神前，或佩有神标。例如，阿卡德时代，进行军事远征胜利的国王自称为神，纳拉姆辛碑柱上的君主形象，头有角饰，宛如神祇；刻有《汉谟拉比法典》的石柱上雕有国王汉谟拉比躬立太阳神沙马什前领受法典图。古代美索不达米亚宗教的整个发展过程，生动而突出地体现了宗教作为社会的上层建筑，从原始时代的氏族宗教或部落宗教演变为奴隶制时代的民族宗教或国家宗教的过程。

自然崇拜、多神崇拜和功利主义，构成了古代美索不达米亚宗教的重要特征。古代美索不达米亚人虽然自苏美尔人开始，就具有了"来世"的概念，但他们从来没有对所谓"来世"抱有一丝希望和幻想，也就是说，他们没有对所谓"来世"的信念和信仰。在他们看来，人生在世有好人和坏人之分，但在死后，好人和坏人却都一样，他们的灵魂都要进入同一个世界，同一个阴风恐怖、血雨腥风的悲惨的地下世界。"坏人的灵魂并不会永远待在像基督教所讲的地狱那种地方受到惩罚，而且好人的灵魂也不会永久地待在天堂里受到褒奖。简而言之，对于美索不达米亚人而言，但丁的拷问，没有任何精神上有益的东西——没有'地狱'，没有'天堂'，在两者之间更不会有'炼狱'。然而阴间的情况却是残酷的，那是一个黑暗、遍布灰尘而且孤独的地方，那里聚集着死者的灵魂，而且他们将永远停留在那里，唯一的希望就是让活着的人记住他们。"[1]

对此，威尔·杜兰也提供了类似的描述：

> 一般而言，巴比伦人对于来世的构想，和希腊人是差不多的。在他们心目中，人无论贤愚贵贱，均必有死，而死后，惟一的去处，就是阴风惨惨的地狱。巴比伦人想像中也有天堂，不过天堂是专给神住的。人只有入地狱，入地狱是去受罪。在可怕的地狱中，不但毫无欢乐可言，而人到了那里，大都系戴着脚镣手铐，永远生活在饥寒状态中。要想少受罪，惟一的办法，就是靠儿孙在其墓地的四时祀祭。[2]

所以，古代美索不达米亚人绝对不会为"来世"而活，也绝对不会为"来世"的信仰而活，他们只会为眼前的现实生活而活。这一点与基督教

---

[1] Stephen Bertman，*Handbook to Life in Ancient Mesopotamia*，pp.134-135.

[2] ［美］威尔·杜兰：《东方的遗产》，143~144页。

为人们所描绘的天堂美景形成了鲜明的对照。不仅如此，正是这种对天堂美景的无限憧憬和追求，才使得中世纪的人们甘愿忍受教会的政治压迫、经济剥削和精神奴役，因为统治者和人民都深深地相信教会掌握着进入天堂的钥匙。[1]而在美索不达米亚人的精神世界中，根本不存在对天堂的幻想，因此他们也不必为此受到神灵或其人间代表过度的物质束缚和精神奴役。

古代美索不达米亚人，尤其是巴比伦人也有罪恶感，甚至有很深的罪恶感，但他们的罪恶感源于自身现实状况的"不妙"，因此他们的"悔罪"完全出于功利的目的，旨在能够得到神灵的赦免，以改变自身不好的状况。在这一点上，他们与基督教徒们的"原罪说"，有着本质的不同。还是威尔·杜兰说得好：

> 巴比伦人的罪恶感，似较任何时代的人更为深切。在他们，罪恶感不仅是一种精神状态，而且是一种具有切肤之痛的东西。在巴比伦人观念中，宇宙间凡是阴暗地方都有鬼。这些鬼，一有机会就要扑人。鬼到了人身上，这个人不是得病，就是发狂。平常，鬼为什么不敢扑人？因为人有神庇佑。但人若犯罪，神便会弃他而去。神既去，人失去保障，因此随时都有碰到鬼的危险。去鬼有治标治本两种方法：治本，就是诚心忏悔，求神赦罪，神若回来，鬼便去了；治标，就是使用种种避邪的东西。[2]

四、巴比伦的占卜术

巴比伦的占卜体系已很发达，男女术士和预言家十分活跃，问卜者不仅有平民百姓，也有王公贵族。祭司中有专事占卜者，称为"Bârâ"。

占卜形式多种多样。最常用的有"梦占""肝脏占""星占"。所谓"梦占"，即求卜者睡在神庙里，希望神在梦中给予启示。一般认为梦见

---

① 参见［英］罗素：《西方哲学史》上卷，何兆武、李约瑟译，17页，北京，商务印书馆，2009。

② ［美］威尔·杜兰：《东方的遗方》，147页。

狗、羊、鹿是凶兆，梦见狮、狐、鱼是吉兆。所谓"肝脏占"，是看献祭牺牲的内脏，特别是肝脏而卜。肝的每一部分，都赋以固定名称，并绘有种种图形，以泥土制作肝脏模型，上面标有占卜符记。人们认为肝脏是心智活动所寄托的地方，当动物作为牺牲贡献给神时，神拿着它，神的思想进入动物的肝脏，所以占卜者能够从动物的肝脏形式和它的变化中解释神的神秘思想和行为。在马里发现了一个不规则形的羊肝模型，上面刻着这样的铭文："预言埃兰的附庸伊什比-伊拉将占领埃兰。这类著名的预言，依国王之命搜集起来。"（见图12-6）

图12-6　动物肝脏占卜预言／现存英国伦敦大英博物馆

巴比伦的"星占"最负盛名，是古代世界最早发展起来的占星术。巴比伦人认为，地球上所发生的一切事务都不过是天上事务的反映：在他们的想象中，天穹是一部大书，其文字是星辰。太阳、月亮、各大行星的运行和出现预兆着国家和个人的命运。据说，如7月1日是阴天，必定起战争；若13日和19日是阴天，国王必死，若30日是阴天，国王必定长寿。又如，日食、月食的阴影运行的方向，预兆一定的吉凶等。在王宫里设有专职的天象预测官，负责观察天象征兆并做出解释，向国王提供明智行动的神圣根据和消灾免祸的宗教办法。巴比伦占星术还可以根据一个人出生时的星宿位置预言此人的性格和命运。公元前第1千纪后期，占星术士创立了算命天宫图。占星术从巴比伦尼亚通过古埃及、古希腊和古罗马，传到西方。

参考资料

一、外文参考资料

Archi，A.，*Circulation of Goods in Non-Palatial Context in the Ancient Near East*，Roma，1984.

Aruz，J.，Benzel，K. and Evans，J. M.，*Beyond Babylon：Art，Trade，and Diplomacy in the Second Millennium B. C.*，Metropolitan Museum of Art，2008.

Aruz，Joan，and Wallenfels，R.，*Art of the First Cites：The Third Millennium B. C. from the Mediterranean to the Indus*，The Metropolitan Museum of Art，New Haven and London，Yale University Press，2003.

Bergman，E.，*Codex Hammurapi*，*Textus Primigenius*，Rome，Pontificium Institution Biblium，1953.

Bertman，S.，*Handbook to Life in Ancient Mesopotamia*，New York，Oxford University Press，2003.

Bilgic，E.，*Die Wichtigsten Ausdrucke über Schulden und Darlehen in den Keilschrifitexten*，Ankara，1947.

Bottéro，J. etc. ed.，*Ancient Near East：The Early Civilization*，New York，1967.

Bottéro，J.，*Mesopotamia：Writing，Reasoning，and the Gods*，Chicago，The University of Chicago Press，1995.

Bottéro，J.，*Religion in Ancient Mesopotamia*，Translated by Teresa Lavender Fagan，Chicago，The University of Chicago Press，2004.

Bottéro，J.，*Everyday Life in Ancient Mesopotamia*，Translated by Antonia Neviu，The Johns Hopkins University Press，2001.

Boyer, Carl B., *A History of Mathematics*, New York, Wiley 1991.

Caplice, R., *Introduction to Akkadian*, Rome, Biblical Institute Press, 1983.

Chiera, E., *They Wrote on Clay*, Chicago, The University of Chicago Press, 1968.

Civil, M., "Prescriptions Medicales Sumeriennes, " *RA*, 1960（54）.

Contenau, G., *Everyday Life in Babylon and Assyria*, London, Edward Arnold, 1954.

Coulanges, F. de, *Ancient City*, *A Study of the Religion*, *Laws*, *and Institutions of Greece and Rome*, Reprinted, by Permission of Douleday and Company, Inc., 1979.

Delaporte, L., *Mesopotamia*: *The Babylonian and Assyrian Civilization*, New York, Alfred A. Knopf, 1925.

Diakonoff, I. M., *The Development of the Agrarian Conditions in Assyria*, 1949.

Diakonoff, I. M., "Sale of Land in Pre-Sargonic Sumer", in Papers Presented by the Soviet Delegation to the XXIIId International Congress of Orientalis, Moscow, 1954.

Diakonoff, I. M., *Ancient Mesopotamia*, *Socio-Economic History*, Moscow, 1969.

Diakonoff, I. M., "Socio Economic Classes in Babylonia and the Babylonian Concept of Social Stratification, " *RAI*, 1970（18）, pp.41-52.

Diakonoff, I. M., "On the Structure of Old Babylonian Society, " in *Beitrage Zur Sozialen Struktur des Alter Vorderasien*, ed. H. Klengel, Berlin, 1971.

Diakonoff, I. M., "The Commune in the Ancient East as Treated in the Works of Soviet Researchers（1）, " *VDI*, 1963（1）.

Diakonoff, I. M., "Extended Families in Old Babylonian Ur, " *ZA*,

1985（75）, p.1.

Diamond, A., "An Eye for An Eye, " *Iraq*, 1957（29/2）.

Driver, G. R. and Miles, J. C., *The Babylonian Laws*, vol.1-2, Oxford, Clavendon Press, 1955-1956; Oxford, Oxford University Press, 2007.

Driver, G. R. and Miles, J. C., *Semetic Writing*, Oxford, Oxford University Press, 1976.

Edwards, I. E. S., *The Cambridge Ancient History*, vol.Ⅱ, part 1, Cambridge, The Cambridge University Press, 1973.

Edwards, I. E. S., Gadd, C. J. and Hammond, N. G. L., ed, *The Cambridge Ancient History*, vol.Ⅰ, part 2, Cambridge, The Cambridge University Press, 1971.

Ellis, M. D. E. J., *Taxation and Land Revenues in the Old Babylonian Period*, Yale University, Ph.D., 1969.

Ellis, M. D. E. J., *Essays on the Ancient Near East in Memory of Jacob Joel Finkelstein*, Hamden, Corn., Archen Books, 1977.

Ellis, M. D. E. J., *Agriculture and the State in Ancient Mesopotamia*, Philadelphia, University of Pennsylvania Press, 1976.

Epstein, G. M., *Good without God*, New York, 2009.

Faber, H., "A Price and Wage Study for Northern Babylonia during the Old Babylonian Period, " *JESHO*, 1978（21）.

Falkenstein, A., "The Sumerian Temple City, " *MANE*, 1974（1）, p.1.

Figulla, H. H. and Martin, W. J., *UET 5 Letters and Documents of the Old Babylonian Period*, London, 1953.

Finkel, I. L. and Seymour, M. J., Edited, *Babylon*: *Myth and Reality*, London, The British Museum Press, 2008.

Forde, N., *The Sumerian Dam-Kàr-E-Ne of the Third Ur Dynasty*,

Minneapolis and Saint Paul, University of Minnesota, 1964.

Foster, B., "Commercial Activity in Sargonic Mesopotamia, "*Iraq*, 1977（39）.

Foster, B., "A New Look at the Sumerian Temple State, "*JESHO*, 1981（24）.

Foster, B. R., *Translated and Edited*, The Epic of Gilgamesh, W.W.Norton & Company, 2001.

Frankena, R., *AbB 2*: *Briefe aus dem British Museum*, Leiden, 1979.

Frankena, R., *AbB 3*: *Briefe aus der Leidener Sammlung（TLB V）*, Leiden, 1968.

Frankena, R., *AbB 6*: *Briefe aus Berliner Museum*, Leiden, 1974.

Gelb, I. J., "The Ancient Mesopotamian Ration System, "*JNES*, 1965（24）.

Gelb, I. J., "Approaches to the Study of Ancient Society, "*JAOS*, 1967（87）.

Gelb, I. J., *A Study of Writing*, Chicago, The University of Chicago Press, 1963.

Gelb, I. J., "On the Alleged Temple and State Economies in Ancient Mesopotamia, " in *Estratto da Studi Onore di Edouardo*, *Volterra*, vol.XI, Rome, 1969.

Gelb, I. J., "From Freedom to Slavery, " D.O.Edzard ed., München, 1972, pp.81-92.

Gelb, I. J., " The Prisoners of War in Early Mesopotamia, " *JNES*, 1973（32）.

George, A., Translated and with Introduction, *The Epic of Gilgamesh*, A New Translation, Penguin Books, 1999.

Greengus, S., "The Old Babylonian Marriage Contract, "*JAOS*, 1969（89）.

Goetze, A., "The Laws of Eshnunna, "*ANET*, pp.161-163.

Goetze, A., *The Laws of Eshnunna*, New Heaven, 1956.

Harris, R., "The Old Babylonian Temple Loans, "*JCS*, 1960（14）.

Harris, R., "Some Aspects of the Centralization of the Realm under ammurapi and His Successors, "*JAOS*, 1968（88）.

Harris, R., "On the Process of Secularization under ammurapi, "*JCS*, 1961（15）.

Harris, R., *Ancient Sippar: A Demographic Study of an Old-Babylonian City（1894-1595 B. C.）*, Istanbul, Uitgaven van het Nederlands Historisch-Arohaeologish In Stituut te istanbul, 1975.

Jacobson, Th., "Primitive Democracy in Ancient Mesopotamia, "*JNES*, 1943（11）.

Jacobson, Th., "Early Political Development in Mesopotamia, "*ZA*, 1957（52）.

Jakobson, V. A., "Some Problems Connected with the Rise of Landed Property［Old Babylonian Period］, "*in Beitrge Zur Sozialen Struktur des Alter Vorderasien*, ed. H. Klengel, Berlin, 1971.

Jastrow, J. R., *The Civilization of Babylonia and Assyria*, Philadelphia and London, J. B. Lippincott Company, 1915.

King, L. W., *Letters and Inscriptions of Ammurapi*, 3 vol., London, 1900.

King, L. W., *A History of Babylon*, London, 1919.

Klengel, H., *Beitrage Zur Sozialen Struktur des Alter Vorderasien*, ed.Berlin, 1971.

Klengel, H., "Non-Slave Labour in the Old Babylonian Period: The Basic Outlines in the Ancient Near East, "*Labour in the Ancient Near East*, ed.M.Powell, AOS, 1987（68）.

Kozyreva, N. V., "Economics and Administration in the Old Babylonian

Period, "*JCS*, 1984（36）, pp.81-88.

Koschaker, P., "Zur Staatlichen Wirtschafts Verwaltung in Alt Babylonischer Zeit, " *ZA*, 1942（47）.

Kramer, S. N., *The Sumerians: Their History, Culture, and Character*, Chicago, The University of Chicago Press, 1972.

Kramer, S. N., *History Begins at Sumer*, Pennsylvania, The University of Pennsylvania Press, 1981.

Kraus, F. R., *Ein Edikt des Königs Ammi-saduqa von Babylon*, Leiden, E. J. Brill, 1958.

Kraus, F. R., *AbB 4: Briefe aus dem Archive des Šamaš-hazir in Paris und Oxford（TCL 7 and OECT 3）*, Leiden, 1968.

Landsberger, B., "Remarks on the Archives of Soldier Ubarum, " *JCS*, 1955（9）, pp.121-131.

Larsen, M. T., "Partnerships in the Old Assyrian Trade, " *Iraq*, 1977（39）.

Leemans, W. F., *The Old Babylonian Merchant, His Business and His Social Position*, Leiden, E. J. Brill, 1950.

Leemans, W. F., "The Trade Relations of Babylonia and the Question of the Relation with Egypt in the Old Babylonian Period, " *JESHO*, 1960（3）.

Leemans, W. F., *Foreign Trade in the Old Babylonian Period, as Revealed by Texts from Southern Mesopotamia*, Leiden, E. J. Brill, 1960.

Leemans, W. F., "Old Babylonian Letters and Economic History. An Review Article with Disgressions on Foreign Trade, " *JESHO*, 1968（11）.

Leemans, W. F., "King Hammurapi as Judge, " in *Symbolae Luridicae et Historicae Martino David Dedicatae*, ed, J. A. Ankum, Leiden, E. J. Brill, 1968.

Leemans, W. F., "The Role of Landlease in Mesopotamia in the Early Second Millennium B. C., " *JESHO*, 1975（18）.

Leemans, W. F., "The Importance of Trade, " *Iraq*, 1977（39）.

Leemans, W. F., "Hammurapi's Babylon, Centre of Trade, Administration and Justice, "*Sumer*, 1985（41）.

Levey, M., *Chemistry and Chemical Technology in Ancient Mesopotamia*, New York, Elsevier Publications, 1959.

Marzal, A., "The Provincial Governor At Mori: His Title and Appointment, "*JNES*, vol. 30, 1971（3）.

Meek, Theophile. J., "A New Interpretation of Code of Hammurabi § 117-119, "*JNES*, 1948（vol.7/3）.

Mierroop, M. V. de, "Turam-ili, An Ur Ⅲ Merchant, "*JCS*, 1986（38）.

Mierroop, M. V. de, *Cuneiform Texts and the Writing of History*, London and New York, Routledge, 2005.

Mierroop, M. V. de, *The Ancient Mesopotamian City*, USA, Oxford University Press, 1999.

Mierroop, M. V. de, *A History of the Ancient Near East*, Second Edition, Blackwell Publishing, 2006.

Neugebauer, O., *The Exact Science in Antiquity*, Princeton, Princeton University Press, 1952.

Oates, J., Babylon, *Ancient People and Places*, London, Thames and Judson, 1979.

Oppenheim, A. L., *The Assyrian Dictionary*, vol.6, 1956.

Oppenheim, A. L., *The Assyrian Dictionary*, vol.3, 1959.

Oppenheim, A. L., *The Assyrian Dictionary*, vol.7, 1960.

Oppenheim, A. L., *The Assyrian Dictionary*, vol.16, 1962.

Oppenheim, A. L., *The Assyrian Dictionary*, vol.1, part Ⅰ, 1964.

Oppenheim, A. L., *The Assyrian Dictionary*, vol.1, part Ⅱ, 1968.

Oppenheim, A. L., *The Assyrian Dictionary*, vol.8, 1971.

Oppenheim, A. L., *The Assyrian Dictionary*, vol.10, part I , 1977.

Oppenheim, A. L., "A New Look at the Structure of Mesopotamian Society, " *JESHO*, 1967（10）.

Oppenheim, A. L., *Ancient Mesopotamia：Portrait of a Dead Civilization*, Chicago, The University of Chicago Press, 1964.

Oppenheim, A. L., *Letters from Mesopotamia*, Chicago, The University of Chicago Press, 1967.

Oppenheim, A. L., "The Seafaring Merchants of Ur, " *JAOS*, 1959（74）.

Oppenheim, A. L., *Glass and Glassmaking in Ancient Mesopotamia*, New York, Corning Museum of Glass, 1970.

Pickover, C. A., *The Math Book*, New York, Sterling Publishing Co. Inc., 2009.

Poebel, A., *Babylonian Legal and Business Documents from the time of the First Dynasty of Babylon*, *Chiefly from Nippur*, 1909.

Polanyi, K., *Trade and Market in the Early Empires：Economies in History and Theory*, New York, 1957.

Postgate, J. N., *Early Mesopotamia*, *Society and Economy at the Dawn of History*, London, Routlege, 1994.

Powell, M. A., "Sumerian Merchants and the Problem of Profit, " *Iraq*, 1977（39）.

Powell, M. A., "Labour in the Ancient Near East ed., " *AOS*, 1987（68）.

Pritchard, J. B. ed., *Ancient Near Eastern Texts Relating to the Old Testament*, Third Edition, Princeton, 1969.

Ragozin, Z. A., *Chaldea from the Earliest Times to the Rise of Assyria*, London, 1900.

Ranke, H., *Babylonian Legal and Business Documents from the First*

Dynasty of Babylon, *Chiefly from Sippar*, 1906.

Reade, J., *Assyrian Sculpture*, London, British Museum Press, 2011.

Reiner, E., *The Assyrian Dictionary*, vol.11, part 1, 1980.

Reiner, E., *The Assyrian Dictionary*, vol.15, 1984.

Reiner, E., *The Assyrian Dictionary*, vol.17, 1992.

Renger, J., "Patterns of Non-Institutional Trade and Non-Commercial Exchange in Ancient Mesopotamia at the Beginning of the Second Millennium B. C., " in *Circulation in Non-Palatial Context in the Ancient Near East*, Roma, 1984.

Robertson, J. F., "The Internal Political and Economic Structure of Old Babylonian Nippur: The Guennakkum and His House, " *JCS*, 1984 (36), pp.145-190.

Roux, G., *Ancient Iraq*, Revised Edition, London, Penguin Books, 1980; Third Edition, 1992.

Saggs, H. W. F., *The Greatness that was Babylon*, London, Sidgwick and Jackson, 1962.

Saggs, H. W. F., *The Might that was Assyria*, Sidywick & Jackson, 1984.

Saggs, H. W. F., *Everyday Life in Babylonia & Assyria*, Dorset Press, 1965.

Saggs, H. W. F., *Babylonians*, California, University of California Press, 2000.

Snell, D. C., "The Activities of Some Merchants of Umma, " *Iraq*, 1977 (39), pp.45-50.

Von Soden, W., *Akkadisches Handwörter Buch*, Wiesbaden, Otto Harrassowitz, 1981.

Speiser, E. A., "Muškēnum, " *ORNS*, 1958 (27), pp.19-28.

Speiser, E. A., "Cuneiform Law and The History of Civilization, "

Proceedings of American Philosophical Society, vol.107, 1963（6）.

Stol, M., *AbB 9: Letters from Yale*, Leiden, E. J. Brill, 1981.

Stone, Elizabeth C., "The Social Role of The Nadītum Women in Old Babylonian Nippur," *JESHO*, 25, Part I.

Tyumenev, A. I., "The State Economy in Ancient Sumer," in *Ancient Mesopotamia*, ed. I. M. Diakonoff, Moscow, 1969.

Vargyas, P., "The Problems of Private Economy in the Ancient Near East," *BiOr.*, XLIV, No.3/4, May/June, 1987.

Veenhof, K. R., "Some Social Effects of Old Assyrian Trade," *Iraq*, 1977（39）.

Versteeg, R., *Early Mesopotamian Law*, Durham, North Carolina, Carolina Academic Press, 2000.

Weber, M., *The Theory of Social and Economic Organization*, New York, 1969.

Weber, M., *The Agrarian Sociology of Ancient Civilization*, English Edition, Translated by R. I. Frank, London, New York, Verso Classics, 1998.

Yang Dawu, "Hammurapi and Bureaucracy, a Study of the Role of Šamaš-hazir," *JAC*, 1987（2）.

Yaron, R., *The Laws of Eshnunna*, Jerusalem, The Magnes Press, Hebrew University, 1988.

Yoffee, N.and Cowgill, G. L., Edited, *The Collapse of Ancient States and Civilization*, Tucson, The University of Arisona Press, 1991.

Yoffee, N., *The Economic Role of the Crown in the Old Babylonian Period*, Unpublished Ph. D. Dissertation, Yale University, 1973.

Yoffee, N., "Political Ecomomy in Early Mesopotamian States," *Annual Review of Anthropology*, 1995（24）, pp.281-311.

Yoffee, N., "The Old Babylonian Texts from Kish: A First Report,"

参考资料

in *Essays on the Ancient Near East in Memory of Jacob Joel Finkelstein*，ed. M. J. Ellis，Hamden，Conn，Archon Books，1977.

Yoffee，N.，"Explaining Trade in Ancient Western Asia，"*MANE*，2/2，Undena Publications，Malibu，1983.

Zaccagnini，C.，"The Merchants at Nuzi，"*Iraq*，1976（38），pp.171-189.

Zheng Dianhua，"On the Role of Lu-Ninurta in Ammarapi's Administrative Structure，"*JAC*，1996（11），pp.111-122.

二、中文参考资料

［奥］弗洛伊德：《摩西与一神教》，李展开译，北京，生活·读书·新知三联书店，1989。

［德］卡尔·雅斯贝斯：《历史的起源与目标》，魏楚雄、俞新天译，北京，华夏出版社，1989。

［德］马克斯·韦伯：《经济、诸社会领域及权力（1—5章）：韦伯文选第二卷》，李强译，北京，生活·读书·新知三联书店，1998。

［法］费尔南·布罗代尔：《15—18世纪的物质文明　经济和资本主义》第一卷，顾良、施康强译，北京，生活·读书·新知三联书店，1996。

［法］费尔南·布罗代尔：《地中海考古——史前史和古代史》，蒋明炜、吕华、曹青林等译，北京，社会科学文献出版社，2005。

［法］费尔南·布罗代尔：《菲利普二世时代的地中海和地中海世界》第一卷，唐家龙、曾培耿等译，北京，商务印书馆，1996。

［法］费尔南·布罗代尔：《资本主义的动力》，杨起译，北京，生活·读书·新知三联书店，1997。

［法］贾可诺夫：《古代西亚君主国家的基本经济特征》，载《世界历史译丛》，1980（3）。

〔法〕卢梭：《社会契约论》，何兆武译，北京，商务印书馆，2003。

〔法〕马克·布洛赫：《历史学家的技艺》，张和声、程郁译，上海，上海社会科学院出版社，1992。

〔法〕孟德斯鸠：《波斯人信札》，梁守锵译，北京，商务印书馆，2006。

〔法〕孟德斯鸠：《论法的精神》，张雁深译，北京，商务印书馆，1982。

〔古罗马〕奥古斯丁：《忏悔录》，周士良译，北京，商务印书馆，1997。

〔古罗马〕盖尤斯：《法学阶梯》，黄风译，北京，中国政法大学出版社，1996。

〔古希腊〕赫西俄德：《工作与时日　神谱》，张竹明、蒋平译，北京，商务印书馆，1991。

〔古希腊〕普鲁塔克：《希腊罗马名人传》上册，陆永庭、吴彭鹏等译，北京，商务印书馆，1990。

〔古希腊〕色诺芬：《经济论　雅典的收入》，张伯健、陆大年译，北京，商务印书馆，1961。

〔古希腊〕希罗多德：《希罗多德历史　希腊波斯战争史》，王以铸译，北京，商务印书馆，2011。

〔古希腊〕亚里士多德：《形而上学》，吴寿彭译，北京，商务印书馆，1981。

〔古希腊〕亚里士多德：《雅典政制》，日知、力野译，北京，商务印书馆，2009。

〔古希腊〕亚里士多德：《政治学》，吴寿彭译，北京，商务印书馆，1981。

〔罗马〕查士丁尼：《法学总论——法学阶梯》，张企泰译，北京，商务印书馆，1989。

〔美〕E. A. 霍贝尔：《初民的法律——法的动态比较研究》，周勇译，北京，中国社会科学出版社，1993。

〔美〕H. 伊夫斯：《数学史概论》，欧阳绛译，太原，山西人民出版社，1984。

〔美〕T. 雅各布森：《古代美索不达米亚的原始民主》，载《世界历史译丛》，1980（3）。

〔美〕T. 雅各布森编：《苏美尔王表》，郑殿华译，北京，生活·读书·新知三联书店，1989。

〔美〕保罗·奥斯卡·克里斯特勒：《文艺复兴时期的思想与艺术》，邵宏译，北京，东方出版社，2008。

〔美〕菲利普·李·拉尔夫、〔美〕罗伯特·E. 勒纳、〔美〕斯坦迪什·米查姆：《世界文明史》上卷，赵丰等译，北京，商务印书馆，1998。

〔美〕亨利·富兰克林：《古代东方的艺术与建筑》，郝海迪、袁指挥译，上海，上海三联书店，2011。

〔美〕亨利·路易斯·摩尔根：《古代社会》，杨东莼、张栗原译，北京，商务印书馆，1992。

〔美〕克莱默：《文明摇篮》，苏耀成译，北京，中国言实出版社，2004。

〔美〕罗·庞德：《通过法律的社会控制法律的任务》，沈宗灵、董世忠、杨昌裕等译，北京，商务印书馆，1984。

〔美〕马文·佩里主编：《西方文明史》上卷，胡万里、王世民、姜开君等译，北京，商务印书馆，1993。

〔美〕斯蒂芬·伯特曼：《探寻美索不达米亚文明》，秋叶译，北京，商务印书馆，2009。

〔美〕斯塔夫里阿诺斯：《全球通史——1500年以前的世界》，吴象婴、梁赤民译，上海，上海社会科学院出版社，1999。

〔美〕泰格、〔美〕利维：《法律与资本主义的兴起》，纪琨译，上海，学林出版社，1966。

[美] 威尔·杜兰：《东方的遗产》，北京，东方出版社，2003。

[美] 威尔·杜兰：《文艺复兴》，北京，东方出版社，2003。

[挪威] 弗雷德里克·巴特、[奥] 安德烈·金格里希、[英] 罗伯特·帕金等：《人类学的四大传统——英国、德国、法国和美国的人类学》，高丙中、王晓燕、欧阳敏等译，北京，商务印书馆，2008。

[瑞士] 雅各布·布克哈特：《探寻美索不达米亚文明》，何新译，北京，商务印书馆，2009。

[苏联] B. A. 伊斯特林：《文字的产生和发展》，左少兴译，北京，北京大学出版社，1987。

[苏联] 贾可诺夫、[苏联] 马加辛涅尔：《巴比伦皇帝哈漠拉比与古巴比伦法解说》，中国人民大学国家与法权历史教研室译，北京，中国人民大学出版社，1954。

[意] 彼德罗·彭梵得：《罗马法教科书》，黄风译，北京，中国政法大学出版社，1992。

[意] 加林：《意大利人文主义》，李玉成译，北京，生活·读书·新知三联书店，1998。

[意] 卡斯蒂格尼略：《世界医学史》第一卷，北京医科大学医史教研室译，北京，商务印书馆，1986。

[意] 欧金尼奥·加林主编：《文艺复兴时期的人》，李玉成译，北京，生活·读书·新知三联书店，2003。

[意] 桑德罗·斯奇巴尼选编：《人法》，黄风译，北京，中国政法大学出版社，1995。

[意] 朱塞佩·格罗索：《罗马法史》，黄峰译，北京，中国政法大学出版社，1994。

[英] F. C. S. 席勒：《人本主义研究》，麻乔志等译，上海，上海人民出版社，2010。

[英] 彼得·伯克：《欧洲文艺复兴：中心与边缘》，刘耀春译，北

京，东方出版社，2007。

　　〔英〕彼得·伯克：《意大利文艺复兴时期的文化与社会》，刘君译，北京，东方出版社，2007。

　　〔英〕彼得·詹姆斯、〔英〕尼克·索普：《世界古代发明》，颜可维译，北京，世界知识出版社，1999。

　　〔英〕格林·丹尼尔：《考古学一百五十年》，黄其煦译，北京，文物出版社，1987。

　　〔英〕霍普金斯：《征服者与奴隶：罗马社会学研究第一卷》，西安，陕西人民教育出版社，1993。

　　〔英〕罗素：《宗教与科学》，徐奕春、林中夫译，北京，商务印书馆，2005。

　　〔英〕洛克：《政府论》下篇，瞿菊农、叶启芳译，北京，商务印书馆，1982。

　　〔英〕梅因：《古代法》，沈景一译，北京，商务印书馆，1984。

　　〔英〕塞顿·劳埃德：《美索不达米亚考古》，杨建华译，北京，文物出版社，1990。

　　〔英〕斯科特：《数学史》，侯德润、张兰译，北京，商务印书馆，1981。

　　〔英〕汤姆·霍兰：《波斯战火：第一世界帝国及其西征》，于润生译，北京，新星出版社，2009。

　　〔英〕托马斯·卡莱尔：《论英雄、英雄崇拜和历史上的英雄业绩》，周祖达译，北京，商务印书馆，2005。

　　《马克思恩格斯全集》，北京，人民出版社，1956—1985。

　　《马克思恩格斯选集》，北京，人民出版社，1995。

　　《世界上古史纲》编写组：《世界上古史纲》，北京，商务印书馆，1979。

　　董为奋、朱承思：《世界历史上最早的医学文献》，载《世界历史》，1988（3）。

江晓原：《历史上的占星学》，上海，上海科技教育出版社，1995。

白钢主编：《希腊与东方》，上海，上海人民出版社，2009。

北京大学、东北师范大学历史系世界古代史教研室编：《世界古代史论丛》第一集，北京，生活·读书·新知三联书店，1982。

北京师范大学历史系世界古代史教研室编：《世界古代及中古史资料选集》，北京，北京师范大学出版社，1999。

陈中梅：《荷马的启示：从命运观到认识论》，北京，北京大学出版社，2009。

崔连仲等选译：《古印度帝国时代史料选辑》，北京，商务印书馆，1989。

国洪更：《古巴比伦婚姻习俗若干问题的再考察》，载《史学月刊》，2004（11）。

何勤华、贺卫芳、田涛：《法律文化三人谈》，北京，北京大学出版社，2010。

何勤华：《西方法学史》，北京，中国政法大学出版社，2000。

何兹全：《中国古代社会及其向中世社会的过渡》，北京，商务印书馆，2013。

黄民兴：《试论古代两河流域文明对古希腊文化的影响》，载《西北大学学报（哲学社会科学版）》，1999（4）。

黄洋：《古代希腊土地制度研究》，上海，复旦大学出版社，1995。

季羡林主编：《简明东方文学史》，北京，北京大学出版社，1987。

瞿同祖：《中国法律与中国社会》，北京，中华书局，1981。

李海峰、祝晓香：《古巴比伦时期土地买卖活动述论》，载《西南大学学报（人文社会科学版）》，2007（1）。

李海峰：《古巴比伦时期不动产经济活动研究：以西帕尔地区为考察中心》，北京，社会科学文献出版社，2011。

李海峰：《古巴比伦时期土地租金问题研究》，载《东北师大学报（哲学社会科学版）》，2005（6）。

李海峰：《古巴比伦时期土地租赁活动研究》，载《世界历史》，2009（1）。

李锦彰：《货币的力量》，北京，商务印书馆，2004。

李天祐：《古代希腊史》，兰州，兰州大学出版社，1991。

李玄伯：《中国古代社会新研》，上海，上海文艺出版社，1988。

李政：《论美索不达米亚文明对赫梯文明的影响》，载《北京大学学报（哲学社会科学版）》，1996（1）。

厉以宁：《资本主义的起源——比较经济史研究》，北京，商务印书馆，2004。

梁治平：《法律的文化解释》，北京，生活·读书·新知三联书店，1994。

林志纯主编：《世界通史资料选辑·上古部分》，北京，商务印书馆，1985。

刘家和、廖学盛主编：《世界古代文明史研究导论》，北京，高等教育出版社，2001。

刘家和、王敦书主编：《世界史·古代史编》上卷，北京，高等教育出版社，1994。

刘家和：《古代中国与世界——一个古代研究者的思考》，武汉，武汉出版社，1995。

刘景华、张功耀：《欧洲文艺复兴史·科学技术卷》，北京，人民出版社，2008。

刘明翰、陈明莉：《欧洲文艺复兴史·教育卷》，北京，人民出版社，2008。

马洪：《法律上的人》，载《上海财经大学学报》，2000（3）。

马俊驹：《人格和人格权理论讲稿》，北京，法律出版社，2009。

马克思：《资本论》，北京，人民出版社，2008。

苗力田主编：《亚里士多德全集》第10卷，北京，中国人民大学出版社，1997。

苗力田主编：《亚里士多德全集》第9卷，北京，中国人民大学出版社，1994。

日知：《古代城邦史研究》，北京，人民出版社，1989。

日知：《中西古典文明千年史》，长春，吉林文史出版社，1996。

施治生、郭方主编：《古代民主与共和制度》，北京，中国社会科学出版社，1998。

施治生、徐建新主编：《古代国家的等级制度》，北京，中国社会科学出版社，2003。

滕大春：《关于两河流域古代学校的考古发掘》，载《河北大学学报（哲学社会科学版）》，1984（4）。

童书业：《古巴比伦社会制度试探》，济南，山东人民出版社，1957。

童书业著，童教英整理：《童书业古代社会论集》，北京，中华书局，2006。

王立民：《古代东方法研究》，上海，学林出版社，1996。

王利明主编：《民法典·人格权法重大疑难问题研究》，北京，中国法制出版社，2007。

王挺之、刘耀春：《欧洲文艺复兴史·城市与社会生活卷》，北京，人民出版社，2008。

魏琼：《民法的起源——对古代西亚地区民事规范的解读》，北京，商务印书馆，2008。

吴泽：《东方社会经济形态史论》，上海，上海人民出版社，1993。

武树臣等：《中国传统法律文化》，北京，北京大学出版社，1994。

杨炽译：《汉穆拉比法典》，北京，高等教育出版社，1992。

于殿利、郑殿华：《巴比伦古文化探研》，南昌，江西人民出版社，1998。

于殿利：《巴比伦法的人本观：一个关于人本主义思想起源的研究》，北京，生活·读书·新知三联书店，2011。

于殿利：《巴比伦法的人本观初探——兼与传统的"同态复仇"原始残余说商榷》，载《世界历史》，1997（6）。

于殿利：《巴比伦法的人本观再探》，载《求是学刊》，2010（6）。

于殿利：《从〈汉谟拉比法典〉看商人塔木卡与沙马鲁之关系》，载《世界历史》，1993（4）。

于殿利：《从立法精神看巴比伦法的人本观》，载《学术研究》，2011（1）。

于殿利：《古巴比伦社会存在债务奴隶制吗？》，载《北京师范大学学报（社会科学版）》，2004（4）。

于殿利：《古巴比伦私人农业经济的商业化》，载《中国社会科学》，2011（2）。

于殿利：《古代美索不达米亚宗教的人本主义因素》，载《北京师范大学学报（社会科学版）》，2010（5），《新华文摘》2011年第2期转载。

于殿利：《论古巴比伦时期商人的社会经济地位》，载《北京师范大学学报（社会科学版）》，1991年增刊。

于殿利：《试论〈汉谟拉比法典〉中商人的社会等级地位》，载《比较研究法》，1994（1）。

于殿利：《新编世界文学史·世界古代前期文学史》，北京，中国国际广播出版社，1996。

张晋藩：《中国古代法律制度》，北京，中国广播电视出版社，1992。

赵乐甡译：《世界第一部史诗〈吉尔伽美什〉》，沈阳，辽宁人民出版社，1981。

赵世超：《周代国野制度研究》，西安，陕西人民出版社，1992。

中国世界古代史研究会编：《世界古代史研究》第一辑，北京，北京大学出版社，1982。

周勇：《初民社会纷争调处的法则》，载《比较法研究》，1993（2）。

朱承思、董为奋：《乌尔纳姆法典和乌尔第三王朝早期社会》，载《历史研究》，1984（5）。

朱龙华：《意大利文艺复兴的起源与模式》，北京，人民出版社，2004。

参考资料

附　录

一、苏美尔早王朝时期各城邦王表（限目前材料所知）

1. 基什

第一王朝

公元前2750年　　二十一王，包括埃塔那（Etana），自大洪水以来

约公元前2700年　恩麦巴拉吉西（Enmebaragesi）

　　　　　　　　阿伽（Agga）

约公元前2570年　乌胡布（Uhub）

约公元前2550年　麦萨里姆（Mesilim）

第二王朝

约公元前2520年　六王，加上阿克沙克·之祖祖（Zuzu）

约公元前2430年　恩比伊什塔尔（Enbi Ishtar）

第三王朝

　　　　　　　　库巴巴（Ku-Baba）

　　　　　　　　（小酒馆女老板）

第四王朝

　　　　　　　　普祖尔–辛（Puzur-Sin）

约公元前2340年　乌尔–扎巴巴（Ur-Zababa）

2. 乌鲁克

第一王朝

　　　　　　　　四位神话传说中的王（统治约一个世纪）

　　　　　　　　麦斯基安加舍尔（Meskiangasher）

　　　　　　　　恩美尔卡（Enmerkar）

　　　　　　　　卢伽尔班达（Lugalbanda）

	杜木兹（Dumuzi）
约公元前2700年	吉尔伽美什（Gilgamesh）
约公元前2660—前2560年	（吉尔伽美什的6位后继者）

第二王朝

约公元前2430—前2400年	恩沙–库什–安那（En-Shakush-anna）
约公元前2400年	卢伽尔–基尼舍–杜都（Lugal-Kinishe-dudu）
	卢伽尔–基萨尔斯（Lugal-kisalsi）

第三王朝

| 约公元前2340—前2316年 | 卢伽尔扎吉西（Lugalzagesi） |

第四王朝

公元前2153—前2147年	乌尔尼吉那（Ur-nigina）
公元前2146—前2141年	乌尔吉吉拉（Ur-gigira）
	又三王

第五王朝

| 公元前2123—前2113年 | 乌图赫伽尔（Utu hegal） |

3. 拉伽什

公元前约2570年	恩–赫伽尔（En-Hegal）
公元前约2500年	卢伽尔–沙金–古尔（Lugal-shag-engur）
公元前约2490年	乌尔南什（Ur-Nan-e）
公元前约2465年	阿库尔伽尔（Akurgal）
公元前约2455—约2425年	安那吐姆（Eanatum）
公元前约2425年	安那吐姆一世（Enanatum Ⅰ）
公元前约2400年	恩铁美那或恩美铁那
	（Entemena或Enmetena）
	安那吐姆二世（Enanatum Ⅱ）
	埃涅塔尔兹（En-entarzi）
公元前2384年	卢伽尔安达（Lugalanda）
公元前2378—前2371年	乌鲁卡基那（Urukagina）

公元前2230—前2200年　　卢伽尔–乌舒姆伽尔（Lugal-ushumgal）

普祖尔–马马（Puzur-mama）

乌尔–乌图（Ur-Utu）

乌尔–马马（Ur-mama）

卢–巴巴（Lu-baba）

卢–古拉（Lu-gula）

卡库格（Kakug）

公元前2141—前2122年　　古地亚（Gudea）

公元前2121—前2118年　　乌尔–宁吉尔苏（Ur-Ningirsu）

公元前2117—前2115年　　皮里格–麦（Pirig-me）

公元前2114年　　　　　　乌尔–伽尔（Ur-gar）

公元前2113—前2111年　　南马–克赫兹（Nam-makzi）

4. 乌尔

公元前2700年　　　　　　麦什卡拉姆古格（Meskalamgug）

阿卡拉姆杜格（Akalamdug）

公元前2560年　　　　　　麦桑尼帕达（Mesannipada）

公元前2550年　　　　　　麦什基亚格努那（Meškiagnunna）

安南涅（或安尼帕达？）

Ananne（或Annipada?）

麦什基阿德–南纳（Meškiag-Nanna）

埃鲁鲁（Elulu）

巴鲁鲁（Balulu）

公元前2371年　　　　　　卡库（里木什）［Kaku（Rimuš）］

（第二王朝）

埃里里二世（Elili Ⅱ）

二、阿卡德王国王表

公元前2334—前2279年　　萨尔贡（Sargon）

公元前2278—前2270年	里姆什（Rimuš）
公元前2269—前2255年	曼尼什图苏（Manishtusu）
公元前2254—前2218年	纳拉姆辛（Naram-Sin）
公元前2217—前2193年	沙尔–卡利–沙里（Shar-Kali-Sharri）
	混乱的无政府状态
	杜都（Dudu）
公元前2168—前2154年	舒–都鲁尔（Šu-Durul）

三、乌尔第三王朝王表

公元前2112—前2095年	乌尔纳木（Ur-Nammu）
公元前2094—前2047年	舒尔吉（Shulgi）
公元前2046—前2038年	阿马尔–辛（Amar-Sin）
公元前2038/2037—前2030/2029年	舒辛（Shu-Sin）
公元前2029—前2004年	伊比–辛（Ibbi-Sin）

四、伊新第一王朝王表

公元前2017—前1985年	伊什比–伊拉（Ishbi-Irra）
公元前1984—前1975年	舒伊–利舒（Shu-Ilishu）
公元前1974—前1954年	伊丁–达干（Iddin-Dagan）
公元前1953—前1935年	伊什美–达干（Ishme-Dagan）
公元前1934—前1924年	李必特·伊什塔尔（Lipit-Ishtar）
公元前1923—前1896年	乌尔–尼努尔塔（Ur-Ninurta）
公元前1895—前1874年	布尔–辛（Bur-Sin）
公元前1873—前1869年	李必特·恩利尔（Lipit-Enlil）
公元前1868—前1861年	伊拉–伊米提（Irra-Imitti）
公元前1860—前1837年	恩利尔–巴尼（Enlil-bani）
公元前1836—前1834年	詹比亚（Zambija）

附录

公元前1833—前1831年　　伊特尔–皮沙（Iter-piša）

公元前1830—前1828年　　乌尔杜库加（Urdukuga）

公元前1827—前1817年　　辛马–吉尔（Sin-magir）

公元前1816—前1794年　　达米克–伊利舒（Damiq-ilišu）

五、拉尔萨王朝王表

公元前2025—前2005年　　纳波拉努姆（Naplanum）

公元前2004—前1977年　　埃米苏姆（Emisum）

公元前1976—前1942年　　萨米乌姆（Samium）

公元前1941—前1933年　　扎巴亚（Zabaja）

公元前1932—前1906年　　衮古努姆（Gungunum）

公元前1905—前1895年　　阿比萨莱（Abi-sarê）

公元前1894—前1866年　　苏穆埃尔（Sumu-El）

公元前1865—前1850年　　努尔–阿达德（Nur-Adad）

公元前1849—前1843年　　辛–伊丁纳姆（Sin-Iddinam）

公元前1842—前1841年　　辛–埃里巴姆（Sin-eribam）

公元前1840—前1836年　　辛–伊吉沙姆（Sin-iqishum）

公元前1835年　　　　　　西里–阿达德（Silli-Adad）

公元前1834—前1823年　　瓦拉德–辛（Warad-Sin）

公元前1822—前1763年　　里姆–辛（Rim-Sin）

六、古巴比伦王国第一王朝王表

公元前1894—前1881年　　苏姆–阿布姆（Sumu-Abum）

公元前1880—前1845年　　苏姆–拉–埃尔（Sumu-la-El）

公元前1844—前1831年　　萨比乌姆（Sabium）

公元前1830—前1813年　　阿匹尔–辛（Apil-Sin）

公元前1812—前1793年　　辛–穆巴里特（Sin-Muballit）

公元前1792—前1750年　　汉谟拉比（Hammurapi）

公元前1749—前1712年　　萨姆苏伊鲁纳（Samsuiluna）

公元前1711—前1684年　　阿比舒（Abiešuh）

公元前1683—前1647年　　阿米迪塔纳（Ammiditana）

公元前1646—前1626年　　阿米萨杜卡（Ammisaduqa）

公元前1625—前1595年　　萨姆苏迪塔那（Samsuditana）

七、加喜特王朝王表

约公元前1730年　　　　　甘达什（Ganda）？

　　　　　　　　　　　　阿古姆一世（Agum Ⅰ）

　　　　　　　　　　　　卡什提里亚什一世（Kaštiliash Ⅰ）

　　　　　　　　　　　　（以下两王失）

　　　　　　　　　　　　乌尔兹古鲁玛什（Urzigurumaš）

　　　　　　　　　　　　哈尔巴什胡（Harbashihu）

　　　　　　　　　　　　提普塔克兹（Tiptakzi）

约公元前1570年　　　　　阿古姆二世（Agum Ⅱ）？

　　　　　　　　　　　　布尔那布里亚什一世（Burna-Buriaš Ⅰ）

　　　　　　　　　　　　（以下二王失？）

公元前1500年　　　　　　卡什提里亚什三世（Kashtiliash Ⅲ）

　　　　　　　　　　　　乌拉姆布里亚什（Ulamburiash）

　　　　　　　　　　　　阿古姆三世（Agum Ⅲ）

约公元前1413年　　　　　卡拉–因达什（Kara-Indash）？

　　　　　　　　　　　　卡达什曼哈尔博（Kadashman-Harbe）？

　　　　　　　　　　　　卡兰达什（Karaindash）

　　　　　　　　　　　　库里伽尔祖一世（Kurigalzu Ⅰ）？

　　　　　　　　　　　　卡达什曼–恩利尔一世（Kadashman-Enlil Ⅰ）？

公元前1375—前1347年　　布尔那–布里亚什二世（Burna-Buriash Ⅱ）

　　　　　　　　　　　　卡拉–哈尔达什（Kara-hardash）？

公元前1333年	纳兹-布伽什（Nazi-Bugash）
公元前1345—前1324年	库里伽尔祖二世（Kurigalzu Ⅱ）
公元前1323—前1298年	纳兹-马鲁塔什（Nazi-Maruttash）
公元前1297—前1280年	卡达什曼-图尔古（Kadashman-Turgu）
公元前1279—前1265年	卡达什曼-恩利尔二世（Kadashman-Enlil Ⅱ）
	库杜尔-恩利尔（Kudur-Enlil）
公元前1255—前1243年	沙伽拉克提-舒里亚什（Shagarakti-Shuriash）
	卡什提里亚什四世（Kashtiliash Ⅳ）
公元前1235—前1227年	亚述总督
	恩利尔-纳丁-舒米（Enlil-nadin-shumi）
	阿达德-舒马-伊丁纳（Adad-Shuma-iddina）
公元前1218—前1189年	阿达德-舒马-乌苏尔（Adad-Shuma-usur）
公元前1188—前1174年	美里-施帕克（Meli-Shipak）
公元前1173—前1161年	马尔都克-阿普拉-伊丁那一世
	（Marduk-apla-iddina Ⅰ）
公元前1160年	扎巴巴-舒马-伊丁纳（Zababa-Shuma-iddina）
公元前1159—前1157年	恩利尔-纳丁-阿西（Enlil-nadin-ahi）

八、巴比伦第四王朝（伊新第二王朝）王表

公元前1156—前1139年	马尔都克-卡比特-阿赫舒
	（Marduk-kabit-ahheshu）
公元前1138—前1132年	伊提-马尔都克-巴拉图（Itti-Marduk-balatu）
公元前1131—前1125年	尼努尔塔-纳丁-舒米（Ninurta-nadin-shumi）
公元前1124—前1103年	尼布甲尼撒一世（Nebuchadnezzar Ⅰ）
公元前1102—前1100年	恩利尔-纳丁-阿普里（Enlil-nadin-apli）
公元前1099—前1082年	马尔都克-纳丁-阿赫（Marduk-nadin-ahhe）
公元前1081—前1068年	马尔都克-沙皮克-泽里（Marduk-shapik-zeri）

公元前1067—前1046年	阿达德–阿普拉–伊丁纳（Adad-apla-iddina）
公元前1046年	马尔都克–阿赫–埃里巴（Marduk-ahhe-eriba）
公元前1045—前1033年	马尔都克–泽尔–?（Marduk-zer-?）
公元前1032—前1025年	纳布舒–穆里–布尔（Nabu-shumu-Libur）

九、亚述王表

	乌什皮亚（Ushpia）
	基基阿（Kikkia）
	阿基亚（Akkia）
	普祖尔–阿淑尔一世（Puzur-Ashur Ⅰ）
	沙里姆–阿赫（Shallim-ahhê）
公元前1940年	伊鲁舒马（Ilushuma）
约公元前1906—前1867年	埃里舒姆一世（Erishum Ⅰ）
约公元前1866年（？）	伊库鲁姆（Ikûnum）
	萨尔贡一世（Sargon Ⅰ）
	普祖尔–阿淑尔二世（Puzur-Ashur Ⅱ）
	纳拉姆–辛（Naram-Sin）
?—前1814年	埃里舒姆二世（Erishum Ⅱ）
公元前1809—前1776年	沙马什–阿达德一世（Shamshi-Adad Ⅰ）
公元前1780—前1741年	伊什美–达干一世（Ishme-Dagan Ⅰ）
公元前1740—前? 年	穆特–阿什库尔（Mut-Ashkur）
	里姆（什？）（Rimu-［sh］?）
	阿辛努姆（Asinum）
	无政府状态：8位篡权者
公元前1700—前1691年	贝鲁–巴尼（Bçlu-Bâni）
公元前1690—前1674年	利拜伊亚（Libaia）
公元前1673—前1662年	沙尔马–阿达德一世（Sharma-Adad Ⅰ）

公元前1661—前1650年　伊普塔尔–辛（IPtar-Sin）

公元前1649—前1622年　巴扎伊亚（Bazaia）

公元前1621—前1616年　卢拉亚（Lullaia）

公元前1615—前1602年　吉丁–尼努阿（Kidin-ninua）

公元前1601—前1599年　沙尔马–阿达德二世（Sharma-Adad Ⅱ）

公元前1598—前1586年　埃利舒姆三世（Erishum Ⅲ）

公元前1585—前1580年　沙马什–阿达德二世（Shamshi-Adad Ⅱ）

公元前1579—前1564年　伊什美–达干二世（Ishme-Dagan Ⅱ）

公元前1563—前1548年　沙马什–阿达德三世（Shamshi-Adad Ⅲ）

公元前1547—前1522年　阿淑尔–尼拉里一世（Ashur-nirâri Ⅰ）

公元前1521—前1498年　普祖尔–阿淑尔三世（Puzur-Ashur Ⅲ）

公元前1497—前1485年　恩利尔–纳希尔一世（Enlil-nasir Ⅰ）

公元前1484—前1473年　努尔–伊利（Nûr-ili）

　　　　　　　　　　　阿淑尔–沙杜尼（Ashur-shaduni，在位
　　　　　　　　　　　仅1个月）

公元前1472—前1453年　阿淑尔–拉比一世（Ashur-rabi Ⅰ）

公元前1452—前1433年　阿淑尔–纳丁–阿赫一世（Ashur-nadin-ahhê Ⅰ）

公元前1432—前1427年　恩利尔–纳希尔二世（Enlil-nasir Ⅱ）

公元前1426—前1420年　阿淑尔–尼拉里二世（Ashur-nirâri Ⅱ）

公元前1419—前1411年　阿淑尔–贝尔–尼舍舒（Ashur-bel-nisheshu）

公元前1410—前1403年　阿淑尔–里姆–尼舍舒（Ashur-rim-nisheshu）

公元前1402—前1393年　阿淑尔–纳丁–阿赫二世（Ashur-nadin-ahhê Ⅱ）

公元前1392—前1366年　艾利巴–阿达德一世（Eriba-Adad Ⅰ）

公元前1365—前1330年　阿淑尔–乌巴里特一世（Ashur-uballit Ⅰ）

公元前1329—前1320年　恩利尔–尼拉里（Enlil-nirâri）

公元前1319—前1308年　阿里克–登–伊利（Arik-Den-ili）

公元前1307—前1275年　阿达德–尼拉里一世（Adad-nirâri Ⅰ）

公元前1274—前1245年　沙尔马纳塞尔一世（Shalmanesser Ⅰ）

公元前1244—前1208年　　吐库尔提–尼努尔塔一世（Tukulti-Ninurta Ⅰ）

公元前1207—前1204年　　阿淑尔–那丁–阿普利（Ashur-nadin-apli）

公元前1203—前1198年　　阿淑尔–尼拉里三世（Ashur-nirâri Ⅲ）

公元前1197—前1193年　　恩利尔–库都尔–乌苏尔（Enlil-Kudur-usur）

公元前1192—前1180年　　尼努尔塔–阿帕尔–埃库尔（Ninurta-apal-Ekur）

公元前1179—前1134年　　阿淑尔–丹一世（Ashur-Dan Ⅰ）

公元前1133—前1116年　　阿淑尔–瑞什–伊什一世（Ashur-reshi-ishi Ⅰ）

公元前1115—前1077年　　提格拉特–帕拉沙尔一世（Tiglath-pileser Ⅰ）

公元前1076—前1075年　　阿萨列德–阿派尔–埃库尔（Ashared-apil-Ekur）

公元前1074—前1057年　　阿淑尔–贝尔–卡拉（Ashur-bel-Kala）

公元前1056—前1055年　　艾利巴–阿达德二世（Eriba-Adad Ⅱ）

公元前1054—前1051年　　沙马什–阿达德四世（Shamshi-Adad Ⅳ）

公元前1050—前1032年　　阿淑尔–那西尔帕一世（Ashur-nasirpal Ⅰ）

公元前1031—前1020年　　沙尔马–纳塞尔二世（Shalma-neser Ⅱ）

公元前1019—前1017年　　阿淑尔–尼拉里四世（Ashur-nirâri Ⅳ）

公元前1016—前973年　　阿淑尔–拉比二世（Ashur-rabi Ⅱ）

公元前972—前968年　　阿淑尔–瑞什–伊什二世（Ashur-reshi-ishi Ⅱ）

公元前967—前935年　　提格拉特–帕拉沙尔二世（Tiglath-pileser Ⅱ）

公元前934—前912年　　阿淑尔–丹二世（Ashur-Dan Ⅱ）

公元前911—前891年　　阿达德–尼拉里二世（Adad-nirâri Ⅱ）

公元前890—前884年　　吐库尔提–尼努尔塔二世（Tukulti-Ninurta Ⅱ）

公元前883—前859年　　阿淑尔–那西尔帕二世（Ashur-nasirpal Ⅱ）

公元前858—前824年　　沙尔马–纳塞尔三世（Shalma-neser Ⅲ）

公元前823—前811年　　沙马什–阿达德五世（Shamshi-Adad Ⅴ）

公元前810—前783年　　阿达德–尼拉里三世（Adad-nirâri Ⅲ）

公元前782—前773年　　沙尔马–纳塞尔四世（Shalma-neser Ⅳ）

公元前772—前755年　　阿淑尔–丹三世（Ashur-Dan Ⅲ）

公元前754—前745年　　阿淑尔–尼拉里五世（Ashur-nirâri Ⅴ）

附
录

公元前744—前727年　　提格拉特–帕拉沙尔三世（Tiglath-pileser Ⅲ）

公元前726—前722年　　沙尔马–纳塞尔五世（Shalma-neser Ⅴ）

公元前721—前705年　　萨尔贡二世（Sargon Ⅱ）

公元前704—前681年　　辛那赫里布（Sennacherib）

公元前680—前669年　　埃塞尔哈东（Esarhaddon）

公元前668—前627年　　亚述巴尼拔（Ashurbanipal）

　　　　　　　　　　　阿淑尔–伊提尔–伊拉尼（Ashur-etil-ilâni）

　　　　　　　　　　　辛–舒姆–里舍尔（Sin-shumu-lishir）

　　　　　　　　　　　辛–沙尔–伊什库恩（Sin-shar-ishkun）

　　　　　　　　　　　阿淑尔–乌巴里特二世（Ashur-uballit Ⅱ）

公元前612—前605年　　（被米底人和巴比伦人征服）

十、新巴比伦王国王表

公元前626—前605年　纳波帕拉沙尔（Nabopalassar）

公元前604—前562年　尼布甲尼撒二世（Nebuchadrezzar Ⅱ）

　　　　　　　　　　伊维尔–比罗达（Evil-Merodach）

　　　　　　　　　　涅里格利萨尔（Neriglissar）

公元前555—前539年　纳波尼德（Nabonidus）

　　　　　　　　　　波斯王：居鲁士（Cyrus）征服巴比伦

索　引

索引

索引

507

世界最早两大文明：古代两河流域和古代埃及

索引

509

索引

511

图书在版编目（CIP）数据

世界最早两大文明：古代两河流域和古代埃及 / 于殿利，
周启迪著. —北京：北京师范大学出版社，2023.3
（文明史丛书）
ISBN 978-7-303-28338-5

Ⅰ．①世… Ⅱ．①于… ②周… Ⅲ．①两河流域文化－
文化史②埃及－古代史 Ⅳ．①K124②K411.2

中国版本图书馆CIP数据核字（2022）第218377号

图 书 意 见 反 馈　gaozhifk@bnupg.com　010-58805079
营 销 中 心 电 话　　　　　　010-58807651
北师大出版社高等教育分社微信公众号　　新外大街拾玖号

SHIJIE ZUIZAO LIANGDA WENMING：GUDAI LIANGHE
LIUYU HE GUDAI AIJI
出版发行：北京师范大学出版社 www.bnup.com
　　　　　北京市西城区新街口外大街12-3号
　　　　　邮政编码：100088
印　　刷：北京盛通印刷股份有限公司
经　　销：全国新华书店
开　　本：787 mm×1092 mm　1/16
印　　张：32.75
字　　数：520千字
版　　次：2023年3月第1版
印　　次：2023年3月第1次印刷
定　　价：150.00元

策划编辑：刘东明　　　　　　责任编辑：梁宏宇　姚安峰
美术编辑：李向昕　　　　　　装帧设计：李向昕
责任校对：康　悦　　　　　　责任印制：马　洁